Das Abenteuer, das Hamburg heißt

Erik Verg / Martin Verg

Das Abenteuer, das Hamburg heißt

Der weite Weg zur Weltstadt

Ellert & Richter Verlag

Inhalt

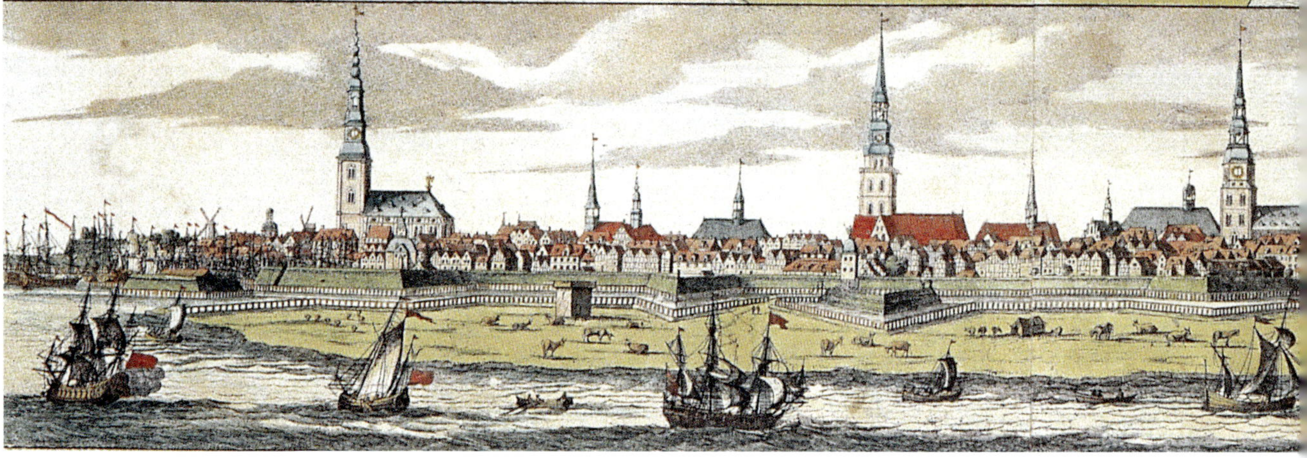

Oben: Hamburg 1690. In den Hafen kommt man durch eine enge Lücke in einem Palisadenwall. Binnen- und Außenalster sind durch Bastionen getrennt. Im Osten liegt die Landwehr. Sie schützt den Vorort St. Georg und die Lustgärten nördlich des Hammer Brooks. Im Nordwesten steht allein für sich die Sternschanze, südlich davon beim Heiligengeistfeld liegt der Pesthof.

Unten: Stadtpanorama mit Elbe und Grasbrook. Die großen Kirchen (von links nach rechts): St. Michaelis, St. Nikolai, St. Katharinen, St. Petri, Dom St. Marien, St. Jacobi

Vorwort

Unzählige Menschen flanieren täglich durch die Mönckebergstraße. Zigtausend Fahrzeuge rollen jeden Tag über die Willy-Brandt- und Ludwig-Erhard-Straße. Zwischen diesen beiden Verkehrsachsen liegt das älteste Hamburg, zum Teil noch tief in der Erde. Hier liegen die Reste der Hammaburg, der ersten Siedlung und des ersten Hafens. Und an dieser Stelle, mitten in der heutigen City, begann vor mehr als zwölfhundert Jahren das Abenteuer, das Hamburg heißt. Zwei Journalisten von heute schildern im Stil von heute das Hamburg von damals, den weiten Weg zur Weltstadt. Jedes Kapitel hat eine Datumszeile und ist aus der Sicht des Zeitgenossen gesehen. Anachronismen werden nur geduldet, wo sie für das Verständnis heutiger Leser unvermeidlich sind, zum Beispiel bei Maßangaben, manchmal auch bei Illustrationen, wenn es keine zeitgenössischen Darstellungen gibt.

Das Abenteuer, von dem hier erzählt wird, ist die Geschichte einer Stadt, die von kühnen Seefahrern, wagenden Kaufleuten und fleißigen Bürgern einer freien Republik bestimmt wurde, von Menschen, die ihre Flagge bis in die äußersten Winkel der Erde trugen, ohne sich jemals fremde Länder untertan machen zu wollen, die aber auch nie einer fremden Macht untertan sein wollten. Denn immer und zu allen Zeiten wollte sich Hamburg voller Stolz eine „Freie und Hansestadt“ nennen.

Erik Verg

Kaiser Ludwig befiehlt: Zieht nach Norden

Am 15. Mai im Jahr des Herrn 834 hat Kaiser Ludwig der Fromme den 33-jährigen Ansgar aus Corvey an der Weser, einen loyalen und erfahrenen Missionar, an seinen nächsten Wirkungsort entsandt. Sein Sitz soll in Hammaburg sein, das dazu ausersehen ist, Zentrum der Mission des Nordens zu werden.

Mancher mag von dieser Nachricht überrascht sein, denn der junge Geistliche Ansgar ist erst wenigen bekannt. Auch kennen viele den Namen Hammaburg kaum oder gar nicht. Er bedeutet auf Sächsisch schlicht „umzäunte feuchte Niederung" und bezeichnet die schon seit Langem bestehende Ringwallanlage zwischen Alster und Elbe, die jetzt, nach ihrer Erweiterung vor etwa fünfzehn Jahren, zu einer wichtigen Grenzfestung am Nordrand des fränkischen Reiches aufzusteigen beginnt.

Kaiser Ludwig mag sich bei seiner Wahl daran erinnert haben, dass sein Vater, Karl der Große, es als seine wichtigste Aufgabe angesehen hat, die Sachsen zum Christentum zu bekehren, und jedermann weiß, dass diese schwere Aufgabe nicht ohne Blut und Gewalt zu lösen war.

Die Sachsenkriege hatten 32 Jahre gedauert. Als 782, zehn Jahre nach ihrem Beginn, noch kein Ende abzusehen war, ließ Karl in Verden an der Aller 4500 Sachsen köpfen. Der Sachsenherzog Widukind gab auf und ließ sich taufen, nicht aber sein Volk. Karl musste jede dritte Sachsenfamilie in den Süden des Reiches aussiedeln. Die militärischen Kräfte der Franken reichten gerade aus, dieses entvölkerte Land einigermaßen in Schach zu halten. Aber über die Elbe waren sie nicht vorgedrungen. Dort lebten die Nordalbingier (die Dithmarscher, Holsaten und Stormaren), und sie unterstützten den Widerstand der verbliebenen Südelbier.

Es war Karl daher nicht zu verdenken, dass er ein Hilfsangebot des Obotritenfürsten Trasco (Heide und Slawe) annahm, die Nordalbingier zu bekämpfen, wenn er, Karl, sich mit der Elbgrenze bescheide. Trasco schlug die Nordalbingier. Wer über die Elbe entkam, wurde von den Franken nach Süden abtransportiert. Als der Krieg 804 zu Ende war, schloss Karl in seinem Feldlager in Hollenstedt einen Vertrag mit den Obotriten. Sie sollten eine Pufferzone zwischen dem Reich und den Dänen bilden.

Aber das konnten sie nicht. Als dänische Wikinger 808 zu Lande und zu Wasser bis an die Aller vordrangen, änderte der Kaiser seine Politik. Er schob die Reichsgrenze bis zur Eider und Trave vor. Menschen und Befestigungen sollten diese Grenze schützen. Die Nordalbingier durften heimkehren. Ein „sächsischer Limes", eine Schutzzone aus Walddickicht, Dornbüschen und Hecken, sollte die Ostgrenze unpassierbar machen, die Eider im Norden sollte verteidigt werden. Ein fränkisches Kastell, die im Jahr 810 errichtete Burg Esesfelth an der Stör, bildete die militärische Basis.

Doch Ludwig, der Kaiser, den man den „Frommen" nennt, glaubte wohl nicht daran, dass militärische Macht allein ausreichen könne, das Reich auf Dauer gegen die Heiden im Norden und Osten zu schützen. Ihm erschien es als das Wichtigste, die Nachbarn durch den Glauben zu Gleichgesinnten – und vielleicht auch tributpflichtig – zu machen.

Dafür könnte es keinen geeigneteren Ausgangspunkt geben als die Hammaburg. Sie liegt am Handelsweg, der vom großen Handelsplatz Haithabu bei Schleswig über den Geestrücken und die Alsterfurt zum einzigen Elbübergang bei Artlenburg führt und von dort weiter nach den bedeutenden Handelsplätzen Bardowick und dem neu gegründeten Magdeburg. Der Kaufmann bereite dem Missionar den Weg!

Worauf es ankommt, hat auch der junge Geistliche genau erkannt: Seit Jahren schon ist Ansgar mit Handelskarawanen mitgezogen, hat die Kaufleute als Wegweiser, Kenner der Ausländer und Dolmetscher benutzt, hat Geschenke verteilt, um predigen zu dürfen, und bares Geld für junge Sklaven bezahlt, die er zur Ausbildung in die Klöster des Frankenreichs schickte. Drei Jahre lang hat er den 826 getauften Dänenkönig Harald bei der Bekehrung seiner Gefolgsleute unterstützt, und im Jahr 829 ist er zu einem mehrjährigen Aufenthalt als Gast des Schwedenkönigs nach Birka am Mälarsee aufgebrochen.

Missionsbischof Ansgar (801–865). Eichenholzstatue von Bernt Notke, um 1480 (St. Petri, Hamburg). Das Modell auf dem linken Arm des Kirchengründers ähnelt dem Hamburger Mariendom, in dem die Statue einst stand.

Der Kaiser scheint von den Berichten Ansgars tief beeindruckt gewesen zu sein und hält ihn nun offenbar für den geeigneten „Apostel des Nordens". Papst Gregor IV. soll zugesagt haben, dass Ansgar das Pallium erhält, das heißt das Recht, Priester und Bischöfe zu ernennen und in die nordischen und slawischen Länder zu entsenden. Um seine Arbeit zu fördern, würden Ansgar die Güter und Einkünfte des Klosters Turholt in Westflandern zur Verfügung stehen.

Wir haben uns bemüht, Näheres über die Person des neuen Missionsbischofs zu erfahren. Die Nachforschungen ergaben: Mit fünf Jahren Waise geworden, wurde Ansgar im Kloster Corbie bei Brügge erzogen. Als dieses Kloster 822 das Tochterkloster Corvey an der Weser gründete, wurde Ansgar Vorsteher der dortigen Schule.

Er ist ein Mann von schwacher Statur, aber glühend vor Glaubenseifer. Schon als junger Mann soll er nachts Stimmen gehört haben, die ihm befahlen, den Glauben zu den Heiden zu tragen. Sicher ist, dass es ihm an Mut und Tatkraft nicht fehlt. Als das Schiff, mit dem er zu König Björn reiste, an der Südspitze Schwedens von Seeräubern gekapert wurde und die Kaufleute froh waren, ihr Leben gerettet zu haben und heimkehren zu können, machte er sich zu Fuß auf den Zwei-Monate-Marsch nach Birka, wo man ihn schon für tot gehalten hatte. Überall, wo man ihn kennt, steht der asketisch lebende Mann in höchstem Ansehen. Man nennt ihn „des Blinden Auge, des Lahmen Fuß, der Witwen und Waisen Vater".

Zu den wenigen, die das Land an der Nordgrenze so gut kennen wie Ansgar, gehört Ebo, der Erzbischof von Reims. Im Auftrag Kaiser Ludwigs hat er vor elf Jahren (823) eine Missionsreise nach Dänemark gemacht und sich einige Zeit in der Burg Esesfelth an der Stör aufgehalten. Nach seiner

Aussage handelt es sich um ein sehr wenig einladendes Land. Die hoch liegenden Teile, die Geest, sind von dichten Wäldern bedeckt, die Niederungen der Flussläufe, die Marschen, sind versumpft und weithin unbewohnbar, und wenn die Fluten hochsteigen, bilden sie eine einzige Wasserfläche. Die Menschen seien primitiv und das Klima barbarisch.

Allerdings war das zu einer Zeit, als die Slawen das Land gerade verlassen hatten und die Stormaren noch nicht wieder richtig heimisch geworden waren. Die Siedlungen, auf Lichtungen in den Wäldern, bestanden damals nur aus wenigen Hütten. In einer dieser Siedlungen hat Ebo eine kleine Taufkirche gebaut, und er behauptet, man habe den Ort nach ihm benannt, Ebbodorp oder Ebbendorf.

Die Hammaburg liegt auf dem Geestrücken zwischen Alster und Elbe, umgeben von sumpfigem Marschland (Abb. S. 17). Die Burg, 75 Meter im Durchmesser, besteht aus einem mit Palisaden erhöhten Wall aus Baumstämmen und Erdreich. An der Innenseite des Walles liegen die Unterkünfte der Besatzung und das Herrenhaus des Burg- und Markgrafen Bernhard. Er ist militärischer Kommandant und Gerichtsherr. Die Geistlichen unterstehen ihm nicht. Die Einheimischen betreiben Fischfang, Ackerbau und Viehzucht. Der Handel liegt in den Händen von eingewanderten Friesen und reisenden Kaufleuten. Insgesamt wohnen inner- und außerhalb des Walles etwa 200 Menschen. Weil die Burg bei Ansgars Ankunft also schon dicht besiedelt ist, bietet sich als Bauplatz für eine Kirche das Gelände nördlich des Wallrings an.

Zur Zeit Ansgars: Im Norden gibt es keine Städte

Zur Zeit Ansgars um 830 n. Chr. ist Europa zweigeteilt. Es besteht aus dem Süden, der eine seit den Römern und Griechen gewachsene Kultur und Zivilisation fortsetzt, und dem unterentwickelten Norden, mehr oder weniger noch in vor- oder frühgeschichtlichem Zustand verharrend. Die Grenze zwischen beiden Kulturbereichen ist etwa die Grenze des alten Römischen Reiches.

Im Norden leben Germanen und Slawen auf ungefähr gleicher Entwicklungsstufe. Sie leben von Ackerbau, Viehzucht und Tauschhandel. Sie sind gegen die raue Natur ihrer Heimat schlecht gewappnet. Eine einzige Missernte, eine Flut, ein außergewöhnlich harter Winter können den Tod bedeuten. Rettung verspricht dann vielleicht nur der Überfall auf einen verschonten Nachbarstamm, dessen Land und Besitz man sich aneignet. Auch die Überlebenden eignet man sich an, als dienstbare Sklaven oder als Handelsware.

Nur die Gemeinschaft sichert Überleben. Man schließt sich zusammen, vertraut, außer auf die Götter, auf die Macht eines Stammesfürsten. In friedlichen Zeiten treibt man Handel. Transportable und nicht verderbliche Waren wie Wachs, Honig, Felle oder Bernstein werden gegen andere Bedarfsgüter getauscht: Gefäße, Waffen, Werkzeuge.

Städte gibt es im Norden nicht, wohl aber schon große Siedlungen, die in der gleichen Art befestigt werden wie die Hammaburg. Birka in Schweden ist ein Musterbeispiel. Von hier aus ziehen Kaufleute über See und über Land bis tief nach Russland und Byzanz, skandinavische Sklavinnen sind bis nach Asien hinein ein „begehrter Artikel“. Die seefahrenden Nordmänner sind die Aktivsten im europäischen Norden. Ihre Raubzüge führen sie an alle Küsten Europas. Manchmal werden sie sogar zu Staatengründern wie die schwedischen Waräger, die unter Rurik den ersten russischen Staat gründeten.

Kaiser Ludwig der Fromme (778–840).
Zeitgenössische Miniatur aus einer Handschrift der Fuldaer Schule (Wien, Österreichische Nationalbibliothek)

Der Mittelpunkt der Christenheit ist Rom, wo der Papst in der Peterskirche über dem Grabe Petri regiert. Rom steht in Konkurrenz mit Byzanz, dem Oströmischen Reich, in dessen riesiger Hauptstadt Konstantinopel schon im 6. Jahrhundert die Hagia Sophia gebaut wurde, eine Kirche, die in dieser Zeit nicht ihresgleichen hat. Aber im Gegensatz zu Byzanz ist Italien dicht besiedelt und hat viele Städte, in denen sogar die Wohnhäuser aus Stein sind. Nördlich der Alpen lebt man auch im Frankenreich nur in Holzhütten. Erst Karl der Große lässt in Aachen eine Pfalzkapelle bauen. Sie ist eine getreue Nachbildung des Münsters San Vitale in Ravenna. Nach und nach entstehen Kirchen und Klöster aus Stein.

Das Frankenreich, das größte Staatsgefüge in Europa, hat keine organisierte Verwaltung. Der Kaiser regiert mit dem Bann, das heißt, er hat das Recht zu befehlen. Königsboten kontrollieren, ob seine Befehle auch ausgeführt werden. Jedes Frühjahr versammelt sich das Heer auf dem „Maifeld". Alle Vasallen, Grafen und Lehnsleute haben mit ihren Mannen zu erscheinen. Nur zum Schutz der Ehefrau und zur Verwaltung wichtiger Ämter dürfen je zwei Männer zurückgelassen werden. Die Krieger bringen ihre Waffen und Ausrüstung mit. Auch Verpflegung für sechs Monate, denn innerhalb des Reiches darf das Heer nicht „aus dem Lande" leben. Auf dem Maifeld erfährt das Heer, welcher Kriegszug für dieses Jahr geplant ist. Er dauert bis zum Herbst.

Die Klöster sind nicht nur die geistlichen und geistigen Mittelpunkte des Landes, sie sind auch die Versorgungsbasen für den kaiserlichen Hof, für die Teilfürsten und für besondere Aufgaben. Es ist also nichts Außergewöhnliches, dass Missionsbischof Ansgar das Kloster Turholt als wirtschaftliche Basis zugeteilt wird. Die Klöster verfügen über Grundbesitz und sammeln Reichtümer aus dem „Zehnten", zu dessen Zahlung jeder Untertan verpflichtet ist: Von allem, was er besitzt und erwirbt, muss also jeder den zehnten Teil abführen. Nicht so sehr gegen den christlichen Glauben wehren sich die Sachsen und später die Slawen als gegen die drückende Steuerpflicht, die sie mit der Taufe auf sich nehmen müssen.

Der Sachsenkrieg bedeutete Ausdehnung des Reiches. Das Frankenreich hat aber auch Nachbarn, gegen die es sich verteidigen muss. So gegen die Araber, die ganz Kleinasien, Nordafrika und Spanien besetzt haben, und gegen die Awaren, ein turktatarisches Volk, das über Donau und Theiß nach Westen vorzudringen versucht.

Auf der englischen Insel hat es zu Zeiten des Königs Artus (zu dessen legendärer Tafelrunde Tristan, Parzival und Lancelot gehört haben sollen) im 6. Jahrhundert ein britisches Reich gegeben. Es ist zerfallen. Im Jahr 827 ist es dem angelsächsischen König Egbert wieder gelungen, England zu einem Königreich zu einen.

Notiert im Land der Sachsen, Franken und Slawen

Vorgeschichte

20 000 bis 8000 v. Chr. Rentier- und Mammutjäger. Rastplätze unter anderem in der Gegend des späteren Wellingsbüttel und Meiendorf. – Um 4000 v. Chr. ständige Siedlungen der Steingräber- oder Hünengräber-Menschen. Funde zum Beispiel in der Fischbeker Heide. – Um 1800 bis 800 v. Chr. entsteht das Volk der Germanen an den Küsten von Nord- und Ostsee. – Um 600 bis 500 v. Chr. teilen sich die Germanen auf. In Norddeutschland bleiben die Westgermanen. – Um 200 n. Chr. bildet sich der Stamm der Sachsen. Kerngebiet nördlich und südlich der Niederelbe.

Nordalbingier

heißen die Sachsen nördlich der Elbe. Sie leben in drei Gauen: 1. Holsaten, die Holzsassen, die im Wald leben, 2. Dithmarscher im Gau des Dithmar, 3. Stormaren zwischen Bille und Krückau im „Sturmgau".

Handwerk

Es gibt Töpfer, Weber, Tischler und Schmiede. Sie produzieren nur für den Eigenbedarf, zum Beispiel grobe Stoffe für die sackartigen Hemden (kurz für Männer, lang für Frauen) oder einfache Tontöpfe. Feinere Waren werden eingeführt.

Siedlungen

Zur Zeit Ansgars gibt es sächsische, fränkische oder slawische Siedlungen an der Stelle der späteren Orte Bergedorf, Bergstedt, Duvenstedt, Eidelstedt, Eppendorf, Farmsen, Hamm, Mellingstedt, Othmarschen, Ottensen, Rellingen, Sasel, Schnelsen und Stellingen.

Häuser

Typ A: Pfostenhäuser. Die Zwischenräume zwischen den in die Erde gerammten Pfosten sind mit Flechtwerk ausgefüllt, das mit Lehm verschmiert wird. Typ B: Grubenhütten. Ein Erdloch mit einem zeltförmig aufliegenden Schilfdach abgedeckt. Typ A dient als Wohnhaus, Typ B als Speicher oder Werkstatt.

Handelsgüter

Aus dem Westen kommen flandrisches Leinen und Tuche und fertige Leinenhemden. (Jeder Neubekehrte bekommt ein Taufhemd geschenkt.) Tonkannen und Wein von Rhein und Mosel, fränkische Waffen und Schmuck, Mühlsteine aus Basalt. Aus dem Osten kommen Pferde, Felle, landwirtschaftliche Produkte der verschiedensten Art – und Sklaven.

Handelswege

sind ausgetretene und ausgefahrene Pisten. Der große Handelsweg von Jütland nach Hammaburg führt teilweise durch Moor. Es wird durch Bohlenwege überbrückt, die auf einer tragenden Schicht aus Birken- und Weidenzweigen liegen.

Wik

nennt man die Siedlungen der Kaufleute außerhalb der Burgmauern. Beispiele: Bardowick, Schleswig, aber auch Lundenwik (Name für London im 7. Jahrhundert). Der Hammaburger Wik liegt westlich des Burgtors.

Fisch

gehört zu den wichtigsten Nahrungsmitteln und Handelsgütern der Fluss- und Marschenfischer. Besonders reichlich gibt es Maifisch, eine frühe Art des Herings.

Wikinger

Das Wort bedeutet im Nordgermanischen Krieger. Die Wikinger nennen sich nach ihrer Herkunft auch Normannen (Nordmänner) oder Askomannen vom nordgermanischen Wort „ask". Das bedeutet Schiff.

Hammaburg ohne Schutzherr

Was Kaiser Karl, den die Nachwelt mit Recht den Großen nennt, geschaffen hat, haben seine Enkel zerstört. In Verdun schlossen sie 843 einen Vertrag, der das Reich teilt. Ludwig (der Deutsche) bekommt den östlichen Teil, Karl (der Kahle) den westlichen, und der Anteil Lothars schiebt sich wie ein Keil von der Nordsee nach Italien zwischen beide. Lothar darf den Titel Kaiser tragen, hat aber keine tatsächliche Macht über seine Brüder, die Könige heißen.

Karl und Ludwig haben schon vor einem Jahr gezeigt, wie sehr ihre Wege auseinandergehen. In Straßburg beschworen sie einen Bund gegen ihren Bruder, und sie taten es, zum ersten Mal im Frankenreich, in verschiedenen Sprachen. Karl in Französisch, Ludwig in Deutsch.

Der Vertrag von Verdun ist nur der Schlussstrich unter die Auflösung, die schon unter ihrem Vater begonnen hat. Als Kaiser Ludwig der Fromme Ansgar als Missionsbischof nach Hammaburg schickte, war seine Stellung schon fragwürdig. Manche Zeitgenossen gaben ihm einen zweiten Beinamen: der Schwachherzige. Seine Söhne hatten ihn schon 817 gezwungen, ihre Erbteile festzulegen, 831 bekriegten sie einander, und zwei Jahre später zwangen sie ihren Vater zur Abdankung.

Mit der Teilung des Reiches ist die wirtschaftliche Sicherung des „Missionszentrums" Hammaburg verloren gegangen, denn das Kloster Turholt (jetzt Torhout) gehört nun zum Westfrankenreich. Schlimmer aber ist, dass die Hammaburg keinen mächtigen Schirmherrn mehr hat, dem die Missionierung des Nordens am Herzen liegt. Karl der Große hat wohl geahnt, dass er nicht nur der erste „Kaiser des Westens" seit der Teilung des Römischen Reiches in Ost und West sein würde, sondern auch sein letzter. Als er seinen Sohn Ludwig am 11. September 813, vier Monate vor seinem Tod, selbst krönte, verlangte er ihm zuerst den Schwur ab, den „fränkischen Gottesstaat", in dem der Kaiser die geistliche und weltliche Macht vereinigt, genauso zu erhalten, wie er ihn geschaffen hat. Ludwig hat diesen feierlich geleisteten Schwur nicht gehalten: Er ließ sich nach dem Tod Karls des Großen vom Papst noch einmal krönen.

Karl der Große, zeitgenössisches Reiterbild. Bronzestatuette (Paris, Louvre)

Wenden-Aufstand Hamburg ist noch einmal davongekommen

Hamburg, „die gesegnete Mutter aller Völker des Nordens“, hat Glück gehabt. Die Wenden haben überall Zerstörungen angerichtet, aber aus Hamburg gibt es keine Nachrichten von schlimmen Verheerungen. Kein Vergleich also zum Jahr 845, als die Wikinger kamen und Hamburg verwüsteten. Die 900 Einwohner sind noch einmal davongekommen.

Doch Plusso, der Wendenfürst, ist nun Herr über Holstein, Dithmarschen und Stormarn. Alle Slawenstämme in Mecklenburg haben sich dem großen Aufstand angeschlossen. Vor 22 Jahren hatten die Slawenstämme das Christentum angenommen und sich unter dem Obotritenfürsten Gottschalk der sächsischen Lehnshoheit unterstellt.

Nun zeigt es sich, dass die Unterwerfung nur äußerlich war. Nur unter Zwang waren die hohen Abgaben für die vielen neuen Bistümer und Klöster in Ratzeburg, Oldenburg, Lenzen an der Elbe und dem 1050 von Gottschalk gegründeten Lübeck gezahlt worden.

Das erste Opfer des Aufstands war Fürst Gottschalk selbst. Der Mönch Ansver und viele andere Geistliche wurden in Ratzeburg zu Tode gesteinigt. Der Bischof Johannes von Mecklenburg wurde gefoltert und dann dem Heidengott Radegast geopfert.

Der 66-jährige Erzbischof von Bremen und Hamburg, Adalbert weilte zu dieser Zeit nicht in Hamburg, der Stadt, an der sein ganzes Herz hängt, sondern in Lochtum bei Goslar. Dorthin hat er sich zurückgezogen, nachdem die deutschen Fürsten ihn im Januar entmachtet hatten, um seinen Einfluss auf König Heinrich IV. auszuschalten.

Adalbert aus dem Hause Wettin, Dompropst in Halberstadt, war der Nachfolger Bezelins, der am 15. April 1043 starb. Bezelin hatte anstelle des hölzernen Mariendoms eine Kirche aus Quadersteinen erbauen lassen.

Adalbert führte Bezelins Bau weiter und erfüllte die Messen im Dom mit einem Glanz und einer Pracht, wie man sie vorher nie gesehen hatte. Bei den Marienfesten zu Ostern und Pfingsten brannten Tausende von Kerzen im weihrauchgefüllten Dom, und Chorgesang erfüllte die Halle.

Seine Gegner, und deren hatte er viele, haben oft seine Schwächen hervorgehoben: Adalbert sei prunkliebend und eitel und umgebe sich mit Wahrsagern und Alchimisten. Das ist alles wahr, doch seine geschichtliche Bedeutung wird davon nicht berührt. Wovon Kaiser Ludwig der Fromme und Ansgar kaum zu träumen wagten, hat Adalbert verwirklicht. Die geistliche Herrschaft des Hamburger Erzbischofs erstreckt sich über Dänemark, Schweden und Norwegen bis nach Lappland, Island und Grönland. Obwohl er den Namen Adalbert von Bremen trägt, hat er Hamburg zur „gesegneten Mutter aller Völker des Nordens“ gemacht.

Adalbert war ein enger Freund des Königs Heinrich III. Mit ihm zog er 1046 nach Rom, wo Heinrich drei sich bekämpfende Päpste absetzte und Adalbert anbot, selbst Papst zu werden. Adalbert verzichtete. Der Heilige Stuhl reizte ihn nicht. Er wollte ein nordisches Patriarchat begründen. Aus gut unterrichteter Quelle hörte man, er habe an Hamburg als eine Art „Gegenrom“ gedacht und vorgehabt, auf den sieben Hügeln um den Süllberg dieses neue „Rom“ zu erbauen.

Erzbischof Adalbert (im Amt 1043–1072) wollte lieber Patriarch in Hamburg als Papst in Rom sein. Statue von Wilhelm Wandschneider am Hamburger Rathaus

Vielleicht wäre ihm dies gelungen, wenn Adalberts Freund und Gönner, Kaiser Heinrich, nicht schon 1056 mit nur 39 Jahren gestorben wäre. Und dann geriet der Hamburger Erzbischof in die Machtkämpfe des Hofes. Der in Goslar geborene Thronfolger, Heinrich IV., war erst sechs Jahre alt. Seine französische Mutter Agnes hatte kaum eine Chance, sich gegen die Mächtigen im Reich durchzusetzen.

Eine Verschwörung, an der auch Adalbert beteiligt war, brachte den Prinzen in die Gewalt der Erzbischöfe. Sie lockten ihn auf ein Rheinschiff. Zunächst lebte der Junge bei Hanno von Köln, dann übernahm Adalbert die Erziehung, gewann großen Einfluss auf den künftigen König und wurde Regent des Reiches.

Leider hielt ihn das von seinen großen Aufgaben im Norden fern. Außerdem erregte es die Missgunst der Fürsten. Als Heinrich im Januar dieses Jahres mit fünfzehn Jahren für mündig erklärt wurde, machten die Fürsten zur Bedingung, dass der neue König Adalbert entließ.

Die Welt im Jahr 1066

Wilhelm der Eroberer

Am 14. Oktober 1066 ist Wilhelm, Herzog der Normandie, in Sussex gelandet und hat bei Hastings die englischen Truppen König Haralds II. vernichtend geschlagen. Wilhelm lässt sich zum König von England krönen und führt Französisch als Hof- und Gesellschaftssprache ein.

Bevölkerung

In Europa gibt es schätzungsweise 46 Millionen Einwohner.

Bodenschätze

Bei Goslar werden Silber und Kupfer gewonnen. Lüneburg gewinnt durch sein Salz an Bedeutung.

Druck und Lettern

Pi-Scheng, ein chinesischer Schmied, hat den Buchdruck mit einzelnen Lettern anstatt mit Druckplatten ganzer Seiten erfunden. Die Lettern sind aus gebranntem Ton.

Kommunismus

Manko Kapak hat 1066 in Peru ein Inkareich mit der Hauptstadt Cuzco gegründet. In diesem Reich ist der Privatbesitz an Produktionsmitteln verboten. Die von allen Bürgern erarbeiteten Güter werden unter allen Bürgern gleichmäßig aufgeteilt.

Wahrheit und Dogma

Der französische Kirchenlehrer Berengar von Tours erklärt die Wahrheit als höchstes Prinzip und die menschliche Vernunft als Quelle dieser Wahrheit, die also auch über dem kirchlichen Dogma steht.

Seltsames Essgerät

In Italien beginnt sich ein seltsames Essgerät durchzusetzen. Es kommt aus Byzanz und heißt Gabel.

Handelsplätze

Der Handel in Europa konzentriert sich auf drei Gebiete: 1. Das Mittelmeer mit den Hauptplätzen Konstantinopel, Venedig und Genua, 2. Die Ostsee mit Nowgorod (Russland), Sigtuna (Schweden) und Schleswig, 3. Die Nordsee und Flandern, Köln und Bremen. Für den innerdeutschen Handel im Norden sind wichtig: Bardowick und Stade.

Neues Musikinstrument

Ein Musikinstrument, das sich Trompete nennt, haben die Araber in Spanien eingeführt.

Normannische Reiter in der Schlacht bei Hastings (1066). Teilstück des zeitgenössischen Teppichs von Bayeux (Bayeux, Musée de la Tapisserie)

Hamburger Nachrichten

845

Dänische Wikinger zerstören die Hammaburg. Ansgar flieht nach Bremen, wo im selben Jahr der Bischof verstirbt. König Ludwig der Deutsche, zu dessen Reichsteil (Ostreich) das Bistum Bremen seit dem Vertrag von Verdun 843 gehört, ernennt Ansgar zum Nachfolger. Das bisher zuständige Erzbistum Köln (jetzt im Mittelreich) protestiert.

880

Slawische und dänische Heerscharen sind gemeinsam in ganz Sachsen eingedrungen. In der Schlacht bei Eppendorf am 2. Februar werden zwei Bischöfe und zwölf sächsische Grafen erschlagen. Hamburg wird erneut zerstört.

890

Nach jahrzehntelangem Streit um das Bistum Bremen entscheidet der Papst anhand der (durchweg gefälschten) Urkunden aus Hamburg und Bremen, dass es schon immer zu Hamburg gehört habe. Hamburg-Bremen wird mit diesem Schiedsspruch ganz offiziell Erzbistum, Hauptsitz ist Bremen.

965

Kaiser Otto hat Papst Benedikt V. abgesetzt und ins wieder aufgebaute Hamburg in die Verbannung geschickt. Der Papst stirbt am 4. Juli und wird im Dom begraben (999 nach Rom überführt).

983

Der Sachsenherzog Bernhard hat dem Obotritenfürsten Mistewoi versprochen, ihm seine Nichte Mathildis zur Frau zu geben. Der Sachse hält sein Wort nicht, der Obotrit zerstört Hamburg.

1021

Als Nachfolgebau der Hammaburg entsteht die „Neue Burg".

1060

Erzbischof Adalbert lässt auf dem Süllberg eine hölzerne Burg erbauen, um die Fährverbindung über die Elbe zu sichern. Nach kaum zehn Jahren wird sie von den Nordalbingiern zerstört.

1072

In seiner „Geschichte des Hamburger Erzbistums" schildert Adam von Bremen die nordischen Länder, die zu Adalberts Kirchenreich gehörten. Er berichtet über Fahrten der Wikinger von Grönland zu einem Erdteil, den sie „Vinland" nennen. – Erzbischof Adalbert stirbt in Goslar an der Ruhr (16. März).

Die Hammaburg um 845 in einer Rekonstruktion des Archäologischen Museums Hamburg. Der Blick geht Richtung Norden zur Alster. Das größere Gebäude links oben ist die von Ansgar erbaute Kirche.

Geburtsschein für den Hamburger Hafen

Graf Adolf III., aus dem Heiligen Land zurückgekehrt, hat unserer Stadt heute, am Heiligabend, das schönste Weihnachtsgeschenk gemacht, das sich denken lässt: Er teilte dem Rat mit, dass Kaiser Friedrich I. der Stadt Hamburg am 7. Mai 1189 einen Freibrief erteilt habe. Die wichtigsten Punkte dieses Freibriefs sind:

- Hamburg erhält das Recht, Menschen und Waren vom Meer bis an die Stadt ohne Zoll und Abgaben zu bringen.
- Im Umkreis von zwei sächsischen Meilen (fünfzehn Kilometer) vom Stadtkern darf keine fremde Burg gebaut werden.
- Hamburger Bürger bleiben frei vom Heerbann und dürfen nur zur Verteidigung ihrer eigenen Stadt herangezogen werden.
- Die Stadt erhält eine eigene Marktpolizei, freie Fischerei, Weide und Holzschlag.

Mit diesem Freibrief hat Hamburg seinen „Geburtsschein" erhalten – nur wird es ihn nie vorzeigen können. Denn: Der Kaiser habe die Urkunde in Neuburg an der Donau zwar selbst unterschrieben, erklärte Graf Adolf, aber das kostbare Pergament sei ihm während der turbulenten Ereignisse der letzten Monate, über die wir später noch ausführlich berichten, abhanden gekommen!

Wie dem auch sei: Der Freibrief bezieht sich auf das „neue" Hamburg, als dessen eigentlicher Gründer Adolf III. angesehen werden kann.

In den letzten drei Jahren sind in Hamburg zwei deutlich voneinander unterscheidbare Städte entstanden. Um den Dom gruppiert sich die erzbischöfliche Altstadt mit vorwiegend gewerbetreibender Bevölkerung und um den Alsterhafen die gräfliche Neustadt, in der Kaufleute und Schiffer wohnen. In diesem Jahr haben sich beide Städte eine eigene aristokratische Ratsverfassung gegeben und am Fischmarkt bzw. Hopfenmarkt jeweils ein Rathaus gebaut. Beide Städte zusammen zählen inzwischen 1500 Einwohner.

Die Schauenburger, deren Stammsitz bei Rinteln an der Weser liegt, stellen jetzt in der dritten Generation die Landesherren in Hamburg.

Adolf I. bekam Holstein und Stormarn im Jahr 1111 von Lothar von Sachsen (dem späteren Kaiser) als Lehen. Die Ostkolonisation hatte zwar schon begonnen, doch Stormarn (mit Hamburg) war immer noch gefährdetes Grenzland.

Adolf II. fiel als Gefolgsmann Heinrich des Löwen in der letzten Slawenschlacht bei Demmin an der Peene am 6. Juli 1164.

Adolf III. erkannte die für Hamburg entstandene neue Lage mit staatsmännischem Weitblick. Fortan war Hamburg kein gefährdeter Grenzort mehr, und die Elbe, mit ihren über tausend Kilometern Länge einer der bedeutendsten Ströme Europas, war aus einem Grenzfluss zu einem viel befahrenen Handelsweg bis ins Böhmische geworden.

Die auf den 7. Mai 1189 datierte Fassung des „Freibriefs" Kaiser Friedrichs I. Barbarossa für Hamburg (Staatsarchiv Hamburg)

Hamburg, 14 Meilen (105 Kilometer) von der See entfernt, liegt genau an der Flutgrenze, sodass zukünftig auch größere Schiffe ihre Waren bis nach Hamburg bringen und sich hier mit den Binnenschiffen von der Oberelbe treffen können. Und deshalb hat Adolf III. vor zwei Jahren, 1188, das Land an der Mündung der Alster einem unternehmenden ehemals herzöglichen Zolleinnehmer, Wirad von Boizenburg, mit allen Privilegien zum Bau eines Hafens und einer dazugehörigen Stadt übergeben.

Er folgte dabei der gleichen Erkenntnis, die auch Heinrich den Löwen bei der Neugründung Lübecks bewegt hatte: dass eine Stadt mehr Reichtum entwickelt (und Steuern einbringt), wenn man sie gewähren lässt, statt sie finanziell auszupressen.

Das neue Hamburg ist unglaublich schnell gewachsen, und aus dem der Alsterschleife angepassten S-förmigen Hafen ist schon manches Schiff in ferne Länder gesegelt.

In Hamburg glaubt man dem Grafen, dass er den Freibrief vom Kaiser tatsächlich erhalten hat, wenn auch vielleicht nicht in formvollendeter Ausführung. Und ebenso glaubt man ihm, dass er die Urkunde, wie immer sie aussah, verloren hat. Denn es war eine aufregende Zeit, die Graf Adolf hinter sich hatte.

Im April 1189 hatte sich der Graf nach Neuburg bei Regensburg an der Donau begeben. Dort sammelte Kaiser Friedrich Barbarossa sein Heer für den Dritten Kreuzzug. Dieser neue Kreuzzug war nötig geworden, weil Sultan Saladin die Heilige Stadt Jerusalem den Christen wieder abgenommen hatte.

Das Heer im Feldlager bestand, wie berichtet wird, aus einem wahren Völkergemisch. Auch die Könige von England, Richard Löwenherz, und von Frankreich, Philipp II. August, hatten sich mit ihren Gefolgsleuten eingefunden. Der Kaiser war sicher froh über jeden deutschen Edelmann, der ihn unterstützte, umso mehr, wenn er aus Sachsen kam. Des Kaisers eigener Vetter, der Sachsenherzog Heinrich der Löwe, hatte ihn nämlich bei einer früheren Italienfahrt im Stich gelassen.

Diese Bronzebüste des Kaisers Friedrich I. Barbarossa (um 1122–1190) entstand zu seinen Lebzeiten und ist im Besitz der Pfarrgemeinde Cappenberg bei Dortmund.

Der Kaiser hatte ihn daraufhin in die Reichsacht getan und aller seiner Besitztümer, der Herzogtümer Sachsen und Bayern und der eroberten Ostgebiete, verlustig erklärt. Seitdem lebte Heinrich bei seinem Schwiegervater, König Heinrich II., in England in der Verbannung. Viele der sächsischen Edlen hielten zum „Löwen". Grad Adolf aber schloss sich dem Kaiser an. Warum sollte Barbarossa ihm nicht die Bitte erfüllt haben, seine Stadt mit Privilegien auszustatten?

Kaum jedoch hatten der Kaiser und Graf Adolf Deutschland verlassen, kehrte Heinrich der Löwe aus der Verbannung in England zurück und beanspruchte seine alten Rechte. Er landete am Michaelistag (29. September 1189) auf dem Kontinent, und seine alten Gefolgsleute scharten sich um ihn. Ohne Widerstand zu finden, besetzte er Holstein einschließlich Hamburgs. Die Hamburger handelten ihm einen Freibrief für die Schifffahrt auf der Oberelbe ab.

Bardowick wollte sich dem „Löwen“ nicht ergeben. Die Weiber der Stadt verhöhnten Heinrich, indem sie ihm von der Mauer herab ihre entblößten Kehrseiten zeigten. Zwei Tage berannten die sächsischen Truppen vergeblich die feste Stadt. Dann sahen sie, wie der Bardowicker Stadtbulle gemächlich durch eine Furt der Ilmenau watete. Durch diese Furt drangen sie in die Stadt ein und zerstörten sie bis auf den Grund.

Zierrat, Glocken und Steine von neun Kirchen wurden nach Ratzeburg geschafft, wo Heinrich daraus den dortigen Dom bauen ließ. Was an Steinen übrig blieb, kauften die Hamburger den Bardowickern für 300 Mark Silber ab. Sie bauten daraus eine Uferschutzmauer für ihren Hafen. Außerdem bekamen die Bardowicker in Hamburg das „Zippelhaus“ (Zwiebelhaus) „zu ewigen Tagen“, um dort das Gemüse zu lagern, das sie den Hamburgern feilboten.

Graf Adolf erfuhr von den Vorgängen daheim im Spätherbst dieses Jahres im Feldlager von Tyrus. Der Kaiser war schon seit Juni tot. Trotz Warnung hatte der 68-jährige im Saleph baden wollen. Er erlitt einen Herzschlag und ertrank.

Der Graf kehrte eiligst auf die Schauenburg zurück und sah sich nach Bundesgenossen gegen Heinrich um. Mit Unterstützung des Sachsenherzogs Bernhard und des Markgrafen Otto von Brandenburg nahm er den Kampf zur Rückeroberung seines Gebiets auf. Hamburg öffnete ihm, als dem rechtmäßigen Landesherrn, freiwillig die Tore. Der Freibrief, den er mitbrachte, wenngleich er ihn nicht bei sich hatte, weist Hamburg hoffentlich endgültig den Weg in eine Zukunft als Hafenstadt.

Jetzt kommt es darauf an, dass Graf Adolf seine Macht auch in Lübeck wiederherstellt. Nach dem Zuzug von Kaufleuten aus dem zerstörten Bardowick ist Lübeck noch größer geworden, als es bisher schon war.

Die Bedeutung dieser Nachbarstadt Hamburgs kann gar nicht hoch genug eingeschätzt werden, da sie an dem für unser Gebiet wichtigsten Handelsweg, der Ostsee, liegt. Für Hamburg ergibt sich jetzt die Chance, „Nordseehafen“ Lübecks zu werden.

Bis 1138 war Liubice (wendisch: die Liebliche) die Hauptstadt der Obotriten gewesen. Während der Ostkolonisation wurde sie zerstört. Herzog Heinrich der Löwe befahl seinem Lehnsmann Adolf II., die Küste bis zur Insel Fehmarn zu kolonisieren. Heinrich hatte im Westen eine regelrechte Werbekampagne durchgeführt. Er wusste, dass seine Eroberungen nur Bestand haben konnten, wenn den Kriegern Siedler folgten. Friesen, Flamen und Westfalen kamen in großer Zahl.

Auf dem Hügel zwischen Trave und Wakenitz, wenige Kilometer traveaufwärts vom ehemaligen Liubice, gründete Graf Adolf II. 1143 eine neue Stadt. Um die Konkurrenz auszuschalten, zerstörte der Löwe 1156 den bis dahin wichtigsten Handelsplatz an der Ostsee, das von Dänemark abhängige Schleswig. Wie erwartet, zogen die Kaufleute ins neue Lübeck um. Doch 1157 brannte die Stadt völlig ab.

Um den Wiederaufbau kümmerte sich Heinrich selbst. Sein Stadtplan ging von einem rechteckigen Markplatz als Zentrum mit Rathaus und Kirche aus. Alle Straßen sollten sich im rechten Winkel kreuzen, die Hauptstraßen auf die Tore zulaufen. Es besteht kein Zweifel, dass dieses Modell überall nachgeahmt werden wird, wo die topografischen Verhältnisse es erlauben.

Heinrich gab Lübeck das Soester Stadtrecht, das fortschrittlichste unserer Zeit. Die Lübecker sind dabei, es zum lübischen Recht umzuarbeiten. Außerdem gründeten niederdeutsche Kaufleute hier die „Genossenschaft der Gotland besuchenden Deutschen“.

Im gleichen Jahr wie Lübeck, also 1158, hatte Heinrich der Löwe in seinem zweiten Herzogtum, in Bayern, die Stadt München gegründet.

Es war verständlich, dass Lübeck zu seinem Wohltäter hielt, als der Löwe gestürzt wurde. Kaiser Friedrich Barbarossa selbst musste sich 1181 mit einem Heer an die Trave bemühen. Die Unterwerfung Lübecks bezahlte er damit, dass er die Stadt zur „reichsfreien Stadt“ erklärte.

Die Welt im Jahr 1190

Osthandel
Deutsche Händler sind 1189 erstmalig in Nowgorod am Ilmensee aufgetaucht. Im finnischen Turku wird 1188 eine deutsche Niederlassung gegründet. Der Mönch Meinhard aus Segeberg predigt in Livland. 1184 hat er dort die erste Kirche gebaut.

Minnesang
Friedrich von Hausen, Sänger der „Hohen Minne“, ist auf dem dritten Kreuzzug gefallen. Hartmann von Aue vollendete seine Ritterdichtung in Reimversen „Erek“ und Heinrich von Veldeke seinen „Eneasroman“. Ritterdichtung und Minnesang stehen in hohem Ansehen. Zwei Namen wird man sich merken müssen. Die beiden noch jungen Leute scheinen große Talente zu sein: Wolfram von Eschenbach (23) und Walther von der Vogelweide (19). Der bekannteste französische Minnesänger (Troubadour) ist zurzeit Raimon de Miraval.

Mischna Thora
Der jüdische Religionsphilosoph, Mathematiker und Arzt Maimonides hat alle sittlichen und gottesdienstlichen Gebote des Judentums in zwei Schriften zusammengestellt. Sie heißen „Wiederherstellung der Lehre“ (Mischna Thora) und „Wegweiser für Unschlüssige“. Maimonides ist Leibarzt des Sultans Saladin.

Judenverfolgung
Aus England werden Judenverfolgungen und Morde an Juden in großer Zahl gemeldet.

Deutscher Orden
Bremer und Lübecker Kaufleute haben 1190 in Akko (Palästina) eine Bruderschaft zur Pflege verwundeter Kreuzfahrer gegründet. Die Bruderschaft nennt sich Deutscher Orden.

Arabische Ziffern
Das schon 814 vom arabischen Mathematiker Al Karismi entwickelte Dezimalsystem wird allmählich in Europa bekannt. Die ursprünglich indischen Ziffern werden bei uns „arabisch“ genannt.

Der Minnesänger Walther von der Vogelweide. Miniatur aus der Manesse-Handschrift aus dem 14. Jahrhundert (Universitätsbibliothek Heidelberg)

Waldenser
Die Bewegung der Waldenser findet immer mehr Zulauf. Jetzt auch schon in Süddeutschland, Böhmen und Polen. Ihr Begründer ist der ehemals reiche Kaufmann Petrus Waldus aus Lyon. Als er zu erkennen glaubte, dass geistige und gesellschaftliche Erneuerung mit dem Verzicht auf Wohlleben beginnen muss, verteilte er seine ganze Habe an die Armen. Er forderte die Kirchenfürsten auf, ein Gleiches zu tun. Dafür wurde er 1184 in den Bann getan.

Harakiri
In Japan häufen sich Selbstmorde durch Bauchaufschlitzen. Ein enttäuschter Offizier hat diese Methode, die die Japaner Harakiri nennen, 1185 zum ersten Mal praktiziert.

Hamburger Nachrichten

Die auf dieser Seite genannten Jahreszahlen sind, da nicht immer genaue Urkunden vorliegen, in einigen Fällen nur Anhaltspunkte.

1180

An der Alstermündung wird ein Deich aufgeworfen. Der dahinter laufende Weg erhält später den Namen „dikstrate“ (Deichstraße). – Eingewanderte Holländer und Friesen haben schon seit einiger Zeit mit der Eindeichung der Elbmarschen begonnen.

1195

Die Händler haben beschlossen, für billige Waren auch halbe und Viertelpfennige anzunehmen, da es hier keine anderen Münzen gibt als den Pfennig. Er besteht aus dünnem Silberblech und ist einseitig geprägt. Man nennt ihn daher Hohlpfennig oder Brakteat. Um ihn zu teilen, zerschneidet man ihn. Um größere Beträge zu bezahlen, werden die Pfennige nach Gewicht verrechnet. Die Prägung des hamburgischen Pfennigs zeigt eine dreitürmige Burg, deren mittlerer Turm mit Krone auf den Erzbischofssitz hinweist. – Neben der Neustadt wird die erste Wassermühle angelegt und die Alster dadurch gestaut. In der Neustadt wird eine Kapelle gebaut und dem Heiligen Nikolaus, dem Schutzpatron der Schiffer, geweiht. „Auf dem Berg“ gibt es schon seit einigen Jahren die Marktkirche St. Petri.

1198

Graf Adolf III. lässt unter Erzbischof Hartwig II. vor der Stadt nahe der Alster das Hospital St. Georg erbauen als Asyl für Aussätzige durch Seefahrt und Kriegsfolgen. Es wird auch „Siechenhaus“ genannt.

1201

Beginn der Dänenherrschaft (König Waldemar II.) in der Grafschaft Holstein infolge der Thronwirren nach dem Tod Kaiser Heinrichs IV.

Brakteat aus der Dänenzeit, 1201–ca. 1225, Hamburg.
Gewicht: 0,54 g

Dänen geschlagen
Ein Wunder bringt den Sieg

Bei Bornhöved an der Schwentine, ostwärts des Klosters Neumünster, ist heute die Entscheidung gefallen: Graf Adolf IV. von Holstein hat den Dänenkönig Waldemar II. vernichtend geschlagen. Damit ist die 26-jährige Dänenherrschaft im deutschen Norden beendet. Über die Schlacht erhielten wir den folgenden Sonderbericht:

„Bornhöved, am Abend von Maria Magdalena: Die Schlacht ist geschlagen. Die Walstatt ist übersät mit Toten. Die untergehende Sonne spiegelt sich im blutigroten Gras. Wer von den Feinden noch laufen, humpeln oder kriechen konnte, ist geflohen. Herzog Otto von Braunschweig, der den linken Flügel der Dänen befehligt hatte, ist gefangen. König Waldemar, von einem Pfeil ins Auge getroffen, entkam nur, weil ein Lüneburger Ritter ihn auf sein Pferd hob, sonst wäre er im Gewühl der Schlacht zu Tode getrampelt worden.

Am frühen Morgen hatte die Schlacht begonnen. Freund und Feind kämpften mit gleich großer Tapferkeit, aber die Natur wandte sich gegen die Unsrigen. Die Sonne schien uns so erbarmungslos in die Augen, dass wir kaum noch sehen konnten, und der Staub, den der Wind gegen uns trieb, blendete uns vollends. Mal wankten die Reihen links bei den Mannen Albrechts von Sachsen, mal rechts bei Heinrich von Schwerin und den bei ihm stehenden heldenhaften Lübeckern. Sogar im Mittelfeld, bei unserem Grafen, bei den Holsteinern und Hamburgern, sah man manch Fähnlein sinken.

Da kniete der junge Graf Adolf nieder und betete laut vor allem Heere: Wenn Gott ihm den Sieg gebe, so werde er in Hamburg der Tagesheiligen eine Kirche und ein Kloster bauen und selbst der Welt entsagen. Seinem Beispiel folgend, sank das ganze Heer in die Knie.

Und siehe, es war, als breite Maria Magdalena einen schimmernden Mantel über den Himmel, denn Wolken zogen sich über dem Feind zusammen. Nun blendete die Sonne ihn, der Wind drehte und blies den Feinden Staub in die Augen. Sie wankten, sie wichen, die Dänen, die Braunschweiger und die Schleswiger. Und die Dithmarscher, die hinter Waldemars Linien in Reserve gewartet hatten, griffen den Feind von hinten an. So wurde der Sieg unser."

So weit der Augenzeuge. Vielleicht wird eine spätere Geschichtsschreibung nüchtern feststellen: Die Schlacht bei Bornhöved sei allein dadurch entschieden worden, dass die Dithmarscher Hilfstruppen Waldemars ihm im entscheidenden Augenblick in den Rücken fielen, statt die ins Wanken geratene Front zu stützen!

Graf Adolf IV.,
der Sieger über den Dänenkönig Waldemar II.

Die Schlacht bei Bornhöved.
Zeitgenössische Miniatur in der Sächsischen Weltchronik (Staatsbibliothek zu Berlin)

Diese Darstellung würde unvollständig sein, denn sie würde unberücksichtigt lassen, dass Heilige, die Wunder tun, für die Menschen unseres 13. Jahrhunderts Realitäten sind. Ohne den Glauben an das Wunder wäre die dänische Front gar nicht ins Wanken geraten.

Mit Recht werden die zukünftigen Historiker auch feststellen, dass in dieser Schlacht die Entscheidung darüber fiel, dass Deutschlands Grenze nicht an der Elbe, sondern an der Eider liegt. Das wird für die zukünftigen Zeitgenossen so klingen, als sei dieser Schlacht ein deutsch-dänischer Krieg vorausgegangen. Tatsächlich standen sich aber bei Bornhöved deutsche Fürsten auf beiden Seiten gegenüber.

In Waldemars Heer der Herzog von Braunschweig und Herzog Abel von Schleswig, in Adolfs Heer Graf Heinrich von Sachsen, Erzbischof Gerhard von Bremen und in der Reserve sogar ein Kontingent des Wendenfürsten Burwin.

Vielleicht wäre es zur deutsch-dänischen Auseinandersetzung gar nicht gekommen, wenn nicht an ihrem Anfang eine politische Dummheit, man kann es nicht anders nennen, von Graf Adolf III., dem Vater des Siegers von Bornhöved, gestanden hätte.

Weil Otto von Brandenburg ihm seinerzeit geholfen hatte, Hamburg und Holstein von Heinrich dem Löwen zurückzugewinnen, half Adolf III. im Jahr 1200 dem Brandenburger bei einem Einfall in dänisch besetzte Slawengebiete. Er übersah bei diesem Schritt gleich drei wichtige Tatsachen:

1. Dänemark war gerade dabei, ein nach innen und außen mächtiger Staat zu werden, der sich einen Überfall auf sein Gebiet nicht gefallen lassen würde.

2. Sollten die Dänen aber Holstein angreifen, war vom Reich keine Hilfe zu erwarten, denn in Deutschland schlugen sich gerade zwei „Gegenkaiser" um die Macht.

3. Graf Adolf hatte viele der holsteinischen Edlen für ihre Kollaboration mit Heinrich dem

Löwen bestraft. Sie warteten nur darauf, sich an ihm rächen zu können.

Als die Dänen nun, wie zu erwarten war, in Holstein einfielen, wurden sie von Adolfs Untergebenen unterstützt. 1201 stürmte Waldemar die Stadt Hamburg über das gefrorene Eis der Elbe und nahm Adolf gefangen. Erst nach zwei Jahren ließ er ihn frei, nachdem Adolf auf Holstein verzichtet und geschworen hatte, die Waffen nie wieder gegen die Dänen zu erheben.

Es kam noch schlimmer. Adolfs Erzfeind, der Sohn des „Löwen", Otto IV., wurde Kaiser. Und noch schlimmer: Weil der vom Papst eingesetzte Gegenkaiser Friedrich II. mit dem Welfen allein nicht fertig werden konnte, verbündete er sich ausgerechnet mit Adolfs anderem Erzfeind, Waldemar II. von Dänemark, und verzichtete freiwillig auf altes Reichsgebiet nördlich der Elbe.

Den Hamburgern hätte es recht sein können. Waldemar hatte Hamburg zwar belagert, ausgehungert und geplündert, es dann aber für 700 Mark Silber an seinen Statthalter, den Thüringer Albrecht von Orlamünde, verkauft. Die Hamburger nutzten die Gelegenheit, dass weder der Herr der erzbischöflichen Altstadt noch der der gräflichen Neustadt etwas zu sagen hatten, und vereinigten 1216 beide Stadtteile, „dat Hamborg eyn is unde eyn bliwen scal jummermeire" (dass Hamburg eins ist und immerdar eins bleiben soll).

In Holstein sah es anders aus. Dänische Vögte regierten in ihrer Sprache nach ihrem Recht, und die angestammten Grundherren waren entmachtet. Sie sahen sich nach einem Retter um. Adolf III., zurückgezogen auf seiner westfälischen Schauenburg, berief sich auf das Wort, das er Waldemar gegeben hatte. Er hatte aber nichts dagegen, dass sein Sohn bei Frau von Deest, Herrin auf Kellinghof bei Wilster, zum „Rächer" erzogen würde, bis die Zeit gekommen sei.

Die Erhebung wurde schließlich durch eine ganz private Affäre ausgelöst. Als Graf Heinrich von Schwerin zu einem Kreuzzug aufgebrochen war, hatte er die Sorge um die Seinen König Waldemar anvertraut. Bei der Rückkehr musste er feststellen, dass der König sich, mehr als Heinrich lieb sein konnte, um seine Frau gesorgt hatte. Der gekränkte Ehemann überfiel den König und seinen Sohn während eines Jagdausflugs am 6. Mai 1223 und sperrte beide in den Seekerker zu Schwerin.

Das war das Signal zum Aufstand. Graf Adolf IV., „der Rächer", 23 Jahre alt, stellte sich an die Spitze der norddeutschen Aufständischen, und nun war es an Waldemar, sich nach zweieinhalb Jahren Gefangenschaft durch einen Schwur zu befreien. Er verzichtete auf das eroberte deutsche Land, zahlte ein Lösegeld und schwor, niemals wieder einen deutschen Fürsten zu seinem Bundesgenossen gegen Holstein oder Schwerin zu machen.

War die Auseinandersetzung damit zu Ende? Nein, denn Waldemar beurteilte den Wert eines erpressten Versprechens anders als Adolf III. Er ließ sich im Juli 1226 vom Papst seines Eides entbinden und zog gegen Adolf IV. Und zum Bundesgenossen erwählte er sich ausgerechnet den Sohn des inzwischen gestürzten Kaisers Otto IV., den Enkel Heinrichs des Löwen, Herzog Otto von Braunschweig.

Für die Hamburger war es keineswegs klar, auf welcher Seite sie stehen würden. Ein Jahr vor dem dänischen Gegenangriff, 1225, war Graf Adolf vor Hamburg erschienen und hatte begehrt, in „seine Stadt" einzuziehen. Die Hamburger machten zur Bedingung, dass er alle alten Privilegien bestätige und die inzwischen eingetretenen Veränderungen (Vereinigung von Alt- und Neustadt) anerkenne. Erst dann öffneten sie ihm die Tore, kauften sich von Albrecht von Orlamünde für 1500 Mark Silber frei und unterstützten Graf Adolf im Kampf gegen Waldemar.

So besteht die Bedeutung der Schlacht von Bornhöved für Hamburg darin, dass fortan der Graf von Holstein nicht mehr selbstverständlich Herr über Hamburg ist, sondern nur kraft eines Vertrages, der immer wieder erneuert werden muss.

Die Welt im Jahr 1227

Welteroberer

Dschingis Khan (72) ist am 8. August in Ninghsia (China) gestorben. Er begründete das größte Weltreich, das es je gegeben hat. Es reicht von Korea über China und Sibirien bis ans Schwarze Meer.

Massenmord

Der Kreuzzug gegen die Katharer in Südfrankreich nähert sich seinem Ende. Er hatte 1209 mit der Niedermetzelung von 7000 Männern, Frauen und Kindern in der Kirche Ste. Madeleine in Béziers begonnen. Inzwischen dürfte die Zahl der erschlagenen Ketzer 100 000 betragen.

Preußenbekehrung

Hermann von Salza, Hochmeister des Deutschen Ordens, hat im Auftrag des Papstes mit der Eroberung Preußens begonnen. Aus Preußen wird berichtet, dass die Ritter mehr Heiden erschlagen als bekehren.

Heilige Elisabeth

Die ungarische Gattin des auf dem Kreuzzug gestorbenen Ludwig von Thüringen hat sich in Marburg an der Lahn niedergelassen, wo sie ein so frommes Leben führt, dass die Marburger und alle, die davon hören, sie nur noch die „heilige Elisabeth" nennen.

Bauernrepublik

Nach der Schlacht von Bornhöved ist in Dithmarschen eine Bauernrepublik mit 48 Regenten entstanden.

Städte wie Pilze

Wir leben im Jahrhundert der Stadtgründungen. Es entstanden bisher unter anderem Kalmar (Schweden) 1200, Riga (Livland) 1201, Reval (Estland) 1219, Dorpat (Livland) 1224. In Mecklenburg wurden 60 Städte gegründet, in Brandenburg 21. Die großen Handelsplätze Wisby (Gotland) und Nowgorod (Russland) haben jeder 25 000 bis 30 000 Einwohner. Vergleich: Hamburg etwa 4000, Lübeck rund 8000.

Dschingis Khan und seine Truppen im Kampf mit Chinesen. Buchmalerei von 1397/98 (London, British Library)

Heiliger Franz

Der Papst beabsichtigt, den am 3. Oktober vorigen Jahres gestorbenen Franz von Assisi heiligzusprechen. Seit seinem 26. Lebensjahr war Franz 19 Jahre lang in apostolischer Armut durch die Lande gezogen und hatte Buße gepredigt. Die nach ihm benannten „Franziskaner" bezeichnen sich als Bettelmönche.

Kölner Wind

In Köln hat ein Müller erfolgreiche Versuche mit einer Mühle angestellt, die nicht durch Wasser angetrieben wird. Sie hat Flügel, die vom Wind gedreht werden.

Hamburger Nachrichten

1228
Der Erzbischof hat die Altstadt, mit Ausnahme des Doms, an Graf Adolf IV. abgetreten. Damit sind Alt- und Neustadt auch rechtlich vereinigt. An der Hökerstraße (Dornbusch) wurde mit dem Bau eines gemeinsamen Rathauses begonnen. Es wird Eimbecksches Haus heißen, weil nur in seinem Keller Bier aus Eimbeck (Einbek) ausgeschenkt werden soll. – Magister Jordan von Boizenburg wird zum Stadtnotar bestellt. Er soll das Stadtrecht aufzeichnen und Erbebücher (Grundbücher) führen.

1230
In Hamburg beginnt man mit dem Bau einer Stadtmauer. Bisher gab es nur Wälle und Palisaden. – Im neuen Kaufmanns- und Reederviertel auf der Cremon-Insel wird der Grundstein zu einer Kapelle der heiligen Katharina gelegt.

1241
Hamburg und Lübeck haben zwei Verträge geschlossen: 1. Beide Städte werden in Zukunft Freiheit und Privilegien gemeinsam verteidigen. 2. Die Straße zwischen beiden Städten wird gemeinsam gegen Räuber geschützt. Ausgewiesene aus einer Stadt werden in der anderen nicht aufgenommen.

1245
Der Bevölkerungszuwachs zwingt Hamburg zum Bau einer zweiten Wassermühle. Später bekommt der Müller Hein Reese die Pacht. Hinter seinem Mühlendamm („Reesendamm") staut sich die Alster zum See. Die Bäcker der Stadt haben sich eine eigene Budenstraße zugelegt („Brodschrangen"). Den Bäckern ist es nicht gestattet, Brot in ihren eigenen Häusern zu verkaufen.

1247
Gräfin Heilwig, geborene von der Lippe, die Gattin Adolfs IV., hat ein Kloster der Zisterzienserinnen gestiftet. Als Äbtissin legte sie selbst das weiße Gewand und den schwarzen Mantel der Schwestern an und verteilte ihr Privatvermögen an die Armen. Das Kloster liegt beim Dorf Herwardeshude, dort, wo

Das Maria-Magdalenen-Kloster am heutigen Adolphsplatz. Der Stifter, Graf Adolf IV., trat als Mönch ins Kloster ein. Nach einer Lithografie von Peter Suhr, 1837

der Bach Alte Aue in die Elbe mündet. Graf Adolf hat vor zwölf Jahren das Maria-Magdalenen-Kloster gestiftet und ist, nachdem er mit seiner Gattin eine Pilgerfahrt nach Livland unternommen hatte, am 13. August 1239 als dienender Bruder in das Kloster eingetreten. Vor vier Jahren (1243) ist der 40-Jährige zu Fuß nach Rom und zurück gepilgert und anschließend zum Priester geweiht worden. Seine erste Messe las er auf dem Schlachtfeld von Bornhöved. Der Graf hatte damit alle Gelübde erfüllt.

1257
Aufgrund wiederholter Beschwerden der Hamburger verbietet Papst Urban IV. die Feuerprobe (Anfassen von glühendem Eisen) beim geistlichen Gericht. Gleichzeitig werden alle anderen Formen von Gottesurteilen abgeschafft, zum Beispiel die Wasserprobe und der Zweikampf.

1264
Ein Teil der alten Handelsstraße von Ost nach West wird gepflastert und „Steinstraße" benannt. Damit hat Hamburg, soweit bekannt, die dritte gepflasterte Straße diesseits der Alpen. Die erste wurde 1186 in Paris angelegt, die zweite in London.

1266
Die Altstadt und die Neustadt sind durch eine hölzerne Brücke verbunden (Trostbrücke). Im Volksmund heißt sie „Wechslerbrücke". Die Wechsler üben ein wichtiges Gewerbe auf, weil in Hamburg viele Münzen im Umlauf sind, deren Wert den meisten unbekannt ist.

September 1350

Das große Sterben Schwarzer Tod ist ohne Erbarmen

Kein Strafgericht Gottes hat die Menschheit seit der Sintflut härter getroffen als der Schwarze Tod, die Pest. Seit drei Jahren sucht sie Europa heim. In Hamburg, wo sie vor knapp drei Monaten ihre ersten Opfer forderte, starben 6000 Menschen, die Hälfte der Bevölkerung. Auch Graf Bernhard V. von Schauenburg ist unter den Opfern. Die Seuche kam lautlos Ende Juni. Mehrere Personen wurden gleichzeitig befallen. Haselnussgroße Geschwülste bildeten sich in ihren Weichen, an den Armen, am Hals; sie wuchsen zur Größe eines Hühnereis, einige zu Apfelgröße. Die Betroffenen schrien vor Schmerzen, rissen sich die Haare aus, spien Blut und waren nach drei Tagen tot.

Es gab andere, die keine Schmerzen litten. Sie hatten nur dunkle Flecken auf der Haut, legten sich still hin und standen nicht mehr auf.

Die Ärzte waren machtlos gegenüber dieser unbekannten Krankheit. Nur eines wussten sie, und diese Kunde hatte sich noch schneller verbreitet als die Seuche selbst: Es gibt keine Rettung, und wer mit einem Pestkranken in Berührung kommt, ist selbst des Todes.

Furcht und Hass breiteten sich aus. Liebe, Treue und Glauben starben wie die Menschen. Nachbarn gingen sich aus dem Wege, Eheleute verließen einander, Eltern kümmerten sich nicht um ihre kranken Kinder.

Um die Sterbenden und Toten kümmerten sich die Priester, solange sie selbst noch lebten. Sie setzten sich der Ansteckung am meisten aus. Dann gab es nur noch bezahlte Leichenknechte, die die Toten in die Gruben warfen wir lästigen Abfall.

Totentanz-Fragment in Reval (Tallinn) von Bernt Notke, um 1460 (Leinwand, 1,63 x 7,56 Meter). Ein ganz ähnlicher Totentanz von Notke befand sich in der Lübecker Marienkirche (1943 verbrannt).

Flucht erschien vielen als einzige Rettung. Aber wohin? Flüchtlinge trugen die Krankheit weiter, die Städte sperrten ihnen die Tore. Und auch auf dem Land wütete der Schwarze Tod. Das Vieh lief herrenlos herum, verendete auf unbestellten Feldern. Wölfe drangen in leer stehende Höfe ein und verendeten gleichfalls.

Und doch ist Hamburg, das die Hälfte seiner Bewohner verlor, verhältnismäßig gnädig davongekommen. Es gab Städte, wo von tausend nur einer überlebte, und andere, die gänzlich ausgerottet wurden.

In China war die Seuche 1333 ausgebrochen. Von dort zog sie eine breite Schneise des Todes durch Persien, Russland und Kleinasien in den Westen. 1348 erreichte sie Messina, dann Pisa, dann Florenz. Die Menschheit hielt das Jüngste Gericht, das Ende der Welt für gekommen. Da keine Medizin half, flüchteten sich die einen in Gottesfurcht, die anderen in Teufelsanbetung und Geisterbeschwörung, andere in mönchische Enthaltsamkeit, wieder andere in wilde Ausschweifungen.

„Vom Größten bis zum Kleinsten frönten die Bischöfe und Prälaten sowie die Herren auf die schändlichste Weise der Wollust und überließen sich nicht nur den natürlichen, sondern auch den

widernatürlichsten Lastern ohne Scham und Scheu …" Diesen Bericht schrieb der Dichter Boccaccio aus der großen Stadt Florenz, wo von 130 000 Einwohnern nur 30 000 überlebten.

Geißler zogen in langen Kolonnen durch die Länder, schlugen sich mit Dornenkugeln und predigten Buße. Hamburg war nach Dresden und Lübeck die dritte deutsche Stadt, in der sie auftauchten, vom Volk verehrt, als könnten sie Rettung bringen.

Schuldige wurden gesucht. Bischöfe „exkommunizierten" Heuschrecken, Engerlinge, Mäuse und Ratten und – bald darauf – auch die Juden. Wie ein Lauffeuer verbreitete sich sogar die Meinung, die Juden seien vom Teufel ausersehen, die Brunnen der Christen zu vergiften.

Als im Juli auch Bischof Johann IV. im besonders schwer betroffenen Lübeck ein Opfer des Schwarzen Todes wurde, bedrängten die Ratsherren von Lübeck, Wismar und Rostock den Herzog von Braunschweig-Lüneburg, alle Juden zu erschlagen. In vielen Städten Europas war dies schon geschehen.

Die Straßburger hatten am Valentinstag 1349 zweitausend Juden in einen hölzernen Verschlag gesperrt und verbrannt. In Zürich, Bern und Schaffhausen ging es ähnlich zu. In Freiburg wurden Juden so lange gefoltert, bis sie gestanden, die Brunnen der Christen vergiftet zu haben, dann wurden sie „verurteilt" und ebenfalls verbrannt.

In einigen Städten, so in Erfurt, Köln und Worms, versuchte der Rat vergeblich, die Juden vor der von Priestern aufgehetzten Menge in Schutz zu nehmen. Die Wormser Ratsherren verteidigten sie sogar mit blankem Schwert, was nur dazu führte, dass auch sie erschlagen wurden.

Wo die Juden keinen anderen Ausweg mehr sahen, versammelten sie sich zum letzten Gebet in der Synagoge und verbrannten sich selbst. Wahnsinn hatte die Christen erfasst.

Unter den Opfern der Pest waren unter anderem Alphons XI., König von Kastilien, zwei Söhne und zwei Brüder des Königs Magnus von Schweden, Kardinal Giovanni Colonna, der Bischof von Paris, Foulques de Chanac, und der Generalminister des Franziskanerordnens, Gerhard Odonis.

Wie die Pest gekommen war, so ist sie auch verschwunden: lautlos. Papst Clemens VI. hat seine Statistiker beauftragt, die Opfer zusammenzurechnen. Die Statistiker kommen auf fast 43 Millionen, davon 25 Millionen in Europa. Das sind mehr als die ganze deutsche Bevölkerung, die vor Ausbruch der Pest 21 Millionen zählte. Eine neue Zahl gibt es noch nicht.

Hamburger Nachrichten

1265
Drei Tiden lang sollen elbaufwärts fahrende Schiffe zwecks Zollprüfung und Zollerhebung vor Stade liegen bleiben, hat der Erzbischof von Bremen (1259) angeordnet. Gegen diese Behinderung der Schifffahrt protestieren die Hamburger mit Hinweis auf den Freibrief Barbarossas. Da sie die Urkunde nicht vorweisen können, stellen sie sie in mühevoller Arbeit her. Die Ausfertigung ist so gut, dass auch Erzbischof Hildebold sie anerkennt. – Der erste Apotheker macht am Neß seinen Laden auf. Das niederdeutsche Wort „de nes" bedeutet Landzunge. Sie ragt in die Alster.

1270
Ratsnotar Jordan von Boizenburg fasst im „Ordeelbook" (Urteilsbuch) als Erster in Deutschland das Zivil-, Straf- und Prozessrecht einer Stadt zusammen.

1281
An St. Nikolai wird eine deutsche Schule gegründet. Die Domschule hat Lateinisch als Unterrichtssprache.

1284
Ein Brand vernichtet alle Wohnhäuser der Stadt bis auf eines. Die Häuser sind leicht wieder aufzubauen: Sie bestehen aus Fachwerk, das mit Zweigen und Sand ausgefüllt ist und mit Lehm zusammengehalten wird.

1290
An der Trostbrücke wird ein neues Rathaus gebaut.

1295
Das Nonnenkloster Herwardeshude zieht ins Frauenthal an der Alster um, weil es an seinem Gründungsplatz an der Elbe zu oft von Wassernot und Räubern bedroht war. Seit dem Umzug wird die ganze Gegend nördlich von Hamburg Herwardeshude (Harvestehude) genannt.

1310
Auf der Insel Nigen (Neuwerk) wird ein steinerner Wehrturm fertiggestellt. Der Hamburger Ratsherr Gerhard von Köln und elf handfeste Krieger bilden die Besatzung.

1325
Die holsteinischen Grafen verkaufen ihr Münzrecht an die Stadt.

1327
Die Petrikirche wird als gotische Backsteinkirche (noch ohne Turm) fertiggestellt.

1329
Nach mehr als acht Jahrzehnten Bauzeit wird der Neubau des Domes St. Marien am Vitustag (18. Juni) geweiht.

1330
Den Priestern wird verboten, Masken zu tragen und öffentlich zu tanzen. Bei der Rückkehr von ihren Ausflügen auf die Alsterinsel sollen sie es ferner unterlassen, am helllichten Tag nackt durch die Straßen zu laufen.

1350
Allgemein üblich werden Familiennamen (nach der Herkunft, dem Beruf, den körperlichen oder sonstigen Eigenschaften). – Mit dem Bau der Katharinenkirche (spätgotische Hallenkirche) wird begonnen. – Die „Landwehr", eine vom Kuhmühlenteich bis zum Hammerbrook reichende Verteidigungslinie, wird angelegt.

1339–1351
Die Grafen von Holstein und ein Hamburger Heertrupp heben „mit Feuer und Schwert" mehrere Raubritterburgen aus. Wohldorf, Linau, Bernsdorf, Steinhorst und Stegen werden zerstört, die Burginsassen aufgehängt. Die Raubritter hatten die Kaufmannswagen auf dem Weg zwischen Lübeck und Hamburg ausgeplündert. Als gefährlichster unter ihnen gilt Johann von Hummelsbüttel.

1351
Till Eulenspiegel, der Schalksnarr, soll mehrere Tage in Hamburg gewesen sein.

Mai 1368

Die starke Hanse Kopenhagen wurde erobert

Eine Flotte der Hanse – 37 Schiffe und 2000 Bewaffnete – hat Kopenhagen erobert und die Stadt dem Erdboden gleichgemacht. Hälsingborg und die ganze Küste von Schonen sind ebenfalls in der Hand der Hanse. Die Könige von Schweden und Norwegen haben sich mit ihr verbündet.

Die Friedensbedingungen, die die Hanse dem Dänenkönig Waldemar IV. Atterdag diktieren wird, lauten: Die Durchfahrt zwischen Nord- und Ostsee bleibt frei. Die Hanse besetzt für 15 Jahre die Sundschlösser. Der dänische König stellt alle hansischen Vorrechte wieder her, und der dänische Reichsrat verpflichtet sich, keinen neuen König ohne Zustimmung der Hanse zu wählen.

Das ist die Antwort auf die Herausforderung des Dänenkönigs, der 1361 Gotland überfallen und bald darauf den Sund für hansische Schiffe gesperrt hatte. Eine brutale Antwort.

Die Hansestädte waren damals mit einer noch größeren Flotte, an der Hamburg sich mit zwei Koggen und 200 Mann beteiligt hatte, zum Kampf angetreten, aber durch die Unvorsichtigkeit des Lübecker Bürgermeisters Johann Wittenborg war das Unternehmen gescheitert. Er war mit allen Truppen in Schonen an Land gegangen, um auf die schwedischen Bundesgenossen zu warten, und hatte auf der Reede die Schiffe ungeschützt dem Zugriff der Dänen überlassen. Wittenborg wurde hingerichtet.

1367 hatten sich in Köln 77 Hansestädte zusammengefunden und die Kölner Konföderation gebildet. Jede einzelne Stadt schickte dem Dänenkönig Waldemar einen Fehdebrief, aber der soll darauf hochmütig gesagt haben: „Söven und söventich hense / söven und söventich gense / bieten mi nich die Gense / frag' ich' n Schiet nach de Hense."

Hamburg hat am zweiten Kriegszug gegen Waldemar nicht teilgenommen. Um nicht verhanst (ausgeschlossen) zu werden, zahlt es nun nachträglich einen Beitrag zu den Kriegskosten. Er wird

Die Kogge, 150 Jahre lang allen anderen Schiffstypen überlegen (Rekonstruktionsmodell, Focke-Museum, Bremen)

Bündnisvertrag der Hansestädte mit den Königen von Schweden und Norwegen gegen den dänischen König Waldemar IV. Atterdag 1361 (Staatsarchiv Hamburg)

durch Pfundzoll auf alle ein- und ausgehenden Waren aufgebracht.

Hamburgs Interessen waren durch die Sperrung des Sunds nur am Rande berührt. Genauer gesagt: Der Nutzen war für Hamburg größer als der Schaden, denn manche Fracht für die Ostsee wurde nun in Hamburg gelöscht und auf dem Landweg nach Lübeck befördert.

Die Hanse ist zurzeit die größte Macht in Nordeuropa, stärker als Kaiser und Fürsten. Dabei verfolgt sie keine politischen, sondern ausschließlich wirtschaftliche Ziele. Sie hat keinerlei „Regierung“ und nicht einmal eine offizielle Mitgliederliste. 160 bis 170 Städte gehören ihr an, aber nur 70 bilden den Kern der ständigen Mitglieder. Der einzige Landesfürst, der der Hanse angehört, ist der Hochmeister des Deutschen Ordens mit Sitz in der Marienburg in Preußen.

Der von der Hanse erfasste Wirtschaftsraum reicht vom Atlantik bis Russland, von Norwegen bis Augsburg und Krakau. Die Haupthandelsroute verläuft entlang der Linie Nowgorod – Reval – Lübeck – Hamburg – Brügge – London.

Von West nach Ost werden hauptsächlich gehandelt: Tuche, Eisenwaren, Seide, Wein, Gewürze und Öl, in umgekehrter Richtung: Pelze, Wachs, Honig. Aus dem deutschen Binnenland kommen Getreide, aus Skandinavien Stockfisch und Salzheringe. Das Salz kommt aus Lüneburg und aus Frankreich. Hamburgs wichtigster Exportartikel ist Bier. Man trinkt es in Riga und sogar in Lissabon.

Hauptort der Hanse ist Lübeck mit seinem Nordseehafen Hamburg. Obgleich Hansetage in jeder Mitgliedsstadt abgehalten werden können, war es jetzt in Köln doch das erste Mal, dass wichtige Entscheidungen außerhalb Lübecks getroffen wurden.

Seit zwölf Jahren (1356) hat sich der Begriff „Deutsche Hanse“ eingebürgert. Das ist ein Widersinn, denn zur Hanse gehören ohnehin nur deutsche Städte. Die Ostseestädte Stettin, Danzig, Königsberg und Riga waren von vornherein deutsche Gründungen. Reval wurde zwar vom Dänenkönig Waldemar II. gegründet, aber bald von deutschen Kaufleuten und den Schwertrittern übernommen.

Wenn es in diesen Städten auch Pomeraner, Preußen, Liven und Esten gibt, so haben sie doch so wenig Bürgerrecht wie die Wenden in Hamburg und Lübeck. Selbst die außerhalb des Reiches liegenden Hansestädte dürfen deutsch genannt werden. Wisby auf Gotland wurde von deutschen Kaufleuten gegründet. In Stockholm ist der Stadtrat zur Hälfte mit Deutschen besetzt, und in Krakau sind die Kaufleute Deutsche.

Gemeinsam unterhalten die Hansestädte „Kontore" im Ausland. Das sind: Der Stalhof in London, der Peterhof in Nowgorod am Ilmensee, die Deutsche Brücke in Bergen und das Kontor in Brügge (Flandern). Schon seit 1306 gibt es in Brügge eine „Hamburger Straße".

Die Kontore unterstehen Ältermännern, die exterritoriale Gewalt ausüben. Die Kontore dienen dem kaufmännischen Nachwuchs der Hanse als Ausbildungsstätten. Außerdem unterhält die Hanse noch Handelsniederlassungen (Faktoreien) in Oslo, Antwerpen und vielen kleinen Orten.

Neben dem Wagemut der Kauffahrer und den weitgehenden Privilegien, die ihnen von den jeweiligen Landesherren eingeräumt wurden, war für den Aufstieg der Hanse ein revolutionärer Schiffstyp entscheidend. Um 1200 haben friesische Schiffbauer die Kogge zum ersten Mal konstruiert. Die Boote der Wikinger konnten 15 Last (30 Tonnen) laden, die Koggen haben Laderaum für 100 Last (200 Tonnen). Zwei voll beladene Koggen genügten, um Riga 1208 vor einer Hungersnot zu retten.

Die Koggen sind 29 Meter lang, sieben Meter breit und haben drei Meter Tiefgang. Statt des früher üblichen Seitenruders haben sie ein Heckruder. Dieser seit 150 Jahren ungeschlagene Schiffstyp wird seit 1350 allmählich durch ein doppelt so großes und noch moderneres Schiff abgelöst. Die Hulk hat drei Masten und achtern ein Kastell für den Schiffsführer und mitreisende Handelsherren. Sie kann 150 Last (300 Tonnen) laden.

In einem Punkt ist die Hanse allerdings nicht auf der Höhe der Zeit. Die Seefahrer des Mittelmeers benutzen ein Gerät, in dem eine Magnetnadel stets anzeigt, wo Norden ist. Den Schiffsführern der Hanse ist dieses Instrument unbekannt. Sie segeln vorzugsweise in Sichtweite der Küste oder richten sich nach den Sternen. Von November bis St. Petri (22. Februar) ruht die Schifffahrt ganz.

Die ersten Hansen waren kein Zusammenschluss von Städten, sondern von einzelnen Kaufleuten. Es ist nicht viel mehr als hundert Jahre her, dass die Kaufleute ihre Waren noch selbst begleiteten und nicht über eigene Warenlager, geschweige denn über Kontore mit Schreibern verfügten wie heute.

Das altgotische Wort „hansa" bedeutet „bewaffnete Schar". In dieser Bedeutung kommt es schon in der gotischen Bibelübersetzung des Bischofs Wulfila (gestorben 338) vor. Kaufmannsscharen gab es seit dem 11. Jahrhundert. Die ersten waren wohl die französischen „hanseurs" in Valenciennes. Die ersten deutschen Kaufleute, die sich im Ausland zusammenschlossen, waren die Kölner in London. Eifersüchtig wachten sie darüber, dass sie ihre Guildhall (Gildehalle) für sich allein behielten.

Den Durchbruch schafften die Hamburger. König Heinrich III. von England erlaubte ihnen am 8. November 1266, eine eigene Hanse in London zu unterhalten. Das Datum ist wichtig, weil in dieser Urkunde das Wort „Hanse" (für den Kaufmannsbund) überhaupt zum ersten Mal genannt wird. Schon seit 1252 genossen Hamburger Kaufleute Privilegien in Flandern und seit 1296 auch in Norwegen.

Die Welt im Jahr 1368

Reichshauptstadt

In Prag entstehen herrliche Bauten (Veitsdom, Karlsbrücke). Peter Parler aus Schwäbisch Gmünd ist der Baumeister. Kaiser Karl IV. hat ihn geholt. Der Kaiser hat Prag zur Hauptstadt des Reiches gemacht und hier 1348 die erste deutsche Universität gegründet.

Papstpalast

In Avignon (Südfrankreich) ist der als Festung gestaltete Palast der Päpste, die sich dort, wie sie sagen, in „babylonischer Gefangenschaft" befinden, fertiggestellt worden.

Kremlmauer

Der Kreml in Moskau wird mit einer Steinmauer umgeben. In Nürnberg wird die erste Straße gepflastert. Hamburg hat seine „Steinstraße" schon seit 1264.

Pilgergeschichten

Englisch und nicht Lateinisch, voller Humor statt Würde, erzählt der Dichter Geoffrey Chaucer die Schicksale von Pilgern, die das Grab des heiligen Thomas von Canterbury besuchen. Sein Epos: „Canterbury Tales".

Reformator

Der englische Reformator John Wyclif predigt gegen die Ohrenbeichte, die Sakramente, den Zölibat, die Heiligen- und Reliquien-Anbetung und das Abendmahl.

Lyriker

In Persien gibt es einen Theologieprofessor Hafiz, der den ganzen Koran auswendig kann. Aber nicht das macht ihn bedeutend, sondern seine Gedichte über den Frühling, die Liebe und die Schönheit.

An Laura

Petrarca, der vor einigen Jahren in Rom „zum Dichter gekrönt" wurde, hat seine Liedersammlung „Canzoniere" beendet. In den Canzonen besingt er seine unerfüllte Liebe zu Laura.

Ming-Dynastie

Die Chinesen haben sich von der Mongolenherrschaft befreit. Kaiser Hungwu begründet die Ming-Dynastie. Er lässt die verfallene Große Mauer wieder aufbauen.

Drahtzieher

Durch die Erfindung des Drahtziehens ist es in Nürnberg jetzt gelungen, ganz feine Nadeln herzustellen. Sie haben einen Kopf am Ende, und man nennt sie Stecknadeln.

Ansicht von Prag in der Schedelschen Weltchronik, 1493.
Oben in der linken Bildhälfte die Burg (Hradschin) mit dem Veitsdom, rechts die Karlsbrücke.
Kaiser Karl IV. macht Prag im 14. Jahrhundert zur Reichshauptstadt.

Das neue Geld Drei Tonnen Bier für eine Mark

Auf Mark und Pfennige wird der Hamburger fortan seine Zahlungen leisten können und dabei wissen, was sein Geld wert ist. Der „Wendische Münzverein" beendet das Durcheinander von Prägungen jeder einzelnen Stadt.

Die Städte, die der Währungsvereinbarung beitraten, sind: Hamburg, Lübeck, Lüneburg und Wismar. Rostock, Stralsund, Stettin und Hannover werden folgen. In all diesen Städten werden fortan Münzen gleichen Gewichts, gleichen Silbergehalts und gleichen Aussehens geprägt. Der Münzverein hat seinen Namen vom Wendischen Quartier der Hanse, welches das ehemalige Wendenland umfasst.

Die hamburg-lübsche Mark besteht aus 16 Schillingen zu je zwölf Pfennigen. Mark und Schilling sind nur Rechnungseinheiten. Geprägt werden Pfennige, Zwei- und Vierpfennigstücke. Die Vier-Pfennig-Münzen nennt man „Witten", weil sie weiß glänzen, die Zweier heißen im Volksmund „Blaffert", weil ihr Klang nicht so rein ist. Die Hamburger prägen diese Mehrpfennigstücke (doppelseitig) schon seit zwölf Jahren, also seit 1365.

Für je eine Mark (192 Pfennige) kann man in Hamburg kaufen: vier Kühe, zwölf Schafe, drei Tonnen Bier, 96 Pfund Butter, 150 Pfund Roggen, 40 Liter Landwein, 300 Ziegelsteine oder vier Pfund Bienenwachs. Für einen Pfennig bekommt man 15 Eier. Der Tagelohn eines Arbeitsmannes liegt bei anderthalb Pfennigen.

Hamburg hat die schrecklichsten Menschenverluste der Pest von 1350 überwunden. Es hat jetzt 14 000 Einwohner und ist damit nach Lübeck und Köln die größte Stadt der Hanse. Auch in Süddeutschland gibt es keine Stadt, die mehr Einwohner hat als 20 000. Nicht einmal Nürnberg.

Im Westen gibt es allerdings größere Städte. Brügge und London haben je 35 000, Gent noch mehr. Florenz hat sogar 50 000 (vor der Pest waren es 130 000) und Paris 85 000. Die größten Städte Europas sind Genua, Mailand und Venedig. Dort soll es jeweils 100 000 Einwohner geben.

Rechtlich teilt sich die Hamburger Bevölkerung in drei Gruppen: Bürger, Geistliche und Fremde (Ritter dürfen in der Stadt nicht leben). Die Gilde der Reichen (Kaufleute) stellt den Rat. Es gibt zwei Bürgermeister und 18 Ratsherren. Unter den Handwerkern gibt es aber besonders Wohlhabende, so die Brauer, die Gewandschneider und die Schiffseigner und -führer, aus deren Reihen mancher in die Gilde der Reichen aufsteigt und damit ratsfähig wird und Ämter übernehmen kann.

Von den 14 000 Einwohnern haben nur etwa 2000 das Bürgerrecht. Bürger kann nicht werden, wer keinen Geburtsbrief hat, der ihn als Deutschen ausweist, wer von Leibeigenen abstammt, wer unehelich geboren ist oder einem „unehrlichen" Beruf nachgeht (Fahrende, Bader, Henker usw.).

Außerdem leben in der Stadt noch gräfliche Lehnsleute, Knechte und Mägde. Viele von ihnen sind als Hörige aus dem Umland zugewandert. Wer ein Jahr und einen Tag in der Stadt gelebt hat, fällt unter den Rechtsgrundsatz „Stadtluft macht frei". Die Hälfte der jetzigen Einwohner ist nicht in Hamburg geboren.

Das wichtigste Erzeugnis Hamburgs ist sein weltberühmtes Bier. Es macht ein Drittel des Gesamtexports aus. In einem Jahr wurden ausgeführt (hauptsächlich nach Dänemark und in die Niederlande): 170 000 Tonnen Bier für 62 516 Mark. Die für den seegehenden Export bestimmte Tonne nennt man „Bukett-Tonne". Sie enthält 40 Stübchen (ca. 150 Liter). Die „Small-Tonne" für den Landverkehr hat nur 32 Stübchen (ca. 125 Liter).

Leinwand steht an zweiter Stelle auf der Exportliste (Pfundzollbuch) mit 28 813 Mark, aber hierbei handelt es sich um eine Ware, die in Hamburg größtenteils nur umgeschlagen wird. Es folgen in der Reihe der Wichtigkeit: Tuch, Wachs, Pelzwerk, Getreide und Hering. Alles keine Hamburger Erzeugnisse.

Die Ämterrolle des Jahres 1376 weist aus, dass es zurzeit in Hamburg 457 Braumeister gibt, die fast alle einen eigenen Braubetrieb haben. Nur einige von ihnen beschäftigen sich ausschließlich mit dem Export. Von den Brauereien leben die 104 Böttchermeister. Der Anzahl nach folgen in der Ämterrolle: 57 Schlachter, 52 Gerber, 47 Schuhmacher, je 36 Bäcker und Schmiede, 31 Fischer, 28 Schneider, 16 Drechsler und 12 Zinngießer.

Insgesamt verzeichnet die Ämterrolle 1057 Meister. Zu den kleineren Gewerben gehören: Heringswäscher, Speermacher, Lehmdecker, Speckschneider, Helmschläger und Vogelsteller.

Die Angehörigen eines Gewerbes wohnen in Zunftstraßen zusammen, die nach ihnen benannt sind (Bücker-, Schmiede-, Pelzerstraße oder Görttwiete, die Straße der Grützmacher, die den Bierbrauern die Gerste liefern). Viele Handwerker verkaufen direkt vom Fenster aus, indem sie die sich von oben nach unten öffnenden Fensterläden aufklappen und ihre Waren darauf ausbreiten. So beginnt man die Verkaufsstätten einfach „Laden“ zu nennen.

Die Handwerker haben es bisher den Reichen noch nicht nachgemacht, ihre Fenster zu verglasen. Die meisten der stattlichen Häuser in der Reichenstraße, wo die Fernhändler wohnen, haben in den letzten 25 Jahren bleigefasste Butzenscheiben bekommen. Sie sind zwar nicht durchsichtig, aber es brauchen bei Tage in den Häusern keine Kienspäne, Öllampen oder Kerzen mehr zu brennen.

Man nennt die Großkaufleute auch Patrizier. Sie betreiben ihre Geschäfte bis in die äußersten Orte des Hansegebiets und reisen selbst zu Märkten und Messen bis nach London oder Brügge. Ihre Vermögen halten sich zwischen 4000 und 40 000 hamburg-lübsche Mark. Neuerdings nennt man die Patrizier im Volksmund auch oft die „Steinreichen“. Der Grund: Seit dem großen Brand von 1284 dringt der Rat darauf, dass die Zwischenräume des Fachwerks mit Backsteinen ausgefüllt werden. Das ist natürlich teuer, und wer es sich leisten kann, beweist damit, dass er „steinreich“ ist.

Häufiges Reiseziel Hamburger Kaufleute: Weinmarkt in Brügge, Flandern. Der Lastkran wird von Menschenkraft angetrieben. Kalenderbild von Simon Bening, um 1530 (München, Bayerische Staatsbibliothek)

Leider hat man nach dem großen Brand von 1284 versäumt, die Straßen zu verbreitern. Da jedermann seinen Unrat vor der Haustür auskippt, stinkt es in den engen Gassen im Sommer entsetzlich, und in den nassen Jahreszeiten watet man in einem Gemisch von Lehm, Sand, Abfällen und noch ganz anderem.

Nur die größeren Straßen haben einen Abflussgraben in der Mitte, und nur die wenigen gepflasterten Straßen haben Rinnsteine an den Seiten. Da die Braustuben ihre Abwässer in die Fleete entleeren, ist auch die Wasserversorgung ein dringendes kommunales Problem. Einige Bürger haben sich jetzt aus eigener Initiative zu Feldbrunnengemeinschaften zusammengeschlossen. Sie beziehen ihr Wasser aus tiefen Brunnen in der Nähe der Elbe.

Die Welt im Jahr 1377

Sturmflut

Eine gewaltige Sturmflut der Nordsee hat die Emsmündung zu einem Meerbusen aufgerissen. In kleinerer Form war dieser Mündungstrichter (Dollart) schon im 13. Jahrhundert entstanden.

Quarantäne

Zum ersten Mal verhängen zwei Häfen – Venedig und Ragusa (Dubrovnik) – eine Quarantäne. Man befürchtet, dass die Seeleute die Pest an Bord haben.

Verschwender

In London starb König Eduard III. nach 50 sehr teuren Regierungsjahren. Seine Skrupellosigkeit im Schuldenmachen kannte keine Grenzen. Die englische Königskrone verpfändete er dem Trierer Erzbischof, die Krone der Königin ging nach Köln.

Furcht vor Finsternis

In Marokko starb der arabische Weltreisende Ibn Batuta. Er bereiste Vorderasien, Südrussland, Persien, Indien, China, Sumatra, Ost- und Westafrika und Spanien, lehnte es aber ab, nach Mittel- oder Nordeuropa zu reisen, da er die Beschwerlichkeiten im „Land der Finsternis" fürchtete.

Groß-Litauen

Olgierd, Großfürst von Litauen, hat die Tataren besiegt und sein Reich bis zur Ukraine ausgedehnt.

Eine Leiche

Die Mediziner der südfranzösischen Universität Montpellier haben vom Herzog von Anjou die Erlaubnis erhalten, eine Leiche pro Jahr zu sezieren.

Städtekrieg

Die süddeutschen Städte haben sich zu einem Bund zusammengetan und den Krieg gegen Fürsten und Adel begonnen.

Kanone

In Amsterdam wurde eine eiserne Kanone gegossen, die 360 Pfund schwere steinerne Kugeln verschießen kann.

Heimkehr

Papst Gregor XI. ist nach Rom zurückgekehrt. Die seit 1309 andauernde „babylonische Gefangenschaft der Päpste" in Avignon ist zu Ende.

Hamburger Nachrichten

1370

Bürger haben eine Anfrage an den Rat gerichtet, ob er nicht die Rosen- und die Lilienstraße in der Altstadt umbenennen wolle. Dort liegen der Richtplatz, die Henkerswohnung und die stinkende Abdeckerei. Antwort: Vor 30 Jahren, als die Straßen ihre Namen bekamen, habe es dort auch nicht nach Blumen geduftet. Dies sei „Hamburger Humor".

1375

Als Folge eines Handwerkeraufstands gegen hohe Steuern, an dem sich 540 Meister beteiligten, werden „Ämter" (in anderen Städten Zünfte genannt) gegründet und geben sich „Zettinge" (Satzungen). Handwerke, die nur wenige Meister haben, bilden gemeinsame Ämter. So sind in einem Amt zusammengefasst: Maler, Glaser, Sattler, Reepschläger, Beutelmacher und Plattenschläger (Harnischmacher). – Die Flandern- und Englandfahrer gründen die erste Gesellschaft der Fernhändler.

1376

Ein Bremer Domdechant beschuldigt den Erzbischof Albrecht II. (geborener Herzog von Braunschweig), ein Zwitter zu sein. Die Überprüfung findet in einer Hamburger Badestube statt. Ergebnis: Der Erzbischof ist ein Mann.

1382

Am Rathaus wurde eine Leuchte (lucerna) angebracht, damit man es auch im Dunkeln findet. Die Trostbrücke wurde gepflastert.

1383

Das Nonnenkloster Herwardeshude (Harvestehude) zählt jetzt auch Niendorf zu seinem Besitz. Durch Schenkungen und Vermächtnisse frommer Herren gehören ihm nun Borstel, Ohlsdorf, Alsterdorf, Winterhude, Lokstedt, Eppendorf, Eimsbüttel, Othmarschen, Ottensen, Bahrenfeld und Rissen.

Störtebekers Tod auf dem Grasbrook

Der Seeräuber Klaus Störtebeker und dreißig seiner siebzig Kumpane sind heute auf dem Grasbrook enthauptet worden. Ihre Köpfe wurden auf Pfähle gesteckt und am Elbufer aufgereiht. Störtebeker und seine Leute hatten zwar keinen richtigen Prozess bekommen, aber man hat ihnen Gelegenheit gegeben, sich einzeln zu rechtfertigen. Einige haben sogar einen Fürsprecher in Anspruch genommen. Immerhin waren sie nach ihrer Festnahme Mitte August noch drei Monate in Haft, und ihre Beköstigung hat die Stadt 193 Mark und sieben Schilling gekostet.

In den Auseinandersetzungen mit Seeräubern sind auf beiden Seiten solche juristisch bedingten Verzögerungen eigentlich nicht üblich. Die Seeräuber verschonen nur diejenigen ihrer Gefangenen, für die sie ein Lösegeld erwarten können oder die stark genug und willens sind, in ihre Dienste zu treten. Alle anderen werden über Bord geworfen. Als unsere Flotte in diesem Frühjahr in der Osterems 114 Seeräuber fing, wurden 80 von ihnen kurzerhand ertränkt und 34 geköpft.

Die Seeräuber bedrohen schon seit zwei Jahren die England-, Bergen- und Flandern-Fahrt aufs Schwerste. Die Engländer fordern Schadenersatz für ihre verlorenen Schiffe, Waren und Besatzungen und drohen mit der Einstellung des Handels.

Die Seeräuber selbst nennen sich „Likedeeler", denn angeblich verteilen sie die Beute unter sich zu gleichen Teilen (liken deelen). Das ist alter Kriegsbrauch, auch bei Söldnertruppen. Die Söldner sind außerdem verpflichtet, den geistlichen oder weltlichen Herren, auch den Stadträten, in deren Dienst sie stehen, einen gebührenden Teil der Beute abzutreten.

Der Wahlspruch der Likedeeler lautet: „Godes vrende unde al der werlt vyande" (Gottes Freund und aller Welt Feind). Ihre Schlupfwinkel sind kleine Fischerhäfen an der ostfriesischen Küste, in die nur Einheimische hineinsteuern können. Diese Einheimischen stehen auf Seiten der Likedeeler, auch wenn sie dem Erzbischof von Bremen geschworen haben, selbst nicht auf Seeraub zu gehen. Sie geben den Räubern Winterquartier. Der Friesenhäuptling Keno ten Brooke in Marienhafe hat sogar seine Tochter mit Störtebeker verheiratet.

Störtebeker war ein Unterführer des noch gefährlicheren Seeräubers Godeke Michels, bis sie das Revier aufteilten. Störtebeker übernahm die Elbmündung, Michels blieb England und Flandern näher. Leider konnten wir seiner noch nicht habhaft werden.

Störtebeker führte seine Raubzüge von Helgoland aus. Diese Operationsbasis war für ihn relativ sicher, weil alle größeren Schiffe die weithin sichtbare Insel wegen der zahlreichen Untiefen weit umfahren. Mit der Flut ließ er seine Schiffe in die Elbmündung ziehen, schlug zu und kehrte mitsamt dem erbeuteten Schiff mit der Ebbe nach Helgoland zurück.

In diesem Sommer war in Hamburg eine Flotte ausgerüstet worden, um Störtebeker vor Helgoland zu stellen. Ein Neubürger namens Simon van Utrecht hat dazu zwei in Flandern gebaute neue Schiffe auf eigene Kosten beigesteuert. Eines davon ist das Flaggschiff „Bunte Kuh". Simon van Utrecht, ein am Rödingsmarkt wohnender junger Kaufmann aus Holland, hat erst in diesem Jahr das Bürgerrecht erworben.

Die Aktion im August stand unter dem Befehl des Ratsherrn Nikolaus Schocke. Kommandant der „Bunten Kuh" war Hermann Nienkerken.

Inzwischen ist das Gerücht aufgetaucht, ein Freund Schockes habe, als Blankeneser Fischer verkleidet, in der Nacht vor dem Kampf flüssiges Blei in das Ruder von Störtebekers Hulk gegossen und ihn damit manövrierunfähig gemacht.

Mit solchem Unsinn wollen heimliche Verehrer Störtebekers erklären, wieso es möglich war, den „Unbesiegbaren" schließlich doch zu besiegen. Tatsächlich hat sich Störtebeker dem Kampf gestellt, vielleicht in Verkennung der Stärke der Ham-

Auf dem Grasbrook rollen die Köpfe. Mit Störtebeker starben dreißig Seeräuber.
Spätere Darstellung

burger, die auf jedem Schiff außer der Besatzung rund achtzig Bewaffnete mitführen.

Störtebeker verließ mit seinen Schiffen die Enge zwischen den beiden Helgoländer Inseln und ging seinerseits zum Angriff über. Der Kampf auf den Bord an Bord mit Enterhaken verklammerten Schiffen dauerte fast den ganzen Tag. Im Nahkampf mit Beilen und Schwertern fielen vierzig von Störtebekers Leuten. Einige Schiffe entkamen. Wie viele Tote sie mitnahmen, ist unbekannt. Die Zahl der eigenen Verluste behandelt die Admiralität als militärisches Geheimnis.

Störtebeker wurde, so wird berichtet, „wie ein Fisch" gefangen, indem ihm einer der Hamburger Kriegsknechte geschickt ein Netz über den Kopf warf. Sonst hätte er sich sicher bis zum Letzten gewehrt.

Die Annahme der Schlacht mag ein Grund sein, dass der Rat ihm und den Seinen die Möglichkeit einer Rechtfertigung ließ und die Likedeeler nicht schimpflich zu Tode brachte.

Dass die Enthauptung der Seeräuber nicht „schimpflich" war, beweist ein Vergleich mit den in Hamburg üblichen Strafen. Diebe werden in einem Schupfen (Korb) mehrmals untergetaucht. Sie sollen dabei nicht zu Tode kommen. Wenn es doch geschieht, ist dem Fron (Henker) kein Vorwurf zu machen. Raub wird bei einem Wert der Beute von mehr als drei Pfennigen mit Erhängen oder Enthaupten bestraft. Brandstifter werden in einem umgestülpten Fass so lange über Feuer gehalten, bis sie ersticken. Falschmünzer werden in einem übergroßen eisernen Kessel bei lebendigem Leibe gesotten. Weiber, die der Untreue, der Trunksucht, der Zänkerei, der Kindesverwahrlosung oder Verleumdung überführt sind, werden mit zwei Schandsteinen behangen und unter Hörnerblasen aus der Stadt getrieben.

Ein anderer Grund für die Behandlung der Seeräuber mag sein, dass gerecht Denkende nicht vergessen haben, wie es zur Seeräuberplage dieses Ausmaßes überhaupt gekommen ist.

Die Schweden hatten 1364 Herzog Albrecht III. zu Mecklenburg zu ihrem König gemacht. Der schwedische König war also der natürliche Verbündete der mecklenburgischen Hansestädte Wismar und Rostock, und des Königs Feinde waren damit auch ihre Feinde. Des Königs Stellung wurde zunehmend bedroht durch Dänemark. Die Hansestädte stellten nun Kaperbriefe an jedermann aus, der bereit war, „das Reich Dänemarken zu beschädigen". Die Kaperei galt ja als ehrenhaftes Mittel der Kriegsführung.

Die Kaperer nahmen den dänischen Schiffen die Ladung ab. Sie bestand sehr oft aus „Viktualien" oder „Vitalien", also Lebensmitteln. Was die Kaperer nicht selbst brauchten, verkauften sie in den mecklenburgischen Häfen. So nannte man sie bald „Vitalienbrüder", und sie selbst nannten sich dann auch so.

Als 1388 die Königin Margarete von Dänemark und Norwegen daranging, auch Schweden ihrer nordischen Union zu unterwerfen, und Albrecht gefangen setzte, gelang es ihr nicht, Stockholm zu nehmen, das von mecklenburgischen Truppen Albrechts und der großen deutschen Bevölkerung der Stadt verteidigt wurde. Nun bekam der Name Vitalienbrüder eine neue Bedeutung. Es galt, die belagerte Stadt mit Lebensmitteln zu versorgen. Das war eine noch ehrenvollere Aufgabe als die Kaperei.

Aber der Krieg ging 1395 zu Ende, und die Vitalienbrüder hatten sich an ihr einträgliches Gewerbe so sehr gewöhnt, dass sie gar nicht daran dachten, es aufzugeben. Sie eroberten Wisby auf Gotland als Stützpunkt für ihre Raubzüge – auch gegen die ehemaligen Auftraggeber.

Der erste Versuch, sie dort auszuräuchern, endete mit einer Tragödie. Die Kalmarer und die Danziger hatten unabhängig voneinander je eine Flotte ausgerüstet, aber als sie – ohne voneinander zu wissen – unerwartet vor Wisby aufeinandertrafen, metzelten sie sich gegenseitig nieder. Schließlich vertrieb Konrad von Jungingen, Hochmeister des Deutschen Ordens, der als einziger Fürst zur Hanse gehört, die Likedeeler 1398 von Gotland, vernichtete sie aber nicht.

Die wichtigsten Anführer der Vitalienbrüder waren bis dahin Schweden gewesen: Otto Peccatel, Arend Stycke und Sven Sture, dem beinahe die Rückeroberung Stockholms gelungen war. Sie schworen dem Seeraub ab und traten in die Dienste Königin Margaretes. Unter Godeke Michels und Störtebeker verlegten die Vitalienbrüder ihr Aktionsgebiet in die Nordsee. Ob mit Störtebekers Ende auch das Ende der Seeräuberplage gekommen ist, wird sich noch zeigen müssen.

Nachtrag 1406: Fünf Jahre haben genügt, um aus dem Seeräuber Störtebeker im Andenken der Zeitgenossen einen Volkshelden zu machen. Als er damals von seinem Gefängnis im Rathaus zum Grasbrook geführt wurde, säumten Hunderte von Neugierigen den Weg, und noch mehr drängten sich am Richtplatz.

Man sah unter dem Weibervolk, dem jungen wie dem alten, viele Tränen in den Augen. Unbegreiflich ist allerdings, dass sich die Legenden nur um Störtebeker ranken und nicht um seinen Lehrmeister, den viel gefährlicheren Godeke Michels, der mit seinen achtzig Gesellen bald darauf am gleichen Platz endete. Er wurde 1401 von einer weiteren hansischen Flotte gefasst. Den Winter 1400/1401 hatte er in Norwegen verbracht.

Heute erzählt man sich: Der Hauptmast von Störtebekers Hulk sei mit purem Gold gefüllt gewesen. Um sein Leben zu retten, habe Störtebeker dem Rat angeboten, einer unserer Kirchen eine goldene Krone aufzusetzen. Oder: Er wollte dem Rat eine goldene Kette machen lassen, mit der man den Dom umspannen könne, sogar die ganze Stadtmauer.

Auf dem Grasbrook habe Störtebeker dann mit dem Rat eine Abrede getroffen, dass von seinen in einer Reihe aufgestellten Männern diejenigen begnadigt werden sollten, an denen er ohne Kopf vorbeilaufen könne. Es seien elf gewesen, dann aber habe ihm der Henker ein Bein gestellt.

Der Henker soll nach der Hinrichtung bis an die Knie im Blut gestanden haben. Das war so, nicht aber war es so, dass vom Blut, das in die Elbe floss, die gefährlichen Sände fortgespült wurden, die dort die Schifffahrt gefährdeten.

Bei so vielen Legenden wird man eines Tages vielleicht fragen, ob es diesen Übermenschen Störtebeker überhaupt gegeben hat. Es hat ihn gegeben. Man kann es aus der Kämmerei-Rechnung ersehen, in der sein Name genannt wird: Der Henker bekam für die dreißig abgeschlagenen Köpfe die stolze Summe von zwölf Pfund (das sind je 240 Pfennige, also insgesamt 2880 Pfennige, was sehr gut bezahlt ist), der Abdecker Knoker für das Verscharren der Kopflosen ein Pfund.

Wahrscheinlich war Störtebeker Mecklenburger. Im Urkundenbuch der Stadt Wismar ist Anno 1380 ein Nicolaus Störtebeker genannt, der an einer Rauferei beteiligt war. Es liegt nahe, dass es derselbe ist, der dann in Wismars Kaperdienste trat. Genau weiß man es nicht. Es könnte auch sein, dass sich der Seeräuber und Saufaus den Namen „Stürz den Becher" selbst zugelegt hat. Der Familienname kommt in den Randgebieten der Nord- und Ostsee häufig vor. In den Hanserezessen werden ein Johann und ein Hermann Störtebeker genannt.

Das Geschäft mit dem Seeräuber

Niemand hat Störtebeker zu Lebzeiten gemalt oder gezeichnet. Wie kommt es dann aber, dass unser Bild (Abb. oben rechts) allgemein als Störtebeker-Porträt gilt? Der Nürnberger Kupferstecher Daniel Hopfer schuf es um 1530 (rund 130 Jahre nach Störtebekers Tod).

Wahrscheinlich stellt dieses Bild den Hofnarren Kaiser Maximilians I., Kunz von Rosen, dar. Es wurde als Flugblatt auf Märkten verkauft und als Bildnis des Bauernführers Florian Geyer ausgegeben, aber auch als das Störtebekers. Kopien wurden angefertigt. Es war wahrscheinlich ein geschäftstüchtiger Drucker, der eine Kupferplatte mit der Beschriftung „Claus Stürz den Becher" versah.

Seeräuber, Hofnarr oder Bauernführer?
Kupferstich von Daniel Hopfer, um 1530

Im 17. Jahrhundert kam diese Platte in den Besitz des Nürnberger Buchhändlers David Funck. Vielleicht im besten Glauben an die Echtheit drückte Funk das Porträt dann in großer Auflage. Das Original Hopfers befindet sich im Berliner Kupferstichkabinett.

Die Welt im Jahr 1400

Tschechische Ketzer

Hieronymus von Prag (21), der in England die Lehren Wyclifs studiert hat, verbreitet sie nun auch in Böhmen und fordert die Einziehung des ständig wachsenden Kirchenbesitzes zugunsten der Allgemeinheit. Er hat auch Jan Hus, neun Jahre älter, für die Reformation begeistert.

Dialog mit dem Tod

Der Rektor der Lateinschule in Saaz (Nordböhmen) hat das Buch „Der Ackermann aus Böhmen“ vollendet. Inhalt: Ein Mann führt ein Streitgespräch mit dem Tod, der ihm seine geliebte Frau genommen hat. Es ist das erste Mal in der deutschen Literatur, dass der Tod nicht nur als Schwelle zu einem besseren Jenseits gesehen wird.

Jagellonen

Jagello, der Großfürst von Litauen, seit 1386 mit Jadwiga von Polen (Hedwig von Avignon) verheiratet, schließt mit Polen einen Unionsvertrag und gründet die Dynastie der Jagellonen. Sein Reich umfasst jetzt Polen, Litauen, Weißrussland und die Ukraine. Eine kriegerische Auseinandersetzung mit dem Deutschen Orden in Preußen steht bevor.

Mode

In Flandern werden nicht nur die kostbaren Tuche gemacht, sondern auch die Mode. Die Frauen tragen jetzt enge, weit ausgeschnittene Kleider mit sehr weiten, gezackten Ärmeln. Die Männer tragen kurze Jacken, ebenfalls mit weiten gezackten Ärmeln, geteilte Beinlinge (Hosen) und Schuhe, rechts und links in verschiedenen Farben. In Deutschland und Frankreich tragen die Frauen hohe Taillen.

Ketzergerichte

In England werden die staatlichen Richter ermächtigt, sich an der Ketzerverfolgung zu beteiligen.

Hamburger Nachrichten

1384

St. Nikolai bekommt eine Stundenglocke.

1387/88

Die Pest wütet wieder in Hamburg, aber nicht so verheerend wie 1350.

1388

Sechspfennigstücke werden erstmals geprägt.

1390

In Moorburg errichten die Hamburger einen festen Punkt zur Sicherung der Elbschifffahrt.

1391

St. Jacobi wird als gotische Hallenkirche fertiggestellt.

1393

Bürgermeister Kersten Miles erobert das Amt Ritzebüttel am linken Ufer der Elbmündung für Hamburg.

1398

Die Lübecker bauen den Stecknitz-Kanal, um das Salz aus Lüneburg billiger in ihre Stadt schaffen zu können. Der Kanal verbindet die Elbe bei Lauenburg mit der Trave. Er ist die erste künstliche Wasserstraße in Nordeuropa.

1400

Die kreuzförmige Basilika des Doms wird zur Hallenkirche umgebaut.

1403

Schillingstücke werden geprägt.

1405

Wer als Handwerker selbstständig werden will, muss ein Meisterwerk anfertigen. Das gibt ihm aber nicht das Recht, eine eigene Werkstatt aufzumachen, da deren Zahl aus Konkurrenzgründen von den Ämtern klein gehalten wird. Zu einer Werkstatt kommt nur, wer sie erbt oder wem es gelingt, die Tochter oder Witwe eines Amtsmeisters zu heiraten.

10. August 1410

Hamburgs Bürger erzwingen die erste Verfassung

Die höchste Gewalt in unserer Stadt liegt nicht mehr allein beim Rat. Die Bürger haben ein Mitspracherecht in wichtigen Fragen. Das wurde heute, am Tage des Heiligen Laurentius, in einem Rezess bestätigt. Mit diesem Vergleich verhinderte der Rat den Ausbruch von Bürgerunruhen, wie sie andere Städte heimgesucht und in Lübeck sogar zur Vertreibung des Rates geführt haben.

Was mit einem Meilenstein in der Geschichte Hamburgs endete, hatte mit einigen unflätigen Worten eines Bürgers begonnen: Bürger Hein Brand begegnete auf der Straße dem Herzog Johann von Sachsen-Lauenburg, dem er vor längerer Zeit eine größere Summe geliehen hatte. Trotz mehrfacher Mahnungen hatte er das Geld nicht zurückerhalten. Hein Brand stellte seinen Schuldner zur Rede. Der Herzog verwies darauf, dass er freies Geleit des Rates genieße, und verbat sich Zudringlichkeiten. Das machte Hein Brand zornig, und er sparte nicht mit unfreundlichen Ausdrücken. Schlimmeres geschah nicht. Aber der Herzog forderte beim Rat Genugtuung. Der Rat lud Brand vor, und der stritt nichts ab. Darauf wurde er von acht Ratsherren, Fronknechte waren gerade nicht erreichbar, zum Winserturm (dem Gefängnis im Winser Tor) geleitet und dort eingesperrt.

Die Kunde von dieser Verhaftung ging wie ein Lauffeuer durch die Stadt. „Verstoß gegen das Versprechen des Rates von 1405, niemanden ohne Prozess zu verhaften!“, riefen die Bürger. „Willkür“, riefen die Rädelsführer.

In einer ruhigen Situation hätten sich die Bürger sicher belehren lassen, hätten sie erfahren, dass Hein Brand ja durchaus seine Anhörung gehabt hatte und geständig war, sich ungebührlich benommen zu haben; aber es war keine ruhige Situation, weder in Hamburg noch sonst wo in Deutschland.

Alle Hansestädte hatten Räte, die sich nur aus den reichsten Familien zusammensetzten und sich ohne Wahl selbst ergänzten. Die Räte vereinbarten untereinander hansischen Lastenausgleich und sogar Kriegsunternehmungen, ohne dass die Bürger erfuhren, wieso die Staatsausgaben stiegen und warum man ihnen immer höhere Steuern abverlangte. Die Räte legten auch in keiner Angelegenheit Rechenschaft über ihre Maßnahmen ab. Das hatte schon in vielen Städten zu Bürgeraufständen geführt und am 28. Januar 1408 in Lübeck zur Vertreibung des Rates.

Besonders gereizt war die Stimmung in Hamburg, weil einige der vertriebenen Ratsherren aus Lübeck mit ihren Familien bei ihren Standesgenossen an der Elbe äußerst freundliche Aufnahme gefunden hatten.

Die Verhaftung Hein Brands war nur der Funke, der das schwelende Feuer zum Lodern brachte. Nach dem Vorbild Lübecks, Rostocks und Wismars bildete sich ein Sechzigerrat, zu dem jedes der vier Kirchspiele (Petri, Nikolai, Jacobi, Katharinen) 15 Vertreter entsandte. Die Sechziger versammelten sich am 6. August im Remter des Maria-Magdalenen-Klosters und verlangten zunächst die Freilassung Brands und sodann Verhandlungen über eine Reihe von Forderungen, die sie aufgestellt hatten.

Dieselben acht Ratsherren, die Brand zum Turm gebracht hatten, mussten ihn nun auch wieder in die Freiheit führen. Der Held wider Willen genoss seine Art Triumphzug. Dann begannen die Verhandlungen.

Bürgermeister Kersten Miles führte sie für den Rat. Eigentlich hieß er Ritter (er hatte seinen Namen latinisiert, wie es jetzt vielfach üblich ist). Miles erkannte die Situation klar. Widerstand hätte Bürgerkrieg bedeutet. Einige der Forderungen aber waren einfach nicht akzeptabel. Der Rat konnte zum Beispiel unmöglich das Asylrecht verletzen und die Lübecker Flüchtlinge ausweisen. Auch konnte er es sich nicht leisten, einige namentlich genannte Ratsherren aus dem Amt zu vertreiben.

Das Ergebnis der viertägigen Verhandlungen ist ein Rezess (Vergleich, wörtlich: Rücktritt) mit 20 Artikeln.

Die wichtigsten sind:

- Artikel 1: Kein Bürger, arm oder reich, darf ohne Anhörung durch Rat oder Gericht verhaftet werden.
- Artikel 6: Es soll der Rat keinen Krieg anfangen, sondern darüber erst die Bürger fragen.
- Artikel 10: Der Rat darf niemandem freies Geleit zusichern, der Schulden bei Hamburger Bürgern hat.
- Artikel 11: Bei Streitigkeiten zwischen Rat und Bürger sind diese ohne Verzug zu bereinigen und dürfen auch durch Juristen nicht verzögert werden.
- Artikel 15: Untreue Bedienstete der Stadt sind zu entlassen.

Der Rezess von 1410 gilt als erste Hamburger Verfassungsurkunde.

Bürger Hein Brand ist ein berühmter Mann geworden. Die Gasse, in der er wohnte, wird jetzt Brandstwiete genannt.

Einen schweren Nachteil hat die Stadt durch die ganze Angelegenheit allerdings in Kauf nehmen müssen. Am Sonntag Kantate (vierter Sonntag nach Ostern) hatte ein Hansetag beschlossen, Hamburg zum Hauptort der Hanse zu machen, weil Lübeck wegen der politischen Lage diese Stellung abgeben musste. In den Augen der Hanse hat sich Hamburg nun aber ebenfalls disqualifiziert. Lübeck bleibt das Haupt der Hanse.

Die Welt im Jahr 1410

Neuer Kaiser

Sigismund, König von Ungarn, wird römisch-deutscher Kaiser.

Ordensniederlage

Polen und Litauer besiegen bei Tannenberg den Deutschen Orden.

Seeräuberkarriere

Balthasar Cossa lässt sich in Mailand zum Papst wählen. Er nennt sich jetzt Johannes XXIII. Als Söldnerführer hatte er Bologna erobert und die Stadt Papst Bonifatius IX. geschenkt, der ihn dafür zum Kardinal machte. Davor hatte Cossa Seeraub im Tyrrhenischen Meer getrieben. Er hat zwei Gegenpäpste, Gregor XII. in Rom und Benedikt XIII. in Avignon.

Perspektive

Filippo Brunelleschi (33), Baumeister und Bildhauer in Florenz, findet die Grundgesetze der Perspektive.

Die Welt im Jahr 1415

Ketzer

Jan Hus, der tschechische Reformator, wird als Ketzer verbrannt. – Der schon 1384 gestorbene englische Reformator John Wyclif wird vom Konzil zu Konstanz nachträglich zum Ketzer erklärt.

Brandenburg

Fürst Friedrich von Hohenzollern, Burggraf von Nürnberg, bekommt von Kaiser Sigismund die Mark Brandenburg als erbliches Kurfürstentum.

Paris besetzt

König Heinrich V. von England hat den unterbrochenen Krieg gegen Frankreich wieder aufgenommen. Die Engländer besetzen Paris und den größten Teil Frankreichs.

Der Meister der goldenen Altäre

Meister Bertram von Minden ist 1415 in Hamburg gestorben. 1367 kam er aus Westfalen in unsere Stadt. Er war Ältermann des Maleramts und Haupt einer bedeutenden Altarwerkstatt. Er wurde gerade 60 Jahre alt. Sein genaues Geburtsdatum kannte er nicht.

Sein Hauptwerk steht in der St.-Petri-Kirche. Es ist ein Hochaltar mit 24 Tafelbildern auf goldenem Untergrund. Für seine biblischen Darstellungen wählte er Modelle aus unserer Alltagswelt. Christi Geburt verlegte er in ein bescheidenes niedersächsisches Bauernhaus. Seine Erbauer der Arche Noah benutzen Werkzeuge und Trinkgefäße, wie sie unsere Schiffbauer am Grasbrook haben.

An Feiertagen werden in der St.-Petri-Kirche die Bildtafeln aufgeklappt und geben den Blick frei auf zwei Reihen holzgeschnitzter Propheten, Apostel und Heiligen. Obgleich Meister Bertram nicht nur Maler, sondern auch Bildschnitzer war, hat er diese Figuren zum Teil von einem Gehilfen schnitzen lassen. Der Petri-Altar gilt als das bedeutendste Kunstwerk Norddeutschlands in den letzten Jahrhunderten.

Unter den vielen Altären von Meister Bertram sind der Harvestehuder und der Buxtehuder noch besonders zu erwähnen. Bertrams Werkstatt wies auch profane Aufträge nicht zurück. Sie malte zum Beispiel Wappenschilder, dekorierte Stadtbriefkästen und erneuerte die Lichtkrone im Gerichtshaus.

Schon 1390 hatte Meister Bertram ein Testament aufgesetzt, weil er eine Reise nach Rom plante und man bei der Unsicherheit der Straßen Vorsorge treffen musste. Er vermachte seiner Ehefrau Grete alle ihre Kleider und das Ehebett.

Für die biblischen Darstellungen auf den 24 Tafelbildern des Petri-Altars wählte Meister Bertram Modelle aus der norddeutschen Alltagswelt, zum Beispiel die Werkzeuge für den Bau der Arche (obere Tafel, unten rechts).

Keine Huldigung für Christian, den Dänenkönig

Bürgermeister Detlev Bremer hat ein diplomatisches Meisterstück vollführt. Er brachte den mit großem Gefolge in unsere Stadt gekommenen König Christian I. von Dänemark dazu, sich mit einem Handschlag und der Zusicherung zu begnügen, dass die Stadt den König in seiner Eigenschaft als Graf von Holstein und Stormarn als Landesherrn, Bundesgenossen und Freund „annehme" und zu ihm halten werde, ihm aber den Huldigungseid verweigern müsse. Nach einem Tag Bedenken schlug der König in die dargebotene Hand ein.

Damit liegen 51 Jahre sinnloser Opfer hinter uns. Zwischen dem Grafen von Holstein und dem dänischen König Erich dem Pommern war 1410 ein Krieg ausgebrochen, weil die Dänen dem Holsteiner Schleswig streitig machen wollten, dessen Herzogskrone der Graf seit 1386 trug. Da es im Krieg nicht um Schleswig allein gehen konnte, sondern im Fall eines dänischen Sieges sicher auch Holstein den Dänen zufallen würde, kam Hamburg freiwillig dem Grafen zu Hilfe.

Aber es lief schlecht. Ratsherr Johann Kletze führte eigenmächtig einen unbesonnenen Angriff auf das belagerte Flensburg, der die Holsteiner den Sieg und Graf Heinrich das Leben kostete (Kletze wurde zum Tode verurteilt). Bürgermeister Hinrich Hoyer geriet in Gefangenschaft und wurde fünf Jahre in Kopenhagen festgehalten. Schließlich griff die Hanse ein, schickte 260 Schiffe nach Kopenhagen und siegte. Heinrichs Sohn, Adolf VIII., bekam Schleswig zurück, und die Gefahr, dass Hamburg auf den Rang einer dänischen Provinzstadt absinken könnte, schien gebannt.

Es ist eine schlimme Ironie der Geschichte, dass dann nicht ein Sieg der Dänen die böse Wende brachte, sondern die banale Tatsache, dass Graf Adolf versäumt hatte, für Nachwuchs zu sorgen. Als der Graf und Herzog 1459 kinderlos starb, wählte die Ritterschaft beider Länder den Sohn seiner Schwester Helwig (und Diedrichs von Oldenburg) zum Landesherrn. Der aber wurde als Christian I. König von Dänemark. Im Vertrag von Ripen vom 5. März 1460, in dem die Herrschaft in den Gebieten Schleswig und in Holstein geregelt wurde, hieß es: „Dat (Schleswig und Holstein) bliven tosamen up ewich ungedeelt." Und Christian I. machte Frieden auch mit Hamburg.

In dieser Urkunde, die auch „Freiheitsbrief" genannt wird, steht der für das zukünftige Verhältnis zu Dänemark äußerst wichtige Satz: „Wir (Christian I. aus dem Hause Oldenburg) bekennen und gestehen zu, dass wir zu einem Herrn dieser Lande gewählt sind, nicht als König von Dänemark, sondern aus Gunst, welche die Einwohner der Lande zu unserer Person haben. Wir haben diese Lande nicht an eines von unseren Kindern oder Verwandten zu vererben, sondern wie wir von den Einwohnern aus freien Stücken gewählt worden sind, so mögen sie und ihre Nachkommen ihre Wahl behalten ..."

Aber wer will voraussehen, wie zukünftige Könige von Dänemark die Personalunion auslegen?

Hamburger Nachrichten

1406
Eine Sonnenfinsternis versetzt die Bevölkerung in Schrecken, sie befürchtet den Weltuntergang.

1407
Neue Leckerei aus Lübeck: das Marzipan.

1412
Am Cäcilienabend (22. November) sucht eine verheerende Sturmflut die Nordseeküste heim. Es wird von 30 000 Opfern berichtet.

1424
Aus dem Stedinger Deichrecht: Wer Bäume beschädigt, die Deiche schützen sollen, dem wird die Hand abgeschlagen. Wer durch Vernachlässigung seiner Deichstrecke einen Deichbruch verursacht, wird mit dem Holz und den Steinen seines Hauses lebendig im Deich begraben. Wer einen Deich mutwillig beschädigt, wird verbrannt.

1432
Der Rat führt Schreib- und Leseschulen ein.

1433
Bürgermeister Simon van Utrecht besiegt die Vitalienbrüder in der Emsmündung und stellt Emden unter Hamburger Verwaltung.

1434
Als erste Hamburger Kirche bekommt der Mariendom einen Turm.

1434
Meister Francke liefert den Thomasaltar für die Englandfahrer ab. Arbeitszeit: zehn Jahre. Honorar: 100 Mark.

1435
Kaiser Sigismund verleiht Hamburg das Recht, Goldmünzen (Gulden) zu prägen.

1438
Bremen beginnt einen Kaperkrieg gegen Holland. Hamburg, Lübeck, Lüneburg und die anderen Hansestädte schließen sich an.

1425
Nach vier Jahren Bauzeit wird das Projekt Alster-Trave-Kanal aus Geldmangel abgebrochen.

Die Welt im Jahr 1461

Million
Die Italiener haben ein neues Zahlwort für 1000 mal 1000 eingeführt. Es heißt Million.

Genie
François Villon (30), Dichter, Dieb, Raufbold und Magister, vollendet seine Balladensammlung „Das Große Testament“.

Weiße Rose
Im Krieg der Rosen siegt in England das Haus York (weiße Rose im Wappen) gegen das Haus Lancaster (rote Rose). Eduard IV. wird König.

Mode
Männerhüte mit hohem Kopf, hinten aufgeschlagener Krempe und einer Feder kommen in Mode. Man grüßt neuerdings durch Hutabnehmen. Frauen tragen den Zopf um den Kopf gelegt.

Meister Francke,Thomasaltar, Anbetung der Könige (Hamburger Kunsthalle)

Die Reformation in Hamburg
Kein Bildersturm

Mit der Kirchenordnung Bugenhagens, die am heutigen Tag mit einmütiger Zustimmung von Rat und Bürgern verkündet wurde, ist die religiöse Einheit unserer Stadt wiederhergestellt. Hamburg ist einig im Geiste Luthers. Die geistliche Einigung führte auch zu politischen Veränderungen von großer Tragweite. Die Beteiligung der Bürger an der gesetzgebenden Gewalt ist der wichtigste Fortschritt.

Der Rat (24 Ratsherren) übt die vollziehende und richterliche Gewalt aus. Gesetze kann er aber ohne die „verordneten Bürger“ nicht mehr erlassen. An der Spitze der bürgerlichen Kollegien stehen die zwölf Oberalten (die drei ältesten Diakone aus jedem Kirchspiel). Die Oberalten und je neun Diakone bilden das Kollegium der „Vorsteher“ (die 48er). Es kann durch Hinzuziehung von je 24 Subdiakonen zum Gesamtkollegium der „Verordneten Bürger“ (die 144er) erweitert werden. Die Kirchspiele sind fortan gleichzeitig die Verwaltungsbezirke der Stadt.

Am 12. Februar dieses Jahres waren außerdem zwischen Rat und Bürgern die Pflichten und Rechte beider zum Wohle unserer Stadt festgelegt worden. Die Vereinbarung heißt „Langer Rezess“, weil sie 132 Artikel enthält.

Der neue Geist zeigt sich darin, dass es die Diakone, die Armenpfleger, sind, die die Bürger vertreten. Bei den Papisten galten Armut und Siechtum als gottgewollt: Die Armen erwarben sich durch ihre Leiden im Diesseits einen Platz im Jenseits, und die Reichen hatten die Möglichkeit, sich durch Almosen einen Platz im Himmel zu erkaufen. Nun ist die Verantwortung für die Notleidenden in die Verantwortung der Gemeinde übergegangen. Die Oberalten sind die Verwalter der „Gotteskästen“, der Armenkassen.

Martin Luther (1483–1546),
Porträt von Lucas Cranach d. Ä., 1528
(Veste Coburg)

Obgleich die Ereignisse, die zur großen Wende führten, noch frisch in jedermanns Erinnerung sind, seien sie hier noch einmal zusammenfassend dargestellt:

Am 31. Oktober 1517 hatte Martin Luther seine 95 Thesen an die Tür der Schlosskirche zu Wittenberg nageln lassen. Wie Donner hallten die Hammerschläge durch alle christlichen Lande. Der Hamburger Domdekan Albert erfuhr wenige Tage vor seinem Tod, am 7. Dezember des gleichen Jahres, den Wortlauf der Thesen. „Bruder Martin“, sagte er, „du hast zwar Wahres gesprochen, aber du wirst nichts ausrichten. Geh in deine Zelle und sprich: Herr, erbarme dich meiner.“

Albert Krantz, bedeutend als Geschichtsschreiber, Theologe und Staatsmann, der Hamburg im Ausland oft als Gesandter vertreten hatte, resig-

Johannes Bugenhagen (1485–1558),
Porträt von Lucas Cranach d. Ä., 1537
(Wittenberg, Lutherhaus)

nierte im Angesicht des Todes. Die Missstände in der Kirche waren ihm wohl bewusst. Auch er hatte gegen den Ablass gepredigt und 1512 den Domherren gebieten müssen, ihre Beischläferinnen abzuschaffen. Es gab zu jener Zeit in Hamburg 432 Geistliche und dazu weit über tausend Mönche und Nonnen (bei einer Gesamtbevölkerung von etwa 15 000). Sie alle unterstanden dem Domkapitel, das für sie Steuerfreiheit forderte. Sie bildeten, neben Rat und Bürgern, eine dritte Kraft, die sich nun angesichts des heftigen Windes aus Wittenberg eng zusammenschloss.

Pastor Steenmel in St. Katharinen predigte als Erster gegen Sittenlosigkeit und Habgier der Geistlichen. Seine Angriffe richteten sich besonders gegen den Domscholastikus Heinrich Banzkow, der sich so bereichert hatte, dass er das ganze Stiftsdorf Wellingsbüttel als Privatbesitz erwerben konnte. Außerdem hatte er einen Sohn mit seiner Magd Wubbeke.

Die Stellung des Papisten schien jedoch unangreifbar. Als Luther durch das Wormser Edikt von 1521 in die Reichsacht getan wurde, beeilte sich der Hamburger Rat, den Druck und die Verbreitung von Luthers Schriften unter Strafe zu stellen.

Rund um Hamburg aber, in Stade und im Land Hadeln, gewann die Reformation an Boden. Von dort und aus den Niederlanden kamen immer mehr unerschrockene Prediger nach Hamburg und fanden Beifall bei den Bürgern. Die Gebrüder Korwer aus Zwolle in Holland machten eine Druckerei auf und druckten 1523 das Neue Testament in niederdeutscher Übersetzung auf der Grundlage von Luthers 1522 erschienenem deutschen „Septembertestament“. Bekanntlich war Laien das Lesen der Heiligen Schrift verboten.

Allein die Bibel, und nicht kirchliche Vorschriften, sei die Grundlage allen Christentums, predigte Steffen Kempe (aus Kempen im niederländischen Geldern) in Maria-Magdalenen. Als der Rat ihn aus der Stadt weisen wollte, drohten die Bürger mit Gewalt. Immer isolierter fand sich der Rat, und schon 1526 predigten auch in Katharinen und Nikolai evangelische Pfarrer. Der Rat musste dem Drängen der Bürger nachgeben und eine große Disputation ins Rathaus einberufen. Als Wortführer standen sich gegenüber: Steffen Kempe und sein verehrter Lehrer, der Domherr Dr. Barthold Moller aus Rostock. „Wer von Gott ist, der höre des Herrn Wort. Wer es nicht hört, gehört zur Kirche des Satans“, rief Kempe.

Jedoch blieb er bei aller Urwüchsigkeit und Beredsamkeit kühl und überlegen und ließ sich durch die Bürgervertreter im Saal und das Volk vor dem Rathaus nicht in Hitze bringen. Nach einem langen Tag galt der Streit als entschieden. Kempe hatte gewonnen. Der 28. Februar 1528 gilt als der Tag der Reformation in Hamburg.

Es ist dem Rat und Bürgermeister Dr. Hinrich Salsborg hoch anzurechnen, dass sie sich nun direkt an Luther wandten und ihn um die Entsendung seines engen Mitarbeiters und Freundes Johannes Bugenhagen (43) baten. Noch kurz zuvor hatten Domkapitel und Rat seine Anstellung als Pfarrer von St. Nikolai abgelehnt, weil er „eine echte (eheliche) Fruwe“ hatte.

Bugenhagen, der gerade eine Kirchenordnung für Braunschweig ausgearbeitet hatte, kam am 9. Oktober 1528 nach Hamburg und machte sich gleich an die Arbeit. Die neue Kirchenordnung begründet eine Hamburgische Landeskirche, die nicht mehr dem Domkapitel untersteht. An ihre Spitze wird ein Superintendent treten. Die Pfarrer werden von der Gemeinde selbst gewählt. Der Gottesdienst wird in niederdeutscher Sprache gehalten.

In wenigen Tagen, am 29. Mai 1529, wird Bugenhagen im Johanniskloster die „Gelehrtenschule des Johanneums“ eröffnen, in der die geistige Elite unserer Stadt ausgebildet werden soll. Von hier wird Bugenhagen nach Lübeck und dann nach Schleswig-Holstein, Pommern und Dänemark gehen, um auch dort der Reformation eine feste Ordnung zu geben.

Anders als in den meisten Städten, in denen die Reformation oft mit wilden Ausschreitungen und Bilderstürmen verbunden war, wurden in Hamburg nur wenige und keine bedeutenden Kunstwerke zerstört. Der neue Pfarrer von St. Petri, Johannes Hoeck, genannt Aepinus, rettete sie durch eine List. Er verkündete, die „Lügenbilder“ und „Ölgötzen“ müssten sofort aus den Kirchen verschwinden. Er ließ sie abnehmen und sicher lagern.

Sein Meisterstück
Zehnmal vier auf einen Streich

An einem einzigen Vormittag des Jahres 1488 hat der Fron (Henker) Claus Flügge auf dem Grasbrook 74 gefangene Seeräuber enthauptet. Als man ihn wegen dieser Leistung loben wollte, winkte er nur lässig ab und erinnerte an sein „Meisterstück“, mit dem er vor 24 Jahren seine Hamburger Karriere begonnen hatte.

Damals, 1464, hatte der Rat gerade 40 Seeräuber zum Tode verurteilt. Und ausgerechnet an diesem Tag war der Henker gestorben. Die Not war groß, denn altsächsisches Recht verlangt: 1. Die Hinrichtung muss spätestens am dritten Tag nach dem Urteilsspruch stattfinden. 2. Ist kein Henker verfügbar, muss der jüngste der Ratsherren, die an der Urteilsfindung beteiligt waren, es selbst vollstrecken. Claus Flügge, der auf seiner Wanderschaft gerade in Hamburg Station machte, erbot sich einzuspringen. Er habe das Stäupen, Schmäuchen, Säcken, Köpfen, Spießen, Zwicken und Peinigen in Süddeutschland gelernt, und mache er seine Sache nicht gut, möge der Junior der Ratsherren, der Herr Jakobus Struve, dem Flügge selbst den Kopf abschlagen. Mache er es aber recht, so wolle er in Hamburg Fron auf Lebenszeit werden.

Der Rat ging auf die Bedingungen ein. Claus Flügge setzte die Piraten paarweise mit den Rücken gegeneinander, ließ sein riesiges Schwert ein paar Mal durch die Luft kreisen und schlug zu. Vier Köpfe rollten ins Gras. Dann kamen die nächsten vier dran. Und so noch achtmal. Nur dem Hauptmann Hinrich Schinder gewährte Henker Flügge die Gunst eines Einzelhiebs.

Hamburger Nachrichten

1470

Ratsverordnung: Innerhalb der Stadtmauern dürfen keine Schweine gehalten werden.

1474

Bürgermeister Dr. Hinrich Murmester vermittelt beim Frieden von Utrecht zwischen der Hanse und England. 1468 hatte König Eduard IV. das Hansekontor (Stalhof) in London schließen lassen. Die Hanse begann einen Kaperkrieg. Ihr Kriegsvolk wütete an den Küsten Englands. Der Stalhof wurde wieder eröffnet.

1476

Die Hamburger Brücken bekommen Öllaternen.

1478

In der Gröningerstraße wird ein Haus (später „Englisches Haus“ genannt, Abb. S. 61) ganz aus Backstein erbaut. In Frankfurt gab es 1464 das erste Privathaus ganz aus Stein.

1481

Bürgermeister Dr. Hinrich Murmester stiftet seine Bücher als Grundlage einer Stadtbibliothek.

1482

Kaiser Friedrich III. erkennt Hamburg als Stapelplatz Nordeuropas an.

1483

Blutige Unruhen, weil der Rat trotz Teuerung und Brotknappheit Korn nach Island ausführen lässt.

1497

Bürgermeister Dr. Langenbeck verfasst einen bebilderten Kommentar zum Stadtrecht. Mit Dr. Langenbeck beginnen Hamburger Juristen, neben den Kaufherren, sich im Rat durchzusetzen.

1498

Die „neapolitanische“ oder „französische“ Seuche (Syphilis) wütet in Hamburg.

1510

Der Reichstag in Augsburg erklärt Hamburg zur reichsunmittelbaren Stadt. Der dänische König, als Herzog von Holstein, erkennt das jedoch nicht an.

„Das Schiffsrecht“. Eine Illustration zum Hamburger Stadtrecht von 1497 (Staatsarchiv Hamburg)

1521

Veit Völsch, sein Vater war ein Mönch, wird wegen Zauberei verurteilt und verbrannt.

1527

Zum Schutz seiner Residenz stellt Herzog Otto I. in Harburg eine Armbrust-Schützengilde auf und befiehlt das „Schießen nach dem Vogel“ als Pflichtübung.

1528

Eine Hamburger Flotte besiegt am 7. Oktober bei Greetsiel in Ostfriesland den Seeräuber Klaus Kniphof, der 172 Schiffe erbeutet hatte. Kommandant des Hamburger Flaggschiffs ist Ratsherr Ditmar Koel. Es hilft Kniphof nichts, zu beteuern, er habe als Admiral einer dänischen Flotte gekapert. Vor seiner Hinrichtung nimmt ihm Steffen Kempe die Beichte ab.

1529
Einige Bestimmungen aus dem „Langen Rezess“: Ein Stadtphysikus (Stadtarzt) wird angestellt. Jedes Haus muss mindestens einen ledernen Löscheimer haben. Wer einen Gartendieb erwischt, darf ihn grün und blau schlagen.

1529
Ein neu gebauter Alster-Trave-Kanal wird in Betrieb genommen. Die Treidelstrecke nördlich der Stadt heißt seitdem Leinpfad.

1530
Durchsichtiges Fensterglas kommt aus Venedig und Rouen erstmalig nach Hamburg. – Die Nonnen von Harvestehude widersetzen sich der Auflösung des Klosters. Das Gebäude wird dennoch abgerissen.

1531
Ein Schöpfwerk (Wasserkunst) wird an der Alster von privaten Besitzern angelegt.

1533
Marx Meyer, ein Schmied, der die eisernen Rahmen für die Wasserkunst fertigte, wird vom englischen König Heinrich VIII. zum Ritter geschlagen. Als Freund Jürgen Wullenwevers, der in diesem Jahr durch einen Staatsstreich die Macht in Lübeck an sich riss, war Meyer Befehlshaber der Lübecker Flotte geworden.

1537
Wullenwever wird in Wolfenbüttel hingerichtet (Marx Meyer 1536 in Hälsingborg).

1538
König Christian III. von Dänemark bestätigt Hamburgs Privilegien als reichseigene Stadt und verzichtet auf den Huldigungseid. Die Stadt errichtet zu Ehren des hohen Gastes einen Turnier- und Tanzplatz vor dem Rathaus und gibt für den König und sein Gefolge ein Fest, das mehrere Tage dauert.

Die Welt im Jahr 1529

Genies
Zu keiner Zeit zuvor gab es so viele bedeutende Männer gleichzeitig. Es wirken als Künstler unter anderem: Michelangelo, Tizian, Tilman Riemenschneider, Hans Holbein d. J.; als Gelehrte: Kopernikus, Paracelsus, Erasmus von Rotterdam, Philipp Melanchthon; als Staatsmänner: Kaiser Karl V., Gustav I. Wasa, Heinrich VIII. von England, Sultan Soliman der Große; als Reformatoren: Luther, Zwingli, Calvin – und gegen sie Ignatius von Loyola, der 1539 den Jesuitenorden gründen wird.

Sonnensystem
Nikolaus Kopernikus (56), deutscher Astronom polnischer Staatsangehörigkeit, begründet sein Weltbild, wonach sich alle Gestirne um die Sonne und nicht um die Erde drehen.

Vermögen
Das Bank- und Handelshaus Welser in Augsburg erhält als Gegenleistung für Kredite, die es Kaiser Karl V. zur Verfügung stellte, die Kolonie Venezuela in Amerika. Das Vermögen der Welser beträgt 468 000 lübsche Mark. Der 1525 gestorbene Gründer des zweiten großen Augsburger Handelshauses, Jakob Fugger, hinterlässt 375 000 Mark. Beides sind Riesenvermögen.

Lehrbuch
Albrecht Dürer, Maler, Kupferstecher und Holzschnitzer, starb in Nürnberg im Alter von 57 Jahren. Er hinterließ ein vierbändiges Werk „Über die Proportionen des Menschen“.

Protestanten
Der Reichstag zu Speyer erneuert das Wormser Edikt (Reichsacht gegen Luther). Die evangelischen Stände protestieren. Seitdem nennt man sie „Protestanten“. – Luther schreibt den Kleinen Katechismus.

Tabak
Die Konquistadoren haben aus Amerika eine Zierpflanze mitgebracht. Die Indianer sollen, so heißt es, sie trocknen und rauchen. Man nennt sie nicotiana oder Tabak.

3. Dezember 1567

Geheimwaffe im Prozess: Eine Elbkarte

Die Kommissare des Reichskammergerichts, die gestern und heute in Lübeck tagten, haben Melchior Lorichs unter Eid genommen und die von ihm vorgelegte Elbkarte als Beweismittel zugelassen. Auch wenn damit der Prozess Hamburgs gegen den Herzog von Braunschweig-Lüneburg und den Herzog Otto II. zu Harburg noch nicht zu Ende ist, dürfte doch eines in Zukunft unbestreitbar sein: Es gibt nur eine Elbe.

Melchior Lorichs war schon für gestern geladen gewesen. Durch den Hamburger Syndikus, Dr. Wilhelm Moller, ließ er sich entschuldigen. Unterwegs nach Lübeck habe ihn eine Kolik überfallen und ihn am Weiterreisen gehindert. Das Gericht tagt im Domdechanat in Lübeck. Ständiger Sitz des Reichskammergerichts ist Speyer.

Tatsächlich war der Maler Lorichs zu dem Zeitpunkt noch gar nicht abgefahren. Er hatte die Arbeit, um die alles ging, noch nicht beendet. Von der wussten die Gerichtsherren nichts. Sie hatten ihn nur als Zeugen geladen, damit er über seinen Augenschein an der Elbe berichtet. Zur allgemeinen Verblüffung legte er nun heute eine zwölf Meter lange und einen Meter hohe Karte auf dem Fußboden aus. Nur Syndikus Dr. Moller war nicht verblüfft. Der Rat hatte diese Karte beim Künstler in Auftrag gegeben, um sie im Prozess als „Geheimwaffe" einzusetzen.

Die Karte zeigt, in heutzutage unübertroffener Genauigkeit, den Stromverlauf der Elbe von Geesthacht bis Scharhörn. Auf ihr lässt sich alles finden, was Hamburg für die Schifffahrt getan hat. Zwischen Hamburg und der Mündung ist jede Tonne und jede Bake eingetragen (die Kennzeichnung des Fahrwassers begann schon vor hundert Jahren). Sie zeigt, wo die Hamburger durch Eindeichungen und Durchstiche Stromregulierungen zum Besten der Schifffahrt vorgenommen haben. Und sie zeigt,

Selbstbildnis Melchior Lorichs' auf seiner Elbkarte

welche Wege die Schiffe nehmen. Sie widerlegt eindeutig die früher von der Gegenseite eingereichte, aber nicht als Beweismittel zugelassene Karte, nach der es sich bei der Elbe im Stromspaltungsgebiet um zwei Flüsse handeln soll, von denen die Norderelbe nur ein unbedeutendes Rinnsal ist. Allerdings sind die Stromregulierungen gerade einer der Streitpunkte in den bisherigen Auseinandersetzungen gewesen. Die Gegenseite behauptet, durch sie sei der Süderelbe systematisch das Wasser abgegraben worden.

Selbst wenn das in gewissem Maße stimmt, ist das nicht der Kern des Streits:

In diesem Prozess klagt Hamburg auf Anerkennung seiner Rechte als Stapelplatz. Sie waren ihm 1482 von Kaiser Friedrich III. zugesprochen worden. Darauf gründet sich Hamburgs Anspruch, dass alle vorüberfahrenden Schiffe in Hamburg anlegen und ihre Ware, vor allem Getreide, anbieten müssen. Findet die Ware keinen Käufer, so hat der Schiffseigner die Wahl, sie in Hamburg zu stapeln oder Zoll zu zahlen. Lüneburg und Harburg fühlen sich dadurch in ihrem eigenen Handel behindert.

Ausschnitt aus Melchior Lorichs' Elbkarte (Staatsarchiv Hamburg)

Natürlich handelt Hamburg egoistisch. Aber hinter diesem vordergründigen Kleinkrieg mit seinen unmittelbaren Nachbarn steht Hamburgs Lebensfrage: die Behauptung als bedeutender Handelsplatz in einer Welt, in der sich alle bisher gültigen Voraussetzungen wandeln.

Die Entdeckung Amerikas (Kolumbus), das Finden des Seewegs nach Indien (Vasco da Gama), die erste Weltumseglung (Magellan) zwingen dazu, in ganz neuen Dimensionen zu denken.

- Der Handel orientiert sich nach Westen. Die Ostsee wird zum Binnenmeer. Hamburg kann nicht mehr der Vorhafen Lübecks an der Nordsee sein. Das Verhältnis muss sich umkehren.
- Die Hanse hat ihre führende Rolle verloren, sogar in der Ostsee.

Es kann Hamburg nicht mehr genügen, eine Alsterstadt mit einem Alsterhafen zu sein, es muss zur Elbestadt mit einem Elbehafen werden.

Die konsequente Befolgung dieses Weges wird Hamburg natürlich noch in manchen Konflikt führen, der weit schwerer wiegt als der Streit mit seinen unmittelbaren Nachbarn, mit den Herzögen von Braunschweig-Lüneburg und Harburg.

Hamburg hat in diesem Jahr die englische Kompagnie der „Merchant Adventurers“ (Wagende Kaufleute), die von Herzog Alba aus Antwerpen vertrieben worden sind, aufgefordert, sich in Ham-

burg niederzulassen. Sie haben das Monopol auf den Tuchhandel mit England. Sobald sie in Hamburg Fuß fassen, werden sich die Zolleinnahmen unserer Stadt verdoppeln, und Hamburg wird wieder internationalen Kredit genießen.

Damit wird es gelingen, die gegenwärtige Verschuldung loszuwerden, die das Fünffache der Jahreseinnahmen beträgt. Die Schulden entstanden durch die Teilnahme am Schmalkaldischen Krieg (1546–1547) der protestantischen Fürsten und Städte gegen den Kaiser. Der Krieg brachte uns nichts ein als den Ehrennamen „Lutherisches Zion des Nordens". Hamburg lehnte sogar die Erneuerung des Status als reichsunmittelbare Stadt ab, nur weil sie vom katholischen Kaiser angeboten wurde.

Der jetzige Rat und sein hoch dotierter Syndikus Dr. Wilhelm Moller, den man als einen Berufspolitiker bezeichnen kann, werden hinter schönen Worten nicht herlaufen und böse nicht fürchten. In den Augen der Hansegenossen ist die Einladung an die „Merchant Adventurers" Verrat. Es widerspricht der Regel der Hanse, dass auswärtige Kaufleute mit den eigenen nicht gleichgestellt werden. Aber es wäre selbstmörderischer Irrsinn, so zu tun, als ließen sich die mittelalterlichen Privilegien der Hanse weiter aufrechterhalten. Das Mittelalter ist tot.

Acht Monate Arbeit an drei Elbkarten für 580 Mark

Melchior Lorichs, der Mann, der die große Elbkarte malte, ist der Sohn eines Flensburger Ratsherrn. Geboren um 1526. Goldschmiedelehre in Lübeck. Mit einem Stipendium des dänischen Königs reiste er vier Jahre durch Süddeutschland, die Niederlande und Italien. Er studierte die großen Maler der Zeit und suchte ihre Bekanntschaft. Michelangelo beeinflusste ihn stark. In Venedig studierte er die wiederentdeckte antike Kunst der Kartografie. Mit einer kaiserlichen Gesandtschaft hielt er sich vier Jahre in Konstantinopel auf und fertigte dort eine Stadtansicht in derselben Größe wie die Elbkarte.

Nach Hamburg kam er 1567 auf Empfehlung des kaiserlichen Hofes in Wien. Der Rat behandelte ihn wie einen Gelehrten. Für acht Monate Arbeit an drei Ausfertigungen der Elbkarte (eine für das Reichskammergericht in Speyer) bekam er 580 Mark. Vergleich: Jahreseinkommen eines Handwerkers: 80 Mark. Lorichs blieb bis 1574 in Hamburg.

Hamburger Nachrichten

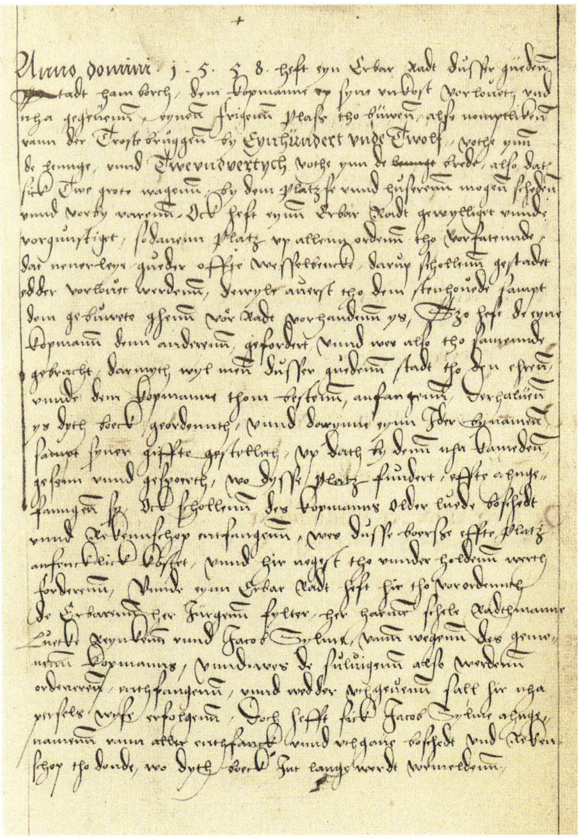

Gründungsbericht der Hamburger Börse.
Erste Seite des „Fundation der Börse Anno Domini 1558“ betitelten Rechnungsbuchs über die Einnahmen und Ausgaben für den späteren Börsenbau an der Trostbrücke (Staatsarchiv Hamburg)

1547

Im Schmalkaldischen Krieg kämpfen Hamburger Truppen in der Schlacht bei Drakenburg an der Weser und helfen, Bremen vor katholischer Eroberung zu bewahren.

1548

Die Düpekommission ist die erste Verwaltungsbehörde, die aus Bürgern und Ratsmitgliedern gemeinsam gebildet wird. Ihre Aufgabe ist es, die Düpen, die Wassertiefen in der Elbe und in den Fleeten, zu überwachen. Vorsitzender: Bürgermeister Ditmar Koel. Spitzname: Fleetenkieker.

1553

Der Wert des Geldes ist so weit gesunken, dass man Taler prägt. Ein Taler = 32 Schillinge (also zwei Mark).

1555

Vierzehn Hexen werden im Lauf des Jahres angeklagt. Zwei werden zu Tode gefoltert, vier verbrannt, acht freigesprochen.

1557

Bürgerwache zur nächtlichen Besetzung der Wälle. In Horn treibt ein Wolf sein Unwesen.

1558

Gründung der Hamburger Börse. Die Kaufleute treffen sich auf einem eingezäunten Platz unter freiem Himmel gegenüber dem Rathaus. Vorbild ist die Börse in Antwerpen.

1563

Die Leitung der Kämmerei, der Finanzverwaltung, wird einem bürgerlichen Acht-Männer-Ausschuss übertragen. Ein Ratsmitglied gehört ihm nicht an.

1567

Der „Courtmaster“ der englischen Kaufleute bekommt einen Ehrenplatz bei der Matthiae-Mahlzeit. Der erste Platz gebührt dem kaiserlichen, der zweite dem holländischen Gesandten.

1568

Der Erfolg von Lorichs’ Elbkarte vor dem Reichskammergericht ermutigt die Hamburger zur Aktivität: Dort, wo sich die Elbe bei Moorwerder teilt, und am Westausgang der Süderelbe bei Moorburg hat Hamburg „Ausliefer“ (Wachboote) postiert. Alle Schiffe müssen den Weg durch die Norderelbe nehmen.

1569

Auf der Alster gibt es Schwäne.

Die Welt im Jahr 1567

Fernando Herzog von Alba (1507–1582).
Porträt von Anthonis Mor, 1549
(Sammlung des Herzogs von Alba, Palacio de Liria, Madrid)

Vernichter

Herzog Alba (60) wird spanischer Generalkapitän in den Niederlanden. Er hat den Auftrag, den Protestantismus zu vernichten.

Fleckfieber

In Südamerika sollen zwei Millionen Indianer am eingeschleppten Fleckfieber gestorben sein.

Januarfluss

Portugiesische Seefahrer gründen 1565 an der Guanabara-Bucht, die bei ihrer Entdeckung im Januar 1502 für die Mündung eines Flusses gehalten wurde („Januarfluss"), die Stadt Rio de Janeiro. In der ehemaligen Fuggerkolonie Venezuela, die 1548 an die spanische Krone zurückfiel, weil die deutschen Statthalter und Feldhauptleute die Suche nach dem Goldland „El Dorado" aufgegeben hatten, wird die Stadt Caracas gegründet.

Schwimmender Adler

Auf den Namen „Adler von Lübeck" wird an der Trave ein Schiff getauft, das an Größe alles bisher Gesehene in den Schatten stellt. Es ist 64 Meter lang, 13,84 Meter breit und vom Kiel bis zum Heckbord 21 Meter hoch. Es hat 122 Kartaunen (schwere Geschütze) und kann im äußersten Falle 1020 Seeleute und Soldaten an Bord nehmen.

Schwere Ritter

Ritterrüstungen schützen nicht gegen Musketenkugeln. Sie werden verstärkt – und dadurch so schwer, dass man sie bald wohl ganz abschaffen wird.

Hamburg ist die größte deutsche Stadt

An diesem Jahresende ist Hamburg die größte Stadt Deutschlands. Sie hat mehr als 40 000 Einwohner. Die im zurückliegenden Jahr gegründete Hamburger Bank, die erste ihrer Art in Deutschland, hat sich voll bewährt. Sie hat ihren Sitz im Rathaus. Der gut verschlossene Silberkeller wird rund um die Uhr bewacht.

Die Hamburger (Giro-)Bank beruht auf einer so verblüffend einfachen Idee, dass man sich fragt, wieso sie nicht schon früher verwirklicht wurde. In Amsterdam gibt es schon seit zehn Jahren eine solche Bank, in Venedig sogar seit 1587.

Bekanntlich ist der Taler die Münze mit dem höchsten Wert. Er ist jetzt 48 Schillinge (statt bisher 32) wert. Das sind drei Mark. Die Handelsgeschäfte unserer Kaufherren haben aber inzwischen Werte von Zehntausenden von Mark erreicht. Unmöglich also, das Geld ständig von einem Besitzer zum anderen zu schaffen. Die Handelsherren zahlen jetzt ihre Silbertaler in der Bank ein, wo darüber Buch geführt wird. Es genügt fortan, dass ein Kontoinhaber auf einem unterschriebenen Zettel mitteilt, wie viel er auf das Konto eines anderen überschreiben will.

Die Verrechnungseinheit ist die Mark Banco. Im Augenblick ist das ein Drittel-Taler. Der Wert der Mark Banco soll aber konstant gehalten werden, unabhängig von den Wertschwankungen des

Die Hamburger Börse um 1700.
Die Tuchhändler stifteten das 1577–1583 errichtete Gebäude.
Gemälde von Elias Galli (Handelskammer Hamburg)

Der Meßberg 1663. Das Gemälde zeigt die damals typische Fachwerkarchitektur.
Der Name des Platzes bedeutet Mistberg, denn hier befand sich ein Müllabladeplatz, den der Maler Elias Galli nicht ins Bild genommen hat (Museum für Hamburgische Geschichte).

umlaufenden Geldes (Mark Courant). Statt mit Talern können die Bankkunden ihre Einlagen auch in Silber vornehmen.

Am Ende dieses Jahres zählt die Hamburger Bank 42 Kontoinhaber mit Einlagen von mehr als 100 000 Mark. Das Rathaus an der Trostbrücke, in dem sich die Bank befindet, wurde 1600 vergrößert. Es trägt jetzt als einzigen Schmuck das Hamburger Wappen (nicht mehr das der Grafen von Holstein und Stormarn). Die Rathausdekoration ist eine Antwort an den Dänenkönig Christian IV., der die hansischen Kaufleute „hochmütige Krämer und Pfeffersäcke, schmierige Heringshändler und Bärenhäuter“ nannte.

Die Stadt ist nun voller stattlicher neuer Gebäude. 1583 wurde die Börse neben dem Rathaus fertiggestellt. Jan Andresen aus Amsterdam baute sie, und die Gilde der Gewandschneider, die vornehmlich aus Niederländern besteht, gab das Geld. Ganz in der Nähe, am Neß, steht ein schönes Gasthaus, der „Kaisershof“, und immer mehr Kaufleute lassen sich Häuser bauen, die ihren Reichtum zeigen. Seit 1611 sind alle Straßen gepflastert.

Die Gelehrtenschule hat jetzt 1100 Schüler. 1613 wurde das Akademische Gymnasium, als Zwischenstufe zwischen Schule und Universität, gegründet.

Seit drei Jahren gibt es die „Wöchentliche Zeitung". Außer Hamburg haben nur Augsburg und Straßburg solche Nachrichtenblätter. Der Wohlstand ist so groß, dass der Rat eine Verordnung gegen die übertriebene Kleiderpracht der Bürger und gegen unangemessen hohe Ausgaben bei Familienfesten und Begräbnissen erlassen hat.

Auch die Armen hat Hamburg nicht vergessen. Neu gebaut wurden: ein Waisenhaus, ein Pesthaus und mehrere Hundert Gotteswohnungen (für Erwerbsunfähige) an der Spitalerstraße. Das Geld für ein modernes Werk- und Zuchthaus nach holländischem Muster wurde auf eine ganz neuartige Weise aufgebracht: Man veranstaltete 1614 eine Lotterie.

Seinen Aufschwung verdankt Hamburg in großem Maße den Einwanderern, vor allem den Niederländern. Viele von ihnen sind schon seit Langem bei uns heimisch. So die (Lein-)Wandbereiter und -färber, die Tuch-, Kattun- und Seidenweber, die Posamentierer und Caffamacher (Samtweber), die Strumpfwirker und Gobelinknüpfer. Sie haben nicht nur dem „Holländischen Brook" seinen Namen, sondern auch anderen Teilen der Stadt das typische Aussehen einer holländischen Grachtenstadt gegeben. Von niederländischen Einwanderern wurden das Glockengießen, die Gold- und Silberschmiedekunst, die Kunsttöpferei und die Kunsttischlerei nach Hamburg gebracht.

Unter den Glaubensflüchtlingen, die vor der spanischen Gegenreformation fliehen mussten, sind nicht nur Handwerker, sondern auch sehr viele reiche Kaufleute, die ihr Geld und ihre weltweiten Geschäftsverbindungen mitbrachten. Sie kamen aus Antwerpen (bis zur Eroberung durch Herzog Alba Westeuropas Handelshauptstadt), aus Brüssel, Brabant und vom Rhein, westlich Kölns, und sie haben sich so schnell in das hiesige Geschäft gefunden, dass zwei Drittel der Inhaber der größten Bankkonten Niederländer sind. Um nur einige Namen zu nennen: Jenisch, Berenberg und Amsinck, der gerade Ratsherr geworden ist. An der

Hamburger Familie um 1640. Der Mann trägt die äußeren Zeichen von Wohlstand: schwarze Kleidung im spanischen Stil, mit weißem Kragen und Kniebundhosen. Die Kinder sind gekleidet wie Erwachsene. Man kennt weder die Namen der Abgebildeten noch den des Malers. (Hamburger Kunsthalle)

Börse ist Holländisch die Umgangssprache, man kann aber getrost sagen, dass auch in den Quartieren der Handwerker Niederländisch neben Niederdeutsch die zweite Muttersprache ist.

Glaubensflüchtlinge sind auch die Hugenotten aus Frankreich und die Juden, die in Spanien und Portugal der Verfolgung ausgesetzt waren. Auch sie sind reich und nutzen als Kaufleute, Makler und Reeder ihre Beziehungen zur alten Heimat. Hauptsächlich über Lissabon wird Zucker aus Westindien und Brasilien importiert, und tüchtige Holländer haben auf diesem Import zwei neue Hamburger Industrien begründet: das Raffinieren von Rohzucker und die Zuckerbäckerei.

Unter den spanischen Juden ist der Arzt Rodrigo de Castro so berühmt geworden, dass selbst der König von Dänemark, der Erzbischof von Bremen und der Landgraf von Hessen ihn konsultieren.

Ungefähr 10 000 Einwohner unserer Stadt sind Nichtdeutsche. Jeder Vierte also. Der Rat hat die

Bestimmungen zum Erwerb des Bürgerrechts geändert. Unabhängig von seiner Nationalität kann jeder Hamburger Bürger werden, der die Steuern bezahlen kann und lutherischen Glaubens ist. Die Nichtbürger müssen die Aufenthaltsgenehmigung mit hohen Abgaben bezahlen. Die Juden müssen außerdem versichern, dass sie ihre Söhne nicht beschneiden lassen werden.

Der Graf von Pinneberg im benachbarten Altona ist großzügiger. Er gewährt Einwanderern sowohl Glaubensfreiheit als auch die Zunftfreiheit für Handwerker. Die dortigen Einwanderer haben die von ihnen angelegten neuen Straßen „Große Freiheit“ und „Kleine Freiheit“ genannt.

Die Strenggläubigkeit in den Bestimmungen über das Hamburger Bürgerrecht widerspricht durchaus der Haltung, die Hamburg einnahm, als es ums Geschäft ging. Im Krieg der protestantischen Engländer gegen die katholischen Spanier belieferte die Hanse (nicht nur Hamburg) die Spanier mit Lebensmitteln, Tuchen, Schiffsmaterial und sogar Waffen. Die zurückgebrachten überseeischen Waren warfen so viel Gewinn ab, dass die Kaufherren selbst den Verlust eines Schiffes in Kauf nahmen oder ihre Kapitäne den weiten Umweg um Schottland herum fahren ließen. Wertvollste Fracht waren die Gewürze. Pfeffer ist sein Gewicht in Silber wert. Wer einen ganzen Pfeffersack besitzt, ist schon fast reich.

Mit dem Sieg der Engländer über die „unbesiegbare“ spanische Armada (1588) kam die Wende. Jetzt ist England Königin der Meere. Ein Jahr nach dem Sieg bei Cadiz kaperte Francis Drake in der Tejo-Mündung 60 hansische Schiffe, darunter viele hamburgische. Königin Elizabeth I. schloss das Hansekontor (Stalhof) in London endgültig. Die Hansekontore Nowgorods und Bergens gibt es längst nicht mehr. Nur noch 14 Städte sind überhaupt bereit, mit der Hanse zusammenzuarbeiten.

Gegen den Willen der Hanse hatte Hamburg 1567 die „Merchant Adventurers“ in die Stadt geholt und mit ihnen ihr Monopol auf den Handel mit englischen Tuchen. Auf Druck Lübecks und des Reichstags hatte es ihren Zehnjahresvertrag nicht verlängert. Die Adventurers gingen nach Stade und machten die Stadt reich. Nun sind die Querelen mit England beendet, und seit 1611 sitzen die Adventurers wieder im „English Court“ an der Gröningerstraße.

Alles hat sich zum Besten gewendet. Hamburg kann zufrieden sein. Unser Gebet für das kommende Jahr sollte lauten: Möge Gott verhüten, dass der in Böhmen ausgebrochene Glaubenskrieg auf Norddeutschland und unsere blühende Stadt übergreift.

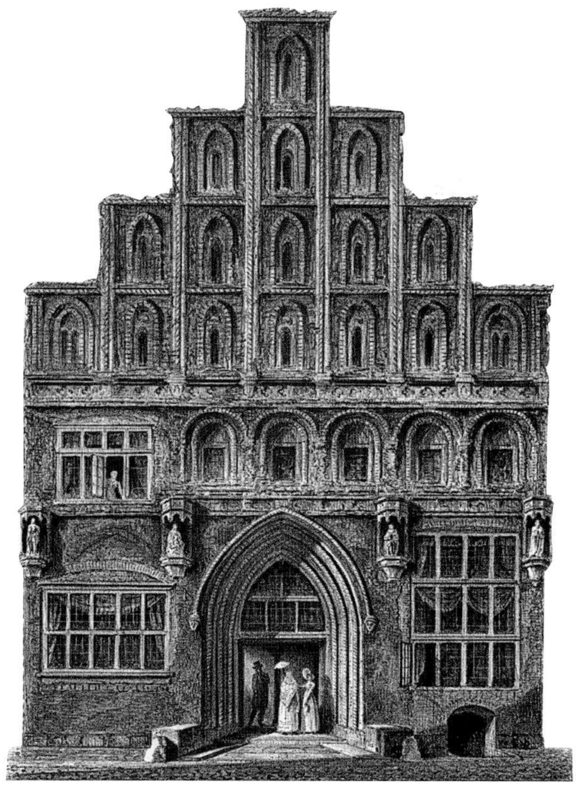

Das Englische Haus (English Court) in der Gröningerstraße hieß so, weil die Stadt es den englischen Kaufleuten zur Verfügung gestellt hatte. Zeichnung von Jes Bundsen, vor 1819 (Staatsarchiv Hamburg)

Hamburger Nachrichten

1573

Auf dem Grasbrook werden 26 Piraten hingerichtet. Unter der Last der Schaulustigen bricht eine Brücke zusammen. Eine Frau kommt ums Leben.

1576

Fünf Frauen werden auf einem einzigen Scheiterhaufen als Hexen verbrannt.

1578

Drei Hamburger Kaufleute geraten auf einer Reise nach Afrika in türkische Gefangenschaft und kommen in die Sklaverei nach Algier. Einer der Mitsklaven dort ist der spanische Dichter Miguel de Cervantes.

1587

Es regnet 24 Wochen lang Tag und Nacht. – Als letzte der Hamburger Kirchen bekommt St. Jacobi einen Turm.

1589

Der Blitz schlägt in den Nikolaiturm. Feuer bricht aus. Acht Glocken schmelzen und stürzen ins Kirchenschiff.

1591

Ein englischer Reisender, Fynes Moryson aus Lincolnshire, schreibt: „In Hamburg haben alle Frauen dadurch blondes Haar, dass sie es wöchentlich mit einer Art Hefe waschen und an der Sonne trocknen lassen."

1596

Peter von Rantzau lässt in Ahrensburg das Schloss, die Kirche und 24 Gottesbuden für Arme bauen.

1601

Philipp Nikolai, Hauptpastor von St. Katharinen, dichtet die Choräle „Wie schön leuchtet der Morgenstern" und „Wachet auf, ruft uns die Stimme".

1603

Zu einem Staatsbesuch König Christians IV. von Dänemark kommen achtzehn Fürsten nach Hamburg.

Mehrere „Hexen" auf einem Scheiterhaufen.
Das gab es nicht nur in Hamburg, wie dieses Bild von 1574 aus der Schweiz zeigt (Stadtbibliothek Zürich).

1603

Ein „Luftspringer" (Seiltänzer) schiebt eine Schubkarre mit einer lebenden Katze vom Turm der Jacobikirche zur Rosenstraße.

1609

Der Tagedieb Michel Schotte wird mit zwei anderen Gefangenen (als Strafe) vor eine zweirädrige Karre gespannt. Später wird Schotte zum Gefangenenaufseher gemacht und sammelt mit den „Schottschen Karren" den Müll aus den Straßen.

1611

Catherina Dieckmann wird öffentlich ausgepeitscht und aus der Stadt getrieben, weil sie einen ehrbaren Bürger mit ihrer Schönheit so verhexte, dass er seine Frau verlassen wollte.

1615

Bei Teufelsbrück soll ein Seeungeheuer gesichtet worden sein. – Drei Engländer sind aufgrund einer Wette im offenen Boot von England nach Hamburg gerudert. – Nachdem bei einem Brand in der Knochenhauerstraße 23 Wohnhäuser abgebrannt sind, hat eine Gruppe von Hausbesitzern einen „Feuerkontrakt" abgeschlossen: Wer sein Haus verliert, dem soll von den anderen Hilfe geleistet werden.

Die Welt im Jahr 1619

Kunst, Literatur ...

Peter Paul Rubens (42) in Antwerpen ist auf der Höhe seines Schaffens. Der Spanier Velasquez (20) malt „Die Anbetung der Könige“. Der spanische Dichter Lope de Vega (77) behauptet, schon tausend Bühnenstücke geschrieben zu haben. Der vor drei Jahren verstorbene Engländer William Shakespeare (52) brachte es nur auf 37, gilt aber schon jetzt als größter Dramatiker seiner Zeit.

... und Wissenschaft

Johannes Kepler (48), deutscher Astronom, veröffentlicht sein Werk „Die Harmonie der Welten“. Es enthält die Keplerschen Gesetze über die Bewegung der Planeten. Selbst von Verfolgung verschont, muss er alle seine Beziehungen aufwenden, um seine Mutter vor dem Scheiterhaufen zu bewahren. Sie war als Heilkundige tätig. Der italienische Astronom und Naturforscher Galileo Galilei (55), Begründer der mechanischen Naturwissenschaft, wurde 1616 von einem Inquisitionsgericht verurteilt, über seine Erkenntnisse zu schweigen. Christoph Scheiner (46), Mathematiker und Astronom in Neiße, untersucht die Optik des Auges. Francis Bacon (58), englischer Philosoph und Staatsmann, stellt die Lehre auf, dass die Erfahrung (Experiment) die Grundlage allen Wissens sei (Empirie).

Manneken Pis

In Brüssel wird eine Brunnenfigur des Bildhauers Duquesnoy aufgestellt. Sie stellt einen in hohem Boden wässernden Knaben dar.

Fenstersturz

Ein protestantisches Heer aus Böhmen überschreitet am 20. März die Grenze nach Österreich, um gegen den Kaiser zu ziehen. Am 23. Mai 1618 hatten Vertreter der böhmischen Stände zwei kaiserliche Statthalter und deren Kanzleischreiber in Prag aus dem Fenster des Hradschin geworfen (Fenstersturz).

Männermode

Männer tragen bequeme faltige Kleidung, weiche Filzhüte, steife Spitzenkragen und Stiefel bis über die Knie.

Der Prager Fenstersturz leitet 1618 den Dreißigjährigen Krieg ein. Kupferstich von Matthäus Merian, 1662

Im Schutz der stärksten Festungsanlage Europas überstand Hamburg den Dreißigjährigen Krieg.
Die 1616–1625 errichteten Wallanlagen umfassten auch die bis dahin nicht besiedelte Fläche westlich der Altstadt.
Hier entstand die Neustadt mit dem Kirchspiel St. Michaelis. Stadtansicht um 1660 (Staatsarchiv Hamburg)

25. Oktober 1648

Dreißig Jahre Krieg Und Hamburg blieb unversehrt

Anderthalb Stunden läuteten alle Glocken. Drei Salven feuerten die Kanonen von allen Wällen und auf den Schiffen im Hafen. Dankgottesdienste wurden in den Kirchen abgehalten: Frieden! Der längste und schrecklichste Krieg, den Europa erlitten hat, ist seit gestern zu Ende – nach dreißig Jahren.

Das ist die Bilanz: In Pommern, Mecklenburg und Südwestdeutschland überlebte nur ein Drittel der Bevölkerung. In der Pfalz gibt es nur noch 50 000 Menschen (1618 waren es eine Million). Ganz Deutschland hat heute neun Millionen Menschen weniger als 1618; damals waren es 17 Millionen. Rund 15 000 Dörfer wurden zerstört.

Hamburg blieb verschont. Obgleich 1628 allein in der Neustadt 4200 Menschen an der Pest starben, ist die Stadt heute an Bevölkerung und an Fläche fast doppelt so groß wie vor dem Krieg. Flüchtlinge aus den verwüsteten Gebieten fanden bei uns Asyl, vor allem aus unserer nächsten Umgebung, die nicht so gut davongekommen ist wie Hamburg.

Die Pastoren haben sich für ihre Gottesdienste am heutigen Sonntag auf die gleichen Bibeltexte in allen Kirchen geeinigt. So, für die Nachmittagsgottesdienste, auf die Verse 22–26 des 3. Kapitels der Klagelieder des Jeremias, beginnend: „Die Güte des Herrn ist es, dass wir nicht gar aus sind."

Senatssyndikus Dr. Johann Christoph Meurer, der bei den Friedensverhandlungen in Münster und Osnabrück Hamburgs Interessen vertreten hat, hält die Verschonung Hamburgs allerdings nicht allein für ein Zeichen der Güte Gottes, sondern auch für das Ergebnis großer finanzieller Opfer und einer klugen Politik.

Das war die Ausgangssituation 1618: Hamburgs logischer Verbündeter hätte der protestantische König von Dänemark, Christian IV., sein müssen, der ja auch Hamburgs Schutz- und Landesherr ist. Aber der Dänenkönig hatte sich schon vorher als schlimmer Feind erwiesen. 1616 hatte er in der

Kremper Marsch einen befestigten Hafen errichtet, den er hoffnungsvoll Glückstadt nannte. Dieser Hafen sollte, so Christian, Hamburg als Handelsplatz überflügeln. Um dem Nachdruck zu verleihen, eroberte er 1619 Stade und sperrte damit die Elbe von beiden Ufern. Alle vorbeifahrenden Schiffe wurden mit Zoll belegt. Und das nicht zu knapp.

Der Spruch des Reichskammergerichts von 1618, dass Hamburg unmittelbar nur Kaiser und Reich zugehöre, nützte der Stadt nichts. Kaiser und Reich waren ohnmächtig, und mit einem Handstreich (1621) zwang Christian den Rat Hamburgs, bis zur Entscheidung in einem Revisionsprozess seine Landeshoheit anzuerkennen, ohne allerdings an seinen Kriegszügen teilnehmen zu müssen.

Darauf basierte Hamburgs Politik der bewaffneten Neutralität. Es baute die stärkste Festung Deutschlands. Anstelle der Stadtmauern umgaben jetzt gewaltige, sternförmig angeordneten Erdwälle ein Stadtgebiet, das nach Westen hin durch Einbeziehung des Kirchspiels St. Michaelis ums Doppelte vergrößert wurde. Auf den Wällen wurden 21 Bastionen und elf Ravelins (Außenwerke) errichtet und mit 263 Kanonen bestückt. Alle Bürger zwischen 18 und 60 Jahren wurden für die Bürgerwache mobilisiert, und jedem Einzelnen wurde aufgetragen, welche Waffen er sich selbst zu besorgen hatte. Außerdem wurden 4000 Berufssoldaten angeheuert.

Das alles kostete sehr viel Geld. Es wurde durch eine Sondersteuer (Grabengeld) und großzügige Stiftungen aufgebracht. Die Bürger mussten Arbeitstage für den Festungsbau opfern. Aber auch höchst unkonventionelle Geldquellen wurden nicht verschmäht. So bezahlte der Bürgerkapitän Marcus Meyer hundert Mark für die Erlaubnis, sich selbst ein Denkmal aufzustellen. Vorsorglich hatten alle Hospitäler, Ämter, Stiftungen, Hausväter und die Stadt selbst sämtliche frei stehenden Lagerräume mit Korn gefüllt. Das „Schändliche Branntweinbrennen" wurde mit einer hohen Steuer (25 Mark je Fass) belegt. Es gab bei Beginn des Krieges in Hamburg 72 Schenken mit Branntweinausschank.

Neun Jahre, von 1616 bis 1625, hatten die ursprünglich zum Schutz gegen Dänemark gedachten Festungsbauarbeiten gedauert. Der erfahrene holländische Ingenieur Johann van Valckenborgh hatte sie geleitet. Gerade rechtzeitig wurde die Festung fertig, als König Christian die Schlacht bei Lutter am Barenberge im Braunschweigischen verlor und die Kaiserlichen unter Tilly und Wallenstein gegen Norden vorrückten. Ende 1626 bezogen sie bei Buxtehude ihr Winterquartier. Ihre Truppen wüteten in den Vierlanden und plünderten Altona und die Grafschaft Pinneberg. Der Schreiber des Johannisklosters in Eppendorf schrieb ins Kirchenbuch: „Soldaten beider Heere sind nach Eppendorf und Lokstedt eingedrungen und haben alles, was sie dort gefunden, überwältigt, die Leute niedergehauen, Vieh und Gefährt geraubt und weggeführt."

Die Festung Hamburg konnten die Kaiserlichen nicht angreifen. Tilly und Wallenstein hatten zusammen nur 9000 Mann. Hamburgs Festungskommandant, Graf Hatzfeld, hatte weit mehr Soldaten. Doch der Rat fühlte sich verpflichtet, die seit dem 13. Jahrhundert zu Hamburg gehörenden Dörfer in der Nachbarschaft zu schützen, und das musste ohne Preisgabe der Neutralität geschehen.

Statt zu kämpfen, zahlte Hamburg. Tilly verzichtete auf Einquartierung seiner Truppen in Bergedorf. Der Preis: 5000 Taler. Wallenstein bekam für Verschonung des von ihm besetzten Landgebiets 20 000 Taler. Und weitere Zahlungen folgten.

Hamburg zahlte nicht nur für die Heere, sondern auch für die Herren. Unter der Rubrik „Verehrung fremder Herren und Gesandten" ist jeder Posten im Kämmereibuch verzeichnet. Es stehen da zum Beispiel: eine gefütterte Sänfte, ein Goldpokal, silbernes Tafelgeschirr, Austern, Lachse, Wein, Mandeln … oder auch 10 500 Mark bar (für Wallenstein). Als die Kaiserlichen abzogen, war Hamburg unversehrt.

Tillys nächstes Ziel war Magdeburg. Er brannte es am 10. Mai 1631 nieder und gab die Stadt seinen Soldaten zum Plündern und Morden frei. Schon zwölf Jahre zuvor hatten beide Seiten Hamburg als Ort für Friedensgespräche gewählt. Seit sieben Jahren (1641) fanden hier die Vorverhandlungen unter Leitung des Senatssyndikus Dr. Meurer statt, die jetzt endlich zum Friedensschluss geführt haben.

Neuer
Auß Münster vom 25. deß Weinmonats im Jahr 1648. abgefertigter Freud- vnd Friedenbringender Postreuter.

JCh komm von Münster her gleich Spornstreich geritten/
und habe nun das meist deß Weges überschritten/
Jch bringe gute Post und neue Friedenszeit/
der Frieden ist gemacht/ gewendet alles Leid.
Man bläst ihn freudig auß mit hellen Feldtrommeten/
mit Kesselpaucken Hall/ mit klaren Feld-Clareten.
Mercur fleugt in der Lufft/ und auch der Friede; Jo/
Gantz Münster/ Oßnabrugg vnd alle Welt ist froh/
die Glocken thönen starck/ die Orgeln lieblich klingen/
HErr Gott wir loben dich/ die frohen Leute singen.
die Stücke donneren und sausen in der Lufft/
die Fahnen fliegen schön/ und alles jauchtzend rufft:
der Höchste sey gelobt/ der Friede ist getroffen/
fortan hat männiglich ein besser Jahr zu hoffen/
der Priester und das Buch/ der Rahtherr und das Schwerdt/
der Bauer und der Pflug/ der Ochse und das Pferd.

Die Kirchen werden fort in voller Blüte stehen/
Man wird zum Hauß deß HErrn in vollen Sprüngen gehen/
und hören Gottes Wort: Kunst wird seyn hochgeacht/
die Jugend wird studiern bey Tag und auch bey Nacht/
Man wird deß HErren Ruhm auff Psalter und auff Seiten/
In Osten und in West/ in Sud und Nord außbreiten:
die Saine und Paris/ die Donau und ihr Wien/
der Belht und sein Stockholm sind friedlich/ frisch und grün.

Der Friede kömt Gott lob mit schnellem Flug geflogen/
mit ihm komt alles Glück und Segen eingezogen/
Er bringet Friedenspost/ und güldene Friedens Zeit/
der Krieg ist nun gestillt/ geendet alles Leid.
Spieß/ Bogen/ Schild und Schwerdt/ und Lantzen sind zerschmissen/
Gerechtigkeit und Fried sich miteinander küssen/
Wo Mars der Landsknechts Gott/ die Oberherrschafft hat
da herrschet Lasterschwarm/ und Tugend hat nicht statt.
Drum freuet/ freuet Euch ihr hohen Potentaten/
und alle die ihr müßt den grossen Städten rahten/

Fortan wird Land und Sand und Dörffer nehmen zu/
und Herr und Knecht wird sein in angenehmer Rhu.
Es werden Fürsten nicht in Cantzeleyen schwitzen/
der Raht nicht in die Nacht mit schweren Sorgen sitzen/
und dencken/ wo doch Raht wol herzunehmen sey/
damit betäubet werd deß Krieges Tyranney.
Man wird stäts seyn bedacht/ wie rechte Sach mög bleiben/
Wie man/ was unrecht ist/ rechs möge hindertreiben/
Man wird nicht so versehn was böses wird verricht/
wie sonst zu Kriegeszeit/ doch ohne Lust geschicht.
Es werden Obrigkeit und Unterthanen wohnen
in Einigkeit und Fried: das gute wird man lohnen/
das böse straffen ab: Kurtz/ es wird friede seyn/
im Rahthauß/ in der Stadt/ wo man geht auß und ein.
Ihr Obern dancket Gott/ der Frieden ist gerichtet/
Ihr Untern lobet Ihn/ das widrig ist geschlichtet/
Es lebt in Fried und Freud der Rahtsherr und die Stadt/
Biß das was in der Welt und Sie ein Ende hat.

Auch/ Jch der Kaufleut Gott Mercur kom hergedrungen/
und hab mich mit dem Brieff durch Lufft und Tufft geschwungen/
Ihr Kaufleut seyt wolauff und habt ein guten Muth/
Ihr Handwercksleute auch/ es wird alls werden gut.
Fort wird man sicherlich zu Wasser können handeln/
und ohne noht zu Land auff Messen ruhig wandeln/
die Wahren werden wol zu reissen abegehn/
die Läden und Gewölb voll lauter Kauffer stehn/
Man wird ja Tag für Tag den Seidenzeug außmessen/
und zu Mittag für Müh nicht einen bissen essen/
Gewürtz und Spezerey verlauffen wol mit Macht/
bey lauter Centnern wegwägen Tag und Nacht.
Der Schuster wird sein Geldt vor Schuh nicht können zehlen/
Den Schneider wird das Volck umb neue Kleider quelen/
Der Breuer nimbt nicht ab/ der Becker der wird reich/
Der Kirschner füttert stäts/ und feyret keinen Streich.
Es hitzen bey dem Feur die Schmid/ die Amboßschläger/
Es tauren mich allein die armen Degenfeger/

Die haben nichts zu thun: Last Degen/ Degen seyn/
macht einen Pflug darfür/ und eine Pflugschar drein.

Ihr Bauren spannet an die starcken AckerPferde/
klatscht mit der Peitschen scharff/ die Pflugschar in die Erde/
Säet/ Hirsche/ Heidel/ Korn/ Hanf/ Weitzen/ Gersten auß/
Kraut/ Ruben/ Zwiebeln/ Köhl/ füllt Keller/ Boden/ Hauß.

Ihr Gärtner werdet dann zu Marckt können fahren/
und lösen manchen Batz auß euren grünen Wahren/
dann kehret ihr mit Lust fein in ein Küchlein ein/
und esst ein stücklein Wurst und lescht den Durst mit Wein:
Juch/ Juch/ ihr seyt befreyt von tausend tausend Nöthen/
und schlaffet biß es tagt mit euren Bauren Greten.

Ihr Wirthe freut euch auch/ der Friede trägt euch ein/
Es wird die Stub und Stall voll Gäst und Pferde seyn/
Vorans die ihr wol ligt/ beym weiß und roten Hanen/ nen
Beim Baum/ Bärn/ Engel/ Stern/ Wolf/ Kaiñe/ Thürnen/ Schwa
Beim Bitterhold/ beim Creutz/ Gauß/ Rindsfuß/ Rädlein/ Tisch/
beim wilden Mann/ Kron/ Mond/ beim güldnen Ochsen/ Fisch/
Beim Ochsenfelder auch: Ihr krieget gute sachen/
Ihr wolt denn selbsten nicht/ die Zech Wirthlich machen/
doch glaub ichs gäntzlich nicht: Nun es hat keine Noth/
Ein jeder gebe mir ein gutes Botenbrodt.

Doch dieses alles recht mit beten vnd mit dancken/
daß keiner überschreit der Erbarkeiten Schrancken/
Es dancke alles Gott/ es danck Ihm frü vnd spat/
was kreucht/ fleugt/ lebt und schwebt/ und was nur Odem hat.

Gedruckt im Jahr nach der Geburt vnsers HErrn Jesu Christi 1648.

Flugblatt mit dem „Friedenbringenden Postreiter", der die Nachricht von der Beendigung des Dreißigjährigen Krieges durch den Westfälischen Frieden vom 24. Oktober 1648 in alle Welt verbreitet

Die Welt im Jahr 1648

Friedensbestimmungen

Der Westfälische Friede bestimmt: Schweden erhält die Mündungsgebiete von Weser, Elbe und Oder. Die Niederlande und die Schweiz werden unabhängig vom Heiligen Römischen Reich Deutscher Nation. Die deutschen Fürsten werden unabhängig vom Kaiser. Die Reichsstädte – also auch Hamburg – bekommen endgültig Sitz und Stimme im Reichstag.

Commonwealth

Oliver Cromwell besiegt mit einem „Parlamentsheer" König Karl I., der seit 1629 ohne Parlament regiert hat, und errichtet (unter Vermeidung des Wortes Republik) ein „Commonwealth". Der gefangene König wird im Januar 1649 enthauptet.

Tadsch Mahal

Der Mogulkaiser Dschehan errichtet in Nordindien für seine Frau Mahal ein monumentales Grabmal, den Tadsch Mahal.

Ostspitze Asiens

Der russische Seefahrer Deschnew findet die Ostspitze Asiens und die Durchfahrt zwischen Asien und Amerika.

Namen

Es wirken: In Amsterdam Rembrandt (42). In Spanien die Maler Murillo (30) und Velasquez (49) und der Dichter Calderon (48). In Frankreich die Dichter Molière (26), La Fontaine (27), Corneille (42), die Philosophen Pascal (25) und Descartes (52) und der Staatsmann Colbert (29) sowie in Brandenburg der Große Kurfürst Friedrich Wilhelm (28).

Don Juan

Der spanische Dramatiker Tirso de Molina (69) ist tot. Er schrieb „Der Spötter von Sevilla oder der steinerne Gast" (erste Bearbeitung des Don-Juan-Stoffes) und „Don Gil von den grünen Hosen".

Mode

Puder, Schminke, Schönheitspflästerchen und Perücken kommen aus Frankreich. Die Herren tragen Spazierstöcke.

Hamburger Nachrichten

1621

Kurfürst Friedrich von der Pfalz, genannt der „Winterkönig", weil er nur einen Winter lang böhmischer König und Haupt der Protestanten war, gibt im Englischen Haus in Hamburg ein Festmahl. Bürgermeister Vincent Moller, kein Kostverächter, stirbt an den Folgen der diplomatisch-dienstlichen Zecherei.

1622

Vor Neumühlen fliegt ein Schiff in die Luft. Von den Besuchern des Bordfests, die das Auslaufen feierten, werden 44 getötet. Das Schiff hatte Schießpulver für Malaga geladen. – An den Petri- und Matthiae-Mahlzeiten dürfen fortan auch Damen teilnehmen. Sie müssen allerdings in einem Nebenraum des Rathauses, der galant „Rosenkranz" genannt wird, geduldig warten, bis der Tanz beginnt.

1626

Eine neue Feuerordnung schreibt vor, dass Frauen bei Bränden nicht auf die Straße dürfen, da sie durch ihre Neugier die Löscharbeiten behindern.

1629

Ein Hansetag in Lübeck beauftragt die Städte Hamburg, Bremen und Lübeck, bis auf Weiteres die gemeinsamen Interessen der Hanse wahrzunehmen. Die drei Städte schließen sich zur „Hanseatischen Gemeinschaft" zusammen. – Der berühmte Naturwissenschaftler Joachim Jungius wird Rektor des Akademischen Gymnasiums.

1633

St. Katharinen bekommt aus Italien eine Kanzel aus schwarzem Marmor und Alabaster. In St. Nikolai wird eine 9932 Pfund schwere Glocke aufgehängt. – Ein Bauer in Horn entdeckt am Abhang des Borgfelds eine heilkräftige Quelle.

1634
Eine Sturmflut am 11. Oktober richtet an der Nordseeküste schweren Schaden an. 6133 Menschen sollen umgekommen sein.

1637
Aubery du Maurier, französischer Reisender, berichtet über Hamburg: „In dieser Stadt denken die Frauen nur an ihren Haushalt, die Töchter nähen und machen Spitzen. Eine Kokette wäre dort etwas Ungeheuerliches.“ (Sieur Aubery kannte nicht die Leichenordnung von 1618, die Frauen verbietet, hinter dem Sarg herzugehen, damit sie nicht ihren Haushalt vernachlässigen!)

1638
Ein lebender Elefant kann erstmals bei einem Schausteller besichtigt werden: für vier Pfennig. – In Altona wird ein Spielfeld für das international beliebte Schlagballspiel mit Holzkugeln, englisch Pall Mall, angelegt (frz.: pallmail, ital.: pallamaglio).

1639
Auf der Elbe wird der Lotsenzwang eingeführt.

1640
Paul Fleming dichtet: „Ein getreues Herze wissen, hat des höchsten Schatzes Preis“ und den Choral „In allen meinen Taten“.

1641
Rund 1200 Mann dänische Truppen legen in Fuhlsbüttel ein festes Lager an und holzen den Wald in der Alsterniederung ab. – Ein Gastmahl im Haus des schwedischen Majors Phul in der Neustadt endet mit einer allgemeinen Fechterei; der Gastgeber und Oberst Kniphausen werden erstochen und mehrere Herren schwer verletzt.

1644
Schwedische und kaiserliche Truppen verwüsten Holstein und das Land Hadeln und begehen furchtbare Grausamkeiten. In Kaltenkirchen werden gefangene Bauernrebellen gezwungen, ihre Kameraden bis zu den Schultern in die Erde einzugraben und dann mit Steinkugeln nach den Köpfen zu werfen.

1647
Genau 1778 Schiffe verlassen den Hamburger Hafen. 956 davon segeln in die Niederlande.

1648
Ein fürchterlicher Sturm in der Nacht zum 15. Februar reißt den Turmhelm von St. Katharinen herunter. – Die „Blüse“, ein hölzernes Seezeichen bei Neuwerk, wird mit einem offenen Kohlenfeuer in einer Kupferpfanne ausgestattet.

1649
An der verlängerten Fassade des Rathauses werden die Standbilder von nun 21 deutschen Kaisern aufgestellt.

Das alte Rathaus an der Trostbrücke mit den 21 Kaiserstandbildern an der Fassade. Kupferstich, um 1700 (Ausschnitt)

11. Oktober 1683

Schwerer Schlag für die Hamburger Flotte

Hamburgs Flaggschiff, die „Wappen von Hamburg“, ist gestern Nacht in der Bucht von Cadiz, westlich der Straße von Gibraltar, in die Luft geflogen. 156 Soldaten und Bootsleute konnten sich retten, 64 wurden tot geborgen. Admiral Karpfanger ist unter den Toten. König Karl II. von Spanien hat angeordnet, dem international bekannten Seehelden ein Denkmal zu errichten.

Der 61-jährige Admiral hatte eine Konvoi-Flotte glücklich nach Spanien gebracht und sollte heute mit Rückfracht wieder auslaufen. In seiner Kajüte auf dem Achterkastell wurde Abschied gefeiert. Außer den Ehrengästen aus der Stadt waren Karpfangers Sohn, sein Neffe und alle Schiffsoffiziere anwesend.

Gegen acht Uhr abends ertönte der Ruf „Feuer an Bord“. Sofort machten sich alle Mann ans Löschen. Als sich aber das Feuer unaufhaltsam der Pulverkammer näherte, befahl der Admiral: „Rette sich, wer kann!“ Er selbst blieb, denn so hatte er einst geschworen: „Ich will bei der meiner Admiralität anvertrauten Flotte mannhaft stehen und eher Gut und Blut, Leib und Leben opfern, als sie oder mein Schiff zu verlassen.“

Gegen Mitternacht explodierte die erste Pulverkammer, eine Stunde später die zweite. Da sah man in der feuerroten Glut des Himmels nur noch Trümmer des Schiffes wirbeln.

Berend Karpfanger war 1662 in die Admiralität berufen worden. Das war in dem Jahr, als algerische Seeräuber bis in die Elbmündung vorgedrungen waren, acht Hamburger Schiffe gekapert und 119 Seeleute als Sklaven nach Nordafrika gebracht hatten. Die Korsaren oder Barbaresken, wie man die aus den verschiedenen Provinzen des Türkenreichs kommenden Piraten nennt, waren damals zum Schrecken der christlichen Seefahrt geworden. Überall tauchten sie auf. Im Mittelmeer waren sie

Die 1683 in Cadiz verunglückte „Wappen von Hamburg (I)“ als Modell (Handelskammer Hamburg)

fast unumschränkte Herren. Nicht nur auf die Schiffe und Ladungen hatten sie es abgesehen, sondern auch auf die Besatzungen, denen Sklaverei drohte, falls ihre Heimatländer sie nicht freikauften. Die Korsaren hatten feste Preise: 7000 Mark für einen Kapitän, 3000 für einen Steuermann, 2400 für einen Matrosen. Fingen sie einen Kaufherrn oder einen Diplomaten, war der Preis entsprechend höher.

In den Hamburger Kirchen standen Opferstöcke für das Lösegeld, es gab auch eine Art Seemannsversicherung, aber das alles reichte nicht aus.

Dass die christliche Seefahrt sich außerdem noch „christlicher" Seeräuber zu erwehren hatte, machte die Lage nicht leichter. Jan Beart aus Dünkirchen kaperte mit seinen Landsleuten sogar im Namen des Königs von Frankreich! Hamburg hatte bis dahin noch nie Kriegsschiffe besessen. Schon zu Störtebekers Zeiten, als noch zehn Mann seemännische Besatzung auf einer Kogge ausreichten, hatte man 50 oder mehr Kriegsknechte mitfahren lassen, um bei Zusammenstößen mit Seeräubern den Kampf zu bestreiten. Später hatte man die Handelsschiffe mit Kanonen bestückt, und in letzter Zeit fuhren die Schiffe sicherheitshalber nur noch im Geleitzug, im Konvoi.

Angesichts des Überfalls in der Elbmündung beschloss der Rat, zwei Orlogschiffe (Kriegsschiffe) zu bauen. Jedes sollte 54 Geschütze haben und mindestens 150 Mann Besatzung und Soldaten. Die Hälfte der Kosten wollte die Stadt tragen, die andere Hälfte sollte die Kaufmannschaft aufbringen. Die Schiffe sollten „Kaiser Leopoldus" und „Wappen von Hamburg" heißen.

Berend Karpfanger hatte unter dem berühmten holländischen Admiral de Ruyter die Seefahrt gelernt. Er wurde als Berater beim Bau der Schiffe herangezogen und in die Admiralität berufen. Karpfanger stammt aus einer Schiffseignerfamilie. Sein Großvater nannte sich Karpfenfanger oder holländisch Carpenvanger; er fiel 1649 im Kampf gegen Piraten vor der portugiesischen Küste. Schon drei Jahre vorher hatte Berend Karpfanger als erste Reise eine Grönlandfahrt gemacht.

Kapitän Berend Jacobsen Karpfanger (1622–1683). Porträt auf einem Gedenkblatt anlässlich seines Todes bei der Explosion der Pulverkammer der „Wappen von Hamburg I"

Die Grönlandfahrt kam damals gerade auf. Im März liefen die Fangflotten aus, im Herbst kamen sie wieder, beladen mit Wal- und Walrossspeck, mit Walknochen, Walrosszähnen und Robbenfellen. Außerhalb der Stadt, vor St. Pauli und Altona, warteten die Trankochereien auf ihre Fracht. Man brauchte den Waltran für die Lampen. Dann fuhr Karpfanger sieben Jahre unter de Ruyter nach Brasilien und Westindien. Er hätte wohl auch noch an dessen großen Taten im Krieg gegen England teilgenommen, wenn der Tod seines Vaters ihn nicht veranlasst hätte, nach Hamburg zurückzukehren, um das letzte Schiff, das die Karpfangers noch hatten, zu übernehmen.

Auf eigenes Risiko fuhr er nun nach Südamerika und in die Karibische See, nach Westafrika und sogar in das gefürchtete Mittelmeer. Er war dabei so erfolgreich und wurde so wohlhabend, dass die Brüderschaft der Hamburger Schiffer den 32-Jährigen zum Ältermann machte. Im gleichen Jahr berief ihn der Rat in die Admiralität.

Die beiden Konvoischiffe wurden 1668 und 1669 fertig. Als der Kapitän des „Kaiser Leopoldus" 1674 starb, übertrug der Rat Karpfanger das Kommando und machte ihn zum Admiral. Der Titel

Kupferstich der ersten beiden Hamburger Konvoischiffe.
Links „Kaiser Leopoldus“, 1668 in Dienst gestellt, rechts „Wappen von Hamburg (I)“, 1669 in Dienst gestellt

bedeutete, dass seinem Kommando nicht nur das eigene Schiff, sondern der ganze Geleitzug unterstand, und der hatte manchmal 70 Schiffe oder noch mehr – ein schwimmendes Großkapital.

Unter seinem Kommando ging kein Schiff verloren. Oft genügte es, dass „der ‚Kaiser Leopoldus‘ ein gar zu ernstes Gesicht machte“, wie Karpfanger sagte, um die Korsaren fernzuhalten, öfter verblüffte er sie, indem er selbst angriff.

Zwei seiner Siege blieben besonders unvergessen: Fünfzig Fangschiffe kehrten aus Grönland zurück. Sie waren voll beladen, und jedes zog noch mehrere tote Wale im Schlepp. In der Elbmündung wurden sie von fünf schwer bestückten Dünkirchener Kaperern angegriffen. Mit zwei Breitseiten (je 27 Kanonen) donnerte die „Leopoldus“ zwei von ihnen in den Grund. Die anderen entkamen nur, weil die Dunkelheit angebrochen war.

Karpfanger war schon 1681 auf die „Wappen“ umgestiegen. Er war mit einem Konvoi nach Spanien unterwegs. Zufällig kam er dazu, als eine aus Amerika heimkehrende spanische Silberflotte von türkischen Korsaren angegriffen wurde. Karpfanger setzte alle Segel, versenkte die Korsarenschiffe und nahm 60 Türken gefangen, die umgehend gegen Hamburger in Algier ausgetauscht wurden. König Karl II. von Spanien überreichte ihm persönlich eine schwere goldene Halskette, als Dank für die mutige Tat.

Hamburg hat mit Berend Karpfanger seinen größten Seefahrer verloren.

Die Welt im Jahr 1683

Türken vor Wien

Mit 230 000 Mann versucht der türkische Großwesir Kara Mustafa Wien zu erobern. Sein Heer wird von polnischen und deutschen Truppen am Kahlenberg geschlagen. Die Türken müssen nach acht Wochen Belagerung aufgeben.

Germantown

Deutsche Auswanderer, Glaubensflüchtlinge aus Südwestdeutschland, gründen in Pennsylvanien den Ort Germantown bei Philadelphia.

Kolonie

Major von der Gröben hat in Westafrika ein brandenburgisches Fort gegründet („Groß Friedrichsberg") und das umliegende Land an der Goldküste zur brandenburgischen Kolonie erklärt.

Nachzügler

In Wien wird – wie sieben Jahre zuvor in Hamburg – das erste Kaffeehaus eröffnet.

Hamburger Nachrichten

1649

Reitende Post zwischen Hamburg und Berlin.

1651

Zehn Delfine werden in der Elbe gefangen.

1652

Die neue Große Allee vor dem Steintor wird Lieblingspromenade.

1655

Der Gänsemarkt erhält seinen Namen. Hier weideten früher die Gänse. Ein Markt war der Platz nie.

1657

Die Kirche St. Nikolai bekommt einen Barockturm, im nächsten Jahr auch St. Katharinen (mit goldenem Helm), gestiftet vom Ratsherrn Peter Rentzel.

1659

Das Wirtshaus am Besenbinderhof brennt ab. Pastor Corfinius in St. Katharinen nennt das eine Strafe für „Saufen, Fressen und Unzucht".

Die Türkenschlacht am Kahlenberge vor Wien im Jahr 1683. Werk eines unbekannten Meisters (Heeresgeschichtliches Museum, Wien)

1660
Mathias Weckmann, Organist von St. Jacobi, gründet das „Collegium Musicum“ und veranstaltet wöchentliche Konzerte im Dom. – Sektierer (Quäker) sollen in Hamburg nicht geduldet werden, weil sie die Obrigkeit mit „Du“ anreden.

1661
Große Michaeliskirche eingeweiht (Baumeister Christoph Corbinus). Die Neustadt wird Michaeliskirchspiel.

1662
Am Niederbaum wird das „Baumhaus“ gebaut. Die Hafeneinfahrten werden durch Schwimmende „Bäume“ gesperrt. 1655 war schon das „Blockhaus“ gebaut worden. – In der Vorstadt St. Georg sind zwei Wölfe gesehen worden.

1663
Bürgervertreter beanstanden die verwandtschaftliche Verfilzung des Hamburger Rates.

1664
Das seit 1640 dänische Altona wird Stadt und erster Freihafen Nordeuropas. – Die Pest fordert 4441 Opfer. – Eine Ratsverordnung verbietet, die viel geliebten Alsterschwäne zu „beleidigen“.

1665
Commerzdeputation zur Vertretung der Kaufmannsinteressen gegenüber dem Rat gegründet. – Der Reesendamm wird aufgehöht und mit Bäumen bepflanzt. Die Bürger nennen die neue Promenade „Jungfernstieg“.

1669
Der Spree-Oder-Kanal ist fertig. Schlesien wird Einzugsgebiet des Hamburger Hafens. – Letzter Hansetag. Hamburg, Bremen und Lübeck sind Sachwalter des Erbes der Hanse.

1671
Vierhundert Stadtsoldaten ziehen in den „Zweiten Schweinekrieg“. Es geht um das Recht der Eichelmast für Hamburger Schweine im Sachsenwald. Der Herzog von Lauenburg hatte die Schweine „gefangen genommen“. Der zweite „Krieg“ endete wie der erste (1660): mit einem Hamburger Sieg. – Anstelle der Stundenrufer stellt die Stadt 50 Nachtwachen ein. Das Volk nennt sie Uhlen, später Udel.

Nach achtjähriger Bauzeit 1661 vollendet:
die Große Michaeliskirche am Krayenkamp.
Kupferstich von P. Schenck

1672
Stadtkommandant Oberst von Koppey führt das Spießrutenlaufen als Militärstrafe ein.

1673
Vierhundert Straßenlaternen werden aufgestellt. – Der Winter war so kalt, dass man bis Helgoland zu Fuß über das Eis gehen konnte.

1676
Am 4. August brennen am Cremon 30 Wohnhäuser nebst Speichern ab. – Am 21. August wird die Hamburger Feuerkasse gegründet. Sie „versichert“ 4000 Gebäude.

1678
2. Januar: Eröffnung des ersten deutschen Opernhauses am Gänsemarkt. Man spielt die Oper „Adam und Eva“ (Der geschaffene, gefallene und wieder auferstandene Mensch).

1682
Friedrich Wilhelm, der Große Kurfürst, hört am Gänsemarkt die Oper „Alceste“.

Königin Christina entfloh durch ein Pförtchen

Am Krayenkamp gab es gestern Abend Tote und Verwundete. Nur dem Eingreifen des Militärs unter dem persönlichen Befehl des Stadtkommandanten, Oberst von Koppey, ist es zu verdanken, dass dieser 16. Juli 1667 nicht noch viel schlimmer endete.

Königin Christina von Schweden hatte zu einem Bankett in ihr Haus am Krayenkamp geladen. Anwesend waren alle Ratsherren, die Oberalten und alle fremden Gesandten. Das Haus war mit fünfzig Wachsfackeln erleuchtet. Vor dem Haus hatte die Königin einen Doppelspringbrunnen bauen lassen, aus dem roter und weißer Wein für das Volk sprudelte.

Wie es angefangen hatte, ist nicht mehr festzustellen. Irgendjemand hat den Pöbel darauf aufmerksam gemacht, dass die aus 600 Lampen bestehende lateinische Inschrift am Giebel auf Deutsch bedeutete: „Es lebe Papst Clemens IX."

Zuerst wurden böse Rufe laut, dann begann der Mob das Haus mit Steinen zu bewerfen. Die Gastgeberin ließ die Illumination löschen, aber die Menge, vom reichlichen Weingenuss angefeuert, setzte zum Sturm auf das Haus an. Trotz des Verbots der Königin eröffneten ihre Diener das Feuer und töteten mehrere Personen.

Wenn nicht in diesem Augenblick das Militär angerückt wäre, hätte es wohl ein Blutbad gegeben, womöglich auch unter den erlauchten Gästen. Die Königin entfloh durch ein Pförtchen in den Bäckergang und von dort zum Haus des schwedischen Residenten am Speersort.

Königin Christina hatte sich schon öfter in Hamburg aufgehalten und jedes Mal Aufsehen erregt. 1654 zum Beispiel bewegte sie sich nur in Männerkleidern in der Stadt, und bei dem ihr zu Ehren in der Petrikirche abgehaltenen Festgottesdienst las sie ein Buch und spielte mit ihrem Hündchen.

Königin Christina von Schweden (1626–1689).
Porträt von Sébastien Bourdon, 1653
(Stockholm, Nationalmuseum)

Nach dem gestrigen Vorfall hat sich der Rat bei Ihrer Majestät entschuldigt. Eigentlich steht ihr dieser Titel gar nicht zu. Die Tochter des protestantischen Helden des Dreißigjährigen Krieges, Gustav Adolf, hat 1654 abgedankt und ist zum Katholizismus übergetreten. Die meiste Zeit lebt sie in Rom. Christina von Schweden ist jetzt 41 Jahre alt.

Hamburg um 1680. Links im Gemälde von Elias Galli die beiden Konvoischiffe „Wappen von Hamburg (I)“ und „Kaiser Leopoldus“, in der Mitte ein Grönlandfahrer (Walfänger). Die Türme von links nach rechts: Michaelis, Nikolai, Katharinen, Petri, der Dom und St. Jacobi (Museum für Hamburgische Geschichte).

15. Oktober 1712

Hauptrezess beschlossen Neues Grundgesetz beendet Bürgerunruhen

Rat und Bürger einigten sich heute auf ein „ewiges, unveränderliches und unwiderrufliches Fundamentalgesetz", genannt Hauptrezess. Die Verhandlungen haben vier Jahre gedauert. Es ist zu hoffen, dass mit diesem Hauptrezess unter die jahrzehntelangen inneren Unruhen und die damit verbundenen äußeren Bedrohungen ein Schlussstrich gezogen wird. Das neue Grundgesetz sieht vor:

1. Das höchste Recht und die höchste Gewalt sind unteilbar bei Rat und Erbgesessener Bürgerschaft. Entschließungen sind nur gültig, wenn beide Gremien ihnen zustimmen.

2. Der Rat besteht aus vier Bürgermeistern, von denen drei graduiert (rechtsgelehrt) sein müssen, und aus 24 Ratsherren (darunter elf Graduierte). Der Rat wählt seine Mitglieder selbst auf Lebenszeit.

3. Zur Bürgerschaft gehören fünfzehn Oberalte (drei aus jedem Kirchspiel), 45 Diakone und 120 Bürger, die „Erbgesessene" oder „Personalisten" sein müssen.

Erbgesessene sind Bürger, die innerhalb der Stadtmauern einen Besitz zu erb und eigen haben und die außerdem über ein Vermögen von mindestens tausend Reichstalern frei verfügen können.

Personalisten sind Bürger, die durch ihre Stellung ausgezeichnet sind, zum Beispiel Älterleute der Handwerksämter, Commerzdeputierte, Offiziere der Bürgergarde usw.

Dies ist eine aristokratische Verfassung. Politische Rechte für den bürgerlichen Mittelstand, wie sie in den wirren letzten Jahren oft gefordert wurden, enthält sie nicht. Aber sie garantiert das Zusammenwirken der in dieser Zeit wichtigsten Kräfte. Es ist bisher in Deutschland keine fortschrittlichere Stadtverfassung bekannt.

Hinrichtung der Volksführer Cord Jastram und Hieronymus Snitger auf dem Köppelberg vor dem Steintor am 4. Oktober 1686. Zeitgenössische Darstellung

Wie nötig die Einigung war, zeigt ein Rückblick auf die Ereignisse, die zu ihr führten.

Es standen sich gegenüber: Auf der einen Seite eine ständig wachsende Bevölkerung, unter der besonders der nicht selbstständige, ärmere Teil schnell zunahm. Auf der anderen Seite ein Rat, der sich gegen die berechtigten Angriffe wegen seiner „Vetternwirtschaft" immer mehr abkapselte und schließlich jede Kritik damit abwies, dass er sich auf Gott und den Kaiser zurückzog, „den Born und Quell aller Gerechtigkeit, dem der Rat allein Rechenschaft schuldig ist".

Der Kaufmann Cord Jastram sowie der Färber und Schiffsreeder Hieronymus Snitger wurden zu Führern einer „Volkspartei". Vergeblich versuchte ein Kaiserlicher Kommissar, der Graf Windischgrätz, 1674 zu vermitteln. Schließlich vertrieben Jastram und Snitger den Rat und nutzten die Gelegenheit, selbst das Regiment zu übernehmen. Das war 1685.

Der vertriebene Bürgermeister Hinrich Meurer erwirkte einen kaiserlichen Schutzbrief für sich,

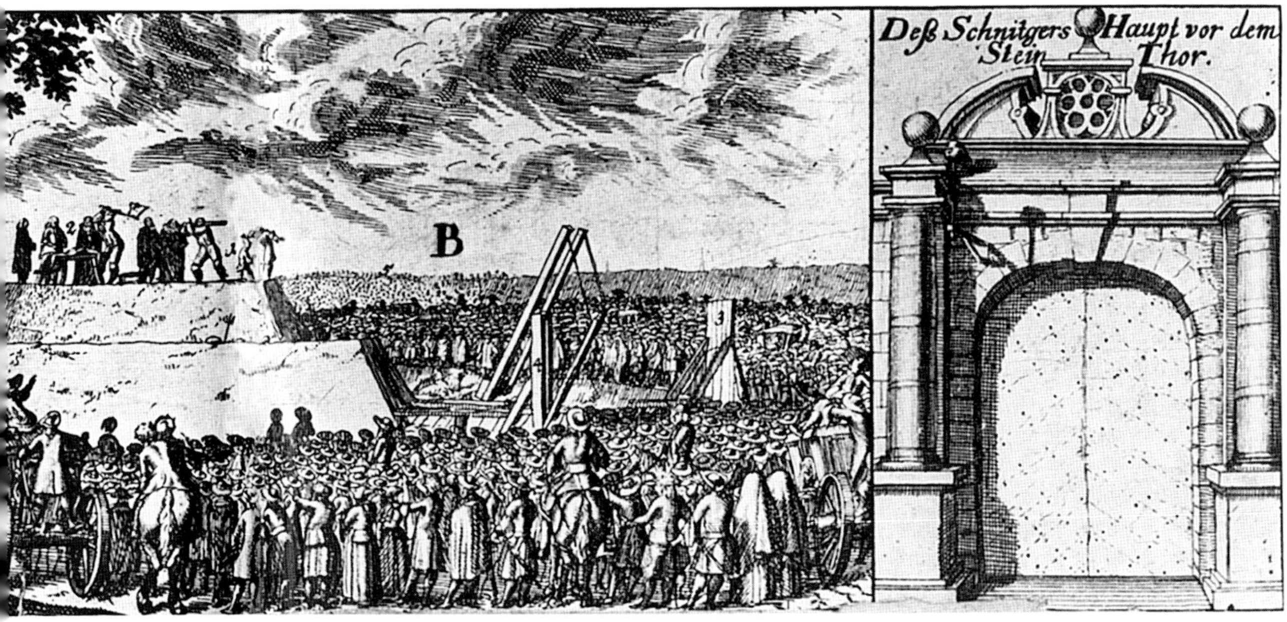

und Herzog Georg Wilhelm von Lüneburg-Celle wurde beauftragt, ihm Respekt zu verschaffen. Damit begann die Intervention von außen. Der Lüneburger eroberte 1686 die Vierlande und Bergedorf und drohte in Hamburg einzurücken.

Jastram und Snitger suchten dagegen Unterstützung beim Dänenkönig Christian V. Es ist ihnen bis heute nicht nachzuweisen, dass sie die wahren Absichten Christians kannten, der die Situation nutzte, um am 20. August 1686 mit 18 000 Mann vor Hamburg zu erscheinen. Er forderte völlige Unterwerfung, eine ständige dänische Besatzung von 3000 Mann in der Stadt und 400 000 Taler, andernfalls werde er „keinen Stein beim anderen" lassen. Die Stimmung in der Stadt schlug um. Man gab Jastram und Snitger die Schuld an dieser Entwicklung. Die Lüneburger wurden als Bundesgenossen begrüßt, die „Volksführer" wurden hingerichtet und ihre Köpfe am Millern- bzw. Steintor aufgespießt (wo sie neun Jahre blieben).

Der Kampf um die erst 1682 errichtete Sternschanze (Abb. S. 6) kostete an die tausend Tote und Verwundete, zumeist bei den Dänen. Nach 21 Tagen Belagerung zogen sie ab, weil der Große Kurfürst drohte, mit einem brandenburgischen Heer einzugreifen.

Bürgermeister Meurer kam zurück, aber mit ihm nicht die Ruhe, denn der erst 47-Jährige starb schon 1690, und die Kämpfe zwischen Rat und Bürgern nahmen für die nächsten Jahre anarchistischen Charakter an. Die Unruhen sollten kein Ende nehmen.

Erst der Kaiserliche Beauftragte, Graf Schönborn, stellte den Frieden wieder her. Er kam 1708 mit einer eigenen Truppe, der niemand Widerstand entgegensetzen mochte. Unter seiner entscheidenden Mitwirkung kam dann endlich das neue Fundamentalgesetz zustande. Der Rat gab Graf Schönborn zu Ehren eine besonders feierliche Matthiae-Mahlzeit. Der Graf hatte sich dafür einen spanischen Samtanzug und Mantel schneidern lassen.

Hamburger Nachrichten

1683
Ein großer Brand vernichtet 214 Häuser am Brook, Kehrwieder und in der Holländischen Reihe.

1685
Magister Hieronymus Paßmann eröffnet eine „Schule für Neustädtische Arme Kinder" (Paßmannsche Armenschule).

1686
Der Physiker und ehemalige Magdeburger Bürgermeister Otto Guericke (83), der Erfinder der Luftpumpe, lebte zuletzt bei seinem Sohn in Hamburg. Am 21. Mai ist er verstorben.

1688
Neben dem Pfandhaus, dem Lombard, wird eine hölzerne Alsterbrücke gebaut. „Lombarden" nannte man Kaufleute aus Italien, die das Recht hatten, Geld für Zinsen oder Pfänder zu verleihen.

1690
Nach Bürgermeister Meurers Tod empfiehlt sich Ratsherr Johann Diedrich Schaffshausen selbst als Nachfolger, da sein Eid ihm gebietet, den „Besten" vorzuschlagen.

1693
Arp Schnitger (45) liefert die Orgel für St. Jacobi ab. Von dem berühmten Orgelbauer stammen 150 Orgeln, die bis nach Spanien und Russland verkauft wurden.

1700
Ein 15-jähriger Eisenacher, der in Lüneburg eine Freistelle an der Michaelisschule hat, kommt öfter nach Hamburg, um bei Johann Adam Reinken, dem Orgelmeister von St. Katharinen, zu lernen. Der junge Mann heißt Johann Sebastian Bach.

1705
Opernskandal: Der 20-jährige Operngeiger Georg Friedrich Händel ohrfeigt den Starsänger Mattheson. Der hatte den jungen Geiger vor allen Leuten daran erinnert, dass Händel die Organistenstelle an der Lübecker Marienkirche nur deshalb nicht bekommen habe, weil er sich weigerte, die schon etwas ältliche Tochter Buxtehudes zu heiraten.

Ein Meisterwerk Arp Schnitgers: die Orgel von St. Jacobi

1711
Eine Sturmflut zerschmettert, was von der Weißen Klippe auf der Düne von Helgoland noch übrig geblieben war. Seit Jahren war die Klippe von den Helgoländern als Steinbruch benutzt worden. Hamburg kaufte den Kalkstein als Baumaterial. – Notarielle Vernehmung dreier Kinder (zwischen 9 und 13), die angeblich vom Teufel besucht worden waren.

1713
Schwedische Truppen brennen Altona nieder. – „Der Vernünftler" heißt eine neue „moralische Wochenschrift", die englischen Vorbildern folgt (The Spectator, The Tatler).

1714
Die Pest fordert in zwei Jahren 12 000 Todesopfer.

1715
Wegen der Straßenkriminalität ist es verboten, bei Dunkelheit ohne Licht aus den Häusern zu gehen. „Heimleuchter" (mit Stocklaterne) wird ein Beruf.

Die Welt im Jahr 1712

Karriere

Georg Friedrich Händel, Hofkapellmeister in Hannover, geht als Hofkomponist nach London. Bis 1707 war er Operngeiger in Hamburg (siehe Hamburger Nachrichten 1705).

Der Starke

August (42), Kurfürst von Sachsen, lässt seine Hauptstadt Dresden durch schöne Bauten verzieren. Pöppelmann baut den Zwinger. Man nennt den Kurfürsten den „Starken", weil er über große Körperkräfte verfügt. Einen wilden Eber, den er auf sich zustürzen lässt, fängt er mit einer Hand ab. Über die Zahl seiner Mätressen und unehelichen Kinder erzählt man sich in Dresden Wunderdinge.

Zarenhochzeit

Peter der Große macht das 1703 gegründete Pittersburch (Petersburg) statt Moskau zur Hauptstadt des russischen Reiches. Der Zar hat voriges Jahr seine Geliebte, die aus dem Bauernstand kommende Katharina Alexejewna, geheiratet.

Georg Friedrich Händel (1685–1759). Kopie nach dem von Jakob Christoph Platzer um 1710 geschaffenen Porträt (Halle, Händel-Haus)

Links: Zar Peter I. von Russland, genannt der Große (1672–1725). Gemälde von Jean-Marc Nattier, 1717 (München, Residenzmuseum)

Endlich verbrieft: Hamburg ist Freie Reichsstadt

Auf Schloss Gottorp bei Schleswig ist heute ein Vergleich zwischen Dänemark und Hamburg geschlossen worden, der eine jahrhundertealte Fehde beilegt: Dänemark erkennt Hamburg als Kaiserliche Freie Reichsstadt an. Damit erlöschen alle Ansprüche des früheren Landesherrn, des Hauses Holstein, für alle Zeiten. Dänemark tritt außerdem die Elbinseln zwischen Finkenwerder und Billwerder an Hamburg ab. Als Gegenleistung erlässt Hamburg Dänemark die Rückzahlung von einer Million Taler Schulden.

Die hohe Verschuldung Dänemarks hatte den König gezwungen, diesem Vergleich zuzustimmen. Die dänische Staatskasse war nicht einmal mehr in der Lage, die fälligen Zinsen zu zahlen. Die Schulden gegenüber Hamburg waren durch eine Reihe erpresserischer Anleihen entstanden. Im Ganzen hatte Hamburg seit 1712, also seit 56 Jahren, an Dänemark 1,8 Millionen Taler zahlen müssen.

Der aufkommenden Kritik an der Höhe des finanziellen Verlusts, den Hamburg in Kauf nehmen muss, hält der Rat entgegen, dass für die endgültige Beendigung der ständigen Bedrohung unserer Stadt kein Preis zu hoch sein konnte. Man versäumt im Rat aber auch nicht, mit leichtem Triumph darauf hinzuweisen, dass eine solche Entscheidung, wäre sie schon viel früher getroffen worden, der Stadt und ihren Bürgern manche Unbill erspart hätte.

In der Tat: Schon 1650 war Dänemark bereit gewesen, gegen eine hohe Geldsumme die Reichsfreiheit Hamburgs anzuerkennen. Der Rat und die Oberalten waren einverstanden, die Kämmerei und die erbgesessenen Bürger aber hatten abgelehnt. In den nächsten Jahren bot Dänemark noch zusätzlich die Elbinseln und darüber hinaus Altona, Ottensen und die Grafschaft Pinneberg an, aber der „Krämergeist“ der Bürger hatte abermals „gesiegt“.

Schloss Gottorp bei Schleswig. Hier wird 1786 der „Gottorper Vergleich“ geschlossen.

Die Folge war, dass König Friedrich III. Altona zum ersten Freihafen Nordeuropas machte, mit der ausdrücklichen Absicht, den Handel von Hamburg abzuziehen, nachdem Glückstadt den erwünschten Erfolg nicht gebracht hatte. Sein Nachfolger Christian V. trieb die Bekämpfung Hamburgs dann bis zum offenen Kriegszustand. Man erinnere sich an den Kampf um die Sternschanze im August 1686 im Rahmen der Jastram-Snitger'schen Wirren.

Die Gottorper Verhandlungen wurden auf Hamburger Seite vom Ratssyndikus Jacob Schuback geführt, auf dänischer Seite von Heinrich Carl Graf von Schimmelmann, dem die Schlösser Wandsbek und Ahrensburg gehören.

Die Welt im Jahr 1768

Ermordet

Johann Joachim Winckelmann (51), Begründer der neueren Archäologie und Präsident der Altertümer des Vatikans, wird in Triest ermordet.

Krank und verliebt

Johann Wolfgang von Goethe (19) muss sein Studium an der Universität Leipzig wegen Krankheit aufgeben. In Leipzig schreibt er das Theaterstück „Die Laune des Verliebten". Verliebt ist er in die Gastwirtstochter Kätchen Schönkopf.

Wunderkind

Wolfgang Amadeus Mozart (12) schreibt die Oper „Bastian und Bastienne". Schon seit sechs Jahren erregt der kleine Pianist und Komponist aus Salzburg Bewunderung bei seinen Konzertreisen nach Wien, München, Paris und London.

Wunderkind Wolfgang Amadeus Mozart (1756–1791). Porträt eines unbekannten Malers, 1763 (Mozarteum, Salzburg)

Hamburger Nachrichten

1720

Bestandsaufnahme im Ratskeller: Rheinwein für 660 000 Mark, spanischer Wein für 45 000 Mark.

1722

Die Stadt mietet das 1712 fertiggestellte Görtz'sche Palais am Neuen Wall und stellt es dem Kaiserlichen Gesandten aus Wien als Residenz zur Verfügung. 1726 kauft die Stadt das Gebäude. Man nennt es auch Stadthaus.

1724

Aus Sparsamkeitsgründen werden die jährlichen Petri- und Matthiae-Mahlzeiten des Rats eingestellt.

1725

Die Oper „Die Hamburger Schlachtzeit" wird verboten. Textprobe: „Ich bin zwar ehrlich, fromm und keusch, doch hungert mich nach Jungfernfleisch."

1729

Der Rat verbietet „Abendleichen" (aufwendige Beerdigungen bei Dunkelheit).

1730

Aus Holland kommen zum ersten Mal Kartoffeln nach Hamburg. Ab 1746 werden sie in den Vierlanden angebaut.

1735

Die Commerzbibliothek wird gegründet.

1737

Erste deutsche Freimaurerloge in Hamburg. Prinz Friedrich von Preußen wird Mitglied. Die Freimaurerbewegung entstand 1717 in England.

1738

Christianeum in Altona gegründet, Christianskirche in Ottensen fertiggestellt (nach König Christian VI. benannt).

1743

Dreifaltigkeitskirche in Altona (Baumeister Cay Dose) geweiht.

1745

Elbe-Lotsenbrüderschaft (Övelgönne/Neumühlen) gegründet.

Die Neue Michaeliskirche.
Lithografie von Peter Suhr, um 1840
(Ausschnitt)

Georg Philipp Telemann (1681–1767).
Aquatinta von Valentin Daniel Preisler nach einem (verschollenen) Gemälde von Ludwig Michael Schneider, 1750

1746

Der Kaufmann und Oberalte Hans Witte (92) ist gestorben. Er bestand zeitlebens auf wortgetreuer Anwendung der Gesetze und verursachte so viel Ärger, dass er 37 Jahre unter Hausarrest stand.

1747

Dreieinigkeitskirche in St. Georg fertiggestellt (Baumeister Johann Leonhard Prey).

1750

Die Michaeliskirche brennt nach Blitzschlag ab. – An der Elbchaussee entstehen die ersten Landsitze.

1751

Die „Gemeine Bibliothek" wird „Öffentliche Stadtbibliothek".

1754

Friedrich von Hagedorn (46), Hamburgs populärer „Dichter der Alster", gestorben.

1762

Neue Michaeliskirche nach elf Jahren Bauzeit eingeweiht (Baumeister Ernst Georg Sonnin). Der 132 Meter hohe Turm wird erst 1786 fertiggestellt. Weil er von ankommenden Schiffen schon von Weitem zu sehen ist, wird er zum Wahrzeichen Hamburgs

1765

Gründung der Patriotischen Gesellschaft. – Trostbrücke aus Stein.

1767

Georg Philipp Telemann (86) nach 46 Jahren als Musikdirektor in Hamburg gestorben.

9. März 1781

Berühmte Namen Lessing, Klopstock, Voß und Claudius

Die Bühne des Schauspielhauses am Gänsemarkt war mit schwarzem Tuch ausgeschlagen. Vor vollem Haus wurde Lessings „Emilia Galotti" aufgeführt. Friedrich Ludwig Schröder hielt die Trauerrede für den am 15. Februar in Braunschweig gestorbenen Dichter und sagte, dass der Name dieses großen Dramatikers für immer mit Hamburg verbunden bleiben werde.

Gotthold Ephraim Lessing, Pastorensohn aus der Oberlausitz, Dichter, Philosoph und Kritiker, war 52 Jahre alt geworden. Er sah das Wesen aller Kunst in ihrer sittlichen Wirkung. Er ist der Begründer des bürgerlichen Trauerspiels; einige sagen sogar, er sei der Begründer der modernen deutschen Literatur, der Literaturtheorie und Literaturkritik überhaupt. Sein letztes Werk ist das vor zwei Jahren vollendete Drama „Nathan der Weise". Es wird voraussichtlich in Berlin uraufgeführt werden.

Das Stück nach Hamburg zu holen würde sicherlich am Widerstand Pastor Goezes scheitern, obwohl der Pastor es Lessing verdankt, „unsterblich" geworden zu sein. Der Dichter hat die Polemiken, die er gegen den Geistlichen schrieb, unter dem Namen „Anti-Goeze" zusammengefasst.

Der Streit hatte mit einer zunächst anonym erschienenen Schrift unter dem Titel „Fragment eines Ungenannten" begonnen. Der Autor war leicht zu erraten und der „Ungenannte" auch: Es war der 1768 verstorbene Theologie-Professor am Akademischen Gymnasium, Hermann Samuel Reimarus.

Seine „Apologie für die vernünftigen Verehrer Gottes" war nie gedruckt worden. Ebenso wenig seine vielen anderen religionskritischen Aufsätze, in denen er den Deismus rechtfertigte, die Auffassung, dass Gott zwar die Welt erschaffen hat, aber keine Person ist, dass er in den Lauf von Natur und Geschichte nicht eingreift und sich nicht durch Offenbarungen kundtut.

Gotthold Ephraim Lessing (1729–1781). Porträt von Anna Rosina de Gasc, geb. Lisiewska, 1767 (Gleimhaus, Halberstadt)

Aus diesem ungehobenen Reimarus-Schatz schöpfte Lessing weiter. Als „Ein Mehreres aus den Papieren des Ungenannten" erschien, ging der orthodoxe Lutheraner Johan Melchior Goeze, Hauptpastor an St. Katharinen, mit einem geharnischten Zeitungsartikel zum Gegenangriff über. Anderthalb Jahre, bis 1778, dauerte der in Publikationen ausgetragene Religionsstreit. Dann wurde Lessing von der Kanzlei seines derweiligen Landesherrn in Wolfenbüttel jede weitere Reimarus-Publikation verboten.

Statt aufzugeben, wechselte Lessing den Kampfplatz: „Ich muss versuchen, ob man mich auf meiner alten Kanzel, dem Theater, wenigstens noch ungestört predigen lässt." Und so entstand „Nathan der Weise", ein Schauspiel von Humanität und Toleranz, mit dem Lessing seinen Anti-Goeze-Kampf auf literarische Weise beendete. Im „Nathan" karikierte Lessing seinen Widersacher als unbelehrbaren Patriarchen.

Johan Melchior Goeze (1717–1786), streitbarer Hauptpastor von St. Katharinen (Hamburg, Staatsbibliothek)

Lessings „Ungenannter“: Hermann Samuel Reimarus (1694–1768), Lehrer am Akademischen Gymnasium

Im Januar 1767 war Lessing nach Hamburg gekommen. Hier war in einem Neubau am Platz des Opernhauses von 1678 gerade das „Deutsche Nationaltheater“ gegründet worden, und Lessing wurde als Dramaturg eingestellt. Am 28. September wurde sein Lustspiel „Minna von Barnhelm“ uraufgeführt.

Zwei Jahre lang schrieb Lessing daneben an der „Hamburgischen Dramaturgie“. Sie enthielt Kritiken der in Hamburg aufgeführten Stücke, die, über die Rezension hinaus, den Anstoß zu einer Reform des Theaters geben sollte, zum besseren Verständnis der Dichtung überhaupt und zu einer Neubesinnung auf das Wesen von Tragödie und Komödie.

Das „Deutsche Nationaltheater“ hielt sich jedoch nicht lange. Es schloss im November 1768 aus finanziellen Gründen. Der Verlust seiner Stellung traf Lessing schwer. Wirtschaftlich war es ihm nie gut gegangen. Er hatte sich als Zeitungsschreiber oder Sekretär durchschlagen müssen.

Der unstete Lessing fand eine Stellung als Bibliothekar in Wolfenbüttel. Wäre er in Hamburg geblieben, hätte er erlebt, wie Friedrich Ludwig Schröder, erst 24 Jahre alt, das Hamburger Theater neu eröffnete und zum besten in Deutschland machte, und er hätte auch erlebt, dass Schröder verwirklichte, was Lessing in seiner berühmten Dramaturgie gefordert hatte.

Schröder nahm Abschied von den Harlekinaden, Possen und oberflächlichen Gesellschaftsstücken. Er brachte als Erster in Deutschland Shakespeare auf die Bühne: „Hamlet“ und „Othello“. Allerdings strapazierte er mit diesen Stücken die Nerven des Publikums so sehr (Damen fielen in Ohnmacht), dass er in beiden Dramen den Schluss ändern musste. 1774 wurde am Gänsemarkt Goethes „Clavigo“ uraufgeführt. Zum Ensemble des Schauspielhauses gehörten die in ganz Deutschland

Der Arzt Dr. Johann Albrecht Reimarus (1729–1814), Sohn von Lessings „Ungenanntem“. Porträt von Johann Joachim Faber

Johann Georg Büsch (1728–1800) wurde Direktor der neu gegründeten Handelsakademie. Porträt von Andreas Stöttrup, 1792

berühmten Konrad Eckhof und Dorothea Ackermann und Schröder selbst. Auch Iffland wirkte eine Zeit lang in Hamburg.

Um das Theater finanziell abzusichern, hat Baron Caspar Voght voriges Jahr eine „Gesellschaft kunstliebender Hamburger“ gegründet. Der Baron forderte die führenden Familien der Stadt auf, jeden Mittwoch zugunsten des Hamburger Theaters auf andere Vergnügungen zu verzichten.

Ein Franzose, der Hamburg kürzlich besuchte, der Chevalier de Beaujeu, berichtete nach Hause: „Jeder kennt die Schönheit, den Reichtum und die Bedeutung dieser Stadt, die man das Paris Deutschlands nennen kann.“

Tatsächlich ist es nicht nur der materielle Wohlstand, der mit luxuriösen Landhäusern, herrlichen Hausfassaden, geschnitzten Portalen und geschwungenen Giebeln das Bild unserer Stadt bestimmt, sondern auch das geistige Leben, das so rege ist wie nie zuvor.

Da gibt es zum Beispiel den Kreis um Dr. Johann Albrecht Reimarus. Er ist der Sohn von Lessings „Ungenanntem“. Der Arzt und Naturwissenschaftler führte in Hamburg die Pockenschutzimpfung ein und brachte eine amerikanische Erfindung als Erster auf den Kontinent: den sogenannten Blitzableiter. Der erste wurde am Jacobiturm angebracht.

Zu dem Kreis um Dr. Reimarus gehörten die Baumeister Ernst Georg Sonnin, Erbauer der Neuen St.- Michaelis-Kirche, und der Mathematik-Professor Johann Georg Büsch, der die neu gegründete Handelsakademie leitet. Die drei sind die eigentlichen Väter der „Patriotischen Gesellschaft“ von 1765. Johann Bernhard Basedow hat den Kreis verlassen. Der ehemalige Rektor des Gymnasiums in Altona wurde nach Dessau berufen, um das „Philanthropinum“, einen neuen Schultyp, aufzubauen.

Friedrich Gottlieb Klopstock (1724–1803). Porträt von Jens Juel, um 1779 (Gleimhaus, Halberstadt)

Johann Heinrich Voß (1751–1826). Porträt von Georg Friedrich Adolph Schöner, 1797 (Gleimhaus, Halberstadt)

Friedrich Klopstock hat in Altona den „Messias" geschrieben. Der Dichter Johann Heinrich Voß lebte in Wandsbek, bevor er 1778 als Rektor der Lateinschule nach Otterndorf bei Cuxhaven zog und durch seine Übersetzung von Homers „Odyssee" weltberühmt wurde. Sie erschien 1781 in Hamburg. Voß war ein enger Freund des Dichters Matthias Claudius („Der Mond ist aufgegangen"). Claudius war es gelungen, für seinen „Wandsbecker Bothen" selbst Goethe und Herder als Mitarbeiter zu gewinnen. Bemerkenswert ist, dass Matthias Claudius trotz seiner Strenggläubigkeit im Goeze-Streit auf Lessings Seite stand.

Carl Philipp Emanuel Bach ist Kantor und Musikdirektor in Hamburg. Sein Vater, der große Johann Sebastian, hätte sein Vorgänger sein können.

Ernst Georg Sonnin (1713–1794) erbaute die Michaeliskirche. Gemälde von Johann Marcus David, 1802 (Hamburger Kunsthalle)

Matthias Claudius (1740–1815). Porträt von Friederike Leisching, um 1785 (Museum für Hamburgische Geschichte)

Carl Philipp Emanuel Bach (1714–1788). Porträt von Johann Philipp Bach, um 1780 (Bach-Archiv Leipzig)

Doch das ist eine höchst merkwürdige Geschichte. 1720 hatte sich der 35-jährige Johann Sebastian Bach als Organist in St. Jacobi beworben. Sein alter Lehrer, der Organist und Operngründer Johann Adam Reinken, nun schon 97, war begeistert von Bachs Variationskunst an der Orgel. Aber leider gab es einen anderen Bewerber, einen gewissen Heidtmann, der 4000 Mark Silber in den „Gotteskasten" zahlte und deshalb vorgezogen wurde.

Das Amt des Kantors und Musikdirektors wäre zwar noch frei gewesen. Aber die Stadt gab diesen begehrtesten Posten, den es für einen Kirchenmusiker in Deutschland geben kann, 1721 an Georg Philipp Telemann (40). Telemann war damals auch viel berühmter als Bach. Bach ging zurück nach Köthen, als Hofkapellmeister.

Schon nach zwei Jahren in Hamburg bewarb sich Telemann als Kantor an der Thomaskirche in Leipzig und wurde auch angenommen. Nach einer Gehaltserhöhung in Hamburg überlegte er es sich aber doch anders. Um die Leipziger nicht allzu sehr zu verärgern, empfahl er ihnen seinen jüngeren Freund Bach.

Bach blieb 27 Jahre, bis an sein Lebensende, Thomaskantor, und so ist der Name eines der größten Komponisten der Musikgeschichte für immer mit Leipzig verbunden – und leider nicht mit Hamburg.

Wenn auch nicht der größte, so war der vor vierzehn Jahren verstorbene Telemann doch wahrscheinlich der fleißigste Komponist, den es je gab. Er schrieb zwölf Jahrgänge Kirchenkantaten (für jeden Sonntag eine), 40 Opern, an die 700 Orchestersuiten, 44 Passionen und die Tafelmusik für die Matthiae-Mahlzeiten.

Hamburger Nachrichten

1780

In Pennsylvania wird eine Siedlung deutscher Auswanderer amtlich Hamburg genannt.

1782

Ein Anonymus, der sich „Kosmopolit, drey Treppen hoch" nennt, schreibt eine bissige „Kleine Charakterisierung von Hamburg". Textproben: „Die eigentlichen Hamburger sind alle fetten Anblicks. Dicke Köpfe, dicke Bäuche, und von sonorer Stimme! Sie haben herrlich Ochsenfleisch!" Oder: „Handlungsgeist ist ihre Seele. Gewinn ist ihr selig machender Glaube."

1783

Altonaer Schauspielhaus an der Palmaille eröffnet.

1785

Das „Toleranzedikt" vom 19. September erlaubt Reformierten und Katholiken die Religionsausübung und den Bau von Gotteshäusern. Diese Gotteshäuser dürfen jedoch weder Türme noch Glocken haben. Für die Juden gilt das Toleranzedikt nicht.

1787

Uraufführung von Schillers „Don Carlos" im Schauspielhaus am Gänsemarkt.

1788

Schilder mit Straßennamen und Hausnummern werden eingeführt. Sie sind in der Farbe des zuständigen Bürgerregiments gehalten, der Anfangsbuchstabe des Kirchspiels steht darauf, eine römische Ziffer gibt die Bürgerkompanie an, und eine arabische Ziffer lässt erkennen, unter welcher Nummer das Haus im Erbbuch eingetragen ist. Also zum Beispiel in Rot „P(etri) II 187". – Eine „Gassenordnung" enthält 34 Artikel. Darunter: Schwere Lasten müssen auf flachen Schlitten, nicht auf Wagen durch die Stadt befördert werden, um das Pflaster zu schonen. Das Ausleeren von Nachtgeschirren auf die Straße ist verboten. Nachtwächter und Brandwachen sollen Übeltäter melden. Sie bekommen dafür die Hälfte der Strafgelder. – Graf Ernst von Schimmelmann gibt den leibeigenen Bauern von Ahrensburg Land

Baron Caspar Voght (1752–1839) nahm der Kirche die Verantwortung für die Armenpflege ab (Altonaer Museum).

zu erb und eigen. Die Schimmelmanns sind als Finanzberater des dänischen Königs (Gottorper Vergleich) immens reich geworden. In den dänischen Kolonien auf den Jungferninseln (Kleine Antillen) hat Graf Schimmelmann vier Plantagen mit über tausend Sklaven. – Der Übersee-Kaufmann Caspar Voght gründet eine „Allgemeine Armenanstalt", womit den Kirchen die öffentliche Armenpflege abgenommen wird. – Nachdem er auch die Stadt Wien in gleichem Sinne beraten hat, macht ihn der Kaiser zum „Baron". Caspar Voght hatte 1785 Flottbek erworben und zum Mustergut ausgebaut. 1787 wurden auf seine Veranlassung in Schleswig-Holstein aus Amerika importierte Kartoffeln angepflanzt.

1791

Der französische Gärtner Daniel Louis Jacques macht in Nienstedten an der Elbe das Feinschmeckerrestaurant „Jacob" (Jacques) auf. – Die Einwohnerzahl hat 100 000 überschritten. Die Hamburger wohnen in 1904 Häusern, 1839 Wohnkellern, 9561 Sälen und 3873 Buden.

Die Welt im Jahr 1781

Nach der Schlacht von Yorktown: Der britische General Lord Cornwallis ergibt sich. Gemälde von John Trumbull, 1817 (US Capitol, Washington D.C.)

Kriegsende

General Washington besiegt am 19. Oktober bei Yorktown (Virginia) die Engländer. Das ist die letzte Kampfhandlung im amerikanischen Befreiungskrieg.

Engelstadt

Spanier gründen an der amerikanischen Westküste die Stadt „Die Engel" (Los Angeles).

Weiße Sklaven

England braucht für den Krieg in Amerika keine deutschen Soldaten mehr. Die absolutistischen Kleinfürsten von Braunschweig, Hessen-Kassel, Hanau, Anhalt-Zerbst, Waldeck und Ansbach-Bayreuth hatten ihnen seit der amerikanischen Unabhängigkeitserklärung (1776) im Ganzen 29 875 Landeskinder verkauft, die meisten aus Hessen.

Landesvater

Kaiser Joseph II. hebt für Österreich die Leibeigenschaft auf, verbietet Folter, gebietet Religionsfreiheit, erlaubt Einwanderung von Nicht-Katholiken und schließt 700 Klöster. Joseph ist eines von 16 Kindern der Ende vorigen Jahres verstorbenen Kaiserin Maria Theresia (63). Ihr Widersacher in Potsdam, Friedrich der Große, der gegen sie einen siebenjährigen Krieg geführt hat, ist jetzt 69 Jahre alt.

Uranus

Friedrich Wilhelm Herschel (43), Astronom aus Hannover, baut in England ein Spiegelfernrohr (12 Meter Brennweite und 1,22 Meter Durchmesser) und entdeckt den 2600 bis 3150 Millionen Kilometer von der Erde entfernten Planeten Uranus.

Reine Vernunft

In Königsberg veröffentlicht der Philosoph Immanuel Kant (57) die „Kritik der reinen Vernunft". In der Schweiz beginnt Johann Heinrich Pestalozzi (35) die Herausgabe seines auf vier Bände angelegten Erziehungsromans „Lienhard und Gertrud". Nach Pestalozzi gründet sich Erziehung auf Liebe und Ordnung, auf die Familie, auf die bildende Kraft der Arbeit und des Gemeinschaftslebens.

Gänsekiel ade

Die englische Metallwarenfabrik William Harrison stellt aus dünnem Stahlblech Schreibfedern her, die geeignet sein könnten, den bisher üblichen Gänsekiel zu verdrängen

Hamburgerinnen küssten Kosakenpferde

Der Jubel kannte keine Grenzen, als heute Morgen der russische Oberst von Tettenborn mit 1400 Kosaken in die Stadt einzog. Ganz Hamburg war auf den Beinen. Die Glocken aller Kirchen läuteten. Man sah Männer und Frauen mit Tränen in den Augen die struppigen kleinen Kosakenpferde umarmen und küssen. Der Senat hat Oberst von Tettenborn zum Ehrenbürger ernannt. Er ist der Erste, dem diese Auszeichnung zuteil wird.

Lange hatten wir auf diesen Tag gewartet. Vor einer Woche sind die Reste der französischen Besatzung abgezogen. Das Gros war schon voriges Jahr nach Russland marschiert. Gestern erschien ein einzelner Kosak am Steintor und kündigte den Einmarsch der Russen an. Tettenborn, ein gebürtiger Sachse, ließ Hamburg einen Tag Zeit, um sich vom französischen Kaiserreich loszusagen und seine Unabhängigkeit zu proklamieren. Das geschah auch sofort. Am Abend stellte die Bevölkerung brennende Kerzen in die Fenster.

Wie sehr die Stimmung in der Stadt sich schon lange gegen die Franzosen gekehrt hatte, war am Weihnachtsabend des letzten Jahres deutlich geworden. Da traf in Hamburg die erste Katastrophenmeldung von der Großen Armee Napoleons ein. Sie wurde wie die „frohe Botschaft" verbreitet, und das, obwohl sie doch bedeutete, dass auch Hamburger Männer unter denen waren, die im Schnee und Eis Russlands zugrunde gingen. Auch Hamburger hatten bei Smolensk und an der Moskwa für Napoleon kämpfen müssen.

„Die Franzosenzeit ist zu Ende", ruft man sich heute in Hamburg zu wie einen Gruß. Die schlimme Zeit hatte am 19. November 1806 be-

Kosaken lagern auf dem Jungfernstieg. Aquatintablatt von Christoffer Suhr

gonnen, als General Mortier mit 3000 Mann die Stadt besetzte. Aber die „französische" Besatzung bestand keineswegs nur aus Franzosen. Italiener, Spanier, Holländer und Deutsche gleichzeitig oder nacheinander bildeten die Garnison des französischen Kaisers. Mit den Soldaten wäre die Bevölkerung wohl gut ausgekommen. Was die Stadt hart traf, waren die Folgen der napoleonischen Politik.

Schon zwei Tage nach der Besetzung verhängte Napoleon die „Kontinentalsperre", die den Kontinent von England abschließen sollte. Sogar der Briefverkehr war verboten. Die Sperre traf aber nicht nur England und seine Handelspartner, sie legte auch die ganze Schifffahrt lahm. Mehr als dreihundert Schiffe lagen abgetakelt im Hamburger Hafen. Von den 132 000 Einwohnern hatten 10 000 in Zuckersiedereien gearbeitet. Sie waren plötzlich arbeitslos. Viele Betriebe mussten schließen, weil sie auf englische Kohle angewiesen waren. Die 267 Kaffeehändler verdienten keinen Pfennig mehr. Auch der übrige Handel war weitgehend zum Stillstand gekommen.

Alle in der Stadt vorhandenen englischen Waren wurden beschlagnahmt. Ein Teil wurde öffentlich verbrannt. Die übrigen Waren musste Hamburg für sechzehn Millionen Franken zurückkaufen.

Seit Beginn der Kontinentalsperre haben viele Hamburger trotz drohender Strafen ihr Geld als Schmuggler verdient. Die englischen Waren kamen über Tönning und andere kleine Häfen der holsteinischen Westküste und wurden von dort nach Hamburg gebracht. Ferdinand Laeisz (12), dessen Vater Johann Hartwig Laeisz ein Kolonialwarengeschäft am Schulterblatt betreibt, nannte uns jetzt einige der fantasievollen Tricks:

In hohe Stiefel wurden je fünf bis zehn Pfund Zuckersirup gegossen. Es gab Männer, die in ihren Stiefeln an manchen Tagen mehrere Zentner Sirup in die Stadt brachten. Für je hundert Pfund bekamen sie drei Mark von Vater Johann Laeisz.

Die Verbrennung englischer Waren durch die Franzosen im Herbst 1810. Aquarell von Peter Suhr (Staatsarchiv Hamburg)

Ein Schneider fabrizierte Röcke mit einem Buckel für Kaffee oder Tee. Ebenso gab es falsche Waden, falsche Bäuche oder falsche Brüste.

Milchmänner füllten den unteren Teil ihrer Kannen mit Sirup, der mit Milch bedeckt war.

Hunde wurden so abgerichtet, dass sie mit Kaffeepaketen in der Dämmerung durch die Tore flitzten.

In manchem Sarg, der feierlich in die Stadt getragen wurde, lag keine Leiche, sondern Schmuggelware.

Die Franzosen bedrohten die Schmuggler mit der Todesstrafe. Aber erstens gab es bestechliche Douaniers (Zöllner), die sich am Geschäft beteiligten, zweitens blieben Kinder straffrei, sodass sich Laeisz junior eifrig als „Kurier" für englische Briefe betätigte.

Am 18. Dezember 1810 wurde die deutsche Nordseeküste bis zur Elbe sogar ins französische Reich eingegliedert. Die Südgrenze der neuen Départements verlief entlang der Linie Lübeck, Lauenburg, Lüneburg, Minden, Münster. Hamburg (jetzt Hambourg) wurde Präfektur des „Département des Bouches de l'Elbe" (der Elbmündungen), zu dem auch Lübeck gehört. Zum Maire (Bürgermeister) wurde der Senator Amandus Abendroth bestimmt. Das Hamburger Wappen im Rathaus wurde durch den Kaiseradler ersetzt, der Code Napoleon wurde Gesetz, die Zensur eingeführt.

Die Zeitungen mussten unter französischen Titeln zweisprachig erscheinen: links französisch, rechts deutsch. Hamburg musste nicht nur die Besatzungstruppen unterhalten, sondern auch beträchtliche Kriegskontributionen zahlen. Die Hamburger wurden wehrpflichtig und mussten an Napoleons Feldzügen teilnehmen.

Der Hamburg wohlgesinnte Gouverneur Jean Baptiste Bernadotte wurde durch Marschall Louis Nicolas Davout ersetzt. Der 40-Jährige, der die Preußen bei Auerstedt in der Nähe von Jena besiegt hatte, schien dem Kaiser der rechte Mann zu sein, um aus Hambourg „une bonne ville de l'Empire Français", eine gute Stadt des französischen Kaiserreichs, zu machen. Die Hamburger nannten Davout bald nur noch „De Wut".

Die Bevölkerung war so verarmt, dass allgemeine Besteuerungen kaum noch Sinn hatten. Davout legte deshalb Listen derjenigen Familien an, bei denen noch etwas zu holen war, und wandte sich mit Kontributionsforderungen direkt an sie. Von Zeit zu Zeit veranstaltete er einen Ball und lud die „Höchstbesteuerten" dazu ein. Auf den Einladungen wurden sie als „die verbliebene schöne Welt von Hamburg" angeredet. Man versuchte auf jede nur erdenkliche Weise, diesen Festen fernzubleiben, zum Beispiel mit der Entschuldigung, die Gattin habe Migräne. Dann kam es vor, dass Davout seine Gendarmen bis ins Schlafzimmer der Damen schickte, um die Behauptung zu überprüfen.

Die Wut, die sich gegen „De Wut" angestaut hat, ist zu verstehen. Ebenso die überschwängliche Freude, mit der jetzt die Kosaken begrüßt wurden. Schwer zu verstehen dagegen ist, wieso die allgemein für nüchtern (bis berechnend) angesehenen Hamburger die weltpolitische Situation in den letzten achtzehn Jahren so oft so falsch eingeschätzt haben.

1795 eroberten die Franzosen Holland. Amsterdam fiel für den Welthandel aus. Hamburg profitierte davon wie zweihundert Jahre vorher vom Ausfall Antwerpens nach der spanischen Eroberung. Westdeutschland hatte keinen anderen Zugang zur See mehr als Hamburg und Bremen. Wichtiger: Alle Kolonialprodukte, sogar aus Nordamerika, kurz: alles, was für den Kontinent bestimmt war, musste über die beiden deutschen Seehäfen gehen. Hamburg spielte die führende Rolle. Es wurde der größte Handels- und Finanzplatz Europas.

Marschall Louis Nicolas Davout (1770–1823).
Zeichnung von C. Heering nach einem Gemälde
von C. Aubry, 1814
(Museum für Hamburgische Geschichte)

Man zählte in diesem Jahr 2107 Schiffsankünfte. 280 Schiffe fuhren unter Hamburger Flagge. Der Hamburger Hafen hatte Platz für vierhundert Schiffe zu je hundert Tonnen Laderaum.

Hamburg war im Krieg der 1. Koalition, den Preußen, Österreich, England, Holland und Spanien 1792–1799 gegen das revolutionäre Frank-

Der Abriss des Doms. Federzeichnung von Jes Bundsen, 1806 (Staatsarchiv Hamburg)

reich geführt hatten, neutral geblieben und meinte wohl, das schütze es auch vor künftiger Unbill. Das aber erwies sich bald als Irrtum. 1801, im 2. Koalitionskrieg, besetzten die Dänen als Verbündete Frankreichs vorübergehend Hamburg. 1803 blockierten die Engländer als Feinde Frankreichs die Elbmündung.

Nach dem sogenannten Reichsdeputationshauptschluss in Regensburg (1803) blieben nur fünf Städte „reichsunmittelbar", unter ihnen Hamburg. Da gleichzeitig aller Kirchenbesitz säkularisiert wurde, bekam Hamburg die Verfügungsgewalt über den noch immer zum Erzbistum Bremen gehörenden Dom. Die Hamburger beeilten sich, dieses „Symbol einer ausländischen Macht" (aber gleichzeitig eines der bedeutendsten Baudenkmäler Norddeutschlands) abzureißen und das Baumaterial zu verkaufen. Aus den Grabplatten wurden Sieldeckel, und die Kunstwerke wurden verschenkt oder vernichtet. Vom herrlichen Thomasaltar Meister Franckes aus dem 15. Jahrhundert blieben nur ein paar Bildtafeln erhalten. Ein Kaufmann aus Altengamme kaufte die Domglocke „Celsa" des großen Glockengießers Gert von Wou (1487) und brachte sie in „seine" Dorfkirche. Aus den Bastionen der immer noch stärksten Festung Deutschlands begann man Promenaden zu machen, als würde es nie wieder einen Krieg geben.

Als auf Napoleons Druck der Kaiser Franz II. in Wien 1806 abdankte und damit das Reich aufhörte zu existieren, freute man sich nicht nur, der Reichsabgaben ledig zu sein; viele bejubelten Napoleon auch als Einiger Europas. Allerdings: Auch Goethe feierte Napoleon als Universalgenie, Hegel setzte ihn dem Weltgeist gleich, Hölderlin verglich ihn mit dem Geist der Natur, der sich in kein Gefäß bannen lässt. Aber die Ernüchterung kam schnell.

Nun ist leider zu befürchten, dass die Begeisterung über die Befreiung von Napoleon zur gefährlichsten aller Fehleinschätzungen geführt hat. Bis gestern war Hamburg ein Teil des französischen Reiches. Es hat sich über Nacht ohne jede politische Absicherung von Frankreich losgesagt, Kaiser Napoleon hat seinen russischen Feldzug zwar verloren, er ist aber noch nicht endgültig besiegt. Wehe uns, wenn die Franzosen wiederkommen!

Tettenborn hat die Hamburger aufgefordert, eine „Hanseatische Legion" aufzustellen. Es meldeten sich sofort 1600 Freiwillige. Die Führung hat der Bleidachdeckermeister David Mettlerkamp übernommen. Die Freiwilligen wurden auf den russischen Zaren vereidigt.

Hanseatische Legion und Bürgergarde im Gefecht mit französischem Militär auf der Veddel am 12. Mai 1813. Lithografie von Peter Suhr

Hamburger Nachrichten

Das „Badeschiff“, seit 1793 auf der Binnenalster (Staatsarchiv Hamburg)

1793

Die erste Badeanstalt Deutschlands: ein „Badeschiff“ auf der Binnenalster. – Erste Heiratsanzeige in einer deutschen Zeitung: in der „Staats- und Gelehrten-Zeitung“.

1796

Friedrich Perthes (24) eröffnet am Jungfernstieg die erste deutsche Sortimentsbuchhandlung.

1799

Der adlige französische Flüchtling Vicomte Lancelot de Quatre Barbes eröffnet den ersten Alsterpavillon.

1800

Der englische Admiral und Seeheld Lord Nelson und Lady Hamilton besuchen Hamburg. – Hamburg hat 1473 Straßenlaternen und dazu an vielen Häusern Privatlaternen. Für das Gartenbauland an der Alster, wo die Gärtner vor sich „hinpöseln“, bürgert sich der Name Pöseldorf ein. – Auf dem Hamburger Berg (St. Pauli) werden neue Straßen angelegt und nach männlichen Vornamen benannt: Erich-, Friedrich-, David- und Herbertstraße.

1802

Der Oberspritzenmeister Johann Repsold baut aus Privatmitteln eine Sternwarte auf dem Stintfang.

1803

Klopstock in Ottensen begraben. Er wurde 79.

1804

Der Weihnachtsmarkt, bisher in den Kreuzgängen des Doms, wird nach Abriss der Kirche auf den Gänsemarkt verlegt. Die Bezeichnung „Dom“ bleibt.

1807

Die Engländer nehmen den mit Frankreich verbündeten Dänen Helgoland ab. – Spanische Besatzungssoldaten locken Hamburger Deerns: „Visìtame en mi tienda!“ (Besuch mich in meinem Zelt!) Besorgte Mütter warnen: „Mach mir keine Fisimatenten!“

Vor der Ottenser Christianskriche ruht der Dichter Friedrich Gottlieb Klopstock (1724–1803). Sein Grabmal ist dasjenige hinten rechts mit der trauernden Frauenfigur.

25. Dezember 1813

„Wut un Verdamm“, fluchen die Hamburger

Seit dem frühen Morgen dieses eiskalten Weihnachtstags bewegt sich ein Elendszug durch das Millerntor auf Altona zu. Zweitausend Menschen, Alte, Kinder, Kranke unter ihnen, werden von Bewaffneten angetrieben. Manche brechen zusammen und müssen getragen werden. Frauen sind dabei, die nur eine Decke um ihr Nachtgewand haben. Man hat sie aus den Betten geholt und ihnen nicht einmal Zeit gelassen, sich anzuziehen.

Die Franzosen sind wieder da! In der Heiligen Nacht waren Soldaten und Gendarmen mit „Armenlisten“ von Haus zu Haus gegangen und hatten alle, deren Namen darauf standen, einfach mitgenommen. In der Petrikirche wurden sie zusammengetrieben. Bei Tagesanbruch begann der Elendsmarsch in Richtung Altona.

Die Austreibung stützt sich auf die Order vom 12. November, nach der die Bevölkerung einen Verpflegungsvorrat für sechs Monate anzulegen hat, und zwar pro Kopf und Tag: 1 Pfund Mehl oder Korn, 3/8 Pfund Fleisch, 1/2 Pfund Gemüse, 1/8 Liter Wein oder Branntwein. Und ausreichend Feuerholz oder Torf. Wer das nicht vorweisen kann, muss die Stadt verlassen. Für rund 30 000, ein Viertel der Bevölkerung, ist die Forderung unerfüllbar. Etwa 20 000 sind bis gestern freiwillig nach Altona gegangen, 10 000 blieben zurück. Marschall Davout hat angekündigt, dass in den nächsten Tagen auch der letzte der „Armen“ zwangsevakuiert wird.

Dies sei eine militärische Notwendigkeit, sagt der Marschall. Eine belagerte Festung könne sich eine Hungersnot nicht leisten.

Als Marschall Davout am 30. Mai wieder in Hamburg eingezogen war, sagte er: „Ihr Hamburger habt den Ruf, gute Rechner zu sein. Den Ruhm habt ihr verloren. Ihr Dummköpfe habt gegen den Herrn von 40 Millionen rebelliert. Wäre ich der Kaiser, müssten alle eure Köpfe springen.“ Der Kaiser dachte nüchterner: „Ich ziehe vor, die Hamburger zahlen zu lassen. Das ist die beste Art, Kaufleute zu strafen.“

Am Weihnachtstag beginnt die Austreibung aus der Stadt. Die Heilige Nacht verbringen die Menschen in der Petrikirche, die als Sammelstelle dient. Gemälde von Siegfried Bendixen (Petrikirche Hamburg)

Dennoch: Zum Einzug Davouts mussten die Hamburger ebenso Kerzen in die Fenster stellen, wie sie es im März für Tettenborn und seine Kosaken getan hatten. Hauptpastor Rambach musste in St. Michaelis einen Dankgottesdienst abhalten. Alle anderen Hauptkirchen wurden zu Pferdeställen gemacht. Französisch wurde Unterrichtssprache in allen Schulen.

Die Zeit, in der Hamburg sich frei glaubte, hatte nur zehn Wochen gedauert. Als Napoleon befahl, Hamburg unter allen Umständen wieder einzunehmen, weil es – militärische Notwendigkeit – als starke Festung den Eckpfeiler der Kontinentalsperre bildete, und als Davout mit 20 000 Mann des Korps Vandamme in Hamburg eintraf, räumte Ehrenbürger von Tettenborn an der Spitze seiner

Die Nachbarstadt Altona nimmt die aus Hamburg Vertriebenen auf. Viele überleben diese Zeit nicht. Aquarell von Jes Bundsen (Altonaer Museum)

Kosaken sang- und klanglos (aber mit 94 Wagen voll persönlichem Gepäck) die Stadt und überließ, was an Verteidigung überhaupt noch möglich war, der Hanseatischen Legion und der Bürgergarde, die sich tapfer, aber vergeblich schlugen (Abb. S. 95).

„Wut un Verdamm", fluchen die Hamburger jetzt, denn die „militärischen Notwendigkeiten" zur Vorbereitung der Festung Hamburg auf eine Belagerung werden nicht nur von Marschall Davout angeordnet, sondern auch von Marschall Vandamme.

Die Vorstadt St. Pauli (Hamburger Berg) wurde inzwischen dem Erdboden gleichgemacht, um „freies Schussfeld" zu schaffen. Abgerissen oder abgebrannt wurden die Bauernhöfe und Landsitze in Hamm, Horn, Borgfelde, Harvestehude, Eppendorf, Eimsbüttel, Billwerder und südlich der Elbe in Eißendorf. Die Kapelle und die Grabsteine des Friedhofs vor dem Dammtor wurden umgelegt, ebenso alle Bäume, die einem Feind Deckung bieten könnten.

Um die Bastionen voll verteidigungsbereit zu machen und neue Vorwerke im Süden anzulegen, wurden täglich 49 000 Bürger zu Schanzarbeiten kommandiert. Die Aufseher prügelten auf die Seidenhemden genauso ein wie auf die Bauernkittel. Auch dies angeblich eine militärische Notwendigkeit.

Davout verlangte von Hamburg 48 Millionen Franken Kriegskontribution. Um sie zu bekommen, setzte er dreißig angesehene Bürger als Geiseln fest. Trotzdem waren aus der Stadt nicht mehr als zehneinhalb Millionen herauszuholen.

Es war also „militärisch notwendig", die Keller der Hamburger Bank auszuräumen, wo Gold, Silber und Geld im Wert von siebzehn Millionen lagerten. Und was immer noch fehlte, wurde „requiriert". Das ist ein Wort aus der Militärsprache. Kriegsrecht ist es, Verräter und Spione zu erschießen. Zum Tode verurteilt wurden fünf Senatoren und alle Offiziere der Hanseatischen Legion. Das

Die Franzosen brennen die Vorstädte ab, um Schussfeld zu haben. Auf dem Bild St. Pauli, damals Hamburger Berg genannt. Aquarellierte Zeichnung von Jes Bundsen, Januar 1814 (Staatsarchiv Hamburg)

Urteil konnte allerdings nicht vollstreckt werden, weil die Betroffenen nicht in Hamburg sind. Erschossen wurde der Bauernknecht Joachim Voss. Man hatte ihn auf dem Eis der Elbe angetroffen. Voss wusste nicht, dass es verboten war, sich dort aufzuhalten. Da er nur Platt sprach, verstand er das Urteil des Militärgerichts auch nicht. Er starb, ohne zu erfahren, warum. Er war nur einer von vielen Exekutierten.

Nachdem die Hamburger die Monate seit dem 30. Mai als eine Schreckenszeit empfunden haben, deren Höhepunkt die heutige Austreibung der „Armen“ bildet, regt sich jetzt berechtigte Hoffnung auf ein Ende der Leiden. Bei Leipzig sind die Franzosen in dreitägiger Schlacht (16.–19. Oktober) vernichtend geschlagen worden. Man nennt diesen Kampf die „Völkerschlacht“, weil sich nicht nur Franzosen, Preußen, Österreicher und Russen gegenüberstanden, sondern auf beiden Seiten Soldaten aller Völker Europas.

Die Sieger, die Nordarmee der Verbündeten, haben den Vormarsch nach Norden angetreten. Der Ring um Hamburg wird jeden Tag enger. Die Russen stehen schon an der Kollau. Den Oberbefehl hat der russische General Benningsen. Er hat sein Hauptquartier in Wellingsbüttel eingerichtet.

Zu den Befehlshabern der Verbündeten gehört auch Jean Baptiste Bernadotte. Bis 1810 war er französischer Gouverneur in Hamburg gewesen. Jetzt steht er als schwedischer Kronprinz auf der anderen Seite.

Mit der Franzosenzeit ist ein ganz neues Element in die Geschichte getreten: Der französische Nationalismus hat auch das Nationalgefühl der Unterdrückten erwachen lassen. Wohl zum ersten Mal denkt man in Hamburg nicht nur hamburgisch. Senator Abendroth fasste diese Wendung in die Worte: „Was würde es uns helfen, frei zu sein, wenn Deutschland nicht frei wäre!“

Hamburger Nachrichten

1813
3800 Arbeiter bauen in 83 Tagen eine 4,1 Kilometer lange Pfahlbrücke über die Elbniederungen und die Inseln von Harburg zum Grasbrook. Die Brücke ist nur durch das tiefe Wasser der Hauptströme der Norder- und Süderelbe unterbrochen. Dort liegen Seilzugfähren für je 500 Mann oder 70 Reiter. Diese erste Elbbrücke bildet die Ergänzung der 1811 angelegten militärischen Nachschubstraße von Hamburg nach Bremen.

1814
Die Austreibung und Flucht nach Altona hat 1630 Menschenleben gefordert. Vogt Prahl in Ottensen stellt seine Weide als Massengrab zur Verfügung. – Am 31. März haben die Alliierten Paris besetzt, am 14. April hat Kaiser Napoleon abgedankt. Marschall Davout hält diese Nachrichten für eine Kriegslist. Erst am 30. Mai räumt er Hamburg. Er muss sich vor dem Bourbonenkönig Ludwig XVIII. für sein Regime in Hamburg rechtfertigen. – Die alte Verfassung (von 1712) wird wieder in Kraft gesetzt. Vergeblich leisten Männer wie der ehemalige „Maire“ Abendroth dagegen Widerstand, weil die französische Verwaltungsordnung auch viele Fortschritte gebracht hatte. Abendroth verlangt, wenigstens Justiz und Verwaltung zu trennen. Einzige Neuerung: Auch Nichtlutheraner dürfen in den bürgerlichen Kollegien mitwirken. – Bürgermilitär (als Nachfolger der Bürgergarde) neu aufgestellt. Dienstpflicht 20 bis 44 Jahre. Uniform und Waffen muss jeder selbst kaufen.

1815
Hamburg tritt dem Deutschen Bund bei. – Matthias Claudius (75) stirbt im Haus seines Schwiegersohns, des Buchhändlers Friedrich Perthes.

1816
„Lady of the Lake“ heißt das erste Dampfschiff, das im Hafen festmacht. – Die „Hamburger Turnerschaft“ gegründet.

1818
Raddampfer über den Köhlbrand. Die Franzosenbrücke von Harburg zum Grasbrook wird abgebrochen.

1819
Offizieller Stadtname: „Freie und Hansestadt Hamburg“.

Franzosenbrücke über die Elbe von Harburg zum Grasbrook. Aquatinta von Christoffer Suhr, um 1813 (Paris, Musée de l'Armée)

Die Welt im Jahr 1813

Marschall Vorwärts

Am letzten Tag des Jahres setzt der preußische Feldmarschall Blücher mit seinem Heer bei Kaub über den Rhein. „Marschall Vorwärts" marschiert auf Paris.

Doppelkönig

Nach seiner Befreiung wird das Kurfürstentum Hannover Königreich. Da das Haus Hannover seit dem Jahr 1714 die Könige von England stellt, ist Georg III. also zweifacher König geworden.

Früher Tod

Noch nicht 22 Jahre alt, fiel der Dichter Theodor Körner am 28. August in einem Gefecht bei Gadebusch in Mecklenburg. Er hinterlässt eine Sammlung von Freiheitsliedern unter dem Titel „Leier und Schwert". Sein Vater, Christian Gottfried Körner (57), hat gerade die erste Gesamtausgabe seines Freundes Friedrich v. Schiller herausgegeben.

Totenliste

Es starben: Gerhard von Scharnhorst (58), Reformer des preußischen Heeres, Christoph Martin Wieland (80), Dichter und Shakespeare-Übersetzer, Anton Graff (77), deutscher Bildnismaler.

Weltliteratur

Adelbert von Chamisso (32) „Peter Schlemihl" (vollendet), Jane Austen (38) „Stolz und Vorurteil". Weihnachten 1812 erschien der erste Band der „Kinder- und Hausmärchen" der Brüder Grimm.

Abfallprodukt

In Frankreich erschien unter dem Titel „Beschreibung Ägyptens" eine 24-bändige illustrierte wissenschaftliche Auswertung der Expeditionen Napoleons ins Land der Pyramiden.

Für Kinder

Der englische Steindrucker Burton hat einen Kinderwagen konstruiert, den man schieben kann, statt ihn ziehen zu müssen. So können die Mütter ihre Kleinen im Auge behalten. – In Weimar wurde das erste deutsche Heim für verwahrloste Kinder gegründet.

Theodor Körner (sitzend, Mitte), Karl Friedrich Friesen und Heinrich Hartmann von den Lützowschen Jägern auf Vorposten. Körner fiel am 28. August 1813 in einem Gefecht. Gemälde von Georg Friedrich Kersting, 1815 (Berlin, Alte Nationalgalerie)

Zureichender Grund

Der angehende Philosoph Arthur Schopenhauer (25) schreibt seine Dissertation: „Über die vierfache Wurzel des Satzes vom zureichenden Grunde."

Tanz

Ein neuer Gesellschaftstanz (Rundtanz im Dreivierteltakt) breitet sich aus. Er heißt Walzer und ist eine Fortentwicklung des Ländlers.

Hammonia-Lied
Die Nationalhymne der Hamburger

Am fünften Jahrestag der von ihm gegründeten „Hamburger Liedertafel von 1823“ überraschte Albert Methfessel uns heute, am 19. April 1828, mit einem neuen Lied seines Männerchors. „Stadt Hamburg in der Elbe Auen“ wurde so begeistert aufgenommen, dass es sicher bald als Hamburgs vaterstädtische Hymne gelten wird.

Albert Gottlieb Methfessel (43) ist Thüringer. Vor fünf Jahren kam er als Musiklehrer und Dirigent nach Hamburg. Damals schrieb er an seinen Verleger: „Mir geht’s vortrefflich. Ich komponiere, informiere, charmiere, dirigiere, musiziere … Ein Singverein, den ich errichtet habe, verspricht gute Früchte.“

Vom Komponisten Methfessel stammen viele bekannte Weisen, so zum Beispiel „Der Gott, der Eisen wachsen ließ“, „Hinaus in die Ferne“, „Stimmt an mit hellem, hohen Klang“.

Den Text für das Hammonia-Lied schrieb ein Hamburger: Georg Nicolaus Bärmann (ebenfalls 43). Er hat zwar nie studiert, aber dennoch verlieh ihm die Universität Halle 1820 den Doktorhut für seine sprachwissenschaftlichen Verdienste, vor allem ums Plattdeutsche. Außerdem hat Bärmann sich als Übersetzer ausländischer Autoren (darunter Calderón, Scott und Byron) verdient gemacht.

Das Hammonia-Lied von Alberth Methfessel, Text von Dr. Georg Nicolaus Bärmann

Der heutige Text

1.

Stadt Hamburg an der Elbe Auen,
wie bist du stattlich anzuschauen
mit deiner Türme Hochgestalt
und deiner Schiffe Mastenwald,
Heil über dir! Heil über dir,
Hammonia, Hammonia!
O, wie so herrlich stehst du da!

2.

Reich blühet dir auf allen Wegen
des Fleißes Lohn, des Wohlstands Segen;
so weit die deutsche Flagge weht,
in Ehren Hamburgs Namen steht,
Heil über dir …

3.

In Kampf und Not bewährt aufs Neue
hat sich der Bürger Treue,
zur Tat für Deutschlands Ruhm bereit,
wie in der alten Hansezeit.
Heil über dir …

4.

Der Becher kreis' in froher Runde,
und es erschall aus Herz und Munde:
„Gott wolle ferneres Gedeihn
der teuren Vaterstadt verleihn."
Heil über dir! …

3

Der Kirche Pfeiler dir behüte
Durch ächte Frömmigkeit und Güte,
Dass reine Lehr' und Gottvertrau'n
Am heil'gen Glaubenstempel bau'n!
Heil über dir, Hammonia!
Wie stehst du gottvertrauend da!

Chor. Heil über dir, u.s.w.

4

Den Bürgern dein auf allen Wegen
Lieb', Eintracht, Kunstfleiss, Glück und Segen!
Das Meer fleusst um die Erd' herum,
Drum: Floreat Commercium!
Heil über dir, Hammonia!
O wie gesegnet stehst du da!

Chor. Heil über dir, u.s.w.

5

Vereinigt Euch in weiter Runde,
Dazu etschall' aus Herz und Munde:
Soll uns ein Ort der Welt erfreun,
So muss es unser Hamburg seyn!
Heil über dir, Hammonia!
O wie so glücklich stehst du da!

Chor. Heil über dir, u.s.w.

9. Mai 1842

Der große Brand wütete fast vier Tage

Ein Viertel der Stadt ist vernichtet. Der wirtschaftlich wichtigste und historisch bedeutendste Teil Hamburgs wurde ein Raub der Flammen. Drei Kirchen, 1749 Häuser mit 4219 Wohnungen und 102 Speicher sind verbrannt. Das Feuer wütete 83 Stunden. 51 Menschen kamen ums Leben, 120 erlitten Verletzungen, 19 995 sind obdachlos.

So war es zu diesem großen Brand gekommen: Am Donnerstag, dem 5. Mai, am beginnenden Himmelfahrtstag um ein Uhr morgens, drangen Rauch und Feuer aus Fenstern und Luken des Hauses Deichstraße Nr. 44. Ein Nachtwächter sah es und gab Alarm. Aber das Feuer war schneller als mögliche Retter. Gegen sechs Uhr früh hatten die Flammen den Rödingsmarkt erreicht, mittags brannte bereits die Nikolaikirche. Am 6. Mai übersprang das Feuer die Alsterarme und erreichte gegen Abend den Jungfernstieg, wohin sich Hunderte mit ihrer Habe geflüchtet hatten. Nun warfen sie ihre Möbel und Kleiderkisten in die Alster und sprangen, nicht selten von der Hitze bedrängt, selbst hinterher.

Am Sonnabend, dem 7. Mai, ging St. Petri in Flammen auf, ebenso die kleine Gertrudkirche zwischen der Rosen- und Lilienstraße. Gestern Mittag gegen zwölf verlöschte der Brand schließlich zwischen Ferdinandstraße und Alster.

Wie durch ein Wunder ist St. Jacobi unversehrt geblieben. Und auch das so nah bei der Petrikirche gelegene vor zwei Jahren vollendete Johanneum mit der Stadtbibliothek erlitt keinen Schaden. Die Rettung der erst im vorigen Jahr fertig gewordenen Neuen Börse am Adolphsplatz ist dem beherzten Einsatz einer Schar tapferer Männer zu verdanken.

Die Ursache des Brandes ist ungeklärt. Eine erste Untersuchung der Gründe für das Ausmaß der Katastrophe ergibt folgendes Bild:

Ein außergewöhnlich trockener Frühling hatte alle hölzernen Bauteile ausgedörrt. Als das Feuer ausbrach, wehte ein recht kräftiger Westwind. Am Brandherd lagen hauptsächlich Speicher, sodass nicht genügend Bewohner am Platz waren, um das Feuer im Anfangsstadium zu bekämpfen. In den Speichern lagerte außerordentlich leicht brennbares Material. So zum Beispiel bei Vidal & Co.: 350 Hektoliter Arrak, 50 Tons Schellack. Die Männer, die als Erste zum Brandort kamen, hatten die Spritfässer aufgeschlagen und den Inhalt in den Rödingsmarktkanal gekippt. Die später eintreffende Feuerwehr wusste das nicht, und so spritzte sie den Sprit aus dem Fleet direkt ins Feuer.

Die Fleete waren bald durch herabstürzende, noch brennende Trümmer unpassierbar geworden, sodass der Wasserweg für die Feuerwehr ausfiel. Die Straßen aber waren zum Teil so schmal, dass nicht nur die Flammen unaufhaltsam von einer Seite zur anderen hinübersprangen, sondern dass die Feuerwehr mit ihren Spritzen gar nicht hineinkam (die Steintwiete zum Beispiel ist nur 5,5 Meter breit). Sehr bald mangelte es auch an Löschwasser. Die hölzernen Rohre in den reichen Kaufmannshäusern waren im Nu verbrannt, an die Fleete kam man nicht mehr heran.

Schmidts Telegraph (siehe „Hamburger Nachrichten" 1837) hatte die Feuerwehren aus Wedel, Blankenese und Stade herbeigeholt. Die Wehren aus Wandsbek und Altona waren schon am 5. Mai zur Stelle. Aber nicht einmal die Wehren aus den Hamburger Kirchspielen waren es gewöhnt, unter einem zentralen Kommando zu operieren. Ein solches Kommando gab es daher nicht.

Bürgermeister Benecke hatte zwar schon in der Nacht zum 5. mit den acht jüngeren Ratsherren seinen Dauerposten im Rathaus bezogen, aber die Meldungen, die von Spritzenmeistern, Bürgerwehren und Vorstehern der Feuerkasse kamen, ließen nicht erkennen, wo die eigentlichen Schwerpunkte lagen. Die Spritzen waren da, wo sie gerade waren, und konnten kaum noch umdirigiert werden.

Nach dem Einsturz der Nikolaikirche in der Nacht zum 6. Mai breitet sich das Feuer weiter aus. In der Mitte des Bildes die Alte Börse neben der Trostbrücke. Dahinter das Rathaus, das gesprengt werden muss. Rechts der Kran. Die Zollenbrücke ist noch nicht gefährdet. Von ihr aus betrachten Zuschauer die schaurige Szenerie. Lithografie von Peter Suhr

Von Ingenieur Lindley kam der Vorschlag, Gebäude zu sprengen oder abzureißen, um dem Feuer die Möglichkeit zu nehmen, sich weiter auszubreiten. Bei Bränden in New York und Charleston hatte man damit gute Erfolge erzielt.

Dem Bürgermeister-Stab fiel damit die Verantwortung zu, über die rigorose Vernichtung von Privatbesitz entscheiden zu müssen. Benecke nahm diese Last auf sich. Mangel an Erfahrung auf diesem Gebiet brachte es aber mit sich, dass nicht immer die richtigen Häuser zerstört wurden. Eine Schneise, die vom Pferdemarkt bis zur Alster geschlagen wurde, hinderte das Feuer nicht, sich weiter nach Osten auszubreiten. Die Sprengung des Rathauses mit 800 Pfund Schießpulver hatte immerhin zur Folge, dass die Bankgewölbe durch Trümmerschutt geschützt wurden.

Manche Bürger vollbrachten wahre Heldentaten. Der 45-jährige Commerzdeputierte Theodor Dill sammelte ein paar Kaufleute um sich, und es gelang ihnen, das Feuer von der Neuen Börse fernzuhalten, die nun wie ein gewaltiger Tempel das niedergebrannte Umfeld überragt. Die Bewohner der Katharinenstraße und des Grimm hatten sich sofort zu Löschgemeinschaften zusammengeschlossen und retteten beide Straßen. Manche Hausbesitzer gaben auch kampflos auf, und wieder andere einsatzwillige Bürger wurden durch das Militär behindert, das viele Straßen abgesperrt hatte und niemanden durchließ.

Diese Maßnahme richtete sich gegen den Pöbel, der von Stunde zu Stunde frecher wurde. Einzelne Plünderer und Diebe hatte es schon am ersten Tag gegeben, aber am 7. Mai begannen sie sich sogar zu Banden zusammenzuschließen. Unter dem Vorwand, das Haus müsse gesprengt werden, drangen

Wie aus einem Vulkankrater schießen die Flammen aus dem Turm der Nikolaikirche. Im Vordergrund die Holzbrücke über das Nikolaifleet. Lithografie von Peter Suhr

Während des großen Brandes: die Binnenalster vom Wall bei der Lombardsbrücke gesehen.
Kolorierte Lithografie von W. F. Wurzbach

Nach dem großen Brand: Die unter Führung des Commerzdeputierten Theodor Dill gerettete Neue Börse überragt wie ein Tempel das niedergebrannte Umfeld. Die Katharinenkirche, links, blieb auch unversehrt.
Gemälde von Jacob Gensler, 1842 (Hamburger Kunsthalle)

sie in Wohnungen ein und begannen sofort, Gläser und Spiegel zu zertrümmern, weil deren Splitter bei der Sprengung angeblich gefährlich weit fliegen würden. Wenn die Bewohner entsetzt flohen, trugen die Banditen die Wertgegenstände davon. Aus Giovanolys Konditorei am Jungfernstieg wurden sogar 8000 Mark in bar geraubt.

Schlimmste Folgen hatte es, dass alkoholische Getränke dem Zugriff offen lagen. Im Keller der Denkerschen Weinhandlung, wo Alter Wall und Burstah zusammenstoßen, hatte sich ein Haufen von 22 Männern über ein Champagnerlager hergemacht. Es sollen auch ein paar Bürgersoldaten dabei gewesen sein und ein Spritzenmann, dessen Löscheimer als Trinkgefäß die Runde machte. Das brennende Haus stürzte ein, und die 22 wurden unter den Trümmern begraben.

Böse Gerüchte liefen durch die Stadt. Ein Höker aus der Deichstraße erzählt, dass zwei Engländer bei ihm am 4. Mai noch um zehn Uhr abends zwei Pfund Kerzen gekauft hätten. Das stimmte. Die beiden waren von der Admiralität beauftragt, baufällige Häuser im Hafen zu untersuchen. Das Gerücht machte aber nun „die Engländer“ zu Brandstiftern. Der 29-jährige Dichter Friedrich Hebbel, der seit sieben Jahren in Hamburg lebt, berichtet, dass er gefährlich angerempelt worden sei, weil er „englisch“ ausgesehen habe. Ein wirklicher Engländer wurde so verprügelt, dass er seinen Verletzungen erlag.

Betroffen von dem Brand sind alle Schichten der Bevölkerung. Die vornehmen Hotels „Streit's“, „Alte Stadt London“, „St. Petersburg“ und andere brannten ab. Ebenso die Kunst- und Buchhandlungen von Commeter und Hoffmann & Campe. Obdachlos wurden unter anderem 430 Kaufleute, 30 Advokaten, 36 Bäcker, vier Senatoren und vier Bordellwirte.

Auf dem Jungfernstieg, auf der Esplanade und anderswo begann man schon heute mit der Errichtung von Notquartieren. Aus Altona kamen Kessel mit heißer Suppe. aus Berlin sind 2000 Brote unterwegs. Die erste Hamburger Eisenbahn nach Bergedorf, die am 7. Mai feierlich eröffnet werden sollte, transportierte Obdachlose aus der Stadt. Der Zar von Russland, die Königin von England und zwölf weitere Könige und Fürsten haben Geldspenden angekündigt. Die schönste sind aber wohl die 1000 Louisdor der Frau von Haulein, Gattin des preußischen Ministers, die sie geschenkt bekommen hatte, um sich eine Equipage zu kaufen.

Der Gesamtschaden beträgt rund 90 Millionen Mark. Als Vergleich: Die jährlichen Staatseinnahmen Hamburgs betragen fünfeinhalb Millionen. Das Jahreseinkommen einer Arbeiterfamilie sind 250 Mark.

Bankier Salomon Heine (1767–1844), des Dichters Onkel und Hamburgs Wohltäter nach dem Brand. Gemälde von Carl Gröger, 1822 (Altonaer Museum)

Die Hamburger Kaufmannschaft zog in Erwägung, bei ihren Gläubigern ein Moratorium (Zahlungsaufschub) zu erwirken. Der Bankier Salomon Heine aber hat sich mit der Kraft seiner Beredsamkeit dagegen gestellt. Heine, der sein schönes Haus am Jungfernstieg verloren hat, ist bereit, sein ganzes Vermögen einzusetzen, um die Kreditwürdigkeit Hamburgs zu erhalten. „Ist denn die Elbe verbrannt?“, fragte er die Verzagten. „Nein“, lautete die Antwort. „Nein? Also ist nichts verloren!“ So Salomon Heine, der Bankier.

Lichter, goldene Ketten und Diamanten

Im Juni 1842 gab der berühmte Pianist und Komponist Franz Liszt ein Konzert in Hamburg. Der dänische Dichter Hans-Christian Andersen schrieb darüber: „In wenigen Augenblicken war der Saal gepfropft voll; ich kam zu spät, bekam aber doch den besten Platz dicht an der Tribüne.

Liszt ist einer der Könige im Reich der Töne. Der Saal, selbst die Seitenzimmer, schimmerten von Lichtern, goldenen Ketten, Diamanten. … Solide Hamburger Kaufleute standen aneinander gemauert, als wäre es ein wichtiges Börsengeschäft, das hier verhandelt werden sollte. Es schwebte ihnen ein Lächeln um den Mund, als hätten sie Papiere gekauft und unglaublich daran verdient."

Seine gesamten Konzerteinnahmen stellte Liszt der durch den Brand geschädigten Not leidenden Bevölkerung zur Verfügung.

Franz Liszt (1811–1886).
Daguerreotypie von Hermann Biow, 1843

Marianne war die Schönste der Stadt

Marianne Ruaux (1802–1882), die Wirtin von Mariannenruh in Eimsbüttel. Lithografie von F. B. van Hove

Heinrich Heine nannte sie die dritte Sehenswürdigkeit Hamburgs nach Rathaus und Börse: die „Schöne Marianne", Gastwirtin in Eimsbüttel. Ein anderer Zeitgenosse schwärmte von ihren Augen, die „wie der Plöner See schmachtend dalagen, von edlen Seidenwimpern beschattet wie jener von duftigem Grün". Marianne Ruaux war die Tochter eines Emigranten aus Caen in der Normandie. Als 21-Jährige hatte sie 1823 die bankrotte Wirtschaft ihres Vaters übernommen. Ihre französische Küche und ihr Keller waren vorzüglich. Aber nicht deswegen strömten Herren aller Stände nach Eimsbüttel, sondern um die Wirtin zu sehen. An Markttagen erhob sie Eintrittsgeld. Herzog Karl von Braunschweig kam vierspännig vorgefahren, um ihr einen förmlichen Heiratsantrag zu machen. „Sittig und sittlich" wies sie ihn ab, wie alle, die vor ihm ihr Glück versucht hatten. Mit 34 Jahren heiratete die schöne Dame, und damit sank ihr Glücksstern. Als mäßig wohlhabende Witwe starb sie 1882 achtzigjährig im Kreise ihrer Kinder und Kindeskinder.

Hamburger Nachrichten

1822
Kunstverein gegründet. Carl Friedrich Rumohr, Georg Ernst Harzen und Michael Speckter sind zusammen mit anderen Kunstbegeisterten die Gründer.

1824
Magister Ernst Anschütz (44) dichtet auf die Melodie eines alten Landsknechtliedes „O Tannenbaum".

1825
Eine Sturmflut überschwemmt Neuwerk und die Marschlande. Am schwersten betroffen sind Francop, Neuenfelde und andere Dörfer südlich der Elbe. Es gibt 789 Todesopfer. In Hamburg nur zwei.

1827
Esplanade, Neuer Jungfernstieg und Botanischer Garten werden angelegt. – Neues Stadttheater an der Dammtorstraße. – Die drei Hansestädte schließen einen Handelsvertrag mit den USA. – Bei Hoffmann & Campe erscheint Heinrich Heines „Buch der Lieder", das den Weltruf des 30-jährigen Dichters (Neffe des Hamburger Bankiers Salomon Heine) begründet. – Hamburger Sparcasse gegründet.

1830
Der 47-jährige „Teufelsgeiger" Niccolo Paganini begeistert die Hamburger.

1833
Die Häuser werden innerhalb der Straßen durchlaufend nummeriert. – Johann Hinrich Wichern (25) gründet das „Rauhe Haus" zur „Erziehung und Rettung verwahrloster und bösartiger Kinder".

1834
Deutscher Zollverein gegründet. Hamburg tritt nicht bei.

Heinrich Heine (1797–1856). Porträtgemälde von Moritz Daniel Oppenheim, 1831 (Hamburger Kunsthalle)

1836
Sloman schickt sein erstes „Paketschiff" nach New York. – „Torsperre" statt „Torschluss". Das heißt: Gegen Gebühr kann man die Tore auch nachts passieren.

1837
Auf Veranlassung mehrerer Kaufleute wird eine optische Telegrafenverbindung mit Cuxhaven hergestellt. „Schmidts Telegraph" gibt Nachrichten und meldet insbesondere Schiffsankünfte.

1839
Erster (Pferde-)Omnibus von Hamburg nach Altona. Er erregt großes Erstaunen.

1841
Turnerschaft und Liedertafel singen zu Ehren des aus Freiburg geflüchteten Liberalen, Prof. Welcker, vor „Streit's Hotel" auf dem Jungfernstieg zum ersten Mal das Deutschlandlied des Dichters Hoffmann von Fallersleben.

Die Welt im Jahr 1842

Buren

Die Buren haben in Südafrika einen eigenen Staat gegründet und nennen ihn Oranje-Freistaat. Die Buren sind Nachkommen holländischer, niederdeutscher und hugenottischer Einwanderer. Vor sieben Jahren hatten sie sich aus dem englischen Kapland zum „Großen Treck“ aufgemacht.

Opium

Nach vier Jahren „Opiumkrieg“ gegen England muss China fünf Häfen für die Opiumeinfuhr öffnen und Hongkong „auf ewige Zeit“ an England abtreten.

Werke

Neu erschienen: „Die toten Seelen“ von Nikolai Gogol (33), „Uli, der Knecht“ (1841) von Jeremias Gotthelf (45), „Ein Glas Wasser“ (1840) von Augustin Eugène Scribe (51), das Lustspiel „Einen Jux will er sich machen“ von Johann Nestroy (41), die Oper „Der Wildschütz“ von Albert Lortzing (41) und von einem gewissen Herrn Baedeker das „Handbuch für Reisende“.

Gestorben

Luigi Cherubini (82), italienischer Komponist, Stendhal (59), französischer Dichter, Clemens Brentano (64), deutscher Dichter.

Orden

König Friedrich Wilhelm IV. von Preußen hat eine Friedensklasse des Ordens „Pour le Mérite“ für Verdienste um die Wissenschaften und Künste gestiftet. Der Orden kann an dreißig Deutsche und an ebenso viele ausländische Persönlichkeiten verliehen werden.

Neueste Pariser Mode: die Krinoline, ein Reifrock, der über mehreren Unterröcken getragen wird. Kolorierter Kupferstich, 10. Juni 1842

Halbschritt

Ein böhmischer Rundtanz, in lebhaftem Dreivierteltakt, breitet sich aus. In Wien soll er schon die Alleinherrschaft des Walzers gebrochen haben. Er heißt Polka (tschechisch: Halbschritt). – Damen tragen neuerdings einen Reifrock über fünf bis sechs Unterröcken. Er heißt Krinoline.

15. Dezember 1857

Silber aus Wien beendet die Wirtschaftskrise

Dreizehn Eisenbahnwaggons, vollgepackt mit Silberbarren. trafen heute Mittag aus Österreich ein. Sie haben einen Wert von zehn Millionen Mark Banco. Hamburg ist gerettet!

Es genügte, dass der hamburgische Ministerresident in Wien, Dr. Johann Gustav Heckscher, dem Kaiser Franz Joseph I. die verzweifelte Lage unserer Stadt schilderte, um Seine Majestät zu veranlassen, uns diese Anleihe zu gewähren. Wochenlange Bemühungen in Berlin hatten dagegen zu keinem Erfolg geführt.

Drei Monate hat die Wirtschaftskrise gedauert, die kein einziges Handelsunternehmen verschonte, auch das größte nicht. In den Speichern stapelten sich die Waren, aber niemand rief sie ab. In den Büchern standen großartige Gewinne auf Termin, aber die Termine verstrichen, ohne dass die Geschäfte getätigt wurden. In den Schubladen der Kontore lagen die Wechsel in Bündeln, aber sie platzten. Jeden Tag meldeten mehr Firmen ihr Fallissement (ihren Bankrott) an.

Das Unglück traf die ganze Bevölkerung. Auch die überlebenden Firmen mussten ihr Personal reduzieren oder die Gehälter schmerzlich kürzen. Kurz vor Weihnachten waren die Läden leer wie noch nie. Niemand wagte sein Geld auszugeben.

Am deutlichsten zeigte sich die Panik, die alle ergriffen hatte, am 29. November, als die Sparkassen bis in die Nacht geöffnet blieben, weil die kleinen Leute ihre Ersparnisse retten wollten und ihre Einlagen kündigten.

Die Hamburger Kaufmannschaft, die sich stets Eingriffe des Staates verbeten hatte, machte dem Senat den Vorschlag, Papiergeld zu drucken und seine Deckung zu garantieren.

So weit kam es nicht. Der Bankier Carl Heine erwies sich als würdiger Sohn seines Vaters Salomon, der 1842 so patriotisch sein ganzes Vermögen zur Rettung des Hamburger Kredits eingesetzt hatte. An der Börse schlug Carl Heine vor, dass die

Der Jungfernstieg nach dem Wiederaufbau mit den neu geschaffenen Hotels. Links der Alsterpavillon.
Stich von James Gray

Banken gemeinsam 40 Prozent der Wechselverpflichtungen garantieren sollten, der Senat aber die restlichen 60, „weil ja auch das Geld des kleinen Bürgers betroffen ist". Die Börsianer brachen spontan ein Hoch auf ihn aus.

Wie konnte es zu dieser Katastrophe kommen? Ein Rückblick gibt jenen recht, die behaupten, Geschichte und Wirtschaft bewegten sich wie Wellen. Je höher der Wellenberg, umso tiefer das folgende Tal.

Hamburgs Aufstieg zum Welthafen begann mit der Unabhängigkeit der spanischen und portugiesischen Kolonien in Südamerika in den zwanziger und dreißiger Jahren. Nun stand dem Handel kein Monopol der Mutterländer mehr im Wege. Es folgten direkte Handelsverbindungen nach Ostindien, China, Japan und Australien. Es gab keinen Teil der Erde mehr, wohin Hamburger Schiffe nicht fuhren. Im letzten Jahr, 1856, segelten oder dampften 468 Schiffe unter Hamburger Flagge. Hamburg unterhielt 172 Konsulate.

Vor allem aber blühte das Geschäft mit Nordamerika. Merck, Godeffroy, Laeisz und andere hatten 1847 die „Hamburg-Amerikanische Packetfahrt Actien-Gesellschaft" (Hapag) gegründet, und Sloman eröffnete 1850 die erste transatlantische Dampferlinie unter deutscher Flagge nach New York. Kein Kaufmann, der nicht optimistisch auf das „Land der unbegrenzten Möglichkeiten" und den scheinbar unerschöpflichen Goldvorrat Kaliforniens gesetzt hatte. Und ausgerechnet von dort kam das Unglück. Anfang August hatte der „Hamburgische Correspondent" aus New York gemeldet, dass in Wall Street eine Krise dämmere. Es fehlt plötzlich an barem Geld, und das Vertrauen in die Bonität der Wechsel nehme erschreckend ab.

Am 13. August ging vor der Westküste der Postdampfer „Central America" im Sturm unter. Alle 446 Passagiere und die Mannschaft versanken mit dem Schiff. Dabei ging auch eine Ladung Gold im Wert von zwei Millionen Dollar verloren, über die die Makler an der New Yorker Börse bereits ihre Dispositionen getroffen hatten.

Wie ein Ungeheuer mit tausend Armen riss die amerikanische Krise die europäischen Handelspartner, zuerst in England, dann auf dem Kontinent, in den Abgrund. Die Welt erlebte zum ersten Mal eine „Weltwirtschaftskrise". Der Präses eines Hamburger Bankhauses sagte: „Die grauenvolle Brandzeit vor 15 Jahren war im Vergleich zu den letzten Tagen eine höchst gemütliche."

Diese Bemerkung, die von mehreren Börsianern aufgegriffen wurde und so leider auch an die Öffentlichkeit drang, sollte jeder Hamburger energisch zurückweisen. Gerade die Zeit nach dem großen Brand hat gezeigt, dass unsere Stadt nicht kleinmütig zu sein braucht und mit jeder Notlage fertig wird.

Erinnern wir uns doch an den Mai 1842: Bereits vier Tage nachdem das Feuer verloschen ist, legt der in Hamburg wirkende englische Ingenieur William Lindley (34) einen Aufbauplan vor. Eine technische Kommission wird gebildet und bis zum 1. September der endgültige Aufbauplan und ein Enteignungsgesetz verabschiedet. Dieses Gesetz erlaubt eine Verbreiterung der Straßen, beziehungsweise ganz neue Straßenzüge.

Der Plan, ausgehend von der stehen gebliebenen Neuen Börse als Mittelpunkt der Stadt, basiert auf: 1. dem Ingenieurplan Lindleys; 2. einem künstlerischen Entwurf des Hamburger Architekten Gottfried Semper (41), der aus Dresden, wo er die Oper und die Gemäldegalerie baute, herbeigeeilt ist, um der Vaterstadt zu helfen. Semper geht von der Idee aus, dass das „nordische Venedig" auch seinen „Markusplatz" haben müsse; 3. den Kompromisslösungen des Architekten Alexis de Châteauneuf (43).

Nach Lindleys Plänen wurde zunächst der Brandschutt verwendet, um den Alsterdamm (Ostufer der Binnenalster) aufzuschütten. Mit dem Rest des Schutts wurde der Hammerbrook aufgehöht, sodass dort Gelände für einen zukünftigen

Der Rathausmarkt im Jahr 1862 mit der Neuen Börse und der neu gestalteten Treppenanlage an der Alsterschleuse. Im Hintergrund die Nikolaikirche während des neogotischen Neubaus. Auf dem baumbestandenen Platz vor der Börse wird bis 1897 das Rathaus gebaut. Genau hinter der Mastspitze des rechten Kutters liegt die Buchhandlung Hoffmann & Campe, der Verlag Heinrich Heines. Foto von D. Eichmann

Stadtteil entstand. Lindley baute in Rothenburgsort ein Wasserwerk und schuf die erste Entwässerungsanlage (Sielnetz) Deutschlands. Er baute ein Gaswerk auf dem Grasbrook und stellte die Straßenbeleuchtung von Öl auf Gas um. In den neuen Straßen wurden erstmalig Bürgersteige angelegt. Eine Alsterschleuse ermöglichte jetzt den Schiffsverkehr zwischen Alster und Elbe.

Châteauneuf baute (venezianisch) die Alsterarkaden und die Post, und es dauerte nur sechs Jahre, bis er die Petrikirche wieder aufgebaut hatte.

Privatleute bauten das Thalia Theater (1843). „Sillems Bazar", eine elegante Galerie oder Passage nach französisch-italienischem Vorbild, entstand am Jungfernstieg (1845) und an der Fuhlentwiete das Etablissement Conventgarten. In Harvestehude bauten Sloman und Lutteroth die ersten Prachtvillen. Für ein neues Rathaus wurde neben der Börse ein großer Platz freigelassen.

Der Brand hatte viele unersetzliche Renaissancebauten zerstört, aber was an ihre Stelle gesetzt wurde, verdiente den Namen eines Kunstwerks. Warum sollte sich Hamburg da verzagt zeigen, wenn es sich nur von einer wirtschaftlichen Misere zu erholen braucht?

Neue Verfassung Senat und Bürgerschaft wählen gemeinsam

Mit dem heutigen Tag, dem 28. September des Jahres 1860, tritt eine neue Hamburger Verfassung in Kraft. Sie löst den „Hauptrezess" von 1712 ab. Der Senat (bisher Rat) hat 18 Mitglieder (neun Juristen und mindestens sieben Kaufleute). Der Senat, der sich bisher selbst ergänzte, wird in Zukunft von Senat und Bürgerschaft gemeinsam auf Lebenszeit gewählt. Aus seiner Mitte wählt der Senat einen Ersten und einen Zweiten Bürgermeister. Der Senat hat die vollziehende Gewalt und Mitwirkung an der Gesetzgebung. Die richterliche Gewalt steht nur noch unabhängigen Richtern zu. Die Bürgerschaft hat 192 Mitglieder. Gewählt werden auf sechs Jahre:

- 84 von den über 25-jährigen männlichen Bürgern, die 1200 Mark im Jahr oder mehr versteuern,
- 60 von den Notabeln. Das sind derzeitige oder ehemalige Mitglieder des Senats und der Bürgerschaft, der Commerzdeputation, Richter usw.
- 48 von den Grundeigentümern.

Die Bürgerschaft ist dem Senat bei der Gesetzgebung gleichgestellt. Ein Notabler, der Grundeigentümer ist und 1200 Mark versteuert, hat also als Wähler drei Stimmen.

Die Verfassung ist das Ergebnis langer Auseinandersetzungen, die naturgemäß seit dem europäischen Revolutionsjahr 1848 besonders heftig geführt wurden. Die Vorstellungen der Radikalen, Bürgerschaft und Senat in allgemeiner, freier und geheimer Wahl auf Zeit zu wählen, haben sich nicht durchsetzen können. Bei den Wahlen zur Nationalversammlung, dem deutschen Vorparlament in Frankfurt, hatten alle männlichen Staatsangehörigen ohne Rücksicht auf Amt oder Besitz das Wahlrecht.

In die Nationalversammlung wurden als Vertreter Hamburgs gewählt (18.4.) die Kaufleute Ernst Merck und Edgar Roß sowie der Jurist Dr. Johann Gustav Heckscher.

Für Hamburg in der Nationalversammlung:
Dr. Johann Gustav Heckscher.
Kreidelithografie von Valentin Schartle, 1848

Die Revolution von 1848 hatte Europa in beträchtliche Unruhe versetzt. Begonnen hatte sie am 25. Februar in Paris. Der „Bürgerkönig" Louis Philippe musste abdanken. Am 13. März wurde in Wien der Staatskanzler Fürst Metternich zur Abdankung gezwungen. In Berlin kam es im März zu Barrikadenkämpfen. In München dankte am 20. März König Ludwig I. von Bayern ab. In Hamburg kam es nicht zu Gewalttätigkeiten. Es wurde nur eine Reformkommission unter Senator Hudtwalcker eingesetzt.

Erzählenswert ist folgende Episode. Ein Volkshaufen zog lärmend vor das Stadthaus und grölte dort so lange, bis der „Polizeiherr" die schwarz-rot-goldene Freiheitsschärpe über die Schulter gelegt, auf dem Balkon erschien. „Ruhig dor, he will snakken", brüllte der Anführer. Der Polizeiherr fragte, was die Menge wolle. „Wi wöllt Republik, Republik wöllt wi hebben", schrien die „Anführer". „Aber liebe Leute", sagte der Senator, „Hamburg ist doch eine Republik." Die aufgeregte Menge rief: „Schod nix, denn wöllt wi noch een hebben."

Wenn diese überlieferte Geschichte nicht wahr sein sollte, dann ist sie doch gut erfunden.

Die Welt im Jahr 1857

Stellvertreter

Preußen bekommt nächstes Jahr einen „stellvertretenden König": Prinz Wilhelm (geb. 1797) übernimmt dann die Geschäfte seines Bruders, König Friedrich Wilhelms IV. (geb. 1795), der mehrere Schlaganfälle erlitten und keinen Thronerben hat. König kann Wilhelm erst nach dem Tod seines Bruders werden.

Indien

Großbritannien schlägt einen Aufstand in Indien nieder. In Bombay, Kalkutta und Madras werden Universitäten gegründet.

Bakterien

Der französische Biologe Louis Pasteur (35) veröffentlicht seine Arbeiten über die Milchsäure- und Alkoholgärung (Anfänge der Bakteriologie).

Musikalische Ehe

Der Dirigent Hans von Bülow (27) heiratet Cosima, eine Tochter des Komponisten Franz Liszt.

Unmoralisch

In Paris erscheint der Roman „Madame Bovary" von Gustave Flaubert. Autor und Verlegen müssen sich wegen „moralisch untragbarer Szenen" vor Gericht verantworten. Sie werden freigesprochen.

Kraxler

In London haben Bergsteiger einen „Alpenverein" gegründet.

Verfassungen

Juarez gibt Mexiko eine freiheitliche Verfassung. – Plantagenbesitzer aus dem US-Staat Missouri führen im benachbarten Kansas, das noch kein Unionsstaat ist, die Sklavenwirtschaft ein.

Hamburger Nachrichten

1842

Nach dem Brand wird ein neues System der Hausnummerierung eingeführt: gerade und ungerade Nummern auf verschiedenen Straßenseiten.

1843

Gepflasterte Chaussee über Ahrensburg, Oldesloe und Reinfeld nach Lübeck.

1844

Eisenbahn von Altona nach Kiel. – Richard Wagner dirigiert in Hamburg seine Oper „Rienzi".

1846

Eisenbahn nach Berlin. – Gründung der Schiffswerft Stülcken & Co., kurz „Stülcken" genannt.

1847

Der Komponist Felix Mendelssohn-Bartholdy (3. August 1809 in Hamburg geboren) stirbt am 4. November in Leipzig.

1850

Am 20. Juni: Erste Ausgabe der „Altonaer Nachrichten" im Verlag Hammerich & Lesser.

1851

Goldrausch in Kalifornien. Hamburger Firmen exportieren zerlegbare Fertighäuser. Das Bahnhofrestaurant der Bergedorfer Bahn wird nach San Francisco verkauft. Am Klamath River bekommt eine Goldgräbersiedlung den Namen Hamburg.

1852

„Gesellschaft zur Verteilung von Lebensbedürfnissen" gegründet. Ein erster Ansatz zu einer Konsumgenossenschaft.

1853

Erste Straße von Hamburg nach Harburg (Fähre). – 24 400 Menschen warten in Herbergen und Lagern auf die Auswanderung nach Amerika.

Hamburger Original: Wasserträger Hummel, eigentlich Johann Wilhelm Bentz (1787–1854). Kolorierter Holzschnitt

1854

Gestorben: „Hummel“, der Wasserträger Johann Wilhelm Bentz (67). Lindleys Wasserwerk (1848) hatte ihn arbeitslos gemacht; der Autor der „Gespräche mit Goethe“, Johann Peter Eckermann (62) aus Winsen an der Luhe; Elise Lensing (50), die Lebensgefährtin Hebbels (sie hatte zwei Kinder).

1855

Friedrich Gerstäcker (39), Sohn des Tenors am Stadttheater Samuel Friedrich Gerstäcker, veröffentlicht ein sechsbändiges Volksbuch „Nach Amerika“. – Lindley baut die erste Dampfbadeanstalt. Wegen ihrer Lage am Schweinemarkt nennt man sie „Schweinebadeanstalt“.

1857

Gescheiterter Versuch, einen Rhein-Raddampfer auf die Alster zu bringen. Er ist zu groß. Die „Helene“ wird nach Russland verkauft.

1859

Amalie Sieveking (65), die „Mutter der Armen“, in Hamburg-Hamm begraben. – „Alina“ heißt der erste Alsterdampfer, der Passagiere befördern darf. – Vierspänniger Omnibus nach Blankenese.

Amalie Sieveking (1794–1859), die „Mutter der Armen“. Lithografie von Otto Speckter, 1859

31. Dezember 1874

Auch in Hamburg hat die Mark hundert Pfennige

Mit dem Beginn des neuen Jahres gilt in Hamburg nur noch die Reichswährung. Sie beruht auf dem Dezimalsystem und hat die Bezeichnung der alten hanseatischen Silbermünze „Mark" übernommen. Die Hamburger Bank wird zum Ende des Jahres 1875 in der Reichsbank aufgehen. Zu diesem Zeitpunkt soll die Reichswährung auch in den süddeutschen Staaten alleiniges Zahlungsmittel werden.

Ab morgen heißt es also ganz einfach: Eine Mark hat hundert Pfennige. Die hamburgische Mark Courant zu 16 Schillingen zu je 12 Pfennigen, mit Sechslingen und Dreilingen als Scheidemünze, gibt es dann nicht mehr (die Verrechnungsmark Banco zu 20 Schillingen, die sowieso nur in den Geschäftsbüchern existierte, wird natürlich auch bald der Vergangenheit angehören).

Bis 1872 war noch hamburgisches Geld geprägt worden. Es waren also beide Währungen nebeneinander im Umlauf. Die hamburgische Mark Courant galt 1,20 Mark Reichsgeld. (Die Mark Banco 1,50). Jetzt dürfen auch die zahllosen ausländischen Währungen, die im räumlich kleinen Stadtstaat kursierten (dänisch, preußisch, hannoversch und andere), nicht mehr akzeptiert werden. Schlechte Rechner können aufatmen. Dennoch wird es eine Weile dauern, bis sich alle Hamburger an die neuen Bezeichnungen gewöhnt haben.

Unser Reporter vermerkte heute Nachmittag: Der Droschkenkutscher verlangte von St. Georg in die Stadt zehn Schilling (statt 76 Pfennig), und an der Kasse des Thalia Theaters forderte man für einen Platz im ersten Rang „1 und 8" (statt 1,60 Reichswährung). Gut Ding will Weile haben!

Es ist in Hamburg bisher alles zum Guten geraten, was uns der Anschluss an den Norddeutschen Bund, das jetzige Deutsche Reich, gebracht hat.

Es erscheint uns zum Beispiel heute selbstverständlich, per Bahn nach Kiel, Lübeck, Hannover und Bremen fahren zu können. Und das sogar ohne Zollkontrolle. Die einzige Unbequemlichkeit ist, dass man für jedes Ziel einen anderen Bahnhof aufsuchen muss, weil es noch keinen Zentralbahnhof gibt. Die erste direkte Fernverbindung war 1846 die Strecke nach Berlin.

Die Bahn nach Lübeck wurde erst 1865 gebaut. Bis 1866 musste man mit dem Pferdeomnibus nach Altona fahren, um dort in den Zug nach Kiel einsteigen zu können. Erst als Altona preußisch geworden war, konnte man die „Verbindungsbahn" nach Altona bauen. Am schwierigsten war es mit den Hannoveranern. 36 Jahre zogen sich die Verhandlungen hin, bis 1853 endlich die erste Straße nach Harburg (über die Grasbrookfähre) in Betrieb genommen werden konnte. Und 25 Jahre nachdem es die Eisenbahn Hannover–Harburg gab, wurde 1872 die erste Eisenbahnbrücke über die Elbe gebaut, die Bahn bis Hamburg verlängert und eine Zweigbahn nach Bremen gebaut. Bis dahin hatte man für die Reise nach Bremen 24 Stunden mit der Postkutsche gebraucht.

Seit dem 1. Januar 1875 gilt auch in Hamburg die Reichswährung. Eine Mark hat hundert Pfennige. Fünfpfennigmünze von 1875, geprägt in Berlin

Ehe das Norddeutsche Bundes-Oberpostamt am 1. Januar 1868 alle Postverbindungen übernahm, gab es in Hamburg sieben Posten: die freistädtische, die Thurn- und Taxissche, die preußische, die hannoversche, die mecklenburgische, die dänische und die schwedische. Da kannten sich nur Experten aus. Ein Brief nach Hannover zum Beispiel ging nicht etwa mit der hannoverschen, sondern mit der „Kaiserlich Ordinären Thurn- und Taxisschen Post". Unsere Schiffe (517 Segler und 22 Dampfer) haben schon am 31. März 1868 die Hamburger Flagge eingeholt und am 1. April schwarz-weiß-rot gesetzt. Sie stehen jetzt unter dem Schutz eines großen Reiches. Am gleichen Tag hat das Bürgermilitär seine Uniformen ausgezogen. Die Hamburger Garnison besteht seitdem aus zwei Bataillonen des Preußischen Infanterieregiments Nr. 76. Die Straße, an der ihre Kaserne liegt, wurde Bundesstraße benannt. Im „I. R. Hamburg (2. Hanseatisches) Nr. 76" haben Hamburger im deutsch-französischen Krieg von 1870/71 dazu beigetragen, dass aus dem Bund das Reich wurde.

Mit Einführung der Schulpflicht und der Gründung staatlicher Volksschulen haben nun alle Kinder Zugang zu einer Elementarausbildung, die bis dahin nur den Schülern der 220 Privatschulen vorbehalten war.

Das alles erscheint uns heute selbstverständlich. Und doch wäre Hamburg ohne das energische Eingreifen eines Senators heute nichts anderes als eine preußische Provinzstadt!

Der Deutsche Bund von 1815 und die Nationalversammlung von 1848 waren nur Vorstufen zur gefestigten und institutionalisierten Einheit der Deutschen, die, so bedauerlich das war, wohl nur erkämpft werden konnte. Die offene Auseinandersetzung zwischen den deutschen Großmächten Preußen und Österreich begann nach dem dänischen Krieg.

Dänemark hatte Schleswig in seinen Staat einverleibt, Preußen und Österreich – nicht der Bund – besiegten die Dänen 1864 in der Schlacht auf den Düppeler Schanzen, nahmen ihnen Schleswig und Holstein ab und stellten beide Herzogtümer unter gemeinsame Verwaltung. Von vornherein aussichtslose Verhandlungen über die Vorherrschaft einer der beiden Großmächte in Deutschland scheiterten 1865.

Preußen vertrieb daraufhin die österreichische Besatzung aus Holstein. Österreich machte mobil. Preußen trat aus dem Deutschen Bund aus, und Bismarck forderte von allen deutschen Staaten eine klare Entscheidung für oder gegen einen neuen „kleindeutschen" Bund ohne Österreich. Die Königreiche Bayern, Württemberg, Sachsen, Hannover sowie 28 Kleinstaaten und Freistädte entschieden sich für „Großdeutschland".

Kein Zweifel, auch Hamburgs Sympathien gehörten den Österreichern. Der Senat versuchte, sich gegenüber Preußen auf Hamburgs traditionelle Neutralität zu berufen. Bis zum 25. Juni 1866 ging das, obwohl der „Deutsche Krieg" längst im Gange war und Bismarck immer ungeduldiger wurde. An diesem Tag kam Senator Dr. Carl Friedrich Petersen (57) aus dem Urlaub zurück und ergriff, unterstützt von Senator Dr. Johannes Versmann (46), die Initiative. Dies sei keine Zeit für Gefühle, sagte er, die Vernunft müsse entscheiden. Nur an der Seite Preußens habe Hamburg eine Chance.

Die Entscheidung, drei Bataillone in den Krieg zu schicken, fiel allerdings erst am 4. Juli. Da war die Schlacht von Königgrätz schon geschlagen und Österreich besiegt. Die Hamburger Soldaten marschierten bis an den Main und kehrten dann mit unbenutzten Gewehren wieder um.

Dennoch bekamen auch die Hamburger preußische Orden. Uns liegt eine Urkunde vor, die folgenden Wortlaut hat: „Auf Befehl Seiner Majestät des Königs (von Preußen) ist das von Allerhöchstdemselben von erbeuteter Kanonen-Bronze gestiftete Erinnerungskreuz für Combattanten dem Soldaten der 1. Compagnie vom Hamburgischen

1872 wird die erste Elbbrücke für die Verbindung nach Hannover und Bremen fertig: eine Eisenbahn-Gitterbrücke mit eindrucksvollen Turmportalen. Lithografie von David Kanning

Ein Zug der neuen „Verbindungsbahn" zwischen den Eisenbahn-Endbahnhöfen von Altona und Hamburg passiert auf dem Weg nach Altona den alten Dammtorbahnhof. Lithografie von Wilhelm Heuer, um 1866

Infanterie Bataillon Johannes Christian Theodor Karp in Anerkennung seiner pflichtgetreuen Teilnahme an dem Feldzug des Jahres 1866 von dem Unterzeichneten übergeben worden. Hamburg, den 21. Sept. 1867, Der Contingents-Commandeur. Zwei Unterschriften. Die Main-Armee 1866."

Dass Senator Dr. Carl Friedrich Petersen Hamburg tatsächlich im letzten Augenblick „gerettet" hatte, zeigte sich schnell. Das Königreich Hannover sowie Kurhessen, Nassau, die Freie Stadt Frankfurt am Main und Schleswig-Holstein wurden Preußen einverleibt. Bayern, Württemberg und Sachsen mussten Kriegsentschädigungen zahlen. Hamburg aber trat am 15. Mai 1867 in den Norddeutschen Bund ein. Der preußische Minister Savigny stellte fest: „Durch Preußen ist der Bund eine Großmacht, durch die Hansestädte bekommt er Weltgeltung."

Aber noch stand Frankreich der deutschen Einigung im Wege. Im Bunde mit den süddeutschen Staaten wurde Frankreich besiegt. Am 18. Januar 1871 wurde das Deutsche Reich proklamiert. Es übernahm die Farben des Norddeutschen Bundes als Reichsflagge: das preußische Schwarz-Weiß und das hanseatische Weiß-Rot.

Proklamation des Deutschen Kaiserreichs im Spiegelsaal des Schlosses von Versailles. Auf dem Podest Kaiser Wilhelm I. In weißer Uniform Reichskanzler Fürst Otto von Bismarck. Gemälde von Anton von Werner (Bismarck-Museum, Friedrichsruh)

Die Welt im Jahr 1874

Reichsgesetze

Gegen den Widerstand der Katholiken (Zentrumspartei im Reichstag) setzt Bismarck die obligatorische Zivilehe durch. Ehen, die nicht vor dem Standesamt geschlossen werden, sind ab 1875 ungültig. Ein anderes Reichsgesetz macht die Pockenschutzimpfung zur Pflicht.

Göttliche Anordnung

Zürich ist die einzige Universität, an der Frauen Medizin studieren können. Der Münchener Anatomieprofessor Theodor von Bischoff hat der allgemeinen Medizinermeinung Ausdruck gegeben: „Es fehlt dem weiblichen Geschlecht nach göttlicher und natürlicher Anordnung die Befähigung zur Pflege und Ausbildung der Wissenschaft."

Musikjahr

Neu: „Boris Godunow" uraufgeführt (Oper von Modest Mussorgskij), „Götterdämmerung" vollendet (letzte Oper im „Ring des Nibelungen" von Richard Wagner), „Peer Gynt" in Arbeit (Musik zu Ibsens Schauspiel von Edvard Grieg), „Die Fledermaus" uraufgeführt (Operette von Johann Strauss, Sohn), „Die Moldau" vollendet (von Friedrich Smetana) und das ergreifende „Requiem" uraufgeführt (von Giuseppe Verdi).

Forscher

Der Afrikaforscher David Livingstone wird in London in der Westminsterabtei beigesetzt. Er ist 1873 im Alter von 60 Jahren gestorben. Die Eingeborenen haben seine Leiche mumifiziert und nach England geschickt. Livingstone war schon seit 1867 für tot gehalten worden. Der Verleger des „New-York-Herald" schickte den Reporter Henry Morton Stanley nach Afrika. Stanley fand Livingstone 1871 am Tanganjika-See. Stanley (33) kam nicht zur Beisetzung. Er ist gerade aufgebrochen, jetzt selbst als Entdecker den „Schwarzen Kontinent" von der Ostküste bis zur Kongomündung zu durchqueren.

Ausrottung

In den letzten zwei Jahren wurden in der nordamerikanischen Prärie 3,7 Millionen Bisons geschossen. Und zwar: von weißen Berufsjägern 3,2 Millionen, von Indianern 390 000, von Siedlern 150 000. Diese Zahlen betreffen nur die sogenannte südliche Herde.

Überholer

In der Reihenfolge der Industrienationen haben die Vereinigten Staaten von Amerika England, Deutschland und Frankreich überholt.

Weltpost

In Bern wird der Weltpostverein gegründet. Deutscher Generalpostdirektor ist Heinrich Stephan (43), der 1870 die Postkarte erfand.

Soldaten

Im russischen Kaiserreich wird vom Zaren Alexander II. die allgemeine Wehrpflicht eingeführt.

Hamburger Nachrichten

1860
Am 28. September ist die Reform der Staatsverfassung in Kraft getreten. Neu: Gewaltenteilung, Religionsfreiheit, rechtliche Gleichstellung der Juden. Das Prinzip der Erbgesessenheit, das grundbesitzende Bürger bevorzugt, wird abgeschafft. Der Rat heißt jetzt Senat. – Das billigste Fleisch in Hamburg ist Störfleisch. In Massen werden die meist zwei Meter langen Elbfische an den Kajen und Vorsetzen geschlachtet und am Hopfenmarkt verkauft.

1861
1. Januar: Die Torsperre wird aufgehoben. – Der Kaufmann Edmund Siemers importiert die ersten 16 Fass Petroleum und dazugehörige Lampen aus Nordamerika. – Der Reeder Godeffroy gibt seinen Schiffsbesatzungen den Auftrag, aus der Südsee Gegenstände für eine Völkerkundesammlung mitzubringen. – Isaac Wolffson wird erster jüdischer Präsident der Bürgerschaft. – Anrede für Senatoren: „Hoch- und Wohlweisheit".

1863
Der Hamburger Komponist Johannes Brahms (29) geht nach Wien. Seine Bewerbung für den Posten des Dirigenten der Hamburger Philharmonischen Gesellschaft war zweimal abgewiesen worden. – Ernst Merck gründet den „Verein zur Rettung Schiffbrüchiger" und eröffnet den Zoologischen Garten am Dammtor. Erster Direktor ist Alfred Brehm („Brehms Tierleben"). – Merck wird Finanzminister des Deutschen Bundes. – Pastor Heinrich Sengelmann (42) gründet die Alsterdorfer Anstalten.

1864
Mit der Gründung der „Actienbrauerei" beginnt die industrielle Bierproduktion. – Die schon 1852 vereinigten Blätter „Morgenzeitung" und „Fremdenliste" erscheinen jetzt als „Hamburger Fremdenblatt".

Johannes Brahms (1834–1897), Pianist und Komponist aus Hamburg, seit 1863 in Wien. Foto von 1862

1865
Die Gewerbefreiheit wird eingeführt. Sie ist das Ende der Handwerker-Ämter und Brüderschaften. – Erste Briefkästen in Hamburg. – Korrektionsanstalt für Straftäter in Fuhlsbüttel gegründet.

1866
11. August: Sandtorhafen eröffnet. Zum ersten Mal macht ein Schiff direkt am Kai fest und nicht mehr im Strom an Duckdalben. Wasserbaudirektor Johannes Dalmann (43) ist der Vater des modernen Tidehafens mit Kaimauern und Gleisanschlüssen. – Erste Straßenbahn von Hamburg nach Wandsbek. Der Pferdeomnibus von Altona lief noch nicht auf Schienen.

1867
Der schwedische Chemiker und Industrielle Alfred Nobel (34) erfand bei Experimenten auf einem vor Krümmel in der Elbe verankerten Schiff den

Kolorierte Lithografie der 1868 errichteten Lombardsbrücke. Links im Hintergrund die 1869 eröffnete Kunsthalle, rechts die doppeltürmige, 1854–57 erbaute Reformierte Kirche an der Ferdinandstraße

Sprengstoff Dynamit, der seit Jahresbeginn in Krümmel produziert wird. – Gegründet: „Handelskammer" (Rechtsnachfolgerin der Commerzdeputation), „Fortbildungsklasse" als Anfang der ersten Gewerbeschule für Mädchen in Deutschland (Emilie Wüstenfeld), „Deutsch-Israelitische Kultusgemeinde" (freiwillige Mitgliedschaft, Orthodoxie und Reformjudentum unter einem Dach vereint). – Die Gebrüder Wex brechen die erste Straße durch das Neustädter Gängeviertel. – Die Hapag lässt acht Postdampfer nach Fahrplan wöchentlich nach Nordamerika fahren. – Hamburg kauft Lübecks Anteil am beiderstädtisch verwalteten Bergedorf. – Der Schweinemarkt an den Langen Mühren wird aufgehoben. – „Eier-Cohrs" macht eine Gaststätte am Fischmarkt auf und wird schnell populär. – Die Nachtwächter sollen fortan hochdeutsch „Feuer" statt „Fü-er!" auf Platt rufen.

1868

Kunsthalle und steinerne Lombardsbrücke erbaut. – Woermann beginnt die West-Afrika-Fahrt. – Ständige Feuerwehr. – Norddeutsche Seewarte gegründet.

1869

Erstes Derby auf der Horner Rennbahn. Der Sieger heißt „Investment", der Reiter Lettle. Besitzer Ü. von Oertzen, Züchter Graf Hahn-Basedow, ein Mecklenburger.

1871

Hamburg-Südamerikanische Dampfschiffahrts-Gesellschaft („Hamburg Süd") gegründet. – „In Anerkennung seiner Verdienste" schenkt der König von Preußen (Kaiser Wilhelm I.) seinem „Eisernen Kanzler" Otto von Bismarck 6000 Hektar Land im Amt Schwarzenbek. Der Sachsenwald gehört dazu.

1873

Erster Petroleumhafen auf dem Kleinen Grasbrook.

1874

Nikolaiturm fertig, mit 147,3 Metern das höchste Bauwerk der Welt. 1877 wird er allerdings vom Turm der Kathedrale von Rouen überholt (151 Meter). Noch 2016 ist er der dritthöchste Kirchturm in Deutschland nach dem Kölner Dom (157,38 Meter) und dem Ulmer Münster (161,53 Meter). – Im Mai erste Ausgabe der „Bergedorfer Zeitung".

Der Kaiserkai und der Sandtorkai am 1866 eröffneten Sandtorhafen, vom Brooktor aus gesehen und von Wilhelm Heuer im Jahr 1872 gezeichnet. Das Milieu dieses ersten modernen Hamburger Hafenbeckens wirkt noch recht idyllisch.

Ganz rechts der Turm von St. Katharinen, daneben der noch unvollendete Turm des Neubaus von St. Nikolai. 1874 wird er fertig und ist mit 147,3 Metern das höchste Bauwerk der Welt – bis 1877 (Kathedrale von Rouen vollendet).

29. Oktober 1888

Jetzt ist Hamburg endgültig das Tor zur Welt

An der Brooktorbrücke hat Kaiser Wilhelm II. heute den Schlussstein des neuen Freihafens gelegt. Viele republikanische Hamburger diesseits und jenseits des Zollkanals jubelten dem jungen Monarchen und dem Bürgermeister Dr. Versmann zu. Der Schlussstein scheint also auch ein Schlussstrich unter eine Zeit oft erbittert geführten Streits zwischen der Hansestadt und dem Reich zu sein. Hamburgs Zollanschluss ist endgültig vollzogen.

Die siebenjährige Arbeit, sachkundig geleitet von Wasserbaudirektor Christian Nehls, Oberingenieur Franz Andreas Meyer und Baudirektor Johann Christian Zimmermann, hat dem Hamburger Hafen ein neues Gesicht gegeben. Die Baukosten betrugen 106 Millionen Mark. Davon hat das Reich 40 Millionen Mark übernommen.

Neue Hafenbecken mit Kaimauern, Gleisanschlüssen und zum Teil sogar elektrischer Beleuchtung sind entstanden. Die Grenzen des Freihafens reichen vom Köhlbrand bis zur Harburger Bahnlinie und vom neu angelegten Zollkanal bis zur südlichen Landesgrenze. Das ganze Gebiet zwischen Wandrahm, Holländischem Brook und Kehrwieder mit seinen Kaufmannshäusern und Grachten musste geräumt werden. 1000 Häuser wurden abgerissen, 20 000 Menschen ausgesiedelt. Jetzt steht hier eine „Stadt“ aus ziegelroten Speichern.

Der Freihafen ist Zollausland. Waren können zollfrei ein- und ausgeführt werden. Es gibt genug Platz für Industrien, die dort für den Export/Import arbeiten wollen, indem sie sich beispielsweise der Veredelung ausländischer Produkte widmen. Die Zollverwaltung bleibt in hamburgischen Händen.

Es ist heute schwer zu verstehen, warum Hamburg sich gegen diese Entwicklung so lange und so erbittert gewehrt hat. Schon 1834 hatte Hamburg sich geweigert, dem Deutschen Zollverein beizutreten. Der Norddeutsche Bund musste Hamburg ausdrücklich die Freihandelsposition zusichern, und Bürgermeister Dr. Kirchenpauer brachte es sogar fertig, dass Hamburgs und Bremens Sonderstellung (Lübeck gab den Widerstand gleich danach auf) als Artikel 34 in die Reichsverfassung aufgenommen wurde. Er lautete:

„Die Hansestädte, mit einem dem Zweck entsprechenden Bezirke ihres oder des umliegenden Gebiets, bleiben als Freihäfen außerhalb der gemeinschaftlichen Zollgrenze, bis sie ihren Einschluss in dieselbe beantragen.“ Altona wurde in den Hamburger Freihafenbezirk einbezogen.

Blick in den Brook, als dieser noch Herzstück des Wandrahmviertels war. Wenig später werden die Gebäude für die neue Speicherstadt abgerissen.

Das Baustellenfoto aus dem Jahr 1886 zeigt, dass die Speicher der ersten Bauphase, hier der Speicherblock H, reine Eisenskelettkonstruktionen sind. Erst nachher wird den Speichern ihr neogotisches „Backsteinkleid“ angelegt. Von den Bauarbeitern wird artistisches Können verlangt.

Der „Artikel 34“ lag im Interesse des Außenhandels. Auch die Arbeiterschaft stand fast einmütig auf der Seite der Freihandelsfreunde. Sie hatte zwei Motive. Einmal war sie gegen alles, was von Preußen kam, besonders seit Bismarcks Sozialistengesetz von 1878, das der Sozialdemokratie „gemeingefährliche Bestrebungen“ vorwarf.

Zweitens aber wollte sie auf den Vorteil billiger Kolonialwaren nicht verzichten. Für einen Zollanschluss waren hingegen Industrie und Binnenhandel, die Ein- und Ausfuhren ins Reichsgebiet verzollen mussten. Traditionsgemäß aber hatte natürlich der Außenhandel in Senat und Bürgerschaft die entscheidende Mehrheit.

Von Berlin aus gesehen, konnte der Artikel 34 nicht ewig gelten. Aus Berliner Perspektive war es ein Unding, dass die zweitgrößte Stadt des Reiches in wirtschaftlicher Hinsicht „Ausland“ war. Und so fragte Bismarck am 20. Mai 1879 sehr bestimmt an, wann denn wohl Hamburg von sich aus den „Einschluss“ beantragen werde. Dr. Kirchenpauer antwortete: „Noch nicht.“ Aber es klang wie: „Niemals!“

Ein peinlicher Zwischenfall im Bundesrat brachte 1880 die Wende. Reichskanzler Bismarck verkündete, ohne – wie es in solchen Fällen Brauch ist – Dr. Kirchenpauer vorher informiert zu haben, das Reich beabsichtige, Altona und St. Pauli vom Freihandelsgebiet Hamburgs abzutrennen. Der 72-jährige Hamburger Bürgermeister war so gekränkt, dass er sich von weiteren Verhandlungen zurückzog und sie dem Senator Dr. Johannes Versmann (60) überließ.

Oben: Eine Stadt aus ziegelroten Speichern. Panoramabild der Speicherstadt, um 1905

Unten: Das Brooksfleet mit dem Speicherblock M und der hydraulischen und elektrischen Zentralstation (Kesselhaus)

Wie Senator Dr. Carl Friedrich Petersen beim Ultimatum Preußens im Jahr 1866 sah auch Versmann, dass Tradition und Gefühle keine Argumente sein konnten. Versmann war nicht nur ein weitblickender Politiker, sondern auch ein äußerst geschickter Taktiker. Statt sich dagegen zu empören, dass Bismarck nicht nur über das preußische Altona zu verfügen gedachte, sondern auch über das hamburgische St. Pauli, setzte er eine Kommission ein, die prüfen sollte, ob eine Trennung der beiden längst zusammengewachsenen Gemeinden überhaupt möglich sei. Die „Grenzbegeher" wurden allgemein belächelt, aber Versmann gewann Zeit. Bismarck dagegen fuhr sein nächstes Geschütz auf: Es sei möglich, dass das Reich die Zollgrenze quer über die Unterelbe ziehen könnte, zum Beispiel in Cuxhaven! Versmann verhandelte mit dem Kaiserlichen Zollinspektor Klostermann, der in Hamburg residierte. Dagegen konnte der Senat nichts einwenden, denn als Beamter war Klostermann kein „maßgebender" politischer Partner. Tatsächlich war er aber das Sprachrohr des preußischen Finanzministers Bitter.

Versmann erfuhr in diesen Gesprächen, wie sehr Bismarck an einer gütlichen Einigung lag und wie weit das Reich bereit war, Hamburgs Interessen entgegenzukommen, ja, dass es sich sogar an den Kosten für den Neubau eines erweiterten Freihafens mit mehr als einem Drittel beteiligen wolle.

Einem solchen Angebot konnten sich auch Senat und Bürgerschaft nicht verschließen. Es ging ja gar nicht um Hamburgs Freihafenstellung. Es ging nur darum, dass an die Stelle der Freihafenstadt eine Stadt mit Freihafen treten sollte. Mit 106 gegen 46 Stimmen billigte die Bürgerschaft am 15. Juni 1881 den Zollanschluss. Hamburg wurde endgültig Deutschlands Tor zur Welt.

Der Hafen nach dem Zollanschluss. Die Wasserstraße links ist der Zollkanal. Er trennt die Stadt vom Freihafen. Rechts vom Kanal liegt die neue Speicherstadt, hinter ihr der Sandtorhafen, das erste moderne Hafenbecken mit Kais, Schuppen, Kränen

und Gleisanschluss. Der Kuppelbau und der große Schornstein in der oberen Mitte des Bildes gehören zum Gaswerk auf dem Grasbrook. Im Hintergrund die beiden Norderelbebrücken, eine für die Eisenbahn, die andere für Straßenfahrzeuge.

Die Welt im Jahr 1888

Thronwechsel

Am 9. März starb Kaiser Wilhelm I. im Alter von 91 Jahren. Er war 27 Jahre lang König von Preußen und 17 Jahre Deutscher Kaiser gewesen. Das Deutsche Reich hinterließ er seinem 56-jährigen Sohn Friedrich III., der aber schon am 15. Juni an Kehlkopfkrebs starb. Jetzt ist Friedrichs 29-jähriger Sohn, Wilhelm II., Deutscher Kaiser. Er begann seine Thronrede mit den Worten: „Ich bin entschlossen, Frieden zu halten mit jedermann, soviel an mir liegt."

Anderthalb Pferde

Bertha Benz (39) und ihre Söhne Eugen (15) und Richard (13) fahren mit dem vom Ingenieur Carl Benz (44) vor drei Jahren konstruierten „Kraftwagen" von Mannheim nach Pforzheim (180 Kilometer). Frau Benz will damit beweisen, dass die Erfindung ihres Mannes, die niemand ernst nimmt, einen praktischen Wert hat. Der „Kraftwagen" hat drei Räder, einen Ein-Zylinder-Viertaktmotor mit 1,5 Pferdestärken (PS) und erreicht eine Geschwindigkeit von 16 Kilometern in der Stunde. In der Patentschrift von 1886 heißt es: „Der Antrieb erfolgt durch einen Gasmotor, dessen Gase aus vergasenden Stoffen durch einen mitzuführenden Apparat erzeugt werden." Unabhängig von Benz hat der Ingenieur Gottlieb Daimler (54) in Stuttgart in der Werkstatt seines Freundes Maybach ein ganz ähnliches „Automobil" konstruiert.

Araberaufstand

In Deutsch-Ostafrika ist ein Araberaufstand ausgebrochen. Hermann Wißmann (35) wurde beauftragt, ihn niederzuschlagen.

Sklaverei

Brasilien verbietet die Sklaverei. Es gibt sie jetzt noch in Afrika, Arabien und anderen Teilen Asiens.

Bertha Benz und ihre beiden Söhne mit dem „Automobil" auf dem Weg nach Pforzheim. Federzeichnung, um 1888

Übermensch

Friedrich Nietzsche (44) kann die Arbeit an seinem Werk „Der Wille zur Macht" nicht mehr abschließen, weil er in geistige Umnachtung gefallen ist. Schon seit neun Jahren lebt der ehemalige Baseler Professor der klassischen Philosophie ohne Beruf und festen Wohnsitz in der Schweiz und in Italien. Von Nietzsche stammen unter anderem die Begriffe „Übermensch", „Herrenmoral", „Umwertung aller Werte".

Wellen

Der in Hamburg geborene Physiker Heinrich Hertz (31), Professor in Karlsruhe, bestätigt durch seine Untersuchungen über die Ausbreitung elektrischer Wellen die Voraussagen der Maxwellschen elektromagnetischen Lichttheorie.

Auf Skiern

Der 27-jährige norwegische Zoologe Fridtjof Nansen durchquert Grönland von Ost nach West auf Skiern.

1888er Auslese

Malerei: „Garten in Arles", „Sonnenblumen", Fischerboote am Strand", „Selbstbildnis vor Staffelei" von van Gogh; „Junger Mann mit roter Weste" von Cézanne; „Bildnis van Goghs" von Gauguin; „Netzflickerinnen" von Liebermann. – Skulptur: „Die Bürger von Calais" von Rodin. – Literatur: „Der Schimmelreiter" von Storm. Theodor Storm starb am 4. Juli. Er wurde 71 Jahre alt.

Hamburger Nachrichten

1875
„Abteilung für Criminal-Polizei" gegründet.

1877
Erster Spatenstich bei Blohm + Voss auf dem Kuhwerder. – Dr. Justus Brinckmann (34), Sekretär der Gewerbekammer, eröffnet im neuen Schulgebäude am Steintor eine erste Sammlung deutschen und internationalen Kunstgewerbes. – Die Bauunternehmer Gebr. Wex legen eine Straße mit „Colonnaden" an. – In der Ohlsdorfer Feldmark wird der erste staatliche Begräbnisplatz (Ohlsdorfer Friedhof) eröffnet. Er ist als „Parkfriedhof" konzipiert.

1878
Carl Heinrich Laeisz eröffnet die Linienfahrt nach Chile. – Neuer St.-Petri-Turm.

1879
Nach Wandsbek per Dampfstraßenbahn, genannt „Rauchendes Plätteisen". Fahrpreis: 25 Pfennig. Geschwindigkeit: 16 km/h.

1880
Gartenbauausstellung auf der Moorweide elektrisch beleuchtet. – Droschken bekommen „Taxameter" (Entfernungsmesser).

1881
Als zweite Stadt Deutschlands bekommt Hamburg ein „Stadtfernsprechnetz". Es hat 206 Teilnehmer. Berlin hat das Stadttelefon schon zwei Monate früher eingeführt, aber nur mit acht Anschlüssen. – Zweites humanistisches Gymnasium (Wilhelm-Gymnasium). – Lessing-Denkmal auf dem Gänsemarkt eingeweiht (zum 100. Todestag des Dichters).

1882
Elektrische Bogenlampe auf dem Rathausmarkt. Erste elektrische Straßenbeleuchtung in Deutschland. – Apotheker Beiersdorf bekommt ein Patent für „gestrichene Pflaster".

1883
Vor Borkum stößt der Hapag-Dampfer „Cimbria" im Nebel mit dem englischen Dampfer „Sultan" zusammen und geht mit 416 Auswanderern unter.

Die „Urwerft" von Blohm + Voss auf dem Kuhwerder, 1877

56 werden gerettet. – August Bebel (43) gewinnt den Reichstagswahlkreis I (Altstadt und St. Georg) für die SPD. – Bahnverbindung nach Wedel eröffnet.

1884
Professor Dr. H. Curschmann (38) gründet das Allgemeine Krankenhaus Eppendorf.

1885
Freihafen-Lagerhaus-Gesellschaft gegründet.

1886
Sieben Architekten unter Leitung Martin Hallers beginnen mit dem Bau des neuen Rathauses. Das Fundament steht auf 4000 Pfählen. – Alfred Lichtwark (34) wird Direktor der Kunsthalle. – Der erste Tankdampfer der Welt, die in Newcastle gebaute „Glückauf", verlässt den Hamburger Hafen, um Erdöl aus den USA zu holen.

1887
Erste Straßenbrücke über die Norderelbe. – Neuer Dampfkran im Hafen. Er ist mit 150 Tonnen Hebekraft der stärkste der Welt. – Erste und einzige deutsche Kaffeebörse und der „Verein für Volkskaffeehallen" (Kaffeeklappen) gegründet. – Die Oberpostdirektion zieht in ihr neues Haus am Stephansplatz.

1888
Passagedirektor Albert Ballin (31) wird in den Vorstand der Hapag berufen. – Hadag gegründet. – Unternehmer gründen den „Verband der Eisenindustrie" mit dem Ziel, „Streiks und Sperren der Arbeiter abzuwehren".

Zehn Wochen wütete die Cholera

„Choleraerkrankungen: keine". Diese Eintragung im Dienstbuch der Medicinal-Polizei ist die beste Nachricht seit 71 Tagen. Zehn Wochen hat die Cholera in unserer Stadt gewütet. 16 956 Einwohner sind erkrankt, 8605 gestorben. Sie wurden bei Kapelle 4 des Zentralfriedhofs Ohlsdorf beigesetzt, zum Teil in Massengräbern.

Am 21. August waren in Hamburg 30 Grad im Schatten registriert worden. An diesem Tag starben in der Hafengegend, am Billhorner Deich und in Barmbek je eine Person. Die Ärzte stellten fest, dass die Todesursache in allen drei Fällen die in jedem heißen Sommer auftretende sogenannte „cholera nostra" war. Am Abend des gleichen Tages brach am Wilhelmsburger Hafen ein Mann auf der Straße tot zusammen. Im Krankenhaus St. Georg wurde die alarmierende Diagnose gestellt: „Asiatische Cholera".

Am nächsten Tag kamen neue Fälle dazu. Noch konnte die Medicinal-Behörde beruhigen: „Für eine Stadt von 640 000 Einwohnern sind diese Erkrankungen nicht der Art, dass sie weitgehende Besorgnisse rechtfertigen. Ruhe und Vorsicht, das ist jetzt die Hauptsache."

Cholera-Epidemien hatte es 1822, 1831, 1832, 1848, 1859, 1866 und zuletzt 1873 gegeben. Die Cholera schien von Zeit zu Zeit ebenso unvermeidbar wie Scharlach, Keuchhusten und Diphterie. Wir hatten uns daran gewöhnt. Am 27. August des Jahres 1892 aber zählte man 1100 Erkrankungen und 455 Tote in 24 Stunden!

Aus Berlin kam Professor Robert Koch (48) nach Hamburg. Er hatte vor neun Jahren in Ägypten den Cholera-Erreger entdeckt. Als Chef des Instituts für Hygiene und Infektionskrankheiten der Universität Berlin und als Mitglied des Kaiserlichen Gesundheitsamts hatte er den Auftrag, sich an Ort und Stelle von den Hamburger Maßnahmen zur Eindämmung der Gefahr zu überzeugen.

Nach Hamburg geeilt: Robert Koch (1843–1910), Entdecker der Cholerabakterien

Nach einigen Tagen berichtete Geheimrat Koch nach Berlin: „Ich habe noch nie solche ungesunden Wohnungen, Pesthöhlen und Brutstätten für jeden Ansteckungskeim angetroffen wie in den sogenannten Gängevierteln, die man mir gezeigt hat, am Hafen, an der Steinstraße, in der Spitalerstraße oder an der Niedernstraße."

Der Kaiser sah sich in seinem bösen Wort vom „faulen Schlendrian, der in Hamburg herrscht", bestätigt. Er erwog, Hamburg unter Reichsvormundschaft zu stellen.

Da für Professor Koch feststand, dass die Cholera durch Seeleute eingeschleppt worden war, wurde ein Reichskommissar (von Richthofen) eingesetzt, der die sanitärepidemiologische Überwachung des Elbstroms zu beaufsichtigen hatte.

Marineärzte übernahmen Kontrollstationen entlang des Stroms. Für den Hamburger Abschnitt verantwortlich wurde der Marinestabsarzt Bernhard Nocht. Er war ein Schüler Prof. Kochs gewesen.

In den eng bebauten Gängevierteln wie hier im Großen Bäckergang hatte sich die Seuche ausgebreitet. Foto um 1900

Panik griff um sich – aber weit mehr außerhalb Hamburgs als in der Stadt selbst. Hamburger Schiffe in fremden Häfen wurden unter Quarantäne gestellt. Fremde Schiffe liefen Hamburg nicht mehr an. Der Eisenbahnverkehr nach Köln, Wien, Prag und Kopenhagen wurde eingestellt.

Wer aus Hamburg nach Berlin fuhr, musste sich am Lehrter Bahnhof untersuchen lassen, bevor er die Hauptstadt betreten durfte. Züge nach Hamburg blieben sowieso leer. Tausende von Auswanderern saßen in der neu erbauten Halle am Amerika-Kai fest. Die Reichsgrenzen wurden für die täglich nach Hamburg strebenden Auswanderer aus dem Osten gesperrt. Die Hapag verlor Millionen.

Der Bürgermeister von Bonn verbot jegliche Geschäftsbeziehungen mit Hamburg. Sollte auch nur einer gegen die Anordnung verstoßen, würden – so wurde angekündigt – die Namen aller Geschäfte öffentlich bekannt gegeben, die Hamburger Waren führen. Seebäder gaben bekannt, dass sie keine Feriengäste aus Hamburg oder Altona aufnähmen.

Ein Rittergutsbesitzer aus Pommern schrieb an seinen Hamburger Geschäftspartner: „Habe Ihren Brief erhalten und ungeöffnet verbrannt. Bitte telegrafieren Sie den Inhalt." Die Actien-Zuckerfabrik Dettum bei Braunschweig schrieb an eine Hamburger Firma: „Sie sandten uns heute Ihren Geschäftsbericht ... Wir haben keine Worte für die Zudringlichkeit, aus einer verseuchten Stadt uns Briefe zu senden."

Ein Schneider, gebürtig im Saarland, der vor Ausbruch der Cholera nach Hause gefahren war, um sich Heiratspapiere zu holen, wurde in seinem Heimatort Lebach sofort ins Spritzenhaus gesperrt, als man hörte, dass er aus Hamburg kam. Erst nach einigen Tagen kam ein Arzt aus Saarbrücken und hob die Quarantäne auf.

Arbeitslose Hafenarbeiter suchten Beschäftigung in den Desinfektionskolonnen und als Leichenkärrner. Sie hatten genug zu tun.

Je 125 Arbeiter in einer Tag- und einer Nachtschicht schaufelten Gräber in Ohlsdorf. Desinfektionskolonnen zogen mit Lysol, Karbol und Creolin durch die Straßen. Ein Netz von Desinfektionsstationen und Sanitätswachen war über die Stadt gezogen worden.

Vom Land wurde tonnenweise Quellwasser nach Hamburg gebracht. Garküchen auf öffentlichen Plätzen gaben bakterienfreie Mahlzeiten aus, die unter ständiger Kontrolle standen.

In den überfüllten Krankenhäusern und in den Turnhallen starben viele ohne Beistand. Besuche waren verboten, und das knappe Personal musste sich um diejenigen kümmern, die vielleicht noch zu retten waren. Die Medicinal-Behörde gab Verhaltensmaßregeln heraus. Aufklärung schien das Wichtigste zu sein. Die Zettel wurden an die Anschlagsäulen geklebt. Aber dort, wo es am meisten auf Aufklärung ankam, in den Gängevierteln, gab es keine Anschlagsäulen.

Wasserwagen versorgen die Bevölkerung mit Trinkwasser.

Hilfe kam von unerwarteter Seite. Die Sozialdemokraten stellten ihre Flugblatt-Verteilungsorganisation, die sie während des Sozialistengesetzes (bis September 1890) heimlich aufgebaut hatten, dem Polizeiherrn Dr. Gerhard Hachmann zur Verfügung. Eine dieser Mitteilungen lautete:

„Nur gekochtes Wasser trinken. Keine Menschenansammlungen. Alle Gegenstände desinfizieren lassen, die Kranke berührt haben. Tote sofort aus dem Haus bringen. Das Sterbehaus nicht betreten."

Volltrunken aufgegriffene Randalierer versuchten sich damit herauszureden, sie hätten etwas für ihre Gesundheit getan. Es stehe doch in den Inseraten: „Schnaps ist gut für die Cholera."

Eine Frau Behncke aus der 2. Elbstraße 25, Parterre, gab uneigennützig folgende Privatanzeige auf:

„Ein sicheres Mittel gegen die Cholera: Man binde dem von der Cholera Befallenen sofort eine Leibbinde um und decke ihn recht warm zu. Dann nehme man für 5 Pfennig Reismehl, 5 Pf. getrocknete Bickbeeren, 5 Pf. Zucker, 2 Pf. gestoßenen Kanehl und etwas Wasser eine halbe Stunde lang gekocht, dass es breiartig (wird), verrühre alsdann für 10 Pf. alten Rothwein darunter und gebe dem Patienten so viel und so warm als möglich zu essen. Es stellt sich nach dem Genusse ein heißer Schweiß ein, der Patient geht der Genesung entgegen und kann nun ruhig die Ankunft des Arztes erwarten. Dieses einfache Hausmittel hat auch jetzt hier in Hamburg mit Sicherheit geholfen. Dieses können die unten Genannten bezeugen, da dieselben alle von der Cholera völlig hergestellt worden sind durch dieses Mittel." Es folgen acht Unterschriften.

Einbrüche gab es kaum. Selbst Diebe wagten nicht, unbekannte Häuser zu betreten. „Sind Sie desinfiziert?", lautete die meistgestellte Frage. Die Antwort entschied darüber, ob man jemandem die Hand gab oder nicht. Der „Hamburgische Correspondent" druckte fett: „Eine Desinfektion der Zeitung ist absolut unnötig." Und die Kinder spielten Cholera, sie „desinfizierten" sich gegenseitig und trugen die „Toten" weg.

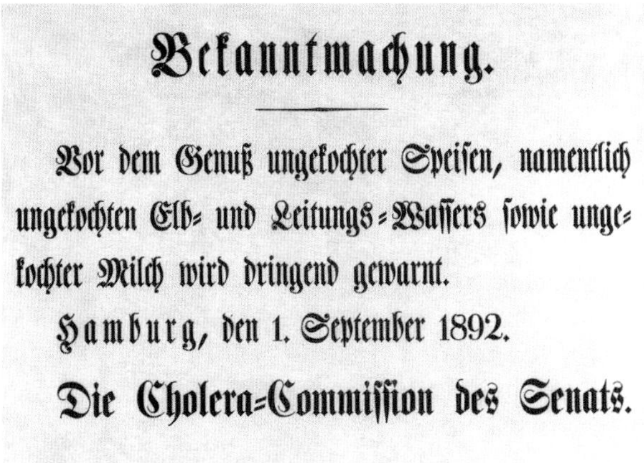

Bekanntmachung.

Vor dem Genuß ungekochter Speisen, namentlich ungekochten Elb- und Leitungs-Wassers sowie ungekochter Milch wird dringend gewarnt.

Hamburg, den 1. September 1892.

Die Cholera-Commission des Senats.

Wandanschläge warnen vor ungekochten Lebensmitteln.

Es steht außer Frage, dass die Choleraerreger (eingeschleppt wahrscheinlich von einem Schiff aus Le Havre) aus der Elbe in die Wasserleitungen geraten sind. Das Wasserwerk in Rothenburgsort hat keine Filtrieranlage. Die Ergebnisse der Untersuchungen des Naturwissenschaftlers Kraepelin hat das Volk gleich in einem Spottvers zusammengefasst: „Vom Tier im Hamburger Wasserrohr, da kommen 16 Arten vor." (Aale waren die harmlosesten.) Es steht auch außer Frage, dass die Cholera sich nur in den unhygienischen Wohnverhältnissen der Gängeviertel so explosionsartig ausbreiten konnte.

Die fürchterliche Epidemie muss Hamburg zwingen, schleunigst folgende Maßnahmen durchzuführen:

1. Der Bau des im vorigen Jahr begonnenen neuen Filtrierwerks Kaltehofe ist mit allen Mitteln voranzutreiben.
2. Die Gängeviertel müssen saniert werden.
3. Es müssen Gesetze geschaffen werden, die den Bau unhygienischer Wohnungen verbieten. Die Baupolizeigesetze von 1865 und 1872 erlauben noch ausdrücklich enge Hinterhöfe.
4. Der während der Epidemie aufgebaute Hafenärztliche Dienst ist beizubehalten.
5. Eine Verfassungsreform muss größere Kreise der Bevölkerung an der politischen Verantwortung beteiligen.

In Tag- und Nachtschichten schaufeln je 125 Arbeiter in Ohlsdorf Gräber für die Opfer. Holzstich von 1892

Die Welt im Jahr 1892

Elektro-Genie

In Berlin starb Werner von Siemens (76), Begründer der Elektrotechnik. Er erfand unter anderem den Dynamo, die Erd- und Seekabel, die elektrische Straßenbahn, den elektrischen Förderkorb und den Fahrstuhl. 1879 baute er die erste elektrische Lokomotive. Basierend auf seinen Erfindungen errichtete er ein großes Industrieunternehmen, das Niederlassungen in England und Russland unterhält.

Vorfahren

Auf Java fand der holländische Anatom Eugène Dubois (34) voriges Jahr Überreste eines „Affenmenschen". Er nennt ihn „pithecanthropus erectus". Dubois glaubt, das „missing link" (fehlendes Glied der Kette) gefunden zu haben, das, laut Haeckel, die Abstammung des Menschen vom Affen beweisen würde. – Der 58-jährige Naturforscher Ernst Haeckel veröffentlicht in Jena seine Philosophie des „Monismus", wonach die Wirklichkeit auf ein einziges (geistiges oder materielles) Prinzip zurückzuführen sei und nicht auf mehrere, wie der Dualismus und der Pluralismus behaupten.

Der Alte

Fürst Bismarck (77) hat sich nach seiner Entlassung (1890) ganz nach Friedrichsruh im Sachsenwald zurückgezogen. Obgleich der Verlag Cotta mit ihm einen Vertrag über sechs Bände Erinnerungen (100 000 Mark je Band) geschlossen hat, geht die Arbeit kaum voran, nachdem sein Mitarbeiter, Lothar Bucher, in diesem Jahr gestorben ist. Bismarck liest Zeitungen, empfängt Journalisten und „diktiert" ihnen seine gegen die Regierung Caprivi gerichteten Artikel. Die „Hamburger Nachrichten" und die neue Berliner Zeitschrift „Die Zukunft" von Maximilian Harden sind seine bevorzugten Sprachrohre.

Otto von Bismarck im Juli 1891 mit seinen beiden Doggen auf der Terrasse in Friedrichsruh

Örtliche Betäubung

Carl Ludwig Schleich (33), Chirurg an einem Berliner Krankenhaus, erfindet die Infiltrationsanästhesie. Er spritzt Betäubungsmittel nur an die zu operierende Stelle, die dadurch unempfindlich wird, während der Patient bei Bewusstsein bleibt.

1892er Auslese

Literatur: Gerhart Hauptmann, „Die Weber“; Rudyard Kipling, „Baracken-Balladen“; Knut Hamsun, „Mysterien“; Henrik Ibsen, „Baumeister Solneß“ – Malerei: Toulouse-Lautrec, „Im Moulin Rouge“, „Münchener Secession“ gegründet. – Musik: Ruggiero Leoncavallo, „Der Bajazzo“ (Uraufführung); Giuseppe Verdi, „Falstaff“ (vollendet).

Hamburger Nachrichten

1889

Hamburg macht Johannes Brahms (56) zum Ehrenbürger. Der in Hamburg geborene Komponist lebt in Wien. – Die Eimsbütteler Turnerschaft wird gegründet.

1890

Bei Reichstagswahlen gewinnt die SPD alle drei Hamburger Wahlkreise. – Die Engländer übergeben Helgoland deutscher Verwaltung. Deutschland verzichtet dafür auf seine Ansprüche auf Sansibar, Uganda und das Wituland in Kenia. Deshalb spricht der englische Afrikaforscher Stanley von einem „Hosenknopfvertrag“: eine ganze Hose für einen Knopf.

1891

Januar: Der Passagedirektor der Hapag, Albert Ballin, geht mit der „Augusta Victoria“ und 241 Reisenden zum ersten Mal auf eine „Kreuzfahrt“ ins Mittelmeer. Sie dauert zwei Monate. – Allgemeiner Arbeitgeberverband gegründet. – Bürgermeister Dr. Carl Friedrich Petersen (82) bittet den Senat, sein von Max Liebermann gemaltes Porträt nicht in der Kunsthalle aufzuhängen, da der Realismus der Darstellung ihn in seiner „Würde als Repräsentanten der Hansestadt“ herabsetze. – In einem Gespräch mit Albert Ballin sagt Bismarck voraus, dass es zu einem „Weltkrieg“ kommen wird.

Links: Bürgermeister Carl Friedrich Petersen (1809–1892). Gemälde von Max Liebermann, 1891. Weil es dem Porträtierten missfiel, kam das Bild erst lange nach seinem Tod in die Hamburger Kunsthalle.

Hein Köllisch sang zuerst für Vaters Stammtisch

Im „Siebenten Himmel“ am Spielbudenplatz ist kein Platz mehr frei. Seit dem 1. Mai 1892 singt Hein Köllisch dort seine selbst gemachten Lieder. Im Repertoire: „De Reis no Helgoland“, „De Pingsttour“, das Lied vom „Hamborger Droschkenkutscher“, von „Köm un Beer“.

Köllisch tritt in Frack und Zylinder auf, und wenn man ihn fragt, warum er sich so fein in Schale wirft, sagt er: „Für meine Muttersprache ist mir das Beste gerade gut genug.“ Die Leute von St. Pauli kennen ihn und seine Lieder schon lange, nur öffentlich aufgetreten war er bisher noch nicht.

Hein Köllisch, am Paulsplatz auf St. Pauli geboren, ist jetzt 35 Jahre alt und von Beruf „Fabrikant“. Aus Kienruß, Zuckersirup, Bier und Schwefelsäure fabrizierte er Stiefelwichse und füllte diese „Buddelwichs“ auf Flaschen. Das hatte er von seinem Vater gelernt. Als Junge, wenn er die Ware zu den Kunden brachte, hatte er unterwegs seine Lieder gedichtet und sie abends Vaters Stammtischbrüdern vorgesungen. Die waren begeistert, aber die Texte waren zu lang, um sie auswendig behalten zu können. Heins Mutter überredete Drucker Christians, doch mal einen Text als Liederzettel zu drucken. Knurrend und murrend sagte er zu und versuchte es mit „De Pingsttour“. Für 20 Pfennig das Stück gingen sie weg wie frische Rundstücke.

Der Wirt vom „Siebenten Himmel“ hat Hein Köllisch unter Vertrag genommen. Für 300 Mark im Monat. Köllisch ist ein gemachter Mann: der „Volkssänger von St. Pauli“. Demnächst will er sein eigenes Etablissement aufmachen: „Köllisch's Universum“ in Hagenbecks ehemaliger Tierhandlung am Spielbudenplatz.

De Kehrsiet vun dütt Blatt.

Plattd. Orig.-Couplet von Heinrich Köllisch.

Heinrich Köllisch,
Hamburger Volkshumorist.

Watt kriegt man for Paläste doch
In Hamborg blos to seh'n
Esplonod und Jungfernstieg,
De Hüs sind wirklich scheun.
De Alster und de Lombardsbrück
Datt is enn wohre Pracht
Doch is uns Hamburg ook sehr scheun
Wenn man ett sütt bi Nacht
Dett Obends bi Elektrisch Licht
Mutt man de Lodens seh'n,
Manch Fremder ropt begeistert ut:
Hamburg, wie bist du schön!
Und denkt in Still'n noch sick dorbi,
Welch' Wohlstand herrschet hier.

Mel.: Still ruht der See.

De Mond schient hell op Hof, op Gäng.n
Op Hüs so olt, verfulln und swatt,
Jo dorhin kummt so leicht keen Frem'n,
Dor wohnt datt Elend vun de Stadt
Datt is de Kehrsiet vun dütt Blatt.

Im Winter um de Wiehnachtstied
Mutt man no Hamborg kom,
De Meuh is wirklich wert to seh'n
Den Trubel op'n Dom.
Theoter, Schaukel, Carosells,
Schaubuden, Telt an Telt,
Dat is een wohre Seligkeit
Jo for de Kinnerwelt
Mit Vatter und mit Mutter nu
De Reis no'n Dom losgeiht.
Alln's strohlt in hellstem Lichterglanz,
O, wie sick de Lüdden freid,
Und liggt's se noher in't warme Bett,
Dreumt se von Wiehnachtsmann.

Mel.: Still ruht der See.

De Wind geiht kolt, de Snee fallt dichter,
Een blasses Kind irrt dorch de Stadt,
Verkoft ob Strootnoch Wiehnachtslichter
Is ha'f verfror'n, so meud und matt,
Datt is de Kehrsiet vun dütt Blatt.

Hamborger Köök, de is berühmt
In ganze dütsche Land.
Grossortig sind hier de Hotels
Und ook de Restaurants.
Hamburger Hof, Hotel l'Europe,
Denn Pfordte und noch mehr,
Dor spiest man blos de Haute volèe,
Pickfein, alle bonneur.
Dor sitt se an de Table d'hôte,
Ett ist gor nicht to segg'n,
Watt de dor all to Middag eet,
Soss, söben verschied'ne Gäng'n,
Und achterher de Nohdisch noch,
Dorto Champagnerwien.

Mel.: Still ruht der See.

Achterm Hotel stoht Froo'n und Kinner,
In Lumpen hüllt, mit Kumm und Napp,
Se lurt dor op de Abfallrest'n,
Dormit se eeten könt sick satt
Datt is de Kehrsiet von dütt Blatt.

Nachdruck verboten

In Drucken und auf Postkarten sind die Couplets von Hein Köllisch weit verbreitet.
Postkarte aus dem Verlag der Gebrüder Israel, Hamburg

9. Februar 1897

Nach elf Wochen wird im Hafen wieder gearbeitet

Seit heute früh wird im Hamburger Hafen wieder gearbeitet. Nach elf Wochen ist der größte Streik, den Hamburg bisher erlebt hat, von den streikenden Hafenarbeitern abgebrochen worden. Die Arbeitgeber hatten sich trotz großer finanzieller Einbußen geweigert nachzugeben. Nur die Seeleute erhielten eine Lohnverbesserung von fünf Mark monatlich. Der Senat wird eine Kommission unter Leitung des Senators O'Swald einsetzen, um die tatsächlichen Verhältnisse im Hafen zu prüfen.

An dem Streik, der am 20. November 1896 begonnen hatte, waren insgesamt 16 690 Arbeiter beteiligt gewesen. Trotz des zu Streikbeginn eingerichteten Fonds, der auch durch großzügige Spenden von bürgerlicher Seite und durch Zuschüsse der englischen Gewerkschaft gespeist wurde, hat vor allem die Winterkälte den Streik zusammenbrechen lassen.

Es ging den Hafenarbeitern um die Erhöhung ihres Tageslohns von 3,00 bis 4,20 Mark auf 4,50 bis 5,00 Mark und um eine Verkürzung der Arbeitszeit, die jetzt von 6 bis 18 Uhr, bei einigen sogar von 5.30 bis 19 Uhr dauert. Zwar werden die zwölf bis dreizehneinhalb Stunden durch eine zweistündige Mittagspause unterbrochen; aber sie nützt nur wenigen, weil die meisten zu weit weg vom Hafen wohnen.

Streik im Hamburger Hafen.

Ein Arbeiter, der auf seine Ehre hält, rührt während des Streiks im Hafen kein Stück Arbeit an!

Hamburger Buchdruckerei und Verlagsanstalt Auer & Co. in Hamburg.

Handzettel zum Hafenarbeiterstreik 1896/97

Da ein großer Teil der Hafenarbeiter keine garantierte Arbeit hat, kommt es vor, dass er an manchem Tag ohne Arbeit und ohne Lohn nach Hause gehen muss. Eine kürzlich bekannt gewordene Untersuchung über das Einkommen der Hafenarbeiter ergab, dass jeder der 19 000 ständig im Hafen Beschäftigten im Durchschnitt 1050 Mark im Jahr verdient.

Bei der Errechnung eines statistischen Durchschnitts wurden auch die Gehälter der hohen und höchsten Hafenbeamten und Hafenangestellten mitgezählt. Das muss ein falsches Bild ergeben. Das tatsächliche Einkommen der großen Mehrheit liegt nämlich weit unter tausend Mark jährlich.

Wenn man den „statistischen Durchschnitt" zugrunde legt, sieht die Rechnung so aus: Nach Abzug der Kosten für Miete, Kleidung und Arztrechnungen für die Kinder, die von der Krankenversicherung nicht erfasst sind, bleiben einem Hafenarbeiter 770 Mark zum Leben, das sind 2,10 Mark pro Tag und Familie. Bei einer fünfköpfigen Familie (das ist der Durchschnitt) ergibt das 42 Pfennig pro Tag und Person.

Als Vergleich dazu einige Preise: Ein Pfund Butter kostet 90 Pfennig, ein Pfund Fleisch 60, ein Kilogramm Brot 20, eine Straßenbahnfahrt 10 Pfennig, ein Bier und ein Korn (Lütt und Lütt) 15 Pfennig.

Während des „Großen Hafenarbeiterstreiks", wie dieser Arbeitskampf in ganz Deutschland genannt wurde, hat es mehrere Vermittlungsversuche gegeben. Polizeisenator Hachmann, der Präsident der Bürgerschaft, Hinrichsen, und der Vorsitzende des Gewerbegerichts, Dr. Noack, boten ihre Dienste an und schlugen ein Schiedsamt vor. Die Arbeitgeber lehnten ab. Der Senat schlug vor, eine unabhängige Kommission die Verhältnisse im Hafen untersuchen zu lassen. „Nicht vor Ende des Streiks", sagten die Arbeitgeber. Der liberale Reichspolitiker Friedrich Naumann und andere richteten eine Petition an die Arbeitgeber. Sie blieb ebenso erfolglos wie die Reichstagsdebatten. Die Bürgerschaft befasste sich mit dem Thema nicht.

Versammlung der Staatskaiarbeiter im Saal „English Tivoli“ im Stadtteil St. Georg am 4. Dezember 1896.
Holzstich von Emil Limmer, veröffentlicht in der „Hamburger Illustrierten Zeitung“, 1896

Streiks hat es in den letzten Jahren mehrmals gegeben, ein solches Ausmaß nahmen sie allerdings nicht an. 1891 protestierten die Brauer erfolgreich gegen die Erhöhung ihrer täglichen Arbeitszeit auf 14 bis 18 Stunden, ohne Überstundenlohn. Kaffeeverleserinnen, deren beste es auf 6,39 Mark Wochenlohn brachte, verlangten einen Mindestlohn von 1,50 Mark für das Sortieren von 100 Pfund Kaffee. Sie erreichten immerhin einen Kompromiss. Bäckergesellen streikten gegen die „Kost-und-Logis“-Vorschrift, die viele von ihnen zwang, ihr Bett schichtweise mit anderen zu teilen oder zu zweit in einem Bett zu schlafen.

Soziale Spannungen sind keine spezifisch hamburgische Erscheinung. Sie treten in allen großen Städten auf, in denen die stürmische Industrialisierung eingesetzt hat, mit der die Entwicklung der sozialen Verhältnisse nicht Schritt hält. Allein in den letzten sechs Jahren wuchs die Bevölkerung Hamburgs (trotz der Cholera-Verluste) um 75 921 auf 698 451. Seit 1865 hat sie sich weit mehr als verdoppelt.

Da nicht alle Zuwanderer ständige Arbeit finden, und weil es zwar seit 1883 eine Krankenversicherung, aber keine Arbeitslosenversicherung gibt, entsteht ein Großstadt-Proletariat, wie man es nie zuvor gekannt hat. Während das Einkommen pro Kopf und Jahr im Stadtteil Harvestehude 4000 Mark beträgt (alle dort wohnenden Dienstboten, die außer Naturalleistungen nicht mehr als 300 Mark verdienen, mitgerechnet), kommt man in Hammerbrook auf nur 334 Mark und in der südlichen Neustadt sogar auf nur 187 Mark pro Jahr. Diese extrem niedrigen Durchschnittsziffern kommen natürlich auch wegen der hohen Kinderzahl der armen Familien zustande.

Große öffentliche Versammlung
aller Frauen
der im Streik befindlichen Hafenarbeiter und Seeleute

am Montag, den 7. Dezember, Nachmittags 3 Uhr,
in Koppelmann's Salon, Altona, Große Rosenstraße,
in Saubert's Salon, Rothenburgsort, Röhrendamm.

Die Streikkommission.

NB. Durch die Abweisung des Schiedsgerichts haben die vereinigten Unternehmerverbände gezeigt, daß es ihnen um einen Frieden nicht zu thun ist. Sie protzen und pochen auf ihren Geldsack und wünschen einen Kampf bis zur Ermattung. Sie wünschen Eure Männer noch mehr zu Knechten und zu gefügigen und willenlosen Werkzeugen zu zwingen. Hierzu erscheint ihnen der Hunger der Familie als das geeignetste Mittel. Deshalb wollen sie den Streik bis auf's Messer weiter führen. Geldmittel zur Unterstützung der Streikenden sind genügend vorhanden. Deshalb nicht verzagt.

Aushalten! Der Sieg ist unser!

Hamburger Buchdruckerei und Verlagsanstalt Auer & Co. in Hamburg.

Frauen von Hafenarbeitern werden zu gesonderten Versammlungen aufgerufen.
Hier ein Aufruf zu Versammlungen in Altona und Rothenburgsort am 7. Dezember 1896

Dabei steht diese Entwicklung sicherlich erst am Anfang. In Hamburg gibt es zurzeit 1441 Betriebe mit 36 878 Arbeitern (ohne Hafenarbeiter). Nur 73 Betriebe haben mehr als 100 Arbeiter. Aus England, wo die industrielle Revolution schon weiter fortgeschritten ist, weiß man, wie schnell sich das ändern kann.

Zur Durchsetzung ihrer Interessen haben sich die Arbeiter gewerkschaftlich organisiert. Seit 1890 sind alle Berufszweige erfasst, auch wenn bisher nur die Hälfte der Arbeiter (18 244) Mitglieder sind. Hamburg scheint ein Mittelpunkt der sogenannten Arbeiterbewegung zu werden. Die „Generalkommission der Gewerkschaften Deutschlands“ hat in der Hansestadt ihr Quartier bezogen. In Hamburg beginnt sich auch das Genossenschaftswesen zu organisieren. 1894 wurde hier die „Großeinkaufs-Gesellschaft Deutscher Consumvereine“ (GEG) gegründet. Und schließlich ist Hamburg im Reichstag nur durch Sozialdemokraten vertreten, deren prominentester der Mitbegründer der Partei und jetzige Vorsitzende August Bebel (57) ist.

Bei Reichstagswahlen ist jeder volljährige männliche Staatsangehörige wahlberechtigt, nicht aber bei den Wahlen zur Bürgerschaft. Politisch befindet sich Hamburg in einer Situation, die anderen Reichsangehörigen sicher absonderlich vorkommt – und es auch ist. Jeder Deutsche hat außer der Reichsangehörigkeit noch die Staatsangehörigkeit seines Heimatstaats. In Hamburg unterscheidet man aber außerdem noch zwischen Staatsangehörigen und „Bürgern“. Nur Bürger können die Bürgerschaft wählen. Zurzeit gibt es 26 000 Bürger. Das sind nicht einmal vier Prozent der Bevölkerung, genau 3,72 Prozent. Die Verfassungsänderung vom 2. November 1896 legt fest: Wer über 3000 Mark jährlich verdient, muss Bürger sein, wer fünf Jahre lang ohne Unterbrechung 1200 Mark versteuert hat, kann Bürger werden.

Sofort stieg die Zahl der Bewerbungen. Die Sozialdemokraten drängen ihre Mitglieder dazu, auf diese Weise ein politisches Mitspracherecht zu erwerben. Es gibt viele Arbeiter, die mehr versteuern, als sie verdienen, nur um „politisch mündig" zu werden. Wie schwer ihnen das fallen wird, weiß man, wenn man die Einschränkungen des Gesetzes kennt. Wer auch nur ein Jahr weniger als 1200 Mark versteuert, muss die Karenzzeit von fünf Jahren neu beginnen. Wer etwas von der Armenpflege annimmt, und sei es nur eine Kleinigkeit, ein Paar Schuhe zum Beispiel, verliert das Wahlrecht.

Das Verfassungsgesetz vom 2. November 1896 hat nichts daran geändert, dass nur die Hälfte der Bürgerschaftsmitglieder von allen Bürgern gewählt wird, während je ein Viertel von den Grundeigentümern und „Notabeln" gestellt wird und die Mitgliedschaft im Senat lebenslänglich ist. Die Hamburger Republik hat also noch immer eine aristokratische Verfassung.

Nach fünf Jahrzehnten endlich wieder ein Rathaus

Das Rathaus von der Zeile der Alsterarkaden aus gesehen, noch ohne Flaggenmasten auf dem Rathausmarkt. Foto von Georg Koppmann, 1898

Endlich hat Hamburg wieder ein Rathaus. Heute, am 26. Oktober 1897, wurde der gewaltige Bau feierlich seiner Bestimmung übergeben. 55 Jahre, seit dem Großen Brand von 1842, hat die Hansestadt keinen politischen Mittelpunkt mehr gehabt.

Ein Platz für das Neue Rathaus wurde beim Wiederaufbau zwar freigelassen, Architekten-Wettbewerbe gab es auch, aber der Senat konnte sich nicht entschließen, einen der preisgekrönten Ent-

Der Senat, angeführt von Bürgermeister Dr. Versmann, hält seinen Einzug in das neue Rathaus.
Gemälde von Hugo Vogel, 1904 (Rathaus Hamburg)

würfe verwirklichen zu lassen. Zum Glück für Martin Haller, der jetzt als Erbauer des neuen Rathauses gefeiert wird. Während des ersten Wettbewerbs im Jahr 1854 hatte der Bürgermeistersohn nämlich noch im Johanneum die Schulbank gedrückt. Hinter einem Bücherstapel versteckt, zeichnete der Primaner einen Rathausentwurf. Er reichte ihn auch tatsächlich ein. Hallers Plan wurde nicht preisgekrönt, gehörte aber zu den sechs besten. Das war für Hallers Berufsziel entscheidend. Er ging nach Berlin und studierte Architektur.

Beim Wettbewerb von 1876 bekam sein Entwurf den zweiten Platz, aber realisiert wurde auch dieses Mal nichts. Da ergriff Haller selbst die Initiative. Er fasste alle Hamburger Architekten, deren Pläne in die engere Wahl gekommen waren, zu einem „Rathaus-Baumeister-Bund" zusammen und erarbeitete mit ihnen einen gemeinsamen Plan. Fünf Architektenbüros mit je zwei Architekten machten mit. Einer schied aus, bevor der Plan fertig war, zwei starben während der Vorarbeiten. So sind es sieben Baumeister, die das Werk schließlich vollendet haben: Martin Haller, Johannes Grotjan, Bernhard Hanssen, Wilhelm Hauers, Emil Meerwein, Hugo Stammann und Gustav Zinnow.

Vom ersten Spatenstich (3. April 1886) bis zur Einweihung waren fast elf Jahre vergangen. Das neue Rathaus hat elf Millionen Goldmark gekostet. Die Innenausstattung ist noch nicht beendet. Der Berliner Professor Hugo Vogel wurde beauftragt, die Wände des Großen Saales mit Gemälden zu schmücken.

Die Welt im Jahr 1897

Chinesisch

Die Reichregierung hat an der chinesischen Küste das Gebiet von Kiautschou für 99 Jahre gepachtet. Leichter auszusprechen ist der Name der dazugehörigen Hafenstadt: Tsingtau.

Drahtlos

Telegrafische Nachrichten über eine Entfernung von 14 Kilometern „funkt" der 23-jährige Italiener Guglielmo Marconi. Er bedient sich dabei der von Heinrich Hertz nachgewiesenen elektromagnetischen Schwingungen.

Zion

Der erste Zionistenkongress in Basel erhebt die Forderung nach einer rechtlich gesicherten Heimstatt für das jüdische Volk in Palästina. Die russische Geheimpolizei fälscht angebliche Kongressakten, nach denen die Juden die Weltherrschaft anstreben, und schleust sie unter dem Titel „Geheimnisse der Weisen von Zion" in die Öffentlichkeit. Antisemiten in aller Welt sorgen für die Verbreitung der Fälschung. Begründer der Zionistenbewegung ist der Journalist Theodor Herzl (37).

Verschollen

Der schwedische Polarforscher Salomon Andrée (43) ist am 11. Juli mit zwei Mitarbeitern im offenen Ballon von Spitzbergen aufgestiegen, um den Nordpol zu überfliegen. Seitdem fehlt jede Spur von den drei Wissenschaftlern.

Die Menschen

Ein Hottentottenaufstand wurde vor drei Jahren in Deutsch-Südwestafrika unterdrückt. Die Holländer haben der ethnisch gemischten Stammesgruppe den Namen „hotentots" gegeben, was „die Stotterer" heißt. Ihre Sprache klingt für europäische Ohren wie Stottern. Sie selbst nennen sich Khoi-Khoin, das heißt ganz einfach: „Menschen".

Mücken

Der in Indien geborene englische Mediziner Ronald Ross (40) hat nachgewiesen, dass das Sumpffieber (die „Malaria") durch eine bestimmte Art von Stechmücken (Anopheles) übertragen wird.

Hamburger Nachrichten

1893

Wasser-Filtrierwerk Kaltehofe (seit 1891 im Bau) fertiggestellt. – Giacomo Puccini kommt zur deutschen Erstaufführung seiner Oper „Manon Lescaut" nach Hamburg. – „Freie Volksbühne zu Hamburg und Altona" gegründet. Sie will das moderne Drama pflegen, das auf anderen Bühnen nicht gespielt wird.

1894

Erste elektrische Straßenbahn. Sie fährt als „Ringbahn": Meßberg – Lombardsbrücke – Landungsbrücken – Zollkanal – Meßberg. – „Hamburgische Electricitäts-Werke" (HEW) gegründet. – Erste Schreibmaschine in einem Büro (Firma Rudolf Otto Meyer). – Hansa-Theater eröffnet. – Die berühmte Eleonora Duse spielt die Kameliendame in Carl Schultzes Theater auf St. Pauli.

1895

Anlässlich der Eröffnung des Kaiser-Wilhelm-Kanals (Kiel–Brunsbüttel) bereitet Hamburg dem Kaiser und den Bundesfürsten ein Alsterfest von märchenhafter Pracht. Auf einer künstlichen Insel in der Binnenalster haben 1600 Gäste Platz.

1896

Eine breite Straße wird wie eine Schneise durch das Neustädter Gängeviertel gelegt, um „erst mal Luft zu schaffen". Sie heißt Kaiser-Wilhelm-Straße. – An der Steinstraße, Mittelachse eines anderen Gängeviertels, lassen die Gebrüder Heilbuth das erste Hamburger Warenhaus erbauen. Es wird das erste Geschäft der Stadt mit beleuchteten Auslagen. – Am Bullerdeich entsteht die erste Müllverbrennungsanlage des Kontinents, weil die Nachbargemeinden sich seit der Cholera weigern, Müll aus Hamburg zu deponieren.

1897

Johannes Brahms stirbt in Wien. 1894 hatte Hamburg dem Sohn der Stadt (und Ehrenbürger seit 1889) erstmals einen leitenden Dirigentenposten angeboten. Aber der berühmte Komponist verzichtete.

23. Mai 1912

Ballins „Imperator“ ist das größte Schiff der Welt

Das größte Schiff der Welt ist vom Stapel gelaufen. Seine Majestät, Kaiser Wilhelm II., hat es auf den Namen „Imperator“ getauft. Ein großer Tag für Deutschland und für Hamburg!

Es nieselte an diesem Donnerstagmorgen, aber niemanden schien es zu stören. Zu Tausenden säumten die Hamburger den Weg des Kaisers vom Dammtorbahnhof zu den Landungsbrücken. Auf dem Vulkanhöft riefen die Werftarbeiter „Hurra“, und einer fiel sogar, die Mütze in der Hand, vor Seiner Majestät auf die Knie. Es handelte sich um einen Einwanderer aus Russland.

Bürgermeister Dr. Johann Heinrich Burchard hielt die Taufrede. Er sagte: „In seinen gewaltigen Abmessungen ragt dieses Schiff empor aus der Menge aller übrigen deutschen Schiffe, wie der Sterne Schar um die Sonne sich stellt, wie der Kaiser dasteht unter Deutschlands Fürsten …“

Albert Ballin, Generaldirektor der HAPAG.
Ölgemälde von Henry L. Geertz

Plakat der HAPAG mit dem „Imperator“
von 1913/14

Dann wandte der Bürgermeister sich dem gewaltigen Schiffsrumpf auf den Helligen zu und schloss: „Die höchste Ehre soll dir werden. Deutschlands Kaiser will zu dir reden, und stolzen Klanges wird dein Name sein …“

Seine Majestät nahm das Stichwort auf, rief: „Ich taufe dich Imperator!“ und ließ die Sektflasche am Bug zerschellen. Das neue Schiff ist ein Schiff der Superlative: 52 117 BRT, 268,2 Meter lang, 29,9 Meter breit. Kein Grandhotel an Land kann größeren Luxus bieten als dieser schwimmende Palast. Ein Kommodore und vier Kapitäne werden das Schiff und seine 1184 Mann Besatzung führen. 4178 Passagiere wird es befördern können.

Der „Imperator“ ist von der erst drei Jahren alten Vulkanwerft auf dem Ross gebaut worden. Bei

Blohm + Voss liegen zwei weitere Schnelldampfer auf Kiel, die noch größer sein werden: die „Vaterland“ (52 282 BRT) und die „Bismarck“ (56 551 BRT).

Es ist noch nicht lange her, dass alle größeren stählernen Schiffe in England bestellt werden mussten; jetzt bauen Hamburgs Werften die größten Schiffe. Von 101 982 Industriearbeitern in Hamburg sind allein 13 000 bei der Werft Blohm + Voss beschäftigt.

Mit seinen drei „dicken Dampfern“ hat Albert Ballin, seit 13 Jahren Generaldirektor der Hapag, den Wettlauf gegen die Engländer gewonnen. Die Hapag ist jetzt die größte Reederei der Welt. Sie hat 175 Seeschiffe mit 1,3 Millionen BRT. Auch die zweitgrößte Reederei der Welt ist eine deutsche. Es ist der Norddeutsche Lloyd in Bremen mit 116 Schiffen und 911 000 BRT. Die zweitgrößte Hamburger Reederei ist die Hamburg Süd mit 57 Schiffen und 331 540 BRT. Hamburgs Hafen hat jetzt 64 Kilometer Liegeplätze. Das Fahrwasser ist auf neun Meter vertieft worden. 15 000 Seeschiffe laufen jährlich ein und aus. 4,5 Prozent des gesamten Welthandels werden bei uns abgewickelt. Hamburg ist Welthafen Nummer drei nach New York und London.

Vor zwei Jahren hat Hamburgs Einwohnerzahl die Millionengrenze überschritten. Wir sind Weltstadt. Wir haben jetzt 1 075 830 Einwohner. Dazu könnte man eigentlich auch die halbe Million zählen, die in den preußischen Nachbargemeinden Altona, Harburg und Wandsbek lebt.

Nach ihrer Herkunft setzt sich die Hamburger Bevölkerung folgendermaßen zusammen: Gebürtige Hamburger 52 Prozent, Schleswig-Holsteiner 15, Niedersachsen 11, Mecklenburger 7, Ostdeutsche 10, andere Deutsche und Ausländer 5 Prozent.

Man spricht von unserer Zeit als der „Gründerzeit“. Die Entwicklung ist so stürmisch, dass man das Gefühl haben kann, eine ganze Stadt werde aus

Enthüllung des Bismarckdenkmals, 2. Juni 1906

dem Boden gestampft. Seit 1900 haben wir ein neues Schauspielhaus, seit 1901 ein Hafenkrankenhaus. 1903 entstand das Verwaltungsgebäude der Hapag am Alsterdamm, 1906 das Zentralpostamt am Hühnerposten, das Bismarckdenkmal an der Elbe und der gewaltige Hauptbahnhof, diese „Symbiose aus Glas und Stahl“, ein Jahr später das Gewerkschaftshaus am Besenbinderhof und Hagenbecks Tierpark in Stellingen, der mit seinen Freigehegen eine Weltsehenswürdigkeit ist. Eine gitterlose Löwenschlucht hat es bisher noch nirgendwo anders gegeben. Ungezählte Geschäftshäuser entstanden in der Innenstadt. Und mehrere Luxushotels. Das „Atlantic“, das „Esplanade“ und dazu das „Palasthotel“ am Neuen Jungfernstieg, in dem jedes Frontzimmer sogar ein eigenes Bad hat. 1908 entstand die Musikhalle (eine Laeisz-Stiftung), 1910 legte Schumacher den herrlichen Stadtpark an, und 1912 wurde das Hanseatische Oberlandesgericht gebaut.

Der Hauptbahnhof im Bau, um 1905. Er macht die Richtungsbahnhöfe überflüssig.

In diesem Jahr werden die Sanierungsarbeiten im Michaeliskirchspiel beendet. In der Altstadt haben sie begonnen. Eine breite Straße wurde vom Hauptbahnhof zum Rathausmarkt durch das Gängeviertel gelegt. Man hat sie nach dem 1908 verstorbenen Bürgermeister Dr. Johann Georg Mönckeberg benannt, der dieses große Werk in Gang gesetzt hat. Der seit 1909 amtierende Baudirektor Fritz Schumacher bietet die Garantie dafür, dass sie ein modernes und harmonisches Gesicht bekommt.

Unter der Mönckebergstraße liegt die Untergrundbahn, die zweite in Deutschland, nach Berlin. An der Schlüterstraße wurde 1910 eine Fernsprechzentrale gebaut, am Rothenbaum das Curiohaus, in Fuhlsbüttel eine Zeppelinhalle für den zu erwartenden Flugverkehr der Zukunft. Im Hafen wurde 1911 der erste Flusstunnel des Kontinents unter der Elbe fertiggestellt und am Deichtor die Großmarkthalle errichtet.

Nur Alfred Lichtwark, der 60-jährige Direktor der Kunsthalle und bemühte Kunsterzieher der Hamburger, jubelt nicht. Bitter sagt er: „Wohl keine Kulturstadt der Welt hat eine solche Selbstzerstörung entwickelt wie Hamburg. Es hätte die Stadt der Renaissance sein können, des Barock und des Rokoko – doch alle diese Schätze wurden stets begeistert dem Kommerz geopfert. An die Stelle der barocken Wohnhäuser wurden neu-barocke Kontorhäuser gestellt, und noch immer ist jeder Neubau ein Schlag ins Gesicht der Stadt."

Aber auch auf kulturellem Gebiet ist Hamburg keineswegs untätig. Lichtwark hat die Kunsthalle zu internationalen Ruf gebracht und Justus Brinckmann das Museum für Kunst und Gewerbe geschaffen. 1908 ist ein wissenschaftliches Kolonialinstitut gegründet worden, und an der Jungiusstraße entstanden ein Chemisches, ein Physikalisches und zwei Botanische Institute.

Der „Imperator", der Stolz der deutschen Handelsflotte, läuft am 12. Mai 1912 zu seiner Jungfernreise aus. Auf Wunsch Kaiser Wilhelms II. wird für dieses größte Schiff der Welt ausnahmsweise der männliche Artikel benutzt.

Zwar hat Hamburg keine Universität, bietet aber doch Möglichkeiten zum Studium. Die 1907 gegründete Hamburgische Wissenschaftliche Stiftung verfügt über ein Grundkapital von vier Millionen Mark, und gerade ist im vorigen Jahr das vom Kaufmann Edmund Siemers gestiftete Vorlesungsgebäude am Dammtorbahnhof fertig geworden. Beste Fachkräfte aus Hamburg und von auswärtigen Hochschulen halten regelmäßig Vorlesungen.

Zu erwähnen wäre noch, dass auf den großen Werften nicht nur Passagier- und Frachtdampfer gebaut werden, sondern auch die Kriegsschiffe des kaiserlichen Flottenprogramms. Die Engländer hatten Albert Ballin als Vermittler eingeschaltet, um ein deutsch-englisches Flottenabkommen in die Wege zu leiten. Die Verhandlungen scheiterten. Der Kaiser erweiterte daraufhin das Flottengesetz. Danach soll die Kaiserliche Marine haben: 41 Linienschiffe, 20 große und 20 kleine Kreuzer.

Beim Stapellauf des „Imperator" hat Albert Ballin, im Widerspruch zur allgemeinen Festtagsstimmung, ein ernstes Gesicht gemacht. Einer der geladenen Gäste auf dem Vulkanhöft bemerkt lakonisch, aber vielsagend: „Er traut dem Frieden nicht!"

Michaeliskirche wiederaufgebaut

Es war am 3. Juli 1906, genau 14.22 Uhr, als der Türmer Carl Beurle (57) an den Morseapparat in der Wächterstube der Michaeliskirche eilte und an die Haupt-Feuerwache meldete: „Hier im Turm Großfeuer." Wenige Minuten später schlugen Flammen aus dem Turmhelm. Elf Dampfspritzen und ein Löschboot kamen angefahren und pumpten 8700 Kubikmeter Wasser (jährlicher Durchschnittsverbrauch der Feuerwehr: 3000 Kubikmeter) vergeblich in die Flammen.

Schon eine Stunde nach Ausbruch des Brandes brach der Turmhelm donnernd in sich zusammen. Gegen Abend war die ganze Kirche nur noch eine Ruine. Zwölf Häuser der Nachbarschaft waren ebenfalls niedergebrannt.

Am Nachmittag hatten zwei Dachdecker und ein Uhrmacher im Turm gearbeitet. Die Dachdecker packten Dachpappe zwischen Kupferlatten und Holzgerüst, als Brandschutz, wie sie sagten, während der Uhrmacher mit dem Lötapparat arbeitete. So entstand der Brand. Die Handwerker liefen sofort die Treppen hinunter. Der Türmer blieb auf seinem Posten, um der Feuerwehr weitere Meldungen geben zu können. Er kam in den Flammen ums Leben. Beurle hinterließ eine Frau und acht Kinder.

Die Bürgerschaft bewilligte kurz darauf dreieinhalb Millionen für die Wiedererrichtung. Am 19. Oktober 1912 wurde die wiederaufgebaute Michaeliskirche feierlich geweiht.

Der Brand der Michaeliskirche am 3. Juli 1906

Hamburger Nachrichten

1900
Der Hapag-Dampfer „Deutschland“ gewinnt als erstes deutsches Schiff das „Blaue Band“. Kommodore Adolph Albers bringt das 16 502 BRT große Schiff in 5 Tagen, 7 Stunden und 38 Minuten von Sandy Hook nach Plymouth über den Atlantik.

1901
Otto Stolten, Redakteur des „Hamburger Echo“, wird als erster Sozialdemokrat in die Bürgerschaft gewählt. – Hein Köllisch (44) ist in Rom an einer Lungenentzündung gestorben.

1902
Schiffskatastrophe auf der Elbe vor Nienstedten: In der Dunkelheit stößt der Ausflugsdampfer „Primus“ mit einem Schlepper zusammen und sinkt. 101 Mitglieder und Angehörige der Liedertafel „Treue“ kommen um. – Die Reederei F. Laeisz stellt die „Preußen“ in Dienst. Es ist das erste Fünfmastvollschiff und der größte Segler ohne Hilfsantrieb, den es je gab (5560 Quadratmeter Segelfläche, Mittelmast 68 Meter hoch). Für eine Salpeterfahrt nach Chile und zurück brauchte er 146 Tage einschließlich Laden. Die Ära der „Flying-P-Liners“ hat ihren Höhepunkt erreicht. – Richard Ohnsorg gründet die „Dramatische Gesellschaft“.

1904
Zwölf SPD-Abgeordnete in der Bürgerschaft.

1905
Wahlrechtsänderung: Seit 1896 wurde die Hälfte der Bürgerschaftsmitglieder (80) von Bürgern gewählt, die mindestens 1200 Mark versteuern. Jetzt: 48 von Bürgern mit mehr als 2500 Mark versteuertem Einkommen, nur 24 von den übrigen Wahlberechtigten und acht von Bürgern aus den Landgemeinden. Die Sprecher der „Vereinigten Liberalen“ protestieren. Dr. Carl Wilhelm Petersen fordert sogar die Abschaffung des Privilegierten-Wahlrechts überhaupt. Die Sozialdemokraten nennen die Änderung „Wahlrechtsraub“. – Dienstboten organisieren sich, um die „Gesindeordnung“ zu bekämpfen. Sie sieht keine festgelegte Arbeitszeit, keine Sonntagsruhe und Ausgang nur einmal in der Woche von 18 bis 22 Uhr vor.

1906
„Finkwarder Speeldeel“ gegründet. – Bismarckdenkmal errichtet. Es kostet 536 348,62 Mark.

1907
Elise Averdieck, Begründerin der Heilanstalt Bethesda, stirbt, 99 Jahre und acht Monate alt. – 21 SPD-Abgeordnete in der Bürgerschaft.

1908
Trotz Wirtschaftsblüte gibt es in vielen Berufszweigen mehr Arbeitslose als Beschäftigte.

1909
Das Hamburger Dichterdreigestirn hat einen Stern verloren. Detlev von Liliencron (65) starb in Alt-Rahlstedt. Übrig blieben Gustav Falke (56) und Richard Dehmel (46).

1910
Hamburg bekommt zwei staatliche höhere Mädchenschulen (Hansastraße und Lerchenfeld). – FC St. Pauli gegründet.

1911
Benzindroschken werden zugelassen. – Afrikakaufmann Adolph Woermann (64) gestorben.

1912
Gewerkschaften und Genossenschaften gründen gemeinsam die „Volksfürsorge“, eine Versicherungsgesellschaft ohne Profitcharakter, die den minderbemittelten Schichten einen sicheren Schutz bieten soll. – König Friedrich VIII. von Dänemark erleidet in Hamburg einen „angenehmen Tod“ in einem Etablissement in der Schwiegerstraße, dem späteren Kalkhof. – Johann Kinau (32), als Buchhalter bei der Hapag in einem 34-Mann-Großraumbüro tätig, als plattdeutscher Dichter unter dem Namen Gorch Fock bekannt, schreibt sein Hauptwerk in Hochdeutsch: „Seefahrt ist not“.

1913
Fräulein Dr. med. Hedwig von Brandenstein wird zum Ärger der männlichen Kollegen als erste Ärztin zugelassen. – Die Straßenbahnverwaltung verbietet die Beförderung von Damen mit ungeschützten Hutnadeln.

Die Welt im Jahr 1912

Die als unsinkbar geltende „Titanic“ geht bei ihrer Jungfernfahrt am 15. April 1912 im Nordatlantik unter.

Letzte Fahrt

Auf seiner Jungfernfahrt rammt der britische Schnelldampfer „Titanic“ in der Nacht zum 15. April einen Eisberg und sinkt. 815 Passagiere und 688 Mann Besatzung kommen im eisigen Nordatlantik um, 705 werden gerettet. Die „Titanic“ (45 000 BRT) war das größte Schiff der Welt. Sie sinkt 39 Tage vor dem Stapellauf des „Imperator“.

Nobelpreis

Der Nobelpreis für Literatur erhält der deutsche Dramatiker Gerhart Hauptmann (50). Den Bestseller des Jahres schreibt Waldemar Bonsels (32): „Die Biene Maja“. Wieder eine hohe Auflage erreicht Hedwig Courths-Mahler (45) mit dem Roman „Ich lasse dich nicht“. Karl May stirbt 70-jährig. Der Autor der beliebten Abenteuerbücher hinterlässt 65 Bände.

Die Schöne

Nofretete heißt auf Deutsch: „Die Schöne ist gekommen“. Sie war die Gemahlin des Pharao Amenophis IV., der sich Echnaton („Der Aton dient“) nannte. Bei Ausgrabungen in Amarna (Mittelägypten) fanden Archäologen der Deutschen Orient Gesellschaft jetzt ihre Büste. Die Schöne lebte im 14. Jahrhundert vor Christi Geburt.

Südpol

Den Wettlauf der Polarforscher zum Südpol gewinnt der Norweger Roald Amundsen (30) vor dem Engländer Robert Falcon Scott (44). Amundsen erreicht den Pol am 16. Dezember 1911, Scott am 18. Januar 1912. Auf dem Rückmarsch kommen Scott und seine vier Begleiter ums Leben.

Materialprobe

Die Türkei verliert das nordafrikanische Libyen an Italien. Noch geschwächt von diesem Krieg, wird sie von Serbien, Bulgarien, Griechenland und Montenegro überfallen und besiegt. Die Balkanstaaten benutzen französische Creuzot-Geschütze, die Türken deutsche Krupp-Kanonen.

Star

Die dänische Filmschauspielerin Asta Nielsen (29) hatte im Film „Abgründe“ (1910) so großen Erfolg, dass ihr künftig für jede Rolle 40 000 Mark gezahlt werden. Mit dem Großfilm „Quo vadis“ versucht Italien, Frankreichs Vorrangstellung zu brechen.

Generalstreik hat die rote Räte-Republik verhindert

Die roten Fahnen sind verschwunden. Der Arbeiter- und Soldatenrat hat die Regierungsgewalt wieder in die Hände der Bürgerschaft gelegt. Die Bürgerschaft wählte heute Senator Dr. Werner von Melle (66) zum Ersten Bürgermeister.

Die SPD, die in der Bürgerschaft die absolute Mehrheit hat, hätte nach dem Prinzip der Verhältniswahl den Ersten Bürgermeister und den ganzen Senat stellen können. Ihr Spitzenkandidat, Otto Stolten (66), der sich mit dem Amt des Zweiten Bürgermeisters begnügte, begründete die Entscheidung seiner Partei so: „An die Spitze des hamburgischen Staates gehört ein Mann, der auch den alten Familien nahesteht."

Von den achtzehn Senatoren stellt die SPD nur neun. Die anderen neun wurden aus dem Kreis des alten Senats wiedergewählt. Die SPD schloss eine Koalition mit den in der Deutschen Volkspartei organisierten Liberalen.

Die Bürgerschaft war am 16. März gewählt worden. Zum ersten Mal durften auch die Frauen wählen. Sie machten davon reichlich Gebrauch. Wahlberechtigt waren alle in Hamburg lebenden Deutschen, die das 20. Lebensjahr vollendet haben, ohne Unterscheidung in „Bürger" und „Nicht-Bürger" und Einteilung nach Stand und Besitz.

Von den 160 Mandaten gewannen die Sozialdemokraten 82, die Bürgerlichen und Splitterparteien zusammen 65 und die Linksradikalen, die Unabhängige Sozialdemokratische Partei (USPD), 15. Die Kommunisten haben die Wahl boykottiert.

Nachdem die Alterspräsidentin, die Vorkämpferin für Frauenrecht und Mädchenbildung, Helene Lange (71), die Bürgerschaft eröffnet hatte, erklärte Bürgerschaftspräsident Berthold Grosse (56) das Verfassungsgesetz.

- Alle Macht geht vom Volke aus. Die Bürgerschaft ist die Vertretung des hamburgischen Volkes.
- Die Bürgerschaft allein ist der Gesetzgeber.
- Der Senat ist die von der Bürgerschaft gewählte und von ihrem Vertrauen abhängige Landesregierung.

Dieses Gesetz ist eine Notverfassung, da mit der endgültigen Fassung gewartet werden muss, bis die Nationalversammlung in Weimar die Verfassung der Republik verabschiedet hat.

Senat und Bürgerschaft stehen nun vor der schweren Aufgabe, in der Stadt wieder normale Verhältnisse zu schaffen. Mehr als 40 000 Männer sind in den vier Kriegsjahren 1914 bis 1918 als Soldaten gefallen. Viele von ihnen haben Witwen und Waisen hinterlassen. Tausende sind als Krüppel zurückgekommen und fallen als Ernährer ihrer Familien aus. An eine Aufhebung der Lebensmittelrationalisierung ist nicht zu denken. Noch im Februar sind tausend Kinder vor das Hotel „Atlantic" gezogen, wo die britische Lebensmittelkommission sitzt. Sie trugen Transparente, auf denen stand: „Wir haben seit sechs Wochen kein Ei mehr bekommen."

Zweiundfünfzig Monate hatte der im August 1914 begonnene Weltkrieg gedauert. Die patriotische Begeisterung der Mobilmachungstage verließ die Menschen sehr bald. Für Soldaten wurde es ein ruhmloses Ausharren in Schützengräben, im Stellungskrieg, in den „Stahlgewittern" (Ernst Jünger) der Materialschlachten. In der Heimat wirkte sich bald die Blockade Deutschlands durch die Alliierten von Jahr zu Jahr schlimmer aus. Im schrecklichsten „Steckrübenwinter" 1917/18 sah der Küchenzettel ungefähr so aus:

Sonntag: Einlaufsuppe, Mohrrüben. Montag: Rübensuppe, Graupengericht mit Kräutern. Dienstag: Wirsingkohl, Grießspeise. Mittwoch: Kohlsuppe, Klöße mit Apfeltunke. Donnerstag: Erbsenmehlsuppe mit Gerstengrütze oder Graupen.

Die „Produktion" in Hamburg, deren Schlachterei Schweinefleisch in Dosen für die Heeresver-

Dr. Heinrich Laufenberg im Dezember 1918 als Vorsitzender des Arbeiterrats im Hamburger Rathaus, rechts Wilhelm Heise, Erster Vorsitzender des Obersten Soldatenrats

pflegung lieferte, konnte es möglich machen, ihren Mitgliedern wenigstens Rippen zum Auskochen zuzuteilen.

Die Revolution in Hamburg war weder geplant noch vorbereitet gewesen. Um den 4. November 1918 sprang der erste Funke von in Kiel meuternden Matrosen auf die Werftarbeiter in Hamburg über. Am 6. November brannte das Feuer schon lichterloh. Lastwagen mit roten Fahnen rasten durch die Straßen. Agitatoren verlangten den Sturz der Monarchie und die Abdankung des Stadtkommandanten. Soldaten wurden entwaffnet, Offizieren die Rangabzeichen abgerissen.

Friedrich Zeller, ein Matrosenmaat, der aus Flandern kommend nach Kiel wollte, erfuhr am Hamburger Hauptbahnhof, was in Kiel geschehen war. Schnell entschlossen sammelte er die Soldaten und Matrosen am Hauptbahnhof zusammen, besorgte sich an die hundert Gewehre und Maschinengewehre, besetzte das Gewerkschaftshaus und erklärte den Soldatenrat für gegründet.

Aus kleinen, spontanen Demonstrationen wurden größere, organisierte. Zweimal kam es zu Schießereien. Bei der Trauerfeier für die Toten eines Straßenkampfes in Altona versammelten sich schon 100 000 Demonstranten. Die Sozialdemokraten und die Gewerkschaften waren vom plötzlichen Ausbruch einer Revolution offensichtlich überrascht worden, denn ehe sie die Entwicklung in die Hand bekommen konnten, hatten die Linksradikalen, die USPD und die Spartakisten (Vorläufer der Kommunistischen), die Führung schon an sich gerissen.

Im Gewerkschaftshaus tagte nun auch der Arbeiterrat, an dessen Spitze sich der USPD-Mann Dr. Heinrich Laufenberg gesetzt hatte. Er erklärte unumwunden, SPD und Gewerkschaften müssten von der Revolution ferngehalten werden. Im Namen des Arbeiter- und Soldatenrats verbot er der Presse, irgendwelche Aufrufe oder Erklärungen der Mehrheitspartei zu drucken.

Am 8. November besetzten Revolutionäre auch das Hapag-Haus. Albert Ballin beriet gerade mit Reedern, wie man die Lebensmittelversorgung Hamburgs sicherstellen könne. Er ging nach Hause und nahm ein Beruhigungsmittel. Am nächsten Morgen war er tot. Sein Magengeschwür war aufgeplatzt, sagte der Hausarzt – Selbstmord, sagten viele, die ihn gut gekannt hatten.

Am 12. November erklärte Laufenberg, der Arbeiter- und Soldatenrat sei nun die höchste Gewalt in der Stadt und werde ab sofort in Permanenz im Rathaus tagen. Auf dem Rathaus wurde die rote Fahne gehisst. Der Senat wurde abgesetzt, die Bürgerschaft nach Hause geschickt.

Doch schon am nächsten Tag besann man sich eines Besseren. Wie sollte der unerfahrene Rat mit den Problemen einer so großen Stadt fertig werden? Senat und Bürgerschaft wurden als kommunale, unpolitische Organe wieder eingesetzt. Der Arbeiter- und Soldatenrat war besser als gar keine Ordnung. Deshalb verweigerten die bürgerlichen Senatoren ihre Mitarbeit nicht. Die Beamten blieben auf ihren Posten. So kam die Stadt ohne größere Störungen über den Jahreswechsel.

Doch dann überschätzte Laufenberg wohl seine Position. In Bremen war der Versuch, eine Räterepublik nach russischem Muster zu errichten, niedergeschlagen worden. Laufenberg nannte daraufhin die sozialistische Regierung in Berlin Verräter an der Revolution, ließ in einem Aufruf an die Hamburger den Weltbolschewismus hochleben und forderte dazu auf, auch in Hamburg eine Rätediktatur zu errichten.

In dieser Situation griffen die Gewerkschaften und die SPD zur schärfsten Waffe, übe die die Arbeiterbewegung verfügt, und richteten diese notgedrungen gegen die Ultralinken: Der Generalstreik vom 11. Januar beendete Laufenbergs Diktatur. Der Sozialdemokrat Carl Hense übernahm den Vorsitz im Arbeiter- und Soldatenrat, führte die Wahlen zur Nationalversammlung und zur Bürgerschaft durch und ließ schließlich auch den Arbeiter- und Soldatenrat frei wählen. Wahlberechtigt waren nur Lohnempfänger.

Die SPD bekam fünfmal mehr Stimmen als die Unabhängigen und Kommunisten zusammen. Die Revolution war zu Ende. Die Demokratie hatte gesiegt. Hense übergab die höchste Gewalt an die Bürgerschaft.

In Hamburg war die Revolution noch nicht vorbei

Manche hatten gehofft und viele hatten geglaubt, mit der Beendigung der Revolution und mit der Verkündung der demokratischen Ordnung habe in der Freien und Hansestadt auch der Frieden seinen Einzug gehalten. Die Hamburger Bevölkerung aber sah sich bitter enttäuscht. Heute, am 1. Juli 1919, haben Regierungstruppen mit 10 000 Mann Hamburg besetzt. Der Belagerungszustand wurde verhängt. Es ist zu befürchten, dass es zusätzlich zu den bisherigen Opfern weitere Tote geben wird. General Lettow-Vorbeck, der durch den Einsatz seiner Truppe in Ostafrika berühmt wurde, ist mit seinem Korps in die Stadt eingerückt, um Ruhe und Ordnung sicherzustellen. Er hatte den Hamburger Rudolf Pannier, Angehöriger des Freikorps Schleswig-Holstein, nach Hamburg vorausgeschickt, um die Lage zu erkunden.

Der Senat hatte den Reichswehrminister Noske nach den Ereignissen der letzten Tage um Truppen bitten müssen. Angefangen hatte es am 23. Juni mit dem „Sülze-Skandal". Eine wütende Menge schleppte den Sülzefabrikanten Jakob Heil und seine Prokuristin, Frau König, zum Rathaus. Angeblich hatte man in Heils Betrieb in der Großen

Hamburger Lebensmittel-Krawalle (auch „Hamburger Hungerunruhen" genannt). Von der Außenalster auf Hamburg gerichtete Geschütze der Regierungstruppen

Protestversammlung gegen die „Heilsche Sülze" auf dem Rathausmarkt. Damit begannen die Unruhen des Juni 1919.

Reichenstraße Tierkadaver (auch Ratten) in der Sülze gefunden. Heil wurde verprügelt und in die Alster geworfen. Die Polizei rettete ihm das Leben. Ebenso konnte sie Frau König im letzten Augenblick in Schutzhaft nehmen, bevor es der Menge gelang, sie am Kaiser-Wilhelm-Denkmal aufzuhängen.

Nun begannen in der ganzen Stadt „Lebensmittelkontrollen" durch völlig unbefugte Personen. Schuldige und Unschuldige wurden zum Rathausmarkt geschleppt und misshandelt.

Am 24. Juni gegen acht Uhr abends rückten zwei Kompanien Bahrenfelder Jäger an. Diese Freiwilligentruppe war die einzige zuverlässige bewaffnete Kraft, über die die Stadtregierung verfügte. Die Soldaten bahnten sich einen Weg, die Menge versuchte, sie zu entwaffnen. Dabei ging eine Handgranate los. Erschreckt zerstreuten sich die Angreifer. Aber nun eröffneten Spartakisten, die schon in Stellung gelegen hatten, mit Maschinengewehren und Karabinern das Feuer auf das Rathaus. Die ganze Nacht wurde an vielen Stellen der Stadt gekämpft. Die Spartakisten besetzten den Hauptbahnhof. Am 25. Juni wurde ein Waffenstillstand ausgehandelt. Wieder war der Rathausmarkt voller Menschen. Vor Beginn von „Friedensverhandlungen" sollten sich die „Bahrenfelder" unbewaffnet in ihre Kaserne zurückziehen. Als die Soldaten das Rathaus verließen, fiel der Mob über sie her. Leutnant Sander, der verwundet in die Alster sprang, wurde ertränkt. Die Leutnante Bundjes und Droege wurden durch das Eingreifen beherzter Arbeiter vor der Wut des Mobs gerettet. Dreizehn Bahrenfelder und drei Angehörige der Einwohnerwehr wurden erschossen, erschlagen oder zertrampelt.

Hamburger Nachrichten

1915

Das 1879 gegründete Völkerkundemuseum im Neubau an der Rothenbaumchaussee wiedereröffnet.

1916

Frauen werden auf Männerberufe umgeschult. In den Rüstungsbetrieben dauert der Arbeitstag elf Stunden. – Gorch Fock in der Seeschlacht im Skagerrak gefallen.

1917

Gesetz über die Abschaffung der Klasseneinteilung bei Bürgerschaftswahlen. – Ibero-Amerika-Institut gegründet.

1918

Die unpolitischen „Fraktionen" der Bürgerschaft gruppieren sich nach politischen Parteien. – Erich Ziegel gründet das avantgardistische Theater „Kammerspiele". – Das Hamburger Infanterie-Regiment 76 wird am 24. Dezember demobilisiert. Es hat in den Schlachten an der Westfront (unter anderem Somme, Ypern, Arras) 2353 Mann verloren. Am Tag der Mobilmachung des Regiments (8. August 1914) hatte es aus 64 Offizieren und 2936 Unteroffizieren und Mannschaften bestanden.

1919

Eröffnung der Universität (10. Mai) – Gesetz über die Einheitsschule. – Ladenschlusszeiten erstmalig festgelegt (sieben Uhr abends). – Ein Hamburger Gesetz erhebt den 1. Mai zum Feiertag. Fortan bleiben an diesem Tag zum Beispiel die Geschäfte am Schulterblatt auf der östlichen Straßenseite (hamburgisch) geschlossen und auf der westlichen (preußischen) geöffnet. – Erste regelmäßige Flugverbindung von Hamburg nach Berlin. Im Laufe des Jahres werden insgesamt 233 Fluggäste befördert. – Wedekinds „Büchse der Pandora" (Kammerspiele).

Vorlesungsgebäude der 1919 gegründeten Universität. Aufnahme um 1930

Die Welt im Jahr 1919

Der Friede von Versailles

Am 28. Juni wird in Versailles der Friedensvertrag unterzeichnet. Reichskanzler Philipp Scheidemann war vorher aus Protest zurückgetreten. Das Reich muss ein Achtel seines Territoriums abtreten. Es muss seine Kolonien abgeben, und es wird festgelegt, dass 226 Milliarden Goldmark Reparationen zu zahlen sind. Für Hamburg besonders schwerwiegend: Ablieferung eines großen Teils seiner Flotte, Beschlagnahme der Auslandsguthaben, Internationalisierung der Ströme.

Schwarz-Rot-Gold

Am 11. August verabschiedet die Nationalversammlung in Weimar die neue Reichsverfassung. Der Sozialdemokrat Friedrich Ebert (48) wird Reichspräsident. Die Farben des Deutschen Bundes von 1815 werden Reichsflagge: Schwarz-Rot-Gold.

Reichspräsident Friedrich Ebert, SPD (1871–1925)

Räterepublik

In Bayern besteht vom 7. April bis 2. Mai eine Räterepublik nach russischem Muster. Drei in Russland ausgebildete Kommunisten stehen an der Spitze. Freikorps (30 000 Mann) stellen die Ordnung wieder her. Hunderte Tote sind zu beklagen.

Trocken

Die US-Regierung erlässt ein nationales Alkoholverbot. Alkoholschmuggel wird zum Riesengeschäft.

Intervention

Eine britische Interventionsarmee landet in Nordrussland, um die weißrussischen Generale Koltschalk (in Sibirien) und Denikin (in Südrussland) im Bürgerkrieg zu unterstützen. In Moskau wird die Kommunistische Internationale (Komintern) gegründet.

Bauhaus

Der Architekt Walter Gropius (36), gründet in Weimar das „Staatliche Bauhaus“ als richtungweisendes Zentrum moderner Kunst. Mitbegründer und Lehrer: Lyonel Feininger, Gerhard Marcks und Johannes Itten.

Charleston

Alt und jung gibt sich zurzeit dem Vergnügen hin, die Glieder rhythmisch zu verrenken. Wie einfach dieser aus der amerikanischen Stadt Charleston stammende Tanz ist, wollte der Londoner Tanzlehrer Casani beweisen, indem er sich auf einem Taxidach tanzend durch die Stadt fahren ließ.

Bücher

Erschienen: „Der Mensch ist gut“ von Leonhard Frank (1917), „Die letzten Tage der Menschheit“ von Karl Kraus (1919) und „Der Untergang des Abendlandes“ von Oswald Spengler (1918). Spengler war zeitweise Lehrer am Heinrich-Hertz-Gymnasium in Hamburg.

Ein Pfund Brot kostet 800 Millionen

Der Dollarkurs stand heute bei 58 Milliarden Mark. Gestern notierte er noch zwischen 40 und 45 Milliarden. Das ist ein Kursverfall von 15 Milliarden an einem einzigen Tag. In Hamburg zeichnet sich endlich eine Wende ab. Der Sturz der Mark ins Bodenlose scheint gebremst. Gestern wurde die Ausgabe einer wertbeständigen „Hamburger Bankmark" beschlossen. Es ist zu hoffen, dass bereits in einigen Tagen die Löhne nur noch in Bankmark gezahlt werden.

Das Prinzip: Es wurde eine „Hamburgische Bank von 1923" gegründet. Die Firmen geben dieser Bank Devisen. Die Devisen werden auf Dollarkurs umgerechnet. Für den Dollarbetrag erhalten die Firmen „Bankmark". Der Wert der Hamburger Bankmark ist auf den Vorkriegskurs festgelegt: ein Dollar = 4,20 Mark.

Dem Konsortium, das diese rettende Maßnahme beschloss, gehören der Bankier Max M. Warburg, der Präsident der Handelskammer, Hermann Münchmeyer, der Präses der Finanzdeputation, Carl Cohn, und der Werftbesitzer Rudolf Blohm an. Die Leitung der neuen Bank haben Senator a. D. John von Berenberg-Goßler und Dr. Paul J. Crasemann übernommen.

Das ist der erste Versuch, die lawinenartige Geldentwertung zu bremsen. In Berlin, wo seit August dieses Jahres der DVP-Politiker Gustav Stresemann (45) Reichskanzler ist und Dr. Hjalmar Schacht die Reichsbank leitet, ist am 13. Oktober ein Gesetz über die „Rentenmark" erlassen worden. Sie soll durch den gesamten landwirtschaftlichen Besitz in Deutschland gedeckt werden, („Roggenmark"). Da die Rentenmark aber erst am 16. November ausgegeben werden soll, beschloss man in Hamburg eine Zwischenlösung. Die Rentenmark wird eine Billion Mark wert sein.

Eine Billion! Nicht einmal Großkaufleute wussten vor dem Krieg, was das ist. Eine Billion ist eine Million Millionen. In Ziffern geschrieben: 1 000 000 000 000. Dreizehnstellig! Mit solchen Zahlen muss heute jeder rechnen können.

Vor einem Monat kostete ein Pfund Brot noch 118 000 Mark, und ein Ei gab es für 43 000 Mark. Gestern kostete das Pfund Brot 800 Millionen und das Ei 385 Millionen, ein Pfund Butter aber schon 20 Milliarden. Die heutigen Preise mitzuteilen wäre sinnlos, denn bis die Zeitung in die Hände der Leser kommt, sind sie schon überholt.

Löhne werden täglich morgens ausbezahlt. Die Frauen holen das Geld an den Fabriktoren ab, denn mittags werden die Preise neu festgesetzt. Wer bis dahin nicht eingekauft hat, bekommt für sein Geld vielleicht schon nichts mehr. Unverheiratete oder weibliche Arbeitskräfte schließen sich mit Nachbarn zu Einkaufsgemeinschaften zusammen.

Schuld an der deutschen Inflation sind vor allem die Reparationszahlungen. Die Reichsbank muss sie in Goldmark zahlen. Um den inländischen Verpflichtungen nachzukommen, druckte sie Geld, das nicht gedeckt war und dem kein Warenangebot gegenüberstand. Als man merkte, welches Tempo die Entwertung annahm, war es zu spät.

So sieht die Kursentwicklung der letzten Jahre aus: August 1914: ein Dollar = 4,20 Mark. Januar 1919: 8,02. Januar 1920: 49,10. Januar 1921: 74,50. Januar 1922: 188. Januar 1923 (französische Ruhrbesatzung): 7500. Februar 1923: 43 000. August 1923: vier Millionen. September 1923: 98,9 Millionen und heute 58 Milliarden. Der neunjährige amerikanische Kinderstar Jackie Coogan hat mit drei Filmen („The Kid", „Oliver Twist" und „Daddy") drei Millionen Dollar verdient. Theoretisch könnte er damit ganz Deutschland kaufen und bar bezahlen.

Niemals wurden so viele Existenzen vernichtet wie in der Inflation. Wer sein Leben lang gespart hatte, besaß über Nacht nichts mehr. Lohn- oder Gehaltsempfänger konnten nicht einmal bis zum nächsten Tag planen. Niemals zuvor hatte es so viele Selbstmorde gegeben.

Der höchstwertige jemals in Deutschland gedruckte und in Umlauf gebrachte Geldschein, Berlin 1924.
Hundert Billionen – eine fünfzehnstellige Ziffer

Doch die Inflation hat auch eine Kehrseite. Wer Kredit hatte, den richtigen Augenblick nicht verpasste, wirtschaftlich denken konnte und danach handelte, konnte reich werden. Die Formel war denkbar einfach:

1.) Kredit aufnehmen.
2.) Sofort wertbeständige Sachwerte kaufen.
3.) Diese Sachwerte beleihen, sobald sie im Preis gestiegen sind.
4.) Den alten Kredit zurückzahlen.
5.) Mit dem Überschuss neue Sachwerte kaufen.
6.) Von Punkt drei an endlos wiederholen.

Mit diesem System kam nicht nur mancher zu einem schönen Haus, sondern wurden auch Firmen auf- und ausgebaut und sogar Konzerne gegründet.

Bei Blohm + Voss hat sich die große Speisehalle in ein Warenlager verwandelt. Sobald der gegenwärtige Streik im Hafen beendet ist, wird es dort Lebensmittel gegen Bankmark und -pfennige geben. Dann werden Eltern ihre Kinder auch wieder ermahnen können, den Pfennig zu ehren.

Im gleichen Augenblick, da verantwortungsvolle Kräfte in unserer Stadt versuchen, dem wirtschaftlichen Elend ein Ende zu bereiten, drohen Gewalt und Bürgerkrieg.

Heute, am 23. Oktober, um 5.00 Uhr morgens, haben die Kommunisten einen Aufstand versucht. Dass es sich nicht nur um ein spontanes Ausufern des gestern begonnenen Streiks im Hafen handelt, beweist die präzise Organisation. Die Angriffe der kommunistischen Hundertschaften richteten sich gezielt gegen die Polizeiwachen. Aus Bremen und aus Thüringen werden die gleichen Aktionen der Kommunisten gemeldet.

Die in den letzten beiden Jahren vom Oberstleutnant Danner aufgebaute Ordnungspolizei hat ihre Feuerprobe bestanden. Der Aufstand wurde niedergeschlagen. Zu schweren Kämpfen kam es in Eimsbüttel, Barmbek, Schiffbek und Bergedorf. 983 Aufrührer oder Verdächtige wurden in Gewahrsam genommen. Unter ihnen auch das kommunistische Bürgerschaftsmitglied Levy.

Die Polizei verlor 17 Mann. 54 wurden verwundet. Die Verluste der Kommunisten gibt der Polizeibericht mit 61 Toten und 267 Verwundeten an.

Hamburger Aufstand der Kommunistischen Partei (KPD) vom 23. bis 25. Oktober 1923. Blick auf Barrikaden in Barmbek

Högers Chilehaus Modell für das neue Kontorviertel

„Wer dieses Haus nicht erschüttert betrachtet, weiß nichts von Mut, nichts von Freiheit, Selbstbewusstsein, Zuversicht, Unerliegbarkeit, Unbesiegbarkeit; nichts zugleich von Bescheidenheit, Sachlichkeit, Einfachheit, Wahrhaftigkeit und Bekenntnis zu seiner Zeit." Das schrieb der Dichter Rudolf G. Binding zur Einweihung des Chilehauses am 1. April 1924.

Das Chilehaus setzt ein anspruchsvolles Modell, wie das neue Kontorviertel auf dem Gelände des ehemaligen Gängeviertels südlich der Steinstraße aussehen sollte. Fritz Höger (47) hat es für Henry B. Sloman gebaut. Zweieinhalb Jahre waren 300 bis 450 Arbeiter damit beschäftigt, dieses architektonische Meisterwerk entstehen zu lassen.

Wie der Bug eines Schiffes die Wellen, so teilt die Spitze des tiefroten Kontorhauses die Straßen. Ein Gewebe sich immer wiederholender Backsteinornamente gibt der Fassade Ruhe und Vielfalt zugleich. („Klinkerstricker" nennen – wohlwollend – nicht nur die Bauarbeiter Fritz Höger.)

Höger ist leidenschaftlicher Verfechter des niederdeutschen Backsteinbaus. Er hat ihn geradezu zu einer Weltanschauung gemacht. Darin ist er ein Bundesgenosse des Baudirektors Fritz Schumacher (55), der seit 1909 versucht, Backstein zum beherrschenden Material für Hamburgs Bauten zu machen. Andere Architekten ziehen am gleichen Strang. Die Gebrüder Hans und Oscar Gerson haben gegenüber dem Chilehaus das Ballinhaus (Meßberghof) fertiggestellt. Höger-Bauten sind unter anderem: Die Zigarettenfabrik „Haus Neuerburg" in Wandsbek, das Broschek-Haus, das Rapolthaus, das Klöpperhaus und die Schule Curschmannstraße.

Schumacher-Bauten sind unter anderem: das Museum für Hamburgische Geschichte, das Tropeninstitut, die Kunstgewerbeschule Lerchenfeld,

Wie der Bug eines Ozeandampfers: Fritz Högers Chilehaus. Foto von Carl und Adolf Dransfeld, 1924

das Krematorium Ohlsdorf, das Gewerbehaus (Handwerkskammer) und die Finanzbehörde am Gänsemarkt.

Schumacher sieht seine Lebensaufgabe in der Beseitigung ungesunder Wohnverhältnisse (Schumacher-Siedlung Dulsberg) und im modernen Schulbau (Schumacher-Schule in der Ahrensburger Straße, Johanneum). Der Baudirektor baute mehr als dreißig Schulen in Hamburg.

Hamburger Nachrichten

1920

Feuerwehr motorisiert. – Richard Ohnsorg gründet die Niederdeutsche Bühne. – Mary Wigman, Schöpferin des „absoluten Tanzes", tritt im Curiohaus auf. – Hans Leip (27) veröffentlicht „Laternen, die sich spiegeln". – Seit dem 14. Dezember letzten Jahres läuft die erste Ausstellung der Hamburgischen Secession. – Senatspräsident Dr. Stahmer wird erster deutscher Botschafter in London, Senator Berenberg-Goßler in Rom.

Katalogtitel zur ersten Ausstellung der Hamburgischen Secession (1919)

1921

7. Januar: Verfassung der Freien und Hansestadt. – Weltwirtschaftsarchiv und Volkshochschule eröffnet. – Die Hapag stellt die ersten beiden Nachkriegsbauten in den Passagierdienst nach New York. – Schnitzlers „Reigen" in den Kammerspielen. In Schillers „Die Räuber" tritt Erich Ziegel als Franz Moor im Gutsbesitzer-Aufzug mit Monokel und großer Dogge auf. – Der Archivar des Kreises Hadeln behauptet, den Goldschatz Störtebekers gefunden zu haben. Er will das Versteck aber nur verraten, wenn er eine Million (Gold-)Mark Finderlohn bekommt, denn der Schatz sei 20 Millionen wert. (Den Schatz gibt es nicht!)

1922

Die von England zurückgekaufte „Cap Polonio" (21 000 BRT) der Hamburg Süd läuft zur ersten Reise nach Südamerika aus. – Das erste von drei 21 000-BRT-Schiffen der „Albert-Ballin-Klasse" der Hapag läuft vom Stapel. – Erste Verkehrsampel am Stephansplatz. – Karl Muck (63), berühmter Dirigent der Bayreuther Festspiele, wird Dirigent der Philharmonischen Gesellschaft. – Gründung des Übersee-Clubs.

1923

Der Schiffsverkehr im Hamburger Hafen erreicht den Vorkriegsstand. – Ungewöhnliche Maßnahmen Bürgermeister Brauers in Altona: Ein Teil des Lohns der städtischen Angestellten und Beamten wird wegen der Inflation in „Gasmarken" für die Automaten ausgezahlt, weil diese nicht an Wert verlieren. Altona druckt Vierteldollarscheine als Notgeld, die durch den Grundbesitz gedeckt sein sollen.

1924

Aus dem Fernsprechamt in der Schlüterstraße kommen Radiosendungen. Reichweite des Senders: 12 Kilometer. – Alstertalbahn elektrifiziert.

1926

Zeichen der Erholung von der Inflation: Durchschnittswochenlohn eines ungelernten Arbeiters 41,75 Mark. Eine gelernte Verkäuferin bekommt 80 Mark. Ein Pfund Beefsteak kostet zwei Mark,

Snuten un Poten 20 Pfennig, ein Pfund Butter 1,87 Mark. – Hamburg hat 40 000 Rundfunkhörer. – Unter Hapag-Flagge fahren wieder 175 Schiffe mit 1,1 Millionen BRT.

1927

Hamburgs Nachbarstädte werden durch Eingemeindungen zu Großstädten: Groß-Altona, Groß-Wandsbek, Harburg-Wilhelmsburg.

1928

Hamburg-Preußische Hafengemeinschaft (Zusammenarbeit der Häfen Hamburg, Altona und Harburg). – Blohm + Voss baut die „Europa" (50 000 BRT) für den Norddeutschen Lloyd.

1929

Straßenbrücke über die Elbe (parallel zur Eisenbahnbrücke). – Modernes Funkhaus an der Rothenbaumchaussee. – Der Philosoph Ernst Cassirer (55), seit Gründung der Universität Professor in Hamburg, wird Rektor. Großes Aufsehen im Reich: Cassirer ist Jude. – Die „Europa", bei Blohm + Voss im Bau, brennt aus. – „Im Westen nichts Neues" von Erich Maria Remarque ist zurzeit das meistgelesene und meistdiskutierte Buch.

1930

Max Schmeling (25) wird durch Disqualifizierung seines Gegners Jack Sharkey der erste nicht-amerikanische Boxweltmeister. – Alfred Wegener (50), Mitarbeiter der Seewarte und Begründer der Kontinental-Verschiebungslehre, kommt bei einer wissenschaftlichen Expedition im Grönlandeis ums Leben. – Hamburg ist der Heimathafen von 600 Schiffen mit zwei Millionen BRT.

1931

Ein „Schienenzeppelin" rast in 98 Minuten von Bergedorf nach Berlin-Spandau. Höchstgeschwindigkeit: 230 Kilometer in der Stunde. – Bei einem Brand im Münchner Glaspalast verbrennen 17 von der Hamburger Kunsthalle ausgeliehene Bilder, darunter zwei von Caspar David Friedrich.

Die Welt im Jahr 1923

Deutschland

Franzosen besetzen das Ruhrgebiet (Januar). Die Reichsregierung ruft zum passiven Widerstand auf („Mit Bajonetten kann man keine Kohle fördern.") Nach dem Hamburger Kommunistenaufstand besetzen Reichswehrtruppen Sachsen und zwingen die rote Regierung Zeigner zum Rücktritt. – Im August wird in Berlin eine große Koalition unter Gustav Stresemann (45) gebildet. Er ist ein Repräsentant der Deutschen Volkspartei (DVP). – Im

Reichskanzler Gustav Stresemann, DVP (1878–1929)

Oktober bildet sich in Koblenz eine separatistische Regierung des Rheinlandes. Sie wird durch den Widerstand der Bevölkerung zum Rücktritt gezwungen. In München wird im November der Hitler-Putsch niedergeschlagen.

Feuersturm

Die japanische Hauptstadt Tokio wird von einem Erdbeben total vernichtet. Nach dem Beben breitet sich mit rasender Geschwindigkeit ein Brand aus. (Die meisten Häuser sind aus einem papierähnlichen Material.) Es entsteht ein orkanartiger Feuersturm, ein Phänomen, das nie zuvor beobachtet wurde. Von den geschätzten 100 000 Todesopfern sollen 70 000 verbrannt sein. Tokio ist schon einmal (1703) bei einem Erdbeben zerstört worden.

Selbst-Stopper

Der „finnische Wunderläufer" Paavo Nurmi (26) läuft die Meile (1609,3 Meter) in vier Minuten und 10,4 Sekunden. Nurmis Eigenheit: Er läuft immer mit der Stoppuhr in der Hand.

Der finnische Leichtathlet Paavo Nurmi, zwischen 1920 und 1928 Gewinner von neun olympischen Goldmedaillen, überprüft bei einem Wettlauf in Dallas (USA) seine Zeit mit der Uhr. Foto um 1925

Insulin

Die kanadischen Wissenschaftler Bating und MacLeod erhalten den Medizin-Nobelpreis für die Entdeckung des Insulins. Dieses aus tierischen Bauchspeicheldrüsen gewonnene Hormon vermindert den Blutzuckergehalt und ist daher zur Bekämpfung der Zuckerkrankheit geeignet.

Jugendliche

Ein Reichsjugendgerichtsgesetz wird erlassen. Danach wird künftig gegen jugendliche Straftäter vor besonderen Gerichten verhandelt, und sie werden nicht nach den gleichen Maßstäben be- und verurteilt wie Erwachsene.

Werke

Thomas Mann: „Bekenntnisse des Hochstaplers Felix Krull", Ernst Barlach: „Der Rächer" (Bronzeplastik) und „Weinende Frau" (Holz). Joachim Ringelnatz: „Kuttel Daddeldu", Felix Salten: „Bambi", ein Tierroman für Kinder. Georg Bernhard Shaw (69), der Schöpfer des modernen britischen Dramas, vollendet sein künstlerisch bedeutendstes Werk, die „Heilige Johanna".

Stars

Filmstars des Jahres: Asta Nielsen, Henny Porten, Greta Garbo (22), Charlie Chaplin, Harold Lloyd, Douglas Fairbanks, Otto Gebühr, Eugen Klöpfer und Kinderstar Jackie Coogan (9).

Zukunftweisend

Der 29-jährige deutsche Raketenforscher Hermann Oberth beweist in seinem Buch „Die Rakete zu den Planetenräumen", dass Weltraumfahrt theoretisch möglich ist. Der Geschichtsphilosoph Moeller van den Bruck veröffentlicht ein Buch mit dem Titel „Das dritte Reich".

Nur jeder Fünfte sagte Nein zu Adolf Hitler

Mit einem überwältigenden „Ja“ hat das deutsche Volk die Frage des Führers der NSDAP beantwortet, ob er in seiner Person die Ämter des Staatsoberhaupts und des Regierungschefs vereinigen soll. Damit übernahm Adolf Hitler (45) die Nachfolge des am 2. August verstorbenen Reichspräsidenten Generalfeldmarschall Paul von Hindenburg (86). Adolf Hitlers Amtsbezeichnung lautet jetzt: „Führer und Reichskanzler“.

Das ist das Ergebnis der heutigen Volksabstimmung: 38 394 848 wahlberechtigte Deutsche stimmen mit Ja. Das sind fast 90 Prozent (89,9). In Hamburg stimmten 659 013 (79,6 Prozent) mit Ja und 168 725 mit Nein. Das ist der höchste Anteil von Nein-Stimmen in allen Ländern des Reiches.

Von nationalsozialistischer Seite wird natürlich die Zahl der Ja-Stimmen in den Vordergrund gestellt. Und tatsächlich ist sie ein großer Erfolg für die Nationalsozialisten, wenn man bedenkt, dass sie in Hamburg nicht nur eine „rote Hochburg“, sondern auch ein liberales Bürgertum gewinnen mussten, das einer mit Marschkolonnen, Fahnen und Schlagworten daherkommenden „Bewegung“ aus Tradition misstraut.

Länger als anderswo hat es gedauert, bis die NSDAP sich in Hamburg durchsetzte. Die Wahlergebnisse spiegeln den mühsamen Aufstieg wider. 1924 zogen die ersten vier Nationalsozialisten in die Bürgerschaft ein. 1927 waren es nur noch zwei, 1928 drei. Dann allerdings kam der große Sprung.

Einen Tag vor der Volksabstimmung vom 19. August 1934 kommt Adolf Hitler nach Hamburg. Sein persönliches Auftreten ändert das Wahlergebnis nicht.

1931 standen sie mit 43 Abgeordneten nur knapp hinter der SPD (46) und schon vor der KPD (36), und seit dem 24. April 1932 stellen sie mit 51 Mitgliedern in der Bürgerschaft die stärkste Fraktion vor der SPD (49) und KPD (26).

Die wirtschaftliche Katastrophe, die seit dem „Schwarzen Freitag" (25. Oktober 1929), dem Börsenkrach in New York, hereinbrach, traf die ganze Welt. Aber sie traf Deutschland am härtesten, denn hier hatte sich die Masse des Volkes von Kriegsfolgen und Inflation noch nicht erholt. Die Wirtschaftskrise musste naturgemäß einen politischen Erdrutsch auslösen.

1931 waren in Hamburg 121 000 Arbeitslose gemeldet, 1932 waren es 173 000, rund 13 Prozent der gesamten Bevölkerung, nicht nur der arbeitenden. Mehr als ein Drittel des Staatshaushalts musste für Unterstützungen ausgegeben werden.

Rettung erhoffte man sich nur noch von „Durchgreifern", von den Radikalen rechts oder links. Und je einfacher die Worte der Agitatoren klangen, mit denen sie Rettung versprachen, umso williger wurden sie geglaubt.

Den Begriff „nationaler Sozialismus" hatte schon der Philosoph der Freiheitskriege gegen Napoleon, Johann Gottlieb Fichte, benutzt, und der große Liberale Friedrich Naumann hatte 1896 sogar einen „Nationalsozialen Verein" gegründet. Dann konnte das doch nicht so schlecht sein, dachten viele. Jedenfalls klangen „Nationalsozialistische Deutsche Arbeiterpartei" und „Deutschland erwache" hoffnungsvoller als der Appell an die Solidarität der „Proletarier aller Länder", die selbst nichts zu beißen hatten: 1932 gab es in der Welt rund 30 Millionen Arbeitslose, allein in den USA 13 und in Deutschland fast sieben Millionen!

Die Hitler-Bewegung setzte überdies auf Parolen, die vielen aus dem Herzen gesprochen waren, wie zum Beispiel die Forderung nach Abschaffung des „Versailler Diktats". Das war ja nicht nur eine Frage der nationalen Ehre und der Gleichberechtigung Deutschlands in der Welt, sondern auch seiner Existenz. Der 1929/30 verabschiedete Young-Plan, der als Erleichterung gegenüber dem bisherigen Zahlungsmodus der Reparationen gedacht war, sah vor: Für das Jahr 1931 würden die Zahlungsverpflichtungen Deutschlands auf 1,6 Milliarden herabgesetzt. Dann sollten sie bis 1965 auf jährlich 2,4 Milliarden ansteigen und bis 1988 auf 900 Millionen jährlich sinken.

Zuerst war es der in der Inflation völlig verarmte Mittelstand, der auf die Hitler-Propagandisten hörte, dann die akademische Jugend und schließlich auch die „stempelnde" (arbeitslose) Arbeiterschaft. Die Parteien der bürgerlichen Mitte waren nicht imstande, sich zu einer Abwehrfront zusammenzuschließen, und die Sozialdemokraten fürchteten eine „Diktatur des Proletariats" fast genauso wie eine Hitler-Diktatur. Als einige Sozialdemokraten in Hamburg erwogen, gegen eine

Wahlplakat der NSDAP zur Reichstagswahl im Juli 1932

Adolf Hitler auf dem Balkon des Hamburger Rathauses. Ganz links im Bild Reichsstatthalter Karl Kaufmann (Hamburger Illustrierte)

Machtübernahme der Nazis (das ist kein Schimpfwort, so nennen sie sich selbst) den Generalstreik auszurufen wie seinerzeit gegen die linksradikale Revolution (1919) und gegen den rechten Kapp-Putsch (1920), konnte das nur noch eine Illusion sein. Im Reich hatte Reichskanzler Brüning nicht einmal mit Notverordnungen regieren können, und auch die konservativen Reichskanzler von Papen und General Schleicher waren gescheitert. Am 30. Januar 1933 ernannte Reichspräsident von Hindenburg schließlich Adolf Hitler zum Reichskanzler.

37,8 Prozent Wähler standen zu diesem Zeitpunkt hinter Hitler. Ein neuer Reichstag wurde am 5. März gewählt. Die Nationalsozialisten erhielten 43,9 Prozent der Stimmen (in Hamburg nur 38,8). Der neue Reichstag verabschiedete ein Ermächtigungsgesetz, das die Regierung autorisierte, „zur Behebung der Not von Volk und Reich" Gesetze zu erlassen, ohne das Parlament zu fragen. Karl Kaufmann (geb. 1900), NS-Gauleiter in Hamburg seit 1929, wartete keine „Ermächtigung" ab. Noch am Wahltag (5. März 1933) besetzte er mit ein paar Trupps der militärisch organisierten Kampfverbände SA (Sturmabteilung) und SS (Schutzstaffel) das Rathaus und hisste die Hakenkreuzfahne. Der Senat war schon am 3. März zurückgetreten, weil Kaufmann ihn zwingen wollte, mitten im Wahlkampf die Zeitung der SPD, das „Hamburger Echo", zu verbieten.

Die Nationalsozialisten hielten sich nicht lange mit Formalien auf. Am 9. März 1933 wählte die Bürgerschaft einen neuen Senat. Carl Vincent Krogmann wurde Erster Bürgermeister. Er ist Parteigenosse, stammt aus einer Reederfamilie und hat einen guten Hamburger Namen. Aber schon am 16. Mai übernahm Gauleiter Karl Kaufmann als Reichsstatthalter alle Macht in Hamburg, und der „Regierende" Bürgermeister wurde fortan nicht mehr gewählt, sondern von Kaufmann ernannt.

Doch zunächst war die Bürgerschaft am 31. März 1933 auf Grund des Gesetzes über die „Gleichschaltung der Länder im Reich" umgebaut worden. Die Sitze wurden nicht nach den Ergebnissen der Landeswahl, sondern nach denen der letzten Reichstagswahl verteilt. Damit hatte die

Hamburger Studenten in SA-Uniform verbrennen am 15. Mai 1933 am Kaiser-Friedrich-Ufer (Höhe Goeben-Brücke) die Bücher von den Nazis verfemter Autoren. Im Hintergrund sind Korpsstudenten zu sehen.

NSDAP jetzt 62 Mandate (statt 51). Die Zahl der Abgeordneten wurde von 160 auf 128 herabgesetzt, und da den 22 Kommunisten die Teilnahme an den Sitzungen verboten war, hatte die NSDAP eine sichere absolute Mehrheit: 62 von 106. Doch dieser Mehrheit bedurfte es bald nicht mehr: Ein Reichsgesetz schaffte die Länderparlamente ab. Die Legislative ging an den Senat über. Wie im Mittelalter.

Der Senat bestand seit dem 28. Mai 1933 nur noch aus Nationalsozialisten. Die letzten bürgerlichen Senatoren waren der Partei beigetreten. Im Juli wurden alle anderen Parteien aufgelöst. Die SPD hatte schon am 22. Mai von sich aus die Auflösung beschlossen. Seit dem 7. April 1933 hatten alle Länder ihre Hoheit an die Reichsstatthalter abzutreten. Nebenher lief die Gleichschaltung der Gewerkschaften (Auflösung am 2. Mai), der Universitäten, der Schulen und der Presse. „Echo", „Volkszeitung", „Correspondent" und „Hamburger Nachrichten" wurden geschlossen, „Anzeiger" und „Fremdenblatt" vom NS-Zentralverlag Franz Eher übernommen.

Missliebige Staatsbeamte (so auch alle „Nichtarier") wurden entlassen und zum Teil verhaftet. Der Oberbürgermeister von Altona, Max Brauer (SPD), konnte im letzten Augenblick mit Papieren eines Freundes ins Ausland entkommen. Um die große Zahl der potenziellen Gegner des Regimes zu „isolieren" wurde das Ko-La-Fu (Konzentrationslager Fuhlsbüttel) eingerichtet.

Am 15. Mai verbrannten Studenten am Kaiser-Friedrich-Ufer demonstrativ die Bücher „undeutscher" Autorinnen und Autoren.

Die Welt im Jahr 1934

Faschisten

In Österreich wird ein Arbeiteraufstand von der faschistischen Heimwehr niedergeschlagen. In Frankreich scheitert ein faschistischer Umsturzversuch. In Estland kommt Konstantin Päts mit einem Staatsstreich einem Putsch der faschistischen „Freiheitskämpfer" zuvor. In Lettland errichtet Kārlis Ulmanis ein autoritäres Regime. Das faschistische Regime in Portugal unterdrückt republikanische Unruhen. In Spanien hatte José Antonio Primo de Rivera schon 1933 die faschistische Falangistenbewegung gegründet.

Morde

In Marseille werden Alexander I., König von Jugoslawien, und der französische Außenminister Louis Barthou Opfer eines Attentats. In Wien ermorden Nationalsozialisten den Bundeskanzler Engelbert Dollfuß (42). In einem Berliner Konzentrationsager stirbt der Dichter Erich Mühsam (46) an den Folgen von Misshandlungen.

Staatsfeind Nummer eins

Die amerikanische Bundeskriminalpolizei (FBI) bringt den Staatsfeind Nummer eins, den Gangsterboss John Dillinger, zur Strecke.

„Säuberung"

Wegen einer angeblich geplanten „zweiten Revolution" der SA (Sturmabteilung) lässt Hitler am 30. Juni den Stabschef Ernst Röhm (46) und eine Reihe hoher SA-Führer erschießen. Bei dieser „Gelegenheit" werden noch weitere „Staatsfeinde" liquidiert. Unter ihnen Reichskanzler a. D. General Schleicher und Frau, Gregor Strasser, Dr. Klausener (Katholische Aktion). Hitler stützt sich fortan auf die SS (Schutzstaffel), der auch die Konzentrationslager unterstellt werden. Ihr Führer Heinrich Himmler (34) wird Chef der Gestapo (Geheime Staatspolizei).

Zehn Jahre

Polen schließt Nichtangriffspakte mit Deutschland und der Sowjetunion auf zehn Jahre.

Hamburger Nachrichten

1931

Folge der Krise: Im Waltershofer Hafen, schon „Schiffsfriedhof" genannt, liegen über hundert Schiffe auf. Für die Hamburger ein deprimierender Anblick.

1932

„Altonaer Blutsonntag" 17. Juli: Rund siebentausend Nationalsozialisten unternehmen einen Demonstrationsmarsch ins „rote Altona" und werden beschossen. Da es eine angemeldete Demonstration ist, muss die Polizei eingreifen. Es gibt 18 Tote, die meisten sind Unbeteiligte. Die Reichsregierung holt danach zum „Preußenschlag" aus: Am 20. Juli wird die amtierende preußische Regierung durch eine Notverordnung abgesetzt. – Ehrenmal für die Kriegstoten an der Kleinen Alster. Eine 21,50 Meter hohe Stele. Ernst Barlach liefert das Relief dazu: Trauernde Mutter mit Kind.

1933

Die Laeisz-Segler „Padua" und „Priwall" veranstalten unter sich eine Weizenregatta nach Australien. Die „Priwall" unter Kapitän Robert Clauß kommt einen Tag früher im Spencer-Golf an. Fahrzeit: 62 Tage. – Die Kulturwissenschaftliche Bibliothek Warburg, 60 000 Bände, zusammengestellt von Professor Aby Warburg, wird nach London gebracht. – Erste deutsche Fernschreibverbindung zwischen Hamburg (acht Teilnehmer) und Berlin (13 Teilnehmer).

1934

Das AK Eppendorf wird Universitätskrankenhaus. – Feuilletonisten lernen, doppeldeutig zu formulieren. Zum Tod von Hans Bötticher alias Joachim Ringelnatz (51) schreibt das „Hamburger Fremdenblatt": „Wenn Kuttel Daddeldu an Land jumpte und derbe Redensarten in gebügelten Versfalten schlenkern ließ, schluchzte ein nach Absonderlichkeiten lüsternes Publikum. Unsere Zeit hat dieser Art Begabung ein Ende bereitet."

Vier Großstädte bilden das neue Groß-Hamburg

Ein Reichsgesetz, kein Staatsvertrag, hat jahrzehntelangen Debatten und jahrhundertealten Streitigkeiten um die Grenzen des hamburgischen Staatsgebiets ein Ende gemacht. Das Groß-Hamburg-Gesetz beseitigt die Schranken, die einer natürlichen Entwicklung unserer Stadt im Weg standen.

Das Gesetz ist unterschrieben vom Führer und Reichskanzler Adolf Hitler, vom Reichsinnenminister Wilhelm Frick, vom Reichsfinanzminister Graf Schwerin von Krosigk und dem Beauftragten für den Vierjahresplan, Hermann Göring, und es wird den Beteiligten, Preußen und Hamburg, dekretiert. Groß-Hamburg besteht aus den Städten Hamburg, Altona, Harburg-Wilhelmsburg und Wandsbek sowie 27 Gemeinden der preußischen Landkreise Stormarn, Pinneberg, Harburg und Stade. Hamburg tritt Geesthacht, Großhansdorf und Schmalenbek an die Provinz Schleswig-Holstein ab, an die Provinz Hannover die Stadt Cuxhaven mit der Insel Neuwerk und alle fünf Gemeinden des Amtes Ritzebüttel. Das Hamburger Gebiet vergrößert sich von 41 500 Hektar auf 74 500, die Bevölkerung von 1 192 862 auf 1 681 187. Bemerkenswert ist, dass die räumliche Ausdehnung Hamburgs nun ungefähr den Umfang erreicht, der ihm zurzeit des ersten Alsterhafens 1188 als Einflusszone zugebilligt worden war: in jeder Richtung zwei Meilen vom Stadtkern. Das sind nach heutigen Maßen 16–18 Kilometer.

Seit dem 15. Jahrhundert waren die Grenzen des hamburgischen Staatsgebiets nahezu unverändert geblieben. Damals lebten auf diesem Gebiet rund 17 000 Menschen. Die neuen Grenzen sollen das Hundertfache an Bevölkerung umschließen.

Für den Ausbau seines Hafens, für den Bau hafennaher Wohnungen, für eine vernünftige Nahverkehrsplanung, vor allem aber für eine in die Zukunft weisende Stadtplanung war eine Erweiterung des Staatsgebiets unabdingbar.

Für die Nachbarstädte, vor allem für die Häfen Altona und Harburg, wurde es ebenfalls für einen Zusammenschluss höchste Zeit. Denn: Nur in einem Groß-Hamburg kann eine Spezialisierung der Häfen an die Stelle der konkurrierenden „Häfen für alles" treten. Solange das Wetteifern andauerte, musste es zu so grotesken Erscheinungen kommen, dass Hamburg sich einen Fischereihafen in Cuxhaven baute, weil der Altonaer Fischhafen den Hamburger überflügelte, oder dass Harburg, weil viele Ölraffinerien auf seinem Gebiet lagen, alles versuchte, die Öltanker vom Hamburger Ölhafen abzuziehen.

„All-to-nah" ist man sich gekommen. Solange das Königreich Hannover und in verschieden großer Abhängigkeit von Dänemark stehende Landesteile zu Hamburgs Nachbarn zählten, konnte an vernünftige Regelungen nicht gedacht werden. Das schien erst Erfolg versprechend, als es nur noch einen Nachbarn gab: Preußen.

An guten Anwälten hatte es auf beiden Seiten seit 1919 nicht gefehlt. Stadtbaumeister und Landesplaner Fritz Schumacher entwarf das Schema der „natürlichen Entwicklung des Organismus Hamburg" mit Aufbauachsen und elf Zielrichtungen: Blankenese-Wedel, Pinneberg, Quickborn, Langenhorn, Alstertal, Walddörfer, Lübeck, Bergedorf, Winsen, Bremen, Buxtehude.

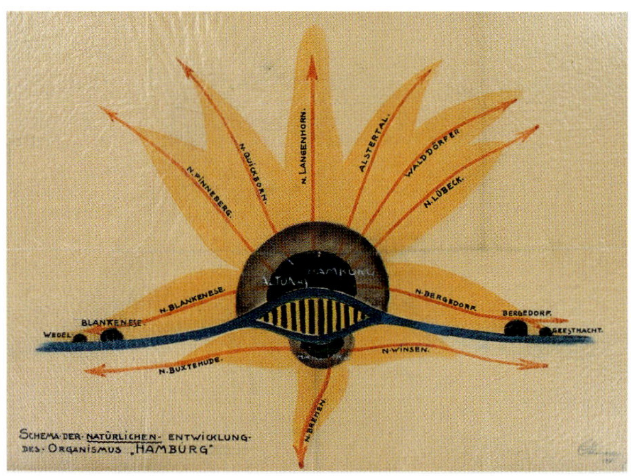

„Schema der natürlichen Entwicklung Hamburgs"
von Fritz Schumacher, 1920

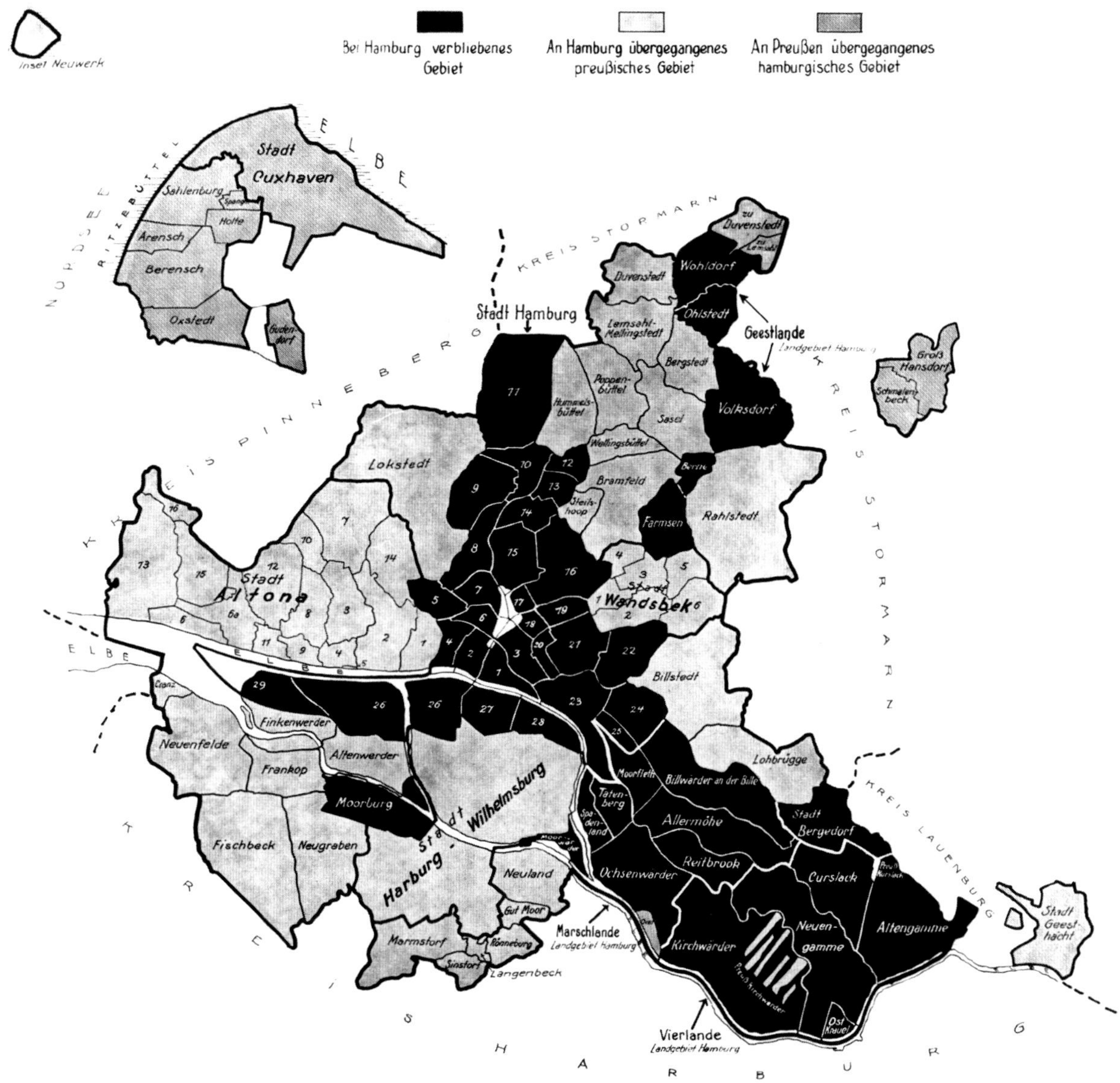

Die Hamburger Stadtteile in ihrer damaligen Schreibweise auf der Karte der Gebietsveränderungen, veröffentlicht als Anlage zur Monatszeitschrift „Aus Hamburgs Verwaltung und Wirtschaft" (gezeichnet im März 1937 im Statistischen Landesamt)

Stadt Altona:

1 Altstadt, 2 Ottensen, 3 Bahrenfeld, 4 Othmarschen, 5 Oevelgönne, 6 u. 6a Blankenese, 7 Eidelstedt, 8 Groß Flottbek, 9 Klein Flottbek, 10 Lurup, 11 Nienstedten, 12 Osdorf, 13 Rissen, 14 Stellingen, 15 Sülldorf, 16 Forst Klövensteen

Stadt Wandsbek:

1 Wandsbek (Altstadt), 2 Marienthal, 3 Hinschenfelde, 4 Gartenstadt, 5 Tonndorf, 6 Jenfeld

Stadt Hamburg:

1 Altstadt, 2 Neustadt, 3 St. Georg, 4 St. Pauli, 5 Eimsbüttel, 6 Rotherbaum, 7 Harvestehude, 8 Eppendorf, 9 Groß Borstel, 10 Fuhlsbüttel, 11 Langenhorn, 12 Klein Borstel, 13 Ohlsdorf, 14 Alsterdorf, 15 Winterhude, 16 Barmbeck, 17 Uhlenhorst, 18 Hohenfelde, 19 Eilbeck, 20 Borgfelde, 21 Hamm, 22 Horn, 23 Billwärder Ausschlag, 24 Billbrook, 25 Moorfleeth-Stadt, 26 Steinwärder, Waltershof, 27 Kleiner Grasbrook, 28 Veddel, 29 Finkenwerder

Nur zwei davon waren ohne Staatsvertrag zu verwirklichen: Langenhorn und Bergedorf. Der Oberbürgermeister von Altona, Schnackenburg, unterstützte den Plan ebenso wie sein Baudirektor Oelsner. Aber Preußen hielt an seinem Besitz fest, und es war ein ausgesprochener Rückschlag, als die drei Nachbarstädte sich 1927 durch Eingemeindungen zu Großstädten aufschwangen: Groß-Altona, Groß-Wandsbek und Harburg-Wilhelmsburg. Schnackenburgs Nachfolger in Altona, Max Brauer, ließ das Ereignis mit einem Feuerwerk auf der Elbe feiern, obwohl gerade die Bewohner der Elbgemeinden vernehmlich gegen einen Anschluss an Altona protestiert hatten. In Blankenese, Othmarschen und Flottbek wohnten viele Hamburger Großkaufleute, die in Hamburg ihre Firmen hatten und nun in Preußen Steuern zahlen mussten.

Preußens Vorschlag: Ganz Hamburg an Preußen anschließen! Das war nicht nur aus emotionalen und traditionellen Gründen ausgeschlossen. Der größte deutsche Seehafen könnte seine Aufgaben unmöglich erfüllen, wenn er steuerlich in den Stand einer preußischen Provinzhauptstadt käme. Von den Reichssteuern behielt Hamburg als Land: Einkommenssteuer 66 2/3 Prozent (in Preußen 33 1/3), von der Umsatzsteuer 15 (5), von der Grunderwerbsteuer vier (1,5) Prozent. Von der Erbschafts-, Grundstücks- und Wertzuwachssteuer hätte es als Teil Preußens überhaupt nichts mehr bekommen.

Nach drei sogenannten Köhlbrandverträgen, die Einzelfragen zwischen den Häfen Harburg und Hamburg regelten, kam es 1928 zum Preußisch-Hamburgischen Hafenvertrag, der die Zusammenarbeit „zu Wasser“ regelte. Bei den von beiden Seiten mit viel gutem Willen geführten Verhandlungen formulierte das Mitglied der preußischen Delegation, Regierungsrat Herbert Weichmann, einen Leitgedanken, der allen aus dem Herzen gesprochen war: „Zukünftig so handeln, als ob es keine Landesgrenzen gäbe.“

Doch ein „als ob“ ersetzt keine staatsrechtlichen Regelungen. Solche Hürden wurden erst überwunden, als man sich in Berlin Gedanken über eine „Reichsreform“ machte – auch die Länder des Reiches sollten nun „gleichgeschaltet“ werden. In Preußen war bereits ein Vertrauter Hitlers Ministerpräsident geworden. Hermann Göring griff die Groß-Hamburg-Frage auf und führte sie – ganz im Stil der Nationalsozialisten – in kurzer Zeit zu einem für Hamburg guten Ende.

Die neue Situation ist allerdings nicht ohne Schattenseiten. Mit dem Groß-Hamburg-Gesetz wurde Hamburg zum ersten „Reichsgau“. Die drei höchsten Funktionen, Reichsstatthalter, Chef der Kommunalverwaltung und Gauleiter, sind in einer Hand vereinigt. Karl Kaufmann (37) hat eine Macht, wie sie weder ein Senat noch ein Bürgermeister je besessen hat. Der Senat ist mit Inkrafttreten dieses Gesetzes praktisch überflüssig geworden, und das Wort „Freie“ vor dem amtlichen Namen „Hansestadt Hamburg“ ist gestrichen! Immer deutlicher zeigt sich in manchen Kreisen der Bevölkerung ein Unbehagen gegenüber der nun seit vier Jahren bestehenden neuen Ordnung. Während sich die große Mehrheit von den Erfolgen Hitlers auf dem Gebiet der Arbeitsbeschaffung täuschen lässt und die Wiederherstellung des deutschen Ansehens in der Welt kritiklos feiert, sehen immer mehr Menschen voller Sorge auf die Judenverfolgung, die Unterdrückung Andersdenkender und auf die Aufrüstung.

Wohin Hitler das deutsche Volk führen wird, ahnen nur diejenigen, die sein Buch „Mein Kampf“ gelesen haben und sich mit den Zielen der Nationalsozialisten kritisch auseinandersetzen.

Hamburger Nachrichten

1935

„Planten un Blomen" auf dem Gelände des ehemaligen Zoologischen Gartens eröffnet. Es gibt dort sogar eine Kunsteisbahn.

1936

Kilogramm-Rechnung im Einzelhandel offiziell eingeführt. Dr. Richard Ohnsorgs „Niederdeutsche Bühne" bekommt eine ständige Spielstätte an den Großen Bleichen. – Feuerschiff „Elbe 1" sinkt am 27. Oktober mit seiner 15-köpfigen Besatzung während eines Orkans.

1937

Die Deutsche Lufthansa fliegt zum ersten Mal ohne Zwischenlandung (täglich) von Hamburg nach London. – Alle Kraftfahrzeuge aus den Städten und Gemeinden, die vom Groß-Hamburg-Gesetz betroffen sind, dürfen das Kennzeichen HH führen. – Autobahn nach Lübeck eröffnet (14. Mai). – Reichsstatthalter Kaufmann verkündet Hamburgs Baupläne: Bei Övelgönne soll eine Hochbrücke die Elbe überspannen. Höhe der Pfeiler 180 Meter (Michaeliskirche 132 Meter). Sie soll 1943 fertig sein. Am Elbufer sollen Wolkenkratzer mit 60 Stockwerken entstehen.

Hamburg soll zu einer „Führerstadt" ausgebaut werden. Links die Hochbrücke über die Elbe mit 180 Meter hohen Pylonen und einer Spannweite von 750 Metern. Foto eines in der Baubehörde entstandenen Modells von 1938

1938

Das neu aufgestellte Infanterie-Regiment 76 zieht in die Kaserne Rahlstedt ein. – Die Geistlichen der Stadt und der Landgebiete versammeln sich im St.-Jacobi-Gemeindesaal, um den Treueeid auf den Führer zu leisten. – Sommerbad im Stadtparksee eröffnet. – Hamburgs Hausfrauen haben es durch gewissenhaftes Sammeln der Küchenabfälle erreicht, dass 10 000 Schweine zur Mast angesetzt werden konnten. – Aufruf in der Presse: „Es ist die sittliche Pflicht jedes Einzelnen, für sich und die Seinen die Volksgasmaske zu erwerben." – 24 Stunden benötigen Testflugzeuge der Lufthansa für eine Ozeanüberquerung. Passagierflugzeuge für den Nordatlantikverkehr sind in Vorbereitung. – Sahne darf nur noch in den Sommermonaten hergestellt werden. – Die Viermastbark der Hapag „Admiral Karpfanger" geht bei Kap Hoorn mit 60 Mann an Bord verloren. Ihr Schicksal wird nie geklärt. – In der „Reichskristallnacht" (8./9. November) werden auch in Hamburg die Schaufenster der jüdischen Geschäfte zertrümmert und viele Synagogen (zum Beispiel Harburg, Steindamm, Rothenbaumchaussee und Rutschbahn) demoliert.

1939

Januar: An 265 Stellen der Stadt führen Luftschutz-Amtsträger „Eimer-Spritzen" vor. – Februar: Stapellauf des Schlachtschiffs „Bismarck" bei Blohm + Voss in Anwesenheit Adolf Hitlers und der ganzen Reichsführung. Schulen und Läden bleiben geschlossen. – Mai: Zehntausend Mütter mit vier oder mehr Kindern erhalten das „Ehrenkreuz der Deutschen Mutter". – Juli: Die Straßenbahn stellt Schaffnerinnen ein. – 1. September: Kriegsausbruch, Polenfeldzug, Verdunkelung, öffentliche Tanzlustbarkeiten verboten. Schlagzeilen in den Zeitungen: „Flak in Feuerstellung. Ein Ring von Geschützen macht Luftangriffe sinnlos."

Die Welt im Jahr 1937

Tschistka

In der Sowjetunion erreicht die große „Säuberung" (russisch: tschistka) mit der Erschießung des Marschalls Tuchatschewski ihren Höhepunkt. Tausende Gegner Stalins, darunter viele seiner Kampfgenossen der ersten Stunde, werden in Schauprozessen verurteilt. Millionen werden verbannt oder hingerichtet.

Krieg in Fernost

Ein Grenzzwischenfall führt zum Japanisch-Chinesischen Krieg. Die Japaner besetzen Peking, Tientsin, Schanghai und Nanking. General Tschiang Kaischek verlegt seinen Regierungssitz nach Tschunking.

Mussolini

Italiens Duce (Führer) stattet Deutschland einen Staatsbesuch ab. Zwischen ihm und Hitler gibt es Streitpunkte in der Österreichfrage, da sich zeigt, dass Hitler auf einen Anschluss Österreichs hinarbeitet. Mussolini lehnt aber die Bitte des österreichischen Bundeskanzlers Schuschnigg ab, ihm gegen die Nationalsozialisten in Österreich zu helfen.

Fernsehen

In Berlin beginnt ein Fernsehsender mit regelmäßigen Studiosendungen.

Flugzeiten

Von Berlin nach London braucht ein Verkehrsflugzeug vier Stunden und 40 Minuten, von New York nach San Francisco 20 Stunden, von London nach Kapstadt sechs Tage. In Deutschland zählt man 323 101 Flugreisende.

Opfer

Der ehemalige Rektor der Universität Hamburg, der Philosoph (Neu-Kantianer) Ernst Cassirer (63), veröffentlicht sein Werk „Determinismus und Indeterminismus in der modernen Physik". Seit 1933 lehrt er in Oxford, England. – Martin Niemöller (45), Gründer des Pfarrernotbundes (Bekennende Kirche) und U-Bootkommandant des Ersten Weltkriegs, wird trotz gerichtlichen Freispruchs ins KZ Sachsenhausen eingeliefert.

Guernica

Deutsche Bomber der „Legion Condor" zerstören Guernica, die „Heilige Stadt der Basken". Der Maler Picasso ist von der Nachricht so erschüttert, dass er eines seiner größten Gemälde dem Ereignis widmet. Deutsche und italienische Verbände kämpfen im spanischen Bürgerkrieg auf Seiten General Francos.

Literatur

„Wolf unter Wölfen" (Fallada), „Von Mäusen und Menschen" (Steinbeck), „Die Zitadelle" (Cronin), „Der große Regen" (Bromfield), „Haben und Nichthaben" (Hemingway).

Filme

„Der Tiger von Eschnapur/Das indische Grabmal" (in Indien gedreht von Richard Eichberg, Star: La Jana). „Der Mann, der Sherlock Holmes war" (Hans Albers, Heinz Rühmann). „Kreutzersonate" (Lil Dagover). „Serenade" (Willi Forst). „Elefanten-Boy" (Flaherty). „Die gute Erde" (nach Pearl S. Bucks Roman). „Peter der Große" (russisch, Regie: Petrow).

Zeppelin verbrannt

In Lakehurst (USA) explodiert das deutsche Luftschiff LZ 129 „Hindenburg" bei der Landung. Unter den Toten ist auch Flugkapitän Lehmann.

Explosion des Luftschiffs „Hindenburg" bei der Landung auf dem Flugplatz Lakehurst, New York, am 6. Mai 1937

30 000 Menschen starben in einer einzigen Nacht

Vierzigtausend Hamburger starben in vier Jahren an den Fronten des Ersten Weltkriegs. 30 000 Hamburger starben in einer einzigen Nacht in ihrer eigenen Stadt. Es war die Nacht zum 28. Juli 1943.

Vom 24. Juli bis zum 3. August führten die Alliierten die größte Luftoperation durch, die es je gegen eine Stadt gegeben hat. In zehn Nächten und neun Tagen erlitt Hamburg die größte Katastrophe seiner Geschichte. Die englische Militärsprache ist um eine Vokabel reicher geworden: „Hamburgisieren" heißt fortan die systematische Vernichtung nach dem Modell des „Unternehmens Gomorrha". Hunderttausend Mann, vom Meteorologen bis zum Bomberpiloten und Generalstabsoffizier, waren an der Vorbereitung und Durchführung beteiligt. Die Operation stand unter der Leitung des britischen Luftmarschalls Arthur Harris. So sah der Plan aus:

Am Abend des 24. Juli starten 50 Bomber voll beladen mit nichts anderem als Stanniolstreifen. Über verschiedenen Zielen in Westdeutschland lassen sie ihre Fracht abregnen. Die deutsche Luftabwehr kennt diesen Trick noch nicht: Die Beobachter an den Radarschirmen werden die flimmernden Punkte für riesige Flugverbände halten. Alle verfügbaren deutschen Jäger werden in den Westen dirigiert. Der Weg nach Hamburg ist dann frei für einen großen Verband. Die Hamburger Flak wird ebenfalls mithilfe des Stannioltricks blind gemacht.

Die vorausfliegenden „Pfadfinder" stecken mit Leuchttrauben („Tannenbäume") das Zielgebiet ab.

Beim Anflug der Lancaster-Bomber auf Hamburg malen Zielmarkierungen, Flakfeuer und Scheinwerfer Lichtzeichen in den Himmel, die durch die lange Belichtungszeit der Nachtaufnahme zu Schlieren verwischen.

Überall in den Straßen hinterlässt der Feuersturm „Bombenbrandschrumpfleichen".

Darin wirft die erste Bomberwelle Luftminen ab. Sie haben eine so große Sprengkraft, dass sie ganze Häuserblocks aufbrechen. Die zweite Welle wirft Brandbomben. Dann entsteht eine Pause, in der der deutsche Luftschutz (Feuerwehr, Rettungsmannschaften usw.) versuchen wird, zu bergen und zu löschen. Da hinein schlägt die dritte Welle mit einem Teppich von Sprengbomben. Eine vierte Welle legt mit Phosphorbomben und Phosphorkanistern Flächenbrände, die nicht mehr gelöscht werden können.

Man wird es bei Tagesanbruch natürlich trotzdem versuchen. Dann aber fliegen die Amerikaner einen Tagesangriff. Und in der Nacht kommen wieder die Briten und am Tage die „Fliegenden Festungen" der US Air Force. Dauer der Angriffe: jeweils zwei bis zweieinhalb Stunden. Materialeinsatz insgesamt: 3000 Flugzeuge, 12 000 Minen, 25 000 Sprengbomben, drei Millionen Brandbomben, 80 000 Phosphorbrandbomben und 500 Phosphorkanister.

Diesem Großangriff wird auch der „Große Katastrophenplan", der in Hamburg sorgfältig ausgearbeitet worden war, nichts entgegensetzen können. Niemand hat Erfahrung mit Luftangriffen solchen Ausmaßes. Einmalige 1000-Bomber-Angriffe hat es gegeben auf Köln, Lübeck und Rostock. Auf solche Angriffe, die schon schlimm genug sind, ist man in Hamburg vorbereitet, auf einige Tausend Todesopfer, auch auf 60 000 bis höchstens 100 000 Obdachlose. Dass es noch schlimmer kommen könnte, kann sich niemand vorstellen.

Es lief alles, wie Luftmarschall Harris es sich ausgedacht hatte: In der Nacht zum Sonntag, dem 25. Juli, greifen die ersten 791 Bomber Hamburg an. Die Schäden und Verluste in Eimsbüttel, Altona, auf St. Pauli, in Hoheluft und Eppendorf sind groß, größer als alles, was Hamburg vorher erlebt hat. Bei allen bisherigen Luftangriffen waren seit Kriegsbeginn 1436 Menschen umgekommen. In dieser Nacht waren es 1500. Zum genauen Zählen hatte niemand die Zeit.

Aber „Gomorrha“ bricht erst in der Nacht vom Dienstag auf Mittwoch an, als 787 Bomber ihre tödliche Fracht über Hamm, Horn, Borgfelde, Eilbek, Hammerbrook und Rothenburgsort abladen. Hier leben 427 637 Menschen. Man schätzt, dass seit Montag 100 000 Obdachlose aus den anderen Stadtteilen hier Zuflucht gesucht haben. In der Nacht zum 28. Juli sterben 30 000 Menschen. 93 Prozent aller Gebäude in diesen Stadtteilen werden total zerstört. Auf jeden Quadratkilometer der südöstlichen Stadtteile fallen 39 Minen, 803 Sprengbomben und 99 162 Brandbomben.

Gomorrha! In der Bibel steht: „Da ließ der Herr Schwefel und Feuer regnen vom Himmel herab auf Sodom und Gomorrha. Und verderbte die Städte und die ganze Gegend und alle Einwohner der Städte.“ Lots Weib drehte sich um, berichtet die Bibel, und erstarrte zur Salzsäule.

Im Südosten Hamburgs erstarren Tausende, denen das Feuer bei einem ungeschützten Atemzug die Lungen verbrannt hat, lodern Tausende als brennende Fackeln, sitzen Tausende wie friedlich schlafend am Straßenrand, vergiftet durch Kohlenmonoxid. Sie alle haben versucht, was einzig noch Hoffnung versprach: hinauszukommen aus den Kellern und auf einen freien Platz, wo es noch Sauerstoff gab, den der Feuersturm noch nicht gefressen hatte. Der Feuersturm entstand als Folge der Temperaturunterschiede von 700 bis 1000 Grad. Er wuchs zum Orkan. Feuerwände rasten mit 270 Kilometern Geschwindigkeit in der Stunde durch die

KZ-Häftlinge müssen die Trümmer und die bis zur Unkenntlichkeit verbrannten Opfer des Feuersturms bergen.

Überlebende bahnen sich am 26. Juli 1943 einen Weg durch die Ruinen Altonas.

Straßen, rissen Bäume aus und wirbelten Menschenleiber durch die Luft. Die meisten Menschen aber starben in den Kellern. Verschüttet, erstickt, zu Asche verbrannt und sogar ausgeschmolzen.

Von Donnerstag auf Freitag warfen 1100 Bomber ihre tödliche Last auf Barmbek, Uhlenhorst und Winterhude. Endlich, in der Nacht zum Dienstag, dem 3. August, hatte der Himmel ein Einsehen. Ein Gewitter brach los – mit einer solchen Urgewalt, wie man noch keines erlebt hatte. Die deutsche Flugabwehr hatte in der ganzen Zeit nur 35 Angreifer abschießen können, nun drohte der Himmel den letzten Verband von 800 Maschinen in die Tiefe zu stoßen. Die Piloten drehten ab, sie kehrten heim. Das Unternehmen Gomorrha war beendet. 35 000 Menschen sind tot, 125 000 verletzt.

Rechts: Flucht aus den Trümmern. 900 000 Hamburger wurden obdachlos.

Nach dem Feuersturm: Blick vom Nikolaiturm auf die Katharinenstraße, im Hintergrund die Speicherstadt

Fritz Schumacher, der Baumeister, der 24 Jahre seines Lebens darangesetzt hatte, Hamburg ein schönes und würdiges Gesicht zu geben, schreibt in sein Tagebuch:

„Schaudernd blickt der Verschonte in die geisterhaft erhellte Nacht hinaus, von allen Seiten hört er das Knistern der Flammen, das sich manchmal bis zum Tosen steigert. Bisweilen wird das alles übertönt von einer furchtbaren Explosion … Das Schreckliche, unvergesslich Schauerliche aber ist, dass in all diesem elementaren Geschehen auch nicht ein Ton von Menschenstimmen erschallt. Kein Rufen, kein Befehlen, kein Klagen, kein Schreien. Alles Menschliche ist stumm geworden, als hätte der Tod es schon hinweggerafft. Und das bleibt so. Auch wenn der Sommermorgen längst heraufgezogen ist, blickt der Himmel schwarz herab und zeigt nur am Rand des Horizonts einen schmalen hellgrünen Streifen, dunkelblutig aber steht der Sonnenball, seltsam verkleinert, als wäre es der Mond am geschändeten Himmel."

Und das war die schreckliche Gesamtbilanz der Luftangriffe auf Hamburg bis Kriegsende: 45 000 Tote. 900 000 Obdachlose. 227 330 (von 563 300) Wohnungen total zerstört, 171 000 beschädigt. Im zu 80 Prozent zerstörten Hafen liegen 312 Schiffe beschädigt an den Kais. Zerstört wurden weiter: 580 Industriebetriebe, 2632 gewerbliche Betriebe, 379 Kontorhäuser, 24 Krankenhäuser, 277 Schulen, 58 Kirchen … Die Staatsbibliothek verlor über 700 000 (von 850 000) Büchern, die Commerzbibliothek über 90 Prozent ihres Bestandes von 188 000 Bänden. Um den Trümmerschutt, 43 Millionen Kubikmeter, abzufahren, würde man einen Güterzug von 30 000 Kilometern Länge brauchen.

Hamburger Nachrichten

Im Konzentrationslager Neuengamme werden 1938–1945 rund 100 000 Menschen gefangen gehalten, 51 000 sterben.

1939–1945

Rationiert ist im Krieg so gut wie alles. Lebensmittel, Textilien, Benzin natürlich. Aber nicht nur das: Seit dem 18. November 1939 gibt es zum Beispiel pro Vierteljahr nur noch für 20 Pfennig „Nähmittel" (Faden, Stopfgarn, Nähseide usw.).

Gesammelt wird ständig und alles. Küchenabfälle, Tuben, Flaschen, Altpapier sowie Wollsachen und Pelzwerk für die Soldaten an der Front.

Die Verdunkelung muss streng eingehalten werden, dass kein Licht auf die Straße dringt. Straßenbeleuchtung gibt es nicht. Fußgänger tragen Plaketten in Leuchtfarben an der Kleidung, die Scheinwerfer der Autos sind mit dunklen Kappen überzogen, die nur einen schmalen Schlitz freilassen. Verboten ist es, Autos zu benutzen, die keinen „roten Winkel" auf dem Nummernschild haben. Dieser Winkel wird nur für Fahrten vergeben, die kriegswichtig sind.

Ein Tarnnetz überspannt die Binnenalster, eine Lombardsbrücken-Attrappe führt über die Außenalster. Das soll feindlichen Fliegern die Orientierung erschweren.

Verboten ist das Abhören ausländischer Sender, „noch verbotener" das Verbreiten ihrer Informationen oder das Erzählen von Witzen, die das Regime herabsetzen oder die „Wehrkraft zersetzen". Wehrkraftzersetzung ist zum Beispiel schon ein Frage-Antwort-Witz wie dieser: „Warum darf man beim deutschen Gruß den Arm nur bis zur Augenhöhe heben?" – „Weil darüber die alliierte Lufthoheit beginnt." Verboten wird auch Käutners 1944 fertiggestellter Hamburg-Film „Große Freiheit Nr. 7". Die Hauptrollen spielen Hans Albers und Ilse Werner.

Im Zusammenhang mit der Verhaftung der Widerstandsgruppe „Weiße Rose" (Geschwister Scholl) in München 1943 werden dreißig Hamburger verhaftet, acht von ihnen werden hingerichtet oder kommen in der Haft zu Tode.

Jüdische Mitbürger müssen einen gelben Stern mit der Aufschrift „Jude" tragen. Nach und nach verschwinden sie aus dem Straßenbild.

In Neuengamme gibt es ein Konzentrationslager (KZ). Dort wird noch im April 1945 die beliebte Thalia-Schauspielerin Hanne Mertens ermordet. Wenige Tage vor Kriegsende werden die Gefangenen aus Neuengamme zur Lübecker Bucht getrieben und auf dort ankernden Schiffen eingesperrt.

Während in Hamburg am 3. Mai schon die Waffen ruhen und die Stadt auf den Einmarsch der Engländer wartet, versenken englische Flugzeuge in der Ostsee das ehemalige Flaggschiff der Hamburg Süd, die „Cap Arcona", und den Dampfer „Thielbek". Über 7000 Häftlinge sterben.

Etwa 9000 Häftlinge des KZ Neuengamme werden Ende April 1945 nach Lübeck „evakuiert" und auf Schiffe verfrachtet. Englische Jagdbomber greifen diese am 3. Mai 1945 versehentlich an, versenken die „Thielbek" und schießen die „Cap Arcona" in Brand (Foto). Über 7000 Menschen sterben.

Die Welt im Jahr 1943

Schnellbau

In den USA baut Henry Kaiser ein Hochseeschiff in viereinhalb Tagen. Nach dem Serienmontageprinzip werden jetzt Hunderte von Kaisers „Liberty"-Schiffen für den Kriegsbedarf der Alliierten gebaut.

Die Wende

Die in Stalingrad eingeschlossene 6. Armee muss kapitulieren, 110 000 deutsche Soldaten geraten in Gefangenschaft. – Sowjettruppen erobern die Ukraine zurück und sprengen nach 17 Monaten den Belagerungsring um Leningrad, sodass ein Versorgungskorridor entsteht (Januar 1944 ist die Blockade endgültig beendet, 1,1 Millionen Zivilisten sind tot, die meisten verhungert). Hitler befiehlt, beim Rückzug aus Russland nur „verbrannte Erde" zu hinterlassen. Engländer und Amerikaner besiegen Rommels Afrikakorps. Die Amerikaner landen in Sizilien. Italien kapituliert vor den Alliierten und erklärt Deutschland den Krieg. Großadmiral Dönitz muss den U-Boot-Krieg einstellen. Roosevelt und Churchill beschließen in Casablanca, von Deutschland nur eine bedingungslose Kapitulation anzunehmen. Beide verabreden mit Stalin in Teheran, dass die Sowjetunion die Westgrenze von 1939 behält. Polen soll durch deutsches Gebiet entschädigt werden.

Deutscher Kulturspiegel

Hermann Hesse: „Das Glasperlenspiel" (geschrieben in der Schweiz). Thomas Mann: vierter Band von „Joseph und seine Brüder" (geschrieben in den USA). Franz Werfel: „Jacobowsky und der Oberst" (geschrieben in den USA). Max Beckmann: „Les Artistes mit Gemüse" (gemalt in Holland). Gerhard Marcks: „Ver Sacrum" (geformt in der „inneren Emigration" in Berlin).

Ausland

Jean-Paul Sartre: „Die Fliegen". Antoine de Saint-Exupéry: „Der kleine Prinz".

Filme

„Münchhausen" (Hans Albers). „Romanze in Moll" (Marianne Hoppe, Siegfried Breuer, Paul Dahlke).

Stalingrad 1943: Überlebende der 6. Armee gehen in sowjetische Gefangenschaft.

Die Wüstenratten kommen und besetzen Hamburg

Für Hamburg ist der Zweite Weltkrieg seit 13 Uhr zu Ende. Er hat 2072 Tage gedauert. Er hat so viele Menschenleben gefordert und die Stadt so vernichtend getroffen wir kein Krieg und keine Naturkatastrophe zuvor. Doch als seien die Bombennächte des Juli 1943 noch nicht genug des Unglücks gewesen, schwebte unsere Stadt in den letzten Wochen des längst verlorenen Krieges noch einmal in der ständigen Gefahr, restlos ausgelöscht zu werden.

Am 20. April haben die Engländer den südlichen Stadtrand Hamburgs erreicht. Nur noch „verlorene Haufen" hatten sich ihnen in der Heide zum Kampf gestellt. Sicher wäre es den Briten möglich gewesen, über die Elbe zu setzen und Hamburg im Sturm zu nehmen. Sie taten es nicht. Der Krieg war praktisch zu Ende, und eine so große militärische Operation hätte Verluste gekostet, die nicht mehr zu verantworten gewesen wären. Man konnte stattdessen an die Vernunft der Verteidiger appellieren oder mit der Luftwaffe drohen.

Hitler, bereits in selbst gewählter Gefangenschaft in seinem Bunker im umkämpften Berlin, hatte Hamburg zur Festung erklärt, so wie die Städte Posen, Kolberg, Königsberg, die nach schwersten Kämpfen um jede Hausruine alle verloren gegangen waren, so wie Breslau, das noch immer kämpfte.

Kampfkommandant in Hamburg war Generalmajor Alwin Wolz (47). Er war fest entschlossen, Hamburg nicht zu verteidigen. Aber das durfte niemand wissen. Am wenigsten sein direkter Vorgesetzter, Generalfeldmarschall Busch, Oberbefehlshaber der Heeresgruppe Nordwest. Busch hatte den

Britische Panzer rücken über die Elbbrücken in Hamburg ein.

Die Kapitulation. Generalmajor Wolz übergibt die Stadt an Generalmajor Spurling.

Auftrag, feindliche Truppen vor Hamburg zu binden, damit alle deutschen Verbände beim Entsatz der Reichshauptstadt den Rücken freihätten. So richtig diese Strategie klingen mochte, sie ging von einer falschen Voraussetzung aus. Es gab keine Verbände mehr, die zu einer Befreiung Berlins in der Lage gewesen wären.

Der „Nazi"-Gauleiter und Reichsstatthalter Kaufmann hielt Hitler seit seinem Besuch in Berlin für einen „Wahnsinnigen, der von Verbrechern umgeben ist". Kaufmann steuerte ebenfalls darauf hin, Hamburg den Endkampf zu ersparen. General Wolz konnte das nicht ahnen. Noch rechtzeitig bahnte sich eine geheime Übereinstimmung zwischen beiden an. Und dann begann der letzte Akt.

Am 29. April gehen zwei Offiziere und ein Zivilist bei Appelbüttel südlich von Harburg mit einer weißen Fahne durch die Front zu den Engländern. Der Zivilist ist Albert Schäfer, Direktor der Harburger Phönix-Werke. Er will mit den Engländern eigentlich nur über die Schonung der Fabrik verhandeln, in der ein Lazarett untergebracht ist. Die Engländer erkennen die Chance. Mühsam bahnen sich erste geheime Kontakte zu General Wolz an.

Derweilen bricht das Reich vollends zusammen. Hitler begeht am 30. April Selbstmord. Sein Nachfolger, Großadmiral Dönitz, ist besessen von der Idee, den Waffenstillstand so lange wie möglich hinauszuzögern, um möglichst viele Soldaten und Zivilisten in den Westen zu retten.

Die Engländer haben Hamburg eine letzte Frist von 24 Stunden gewährt, dann werden sie ihre Luftwaffe einsetzen und jeden Widerstand brechen. Wolz ist zur Kapitulation bereit, er kann sich aber nicht darauf verlassen, dass die SS-Truppen und eine Fallschirmjäger-Division, die außerhalb der „Festung Hamburg“ liegt und ihm nicht untersteht, mitmachen werden. Da versetzen ein paar beherzte Bürger dem Schicksal einen Stoß, um die Verantwortlichen zum Handeln zu zwingen. Kaufmann hatte (für den Fall der Kapitulation) einen Aufruf vorbereitet und auch schon drucken lassen. Die ganze Auflage liegt unter Verschluss. Man hat aber nicht daran gedacht, den Probeabzug in der Setzerei zu vernichten. Und den hängen Angehörige einer Widerstandsgruppe jetzt ins Schaufenster des Girardet-Hauses am Gänsemarkt.

Das geschieht am 2. Mai mittags. Kaufmann steht als Verräter da. Großadmiral Dönitz tobt. Aber Rüstungsminister Albert Speer droht, Dönitz jede Mitarbeit zu verweigern, wenn der Großadmiral die Tatsachen in Hamburg immer noch nicht respektiert. Um 17 Uhr befiehlt Dönitz: „Hamburg ist kampflos zu übergeben.“ Um 20.30 Uhr erfahren es die Hamburger über den Rundfunk.

Seit heute Morgen rückt die 7. Britische Panzerdivision auf Hamburg vor. In drei Marschsäulen: von Hittfeld über Sinstorf, von Nenndorf über Tötensen und von Buxtehude über Fischbek. An den Elbbrücken vereinigen sie sich. Sie kommen über den Heidenkampsweg und die Mönckebergstraße zum Rathaus.

Vor dem Rathaus erwartet Generalmajor Wolz den britischen General Spurling. Wolz führt die Engländer die Treppen hinauf. In der Mitte des Bürgermeistersaals steht Karl Kaufmann in feldgrauer Beamtenuniform. Damit ist Hamburg übergeben. Im Kaisersaal werden nur noch praktische Fragen der Verwaltung besprochen.

In Nordafrika hat sich die 7. Panzerdivision im Kampf gegen Rommel den Ehrennamen „Wüstenratten“ erkämpft. Nun zieht sie als Siegerin in die größte Stadt ein, die je vor den Truppen der britischen Majestät kapituliert hat. Und Hamburg wird, zum ersten Mal seit Napoleon, von fremden Truppen besetzt.

An allen Kreuzungen stehen Polizisten und weisen den einrückenden Truppen den Weg. Sonst ist kein Mensch auf den Straßen. Nirgends hängt eine weiße Fahne. Nirgends öffnet sich ein Fenster. Nirgends winkt man den Engländern zu, obgleich mit ihnen das Ende der Ungewissheit in die Stadt zieht, das Ende der schrecklichen 20 Tage zwischen Tod und Leben.

Deutsche Polizisten weisen den Engländern den Weg.

Hamburg kurz nach Kriegsende: Blick Richtung Norden über den zerstörten Hafen und die Werftanlagen über die Elbe zur Innenstadt mit den Türmen von St. Michaelis, St. Nikolai und Rathaus. Britische Luftaufnahme vom 5. Juni 1945

Hunger und Kälte
Tausende vom Tod bedroht

„Die Krise in Hamburg hat ein unerträgliches Ausmaß erreicht." Mit diesen Worten beginnt ein Brief, den Bürgermeister Max Brauer heute dem Generalgouverneur der britischen Besatzungszone, General Robertson, in Minden geschickt hat. Brauer, vor 1933 Oberbürgermeister von Altona, war in die Emigration gegangen und im Juli 1946 aus den USA in die Heimat zurückgekehrt. Seit Oktober 1946 ist er Hamburger Erster Bürgermeister.

In dem Brief an General Robertson heißt es weiter: „Gas- und Energieversorgung sind zusammengebrochen. Die Haushaltungen sind ohne Licht, Heizung und Kochmöglichkeit. Es muss gehandelt werden, und zwar sofort, wenn nicht allein in Hamburg in kürzester Frist viele Tausende dieser Katastrophe zum Opfer fallen sollen."

Mitte Dezember hat der Frost eingesetzt, und er hält – ungewöhnlich für Hamburg – seitdem ununterbrochen an. Die Temperaturen liegen bei 15 bis 20 Grad minus. An einigen Tagen sinken sie aber auch auf bis zu 28 Grad minus. Die Alster ist meterdick gefroren.

Bei 85 Todesfällen wurden Erfrierungen offiziell als Ursache bestätigt. An den Folgen einer Lungenentzündung starben im Dezember 47, im Januar 217, und in diesem Monat werden es noch mehr sein. Die Zahl der Hungertoten kann nicht festgestellt werden, da Hungersiechtum und allgemeine Entkräftung schwer zu unterscheiden sind. Diese Zahlen muss man noch als niedrig bezeichnen, wenn man bedenkt, dass selbst in den Krankenhäusern eine Zimmertemperatur von 12 Grad nur selten erreicht wird.

1 434 633 Einwohner teilen sich 8,1 Millionen Quadratmeter Wohnraum. Das sind theoretisch 5,6 Quadratmeter pro Person (1939: 13,5). Aber als Wohnraum gilt auch jede notdürftig hergerichtete Unterkunft, selbst wenn sie keine Fenster hat und

Bürgermeister Max Brauer (1887–1973), SPD

das Dach undicht ist. Natürlich leben in vielen Stadtteilen acht bis vierzehn Personen in zwei Zimmern. Es handelt sich dabei keineswegs immer um Mitglieder einer Familie, oft nicht einmal um Verwandte.

An den Neubau von Wohnungen war bisher überhaupt nicht zu denken. Es gibt kein Baumaterial. Es konnten nur einige Tausend beschädigter Wohnungen mehr oder weniger instand gesetzt werden. Als Material diente, was man in den Trümmern fand: Ziegelsteine, Türen, Fensterrahmen, Öfen usw.

In den verschonten Vierteln haben sich die Engländer einquartiert. Sie sitzen auch in allen großen Hotels und haben Gaststätten und Kinos beschlagnahmt. Es sind zwar nur zwei Prozent des gesamten Wohnraums, den sie beanspruchen, aber optisch wirkt es so, dass jedermann sagt, „sie haben sich breitgemacht".

„Kohlenbeschaffung“ zwischen den Bahnhöfen Hamburg und Altona. Foto vom 23. August 1946

Als der britische Gouverneur für Hamburg, Henry Vaughan Berry, Max Brauers Brief liest, ordnet er an, dass Offiziersmessen nicht mehr geheizt werden dürfen, solange die größte Not der Bevölkerung nicht behoben ist.

Die offizielle Kohleration beträgt 200 Pfund für den ganzen Winter. Aber nicht einmal diese lächerliche Menge haben alle bekommen. Der Kohlenmangel ist so groß, dass die Vorräte der Elektrizitätswerke auf eine Reserve von anderthalb Tagen abgesunken sind. HEW-Direktor Bannwarth wollte die Stromerzeugung einstellen, aber Brauer „befahl“ ihm weiterzuproduzieren. Der Bürgermeister verließ sich dabei auf die Zusage der Engländer und der Reichsbahn, Kohlenzüge aus dem Ruhrgebiet wie Eilzüge abzufertigen. Sie kamen auch tatsächlich an.

Aber jeder weiß, wie es mit Kohlentransporten aussieht. Das rollende Material der Reichsbahn ist in einem so jammervollen Zustand, dass auf der Strecke Essen–Hamburg bis zu 17-mal die Lokomotive gewechselt werden muss. Das bedeutet 17-mal anhalten, und 17-mal werden die Züge geplündert. Dass von je 1000 Tonnen bei der Ankunft 200 fehlen, gilt als „normaler Schwund“, manchmal kommt ein Waggon aber auch „besenrein“ am Zielort Hamburg an.

In der Hansestadt sind 1200 Polizisten ausschließlich zur Bewachung der Kohlenzüge abkommandiert worden. Das sind 400 Mann je Schicht. Und wenn sie zupacken, verhaften sie nicht selten ihre eigenen minderjährigen Kinder. Unter den in den letzten Tagen dem Gericht zugeführten Kohlendieben waren zwei Lehrer, ein Pfarrer und ein Staatsanwalt. Zugesagte Braunkohlelieferungen aus

„Nissenhütten", Notwohnungen oft für mehr als ein Dutzend Menschen, hier in Hamburg-Eilbek. Foto von 1947

der sowjetischen Besatzungszone sind nicht angekommen. Angeblich nur deshalb nicht, weil alle Binnenwasserstraßen zugefroren sind. Aber alle Anzeichen deuten darauf hin, dass die Sowjets seit der spektakulären Wahlniederlage der Kommunisten in Berlin am 20. Oktober 1946 lebensnotwendige Lieferungen zurückhalten.

Zurzeit sind etwa 700 Betriebe in Hamburg stillgelegt. 37 000 „Stromarbeitslose" sind die Folge. Haushalte bekommen nur stundenweise Strom. Läden sind nur während des Tageslichts (9–15 Uhr) geöffnet. Öffentliche Verkehrsmittel fahren nur vor 10 und nach 15 Uhr. Die Schulen sind geschlossen worden, da die meisten Kinder keine Mäntel haben und sehr viele nicht einmal Schuhe.

Ein Dach über dem Kopf und ein Schlafplatz:
das Innere einer Nissenhütte

Durch Auslandshilfe ermöglichte Massenspeisungen von Schulkindern helfen das Schlimmste zu verhindern.

Die Bevölkerung durchwühlt den Trümmerschutt nach brennbarem Material. Das ist lebensgefährlich, denn überall liegen noch Blindgänger und scharfe Munition aller Art. Die Polizei kann auch nicht verhindern, dass nachts in Parks und an Chausseen Bäume abgeholzt werden.

51 000 Kinder haben ihre Eltern verloren oder noch nicht wiedergefunden. 60 000 Hamburger sind kriegsbeschädigt. 27 000 gelten als Schwerbeschädigte. Etwa 100 000 Hamburger sind im Krieg gefallen, fast die Hälfte davon an der „Heimatfront", bei Luftangriffen. Der allgemeine Frauenüberschuss beträgt 120:100, in den heiratsfähigen Jahrgängen aber 166:100.

Die Fleischration kann nicht, wie vorgesehen, erhöht werden. Ein Ausweichen auf Fisch ist unmöglich, da die Cuxhavener Fischer wegen Treibstoffmangels nicht mehr auslaufen können. Die Kinderrationen müssen gekürzt werden. Ein „Normalverbraucher" (ohne Zulagen für Schwerstarbeiter oder werdende Mütter) erhält zurzeit 900 Kalorien pro Tag zugeteilt. Weit über die Hälfte davon machen Brot und Kartoffeln aus.

In Bürgermeister Brauers Brief an die Besatzungsmacht heißt es: „Durch das Ausbleiben von Gas, Elektrizität und Fernheizung ist auch der Betrieb von Großküchen des Roten Kreuzes, in denen 220 000 Mahlzeiten täglich hergestellt werden, auf das Äußerste gefährdet. Auch für einen Teil der Bäckereien sind keine Kohlen mehr vorhanden."

Was das Rote Kreuz mit 2500 ehrenamtlichen Helfern kocht und verteilt, sind Spenden aus dem Ausland. Sie kommen aus Schweden, Dänemark und der Schweiz, aus Irland und von den Mennoniten. Die Empfänger sind fast ausschließlich Kinder und alte Menschen, die sonst verhungern würden.

Schwarzmarkt: Wer noch etwas zu verkaufen oder zu tauschen hat, ist gut dran. Hamburgs größter Schwarzmarkt findet vor der „Bunten Kuh“ auf der Reeperbahn statt. Foto von 1948

Wer Freunde im Ausland hat, bekommt hin und wieder ein Lebensmittelpaket. Wer Möbelstücke, Geschirr, Teppiche usw. hat, träg sie aufs Land zu den Bauern. Wer noch einen Fotoapparat oder ein Radio gerettet hat, geht auf den Schwarzen Markt.

„Währung“ und Verrechnungseinheit ist die „Ami“ (amerikanische Zigarette). Ihr Kurs liegt bei 7,50 Reichsmark (RM). Für ein Kilogramm Kaffee bekommt man 1100 RM oder 146 Amis. Ein Ei kostet 12 RM oder anderthalb Amis. Auf Zuteilung gibt es nur ein Ei im Monat.

„Amis“ selbst zu rauchen wäre etwa so, als würde man Geldscheine verbrennen. Man raucht Kippen. Wohl dem, der bei der Besatzung arbeitet und an die Aschenbecher herankommt! Wenn der Winter vorbei ist, wird man wieder „Eigenbau“ ziehen und ernten.

Und doch regt sich in all diesem Elend weit mehr als nur zaghaft geistiges Leben. Die Theater spielen. Helmut Käutner hat in Ida Ehres Kammerspielen mit der Chefin, mit Hilde Krahl, Käte Pontow, Hermann Schomberg und anderen das Stück des Amerikaners Thornton Wilder inszeniert, dessen Titel wie ein Signal klingt: „Wir sind noch einmal davongekommen.“ Wir sind es in der Tat. Aber wir kommen nur wirklich davon, wenn es bald Frühling wird. Einen zweiten Winter wie diesen überleben wir nicht!

Hamburger Nachrichten

1945

Am 15. Mai ernennt die britische Besatzungsmacht Rudolf Petersen zum Ersten, Adolph Schönfelder zum Zweiten Bürgermeister. – 6. Juli: Wiederaufnahme des zivilen Postdienstes. Erlaub sind nur offene Postkarten und nur in lateinischer Schrift. Die Postkarten sind persönlich beim Postamt abzugeben. – August: Ehemalige Parteigenossen werden zu Aufräumungsarbeiten eingesetzt. – 1. September: Bei einer Schwarzmarktrazzia am Bahnhof Ohlsdorf werden 100 Zivilisten und mehrere britische Soldaten festgenommen. – Die Besatzungsbehörde stellt 150 Tonnen Kleiderfarbe zur Verfügung, damit entlassene Soldaten ihre Uniformen (meist das einzige Kleidungsstück, das sie besitzen) blau, grün oder braun färben können. – In Hamburg werden 20 000 Kilogramm Tabak geerntet. Sie müssen von den Pflanzern beim Hauptzollamt angemeldet werden. Die Deutsche Hilfsgemeinschaft (Selbsthilfe gegen Not und Hunger) wird gegründet. – 10. Dezember: Ida Ehre eröffnet die Kammerspiele.

1946

27. Februar: General Baker eröffnet die von den Engländern berufene Bürgerschaft. Sie hat 81 Mitglieder. Präsident: Adolph Schönfelder. – Am gleichen Tag erhalten vier parteigebundene Hamburger Zeitungen die Lizenz zum Erscheinen. – 1. April: Zuzugssperre. Nur Fachkräfte aus Mangelberufen dürfen nach Hamburg. – Die noch vorhandenen Wasserfahrzeuge dürfen keine Nationalfahne zeigen, sondern müssen die Signalflagge C („Ich kapituliere") führen. Da es keinen Stoff gibt, wird das Blau-Weiß-Rot-Blau aufgemalt. – 30. April: Die Lebensmittelkartenstelle in der Schule Adlerstraße, Altona, verzeichnet den 21. Einbruch. – Mai: Der Kommandant des KZ Neuengamme, Max Pauly, und zehn seiner Mitarbeiter werden von einem im Curiohaus abgehaltenen Militärgericht zum Tod durch den Strang verurteilt. – Die Helgen von Blohm + Voss (Rüstungsbetrieb) werden gesprengt. – Juni: Die Gemüse- und Obstbaugebiete um Hamburg werden zu Sperrgebieten erklärt. – 13. Oktober: Erstes frei gewähltes Parlament der britischen Besatzungszone: die Hamburger Bürgerschaft. Sie hat 110 Abgeordnete: SPD 83, CDU 16, FDP 7, KPD 4. – 15. Oktober: Gewählter Senat: Erster Bürgermeister Max Brauer, Zweiter Bürgermeister Christian Koch.

1947

18. April: Die Engländer versuchen, Helgoland zu sprengen und zu „versenken". Die Insel verändert ihre Form, bleibt aber bestehen. Sie dient fortan als Bombenziel für die britische Luftwaffe. – 23. Juli: 23 Trittbrettfahrer werden auf der Süderelbbrücke von einem Gegenzug fortgerissen. Elf Tote. Ein ähnliches Unglück hatte sich schon am 3. Juli 1946 beim Bahnhof Wilhelmsburg ereignet. Damals gab es sieben Tote. – November: Bei Stülcken wird der erste Fischdampfer auf Kiel gelegt. – 21. November: Uraufführung „Draußen vor der Tür" von Wolfgang Borchert (26) in den Hamburger Kammerspielen, einen Tag vor dem Tod des Autors.

1948

31. Januar: in der 111. Zuteilungsperiode kann die Zuteilung von Fleisch nicht garantiert werden. Fett und Milch gibt es nicht. – 21. Februar: Zur Feier des 100-jährigen Bestehens der Firma Hagenbeck sucht der Tierpark ein paar Sack Zement, um die Saurierfiguren reparieren zu können. – 20. Juni: Währungsreform: Die Reichsmark wird ungültig, die Deutsche Mark eingeführt. Jeder Bürger bekommt ein Kopfgeld von 40 neuen D-Mark. – 14. Oktober: Erste Ausgabe des „Hamburger Abendblatts", der ersten nicht parteigebundenen Tageszeitung Hamburgs. Der Verleger ist Axel Springer, 36 Jahre alt, Sohn von Hinrich Springer, dem Herausgeber und Verleger der 1941 von den Nazis verbotenen „Altonaer Nachrichten".

Die Welt im Jahr 1947

Deutschland

Erste und einzige Konferenz aller deutscher Ministerpräsidenten in München: keine Einigung über Gesamtdeutschland. – Alliierte Außenminister können sich in Moskau und London über Deutschlandpolitik nicht einigen. – Internationale Reparationskonferenz setzt deutsche Reparationen auf zwanzig Milliarden Dollar fest (die Hälfte für die UdSSR). 918 westdeutsche Industriewerke sollen demontiert werden (ein Viertel für die UdSSR).

Hochzeit

Die 21-jährige britische Kronprinzessin Elizabeth heiratet in London den 26-jährigen Prinzen (von Griechenland) Philip Battenberg. Er wird 1947 unter dem Namen Mountbatten naturalisiert und Herzog von Edinburgh. Er ist der Neffe des britischen Großadmirals und Vizekönigs von Indien Louis Mountbatten.

Teilungen

Großbritannien teilt den indischen Subkontinent in seinen Hinduteil und seine moslemischen Teile. Es entstehen die unabhängigen Staaten Indien und Pakistan. – Die UNO teilt Palästina zwischen Juden und Arabern auf.

Roter Osten

In Moskau wird das Kominform gegründet. Es ist eine Neugründung der 1943 aufgelösten Komintern. Alle von der Sowjetunion während des Zweiten Weltkriegs besetzten Länder haben jetzt kommunistische Regierungen, nur in Ungarn und der Tschechoslowakei halten sich noch kommunistisch dominierte Koalitionen.

Kronprinzessin Elizabeth und Prinz Philip mit der königlichen Familie auf dem Balkon von Buckingham Palace am Tag ihrer Hochzeit, dem 20. November 1947

US-Außenminister George C. Marshall (1880–1959), Vater des „Marshall-Plans“

Hilfe und Drohung

Generalstabschef George C. Marshall wird Außenminister der USA und verkündet ein umfassendes Hilfsprogramm für Europa, den Marshall-Plan. Die sogenannte Truman-Doktrin trägt den Namen des US-Präsidenten: Sie verspricht allen freien Völkern Hilfe und Schutz bei Bedrohung durch den Osten.

Telegramme

- Erste Nachrichten über „Fliegende Untertassen“.
- Charles Yeager (24) erreicht mit einem Düsenflugzeug als erster Überschallgeschwindigkeit.
- In den USA werden neun Millionen Tonnen der Kunstfaser Nylon produziert. Für das nächste Jahr ist mehr als die doppelte Menge vorgesehen.
- Christian Dior (42) kreiert in Paris den „New Look“, eine Mode mit halblangen, stoffreichen Kleidern.
- Der Norweger Thor Heyerdahl (33) segelt mit seinem Floß „Kon Tiki“ in 101 Tagen von Peru nach Polynesien, um Kulturverwandtschaft durch vorgeschichtliche Einwanderung zu beweisen.
- In den USA sind 25 000 Astrologen und 80 000 Wahrsager(innen) registriert.
- Literatur: Albert Camus: „Die Pest“. Thomas Mann: „Dr. Faustus“. – Hans Werner Richter gründet die „Gruppe 47“.
- Gestorben: Autokönig Henry Ford (83). Er hinterlässt 625 Millionen Dollar.

Christian Diors „New Look“, Paris 1947

Ein großer Teil des Hamburger Stadtgebiets südlich der Elbe wird bei der Sturmflut vom 16./17. Februar nach Deichbrüchen überflutet, insbesondere der Stadtteil Wilhelmsburg (Foto), wo 222 Menschen ihr Leben verlieren. Bundeswehrsoldaten im Schlauchboot suchen nach Überlebenden.

17. Februar 1962

Die große Flut brachte Tod und Verderben

Eine Flutkatastrophe furchtbaren Ausmaßes hat Hamburg getroffen. Sie hat 315 Todesopfer gefordert und fast 20 000 Menschen obdachlos gemacht. Heute Morgen waren 120 Quadratkilometer, das ist ein Sechstel des Hamburger Staatsgebiets, von 220 Millionen Kubikmeter Wasser überflutet. Immer noch strömt Wasser durch die gebrochenen Deiche. Rund hunderttausend Menschen warten auf Bäumen, auf Böden und Hausdächern auf Rettung. Am schwersten betroffen ist das Stromspaltungsgebiet zwischen Norder- und Süderelbe. Die meisten Todesopfer gab es in Wilhelmsburg.

Im Rathaus hat Polizeisenator Helmut Schmidt das Kommando über den Katastrophenstab übernommen. Bundeswehr, Polizei, Feuerwehr, Rotes Kreuz und Technisches Hilfswerk sind zusammen mit freiwilligen Helfern in pausenlosem Einsatz, aber auch englische, amerikanische, belgische und französische Soldaten sind herbeigeeilt, um zu helfen.

Wie konnte es geschehen, dass der Mensch sich gegenüber den Naturgewalten als so machtlos erwies? Die schrecklichen Erfahrungen mit Sturmfluten lagen wohl zu weit zurück, als dass man sich ihrer deutlich genug bewusst gewesen wäre. Hamburg, auch das Land unmittelbar hinter den Deichen, hatte sich sicher geglaubt. Nach der Sturmflut von 1825 hatte man die Deiche erhöht. Die nächste Sturmflut (1855) hatte relativ wenig Schaden angerichtet. Zwei Häuser waren zerstört worden, vier Menschen ertranken. Und das war auch schon 107 Jahre her. Seitdem war weiter an der Deichverstärkung gearbeitet worden.

Die Meteorologen sahen das Unheil am 15. Februar über den Atlantik heranstürmen. Die Ausläufer des amerikanischen Hurrikans „Vincinette“ rasten über Grönland und Norwegen. Die Shetlands meldeten Orkanböen von 280 km/h. Im ganzen Nordseebereich dachte man voller Sorge an die

Zum Anziehen blieb keine Zeit: ein Kind im Schlafanzug in der Februarkälte.
Bundeswehr, Feuerwehr, Technisches Hilfswerk und Freiwillige sind bis zur Erschöpfung im Einsatz.

Eine Familie wird mit dem Schlauchboot evakuiert.

Seedeiche, aber kaum an Gefahren im küstennahen Binnenland. Panik sollte vermieden werden. Der Rundfunk warnte am 16. Februar um 13.05 Uhr in sachlichen, wohl allzu sachlichen Worten: „Das Hochwasser wird voraussichtlich 2,50 bis 3 Meter höher als das Mittlere Tidenhochwasser eintreten."

Als das Hochwasser kam, alarmierte Cuxhaven seine Bürger: „Deichbruchgefahr! Sofort die oberen Stockwerke aufsuchen!" Auf den Halligen zogen sich die Bewohner in ihre „Fluchtburgen" zurück, während die schweren Brecher Häuser und Ställe verwüsteten und Truhen, Betten, Tische und Stühle in die See hinausrissen.

Indessen braute sich das schwerste Unheil tief landeinwärts, zunächst über Hadeln und Kehdingen, dann über dem Alten Land und den rechtselbischen Marschen bei Elmshorn zusammen. Um 20.33 Uhr (NDR), 22.15 und 22.35 Uhr (ARD) warnten Rundfunk und Fernsehen, die nächste Flut werde das Mittlere Tidenhochwasser um 3,50 Meter übersteigen, aber nur Fachleute verstanden den grausamen Ernst dieser Worte. Man ging schlafen.

Am 17. Februar, kurz nach Mitternacht, strömte das Wasser über die Deiche in Neuenfelde und Altenwerder. Als um 1.15 Uhr die ersten Brecher mit Urgewalt über den Wilhelmsburger Reiherstiegdeich schlugen, war es zu spät, die rund 70 000 Bewohner dieses Stadtgebiets zu evakuieren oder auch nur ausreichend zu warnen. Die Telefone funktionierten nicht mehr, die Stromversorgung brach zusammen, die Sirenen versagten den Dienst, die Peterwagen blieben im Schlamm stecken. Ihre Lautsprecher kamen ohnehin gegen den Orkan nicht mehr an. Tod und Verderben brachen über schlafende Vorstädte, Dörfer und Gartenkolonien herein.

Am 17. Februar kurz nach Mitternacht sind in Hamburg-Neuenfelde die Deiche gebrochen.

Kurz hintereinander brechen die Deiche an sechzig Stellen. In Francop, Moorburg, Stillhorn, Moorfleet, am Ernst-August-Kanal, auf der Peute, in Billbrook, am Industriekanal und an der Harburger Chaussee und, und, und ... Nur noch per Funk erfährt man in Hamburg davon.

Durch die Georg-Wilhelm-Straße und durch die Veringstraße in Wilhelmsburg rasen meterhohe Flutwellen. Die Wilhelmsburger Reichsstraße steht unter Wasser, und über der Autobahn steht das Wasser stellenweise drei Meter hoch. Die Süderelbmarsch hat sich in ein brodelndes Meer verwandelt.

Um ein Uhr morgens fällt in weiten Teilen der Stadt der Strom aus. Hamburg liegt im Dunkeln. Und nun erreicht das Wasser auch die Innenstadt. Rödingsmarkt und Ost-West-Straße, Admiralitätstraße und Großer Burstah werden überflutet. Der Adolphsplatz steht unter Wasser. Um 2.30 Uhr fließt das Wasser der Elbe in die Alster.

„Krisenmanager“: Polizeisenator Helmut Schmidt fliegt an die Wasserfront.

Um 3.07 Uhr erreicht die Flut ihren Höhepunkt. Dann beginnt sie, ganz langsam nur, zu fallen. Und immer noch schlafen Hunderttausende in den nicht betroffenen Stadtteilen in den arbeitsfreien Sonnabend hinein, ohne zu wissen, was geschehen ist.

Die Welt im Jahr 1962

Neue Freundschaft
Staatspräsident de Gaulle und Bundeskanzler Adenauer vereinbaren am 2. Juli eine engere Zusammenarbeit zwischen Deutschland und Frankreich. Bei seinem Besuch in der Bundesrepublik (4. bis 9. September) wird de Gaulle überall stürmisch gefeiert.

Katastrophen
Am 10. Januar verschüttet ein Bergrutsch in Peru sechs Dörfer, mehr als 3000 Menschen sterben. – Bei einer Schlagwetter-Katastrophe in der Grube Luisenthal im Saarland am 7. Februar kommen 299 Bergleute ums Leben.

Straßenfeger
„Das Halstuch" von Francis Durbridge holt im Januar etwa 25 Millionen Zuschauer vor den Bildschirm – der erste Tele-Straßenfeger.

Tauschgeschäft
Francis Powers, der über der Sowjetunion abgeschossene Pilot des amerikanischen U2-Spionageflugzeugs, wird am 10. Februar auf der Glienicker Brücke in Potsdam gegen den Sowjet-Spion Rudolf Abel ausgetauscht.

Künstlerpech
Bei den Weltmeisterschaften im Eiskunstlauf in Prag stürzen am 14. März die Favoriten Marika Kilius und Hans-Jürgen Bäumler und müssen aufgeben.

Contergan
Die Nordwestdeutsche Gesellschaft für Kinderheilkunde erörtert in Hamburg (27. April) die Häufung körperlicher Missbildungen bei Neugeborenen und mögliche Zusammenhänge mit dem Schlafmittel Contergan.

Eichmann
Der ehemalige SS-Führer Adolf Eichmann, den der israelische Geheimdienst aus Argentinien entführt hat, wird in Jerusalem zum Tode verurteilt und in der Nacht vom 31. Mai auf den 1. Juni hingerichtet.

Sex-Idol eines Jahrzehnts: Marilyn Monroe (1926–1962)

Selbstmord
Marilyn Monroe (36), von 1956 bis Anfang 1961 verheiratet mit dem Dramatiker Arthur Miller, stirbt am 5. August an einer Überdosis Schlaftabletten.

Unabhängigkeit
Am 3. Juli erkennt Frankreich die Unabhängigkeit Algeriens an. In den nächsten Wochen kommt es zu blutigen Auseinandersetzungen zwischen den verschiedenen politischen Gruppen.

Telestar
Der erste aktive Fernmelde-Satellit (Telestar) wird am 10. Juli in den USA gestartet. Er vermittelt am 23. Juli den ersten direkten transatlantischen Fernsehprogrammaustausch.

Madonnen-Raub
Tilman Riemenschneiders „Maria im Rosenkranz" wird am 7. August aus der Wallfahrtskirche im fränkischen Volkach gestohlen. Eine Illustrierte setzt ein Lösegeld von 100 000 Mark aus. Drei Monate später händigen die Täter die Madonna und andere gestohlene Kunstwerke aus – und kassieren.

Atomschiff

Das erste atomgetriebene Handelsschiff der Welt, die „Savannah“, läuft am 20. August in den USA zur Jungfernfahrt aus.

Hanse-Kogge

Bei Baggerarbeiten in einem Bremer Hafenbecken wird am 8. Oktober ein Wrack gefunden: eine Hanse-Kogge aus dem 14. Jahrhundert.

Spiegel-Affäre

Das von der Bundesanwaltschaft am 27. Oktober eingeleitete Verfahren wegen Verdachts des Landesverrats gegen das Nachrichtenmagazin „Der Spiegel“ führt zu einer schweren innenpolitischen Krise und zu einer Kabinettsumbildung.

Kriegsgefahr

Ende Oktober: Kraftprobe zwischen den USA und der Sowjetunion um sowjetische Raketenbasen auf Kuba. Gefahr eines Dritten Weltkriegs. Chruschtschow gibt nach.

Frauen der „Women Strike for Peace“ demonstrieren in New York am 23. Oktober 1962 für die friedliche Beilegung der Kuba-Krise

Hamburger Nachrichten

1949

Sprengmeister Merz entschärft am 19. Februar die 2500. Bombe. – Bei der Bürgerschaftswahl (16. Oktober) erhält die SPD 65 von 120 Mandaten. Max Brauer bleibt Erster Bürgermeister.

1950

In der Washington-Bar auf St. Pauli singt ein junger Mann aus Wien, der sich Freddy nennt, Lieder zur Gitarre.

1951

Industrielle Produktion und Schiffbau sind freigegeben. Die Werften können wieder Schiffe bauen.

1952

Die Engländer geben Helgoland frei (1. März). Die evakuierte Insel diente der Royal Air Force als Bombenziel. – Fünf große Hallen für Kongresse und Ausstellungen werden auf dem ehemaligen Friedhofsgelände an der Jungiusstraße errichtet. – Der NWDR beginnt am 25. Dezember mit regelmäßigen Fernsehsendungen.

1953

Millionen Besucher in Hamburg: zum Deutschen Turnfest, zum Evangelischen Kirchentag und zur IGA. – Neue Lombardsbrücke und Alsterpark eingeweiht. – Stapellauf bei Howaldt, Hamburg (25. Juli): „Tina Onassis“, der zur Zeit größte Tanker der Welt. – Bürgerschaftswahl: Bürgerlicher „Hamburg-Block“ gewinnt 62 von 120 Mandaten. Dr. Kurt Sieveking (CDU) Erster Bürgermeister.

1954

„Al-Malik Saud Al-Wal“, mit 47 000 Tonnen Tragfähigkeit noch größer als die „Tina Onassis“, läuft am 3. Juni bei Howaldt vom Stapel.

1955

Schah von Persien und Kaiserin Soraya in Hamburg (23.–26. Februar). – Das zweitgrößte Teleskop der Welt für die Bergdorfer Sternwarte (21. August).– Einweihung des Neubaus der Staatsoper mit Mozarts „Zauberflöte“ (15. Oktober).

Die Beatles im Star-Club, 1962

1956

Hamburger Fahrzeuge bekommen wieder ihr HH (statt BH für Britische Zone/Hamburg).

1956

„Das Tagebuch der Anne Frank" im Thalia Theater aufgeführt. Intendant Willy Maertens (1. Oktober).

1957

Erste Wehrpflichtige in Rahlstedter Kasernen (1. April). – Hamburgerin Gerti Daub wird „Miss Germany" (22. Juni). – Viermastbark „Pamir" südwestlich der Azoren mit 80 Seeleuten gesunken (21. September). – Bürgerschaftswahl (10. November): Die SPD erringt 69 von 120 Mandaten. Koalition mit der FDP (10 Mandate). Bürgermeister werden Brauer (SPD) und Engelhard (FDP). – Premiere der Aktuellen Schaubude (7. Dezember). Gesendet wird aus einem „Gläsernen Studio" (alltags ein Auto-Salon) an der Dammtorstraße.

1958

Stapellauf der „Gorch Fock", des ersten Segelschulschiffs der Bundesmarine, bei Blohm + Voss (23. August). – Pumpspeicherwerk Geesthacht nimmt den Betrieb auf (15. Oktober).

1959

Erstes Konzert von Maria Callas in Deutschland in der Musikhalle (15. Mai). – Wiederaufnahme der Arbeit im Trockendock „Elbe 17" (Juni).

1960

HSV Deutscher Meister (25. Juni). – Hans Albers gestorben (24. Juli). 10 000 Menschen auf dem Ohlsdorfer Friedhof.

1961

Am 5. Oktober fährt ein S-Bahn-Zug auf einen Bauzug auf. 28 Tote, 30 Schwer- und 66 Leichtverletzte. – Bürgerschaftswahl (12. November): Dr. Paul Nevermann (SPD) löst Max Brauer als Erster Bürgermeister ab.

1962

Star-Club in der Großen Freiheit eröffnet (13. April). Es musizieren unter anderem vier junge Leute aus Liverpool, die sich „The Beatles" nennen. – St. Nikolai am Klosterstern eingeweiht (30. September). Die Nikolai-Ruine an der Ost-West-Straße soll Mahnmal werden. – Ernst Barlach Haus im Jenischpark eröffnet (29. Oktober).

Der Wiederaufbau war wie ein Wunder

Wilhelm Trippe, Maurerpolier aus Hohenfelde, 67 Jahre alt, ist einer der dreißig Hamburger, die heute von Bürgermeister Dr. Nevermann für die Mithilfe beim Wiederaufbau Hamburgs geehrt wurden. Das geschah in einer Gedenkstunde an die zwanzig Jahre, in denen Hamburg sich aus dem Nichts, aus Trümmern und Asche wie ein Phönix erhob, größer und schöner als je zuvor.

Wilhelm Trippe erhielt seine Urkunde stellvertretend für das ganze Bauhandwerk. Elisabeth Baeumer erhielt sie für das Rote Kreuz, Ida Ehre für das Theater, Kurt A. Körber für die Industrie und Berufsfortbildung. Dr. Mühlradt für den Hafen, Dr. Marion Gräfin Dönhoff für die Presse, der ehemalige Leiter der Senats-Pressestelle Erich Lüth als Vermittler zwischen Verwaltung und Öffentlichkeit, Bürgermeister a. D. Dr. Kurt Sieveking für die Verwaltung und Politik.

Selbst wenn nicht dreißig, sondern dreihundert oder dreitausend ausgezeichnet worden wären, so hätten auch sie nur stellvertretend für alle die stehen können, die (wir mögen das Wort nicht gern hören, auch wenn es für einige Jahre international im Gebrauch war) ihren Teil zum „deutschen Wunder“ beigetragen haben.

Wer 1945 vorausgesagt hätte, dass Hamburg zwanzig Jahre später nach Berlin die größte Industriestadt der Bundesrepublik Deutschland sein würde, gleichzeitig das größte Außenhandelszentrum, und dass dieses Hamburg sich auf den Weg zu einem Mittelpunkt der blühendsten westeuropäischen Wirtschaftsregion begeben werde, der wäre für verrückt erklärt worden.

Im März 1946 hatten die Alliierten einen „Industrieplan“ für Deutschland aufgestellt. Er setzte Produktionsgrenzen und -verbote für fast alle Wirtschaftszweige fest. Nur sieben Industrien blieben davon unberührt: Bau- und Baustoffindustrie (exklusive Zement), Möbel- und Holzarbeiten, Glaserzeugnisse, Keramik, Fahrräder, Motorräder unter 60 Kubikmeter und Pottasche.

Am 28. Juni 1946 richtete die britische Militärregierung ein Schreiben an den von ihr ernannten Hamburger Bürgermeister Rudolf Petersen. Sie forderte ihn auf, einen Plan zu erstellen, wie unter Berücksichtigung der angegebenen Beschränkungen die Zukunft der gegenwärtigen Bevölkerung von 1,3 Millionen wirtschaftlich gesichert werden könne. „Und sollte dies“, so hieß es, „nicht möglich sein, so muss Ihr Plan Vorschläge enthalten, wie die überzählige Bevölkerung dazu veranlasst werden kann, die Hansestadt zu verlassen.“

Das war die Sprache der „bedingungslosen Kapitulation“. Die politischen Voraussetzungen haben sich inzwischen grundlegend geändert. Aus den Siegern sind Helfer geworden (Marshall-Plan), aus den Besiegten Verbündete (NATO) und Wirtschaftspartner (EWG).

Für die Männer der „Ersten Stunde“ nach dem totalen Zusammenbruch waren solche Perspektiven nicht abzusehen gewesen. Bürgermeister Petersen (später Max Brauer), sein Vertreter und gleichzeitiger Bürgerschaftspräsident Adolph Schönfelder und der noch sehr junge Wirtschaftssenator Dr. Karl Schiller konnten nur die „Politik des Überlebens“ planen. „Besonnen genug, die damaligen Grenzen politischen Wirkens zu erkennen, begeistert genug, ein neues Hamburg aufzubauen, ging man an die Arbeit“, sagte Karl Schiller beim heutigen Festakt.

Nehmen wir diesen Tag zum Ausgangspunkt eines Rückblicks:

Zunächst waren die 1,3 Millionen Menschen und alle die, die trotz „Zuzugssperre“ noch kommen würden, unterzubringen. Es gab 1945 noch 105 708 bewohnbare Wohnungen. Was zu reparieren war, wurde repariert. 365 000 Wohnungen wurden bis heute neu gebaut. Hamburg hat jetzt 623 000 Wohnungen, 71 000 mehr als vor dem Krieg.

Die Mönckebergstraße in den 1960er-Jahren

In Hamburg wohnen 1 857 431 Menschen. Von ihnen sind 926 500 erwerbstätig. 219 513 allein in der Industrie. Sie erarbeiteten ein Bruttosozialprodukt von 22,3 Milliarden D-Mark im letzten Jahr.

Die Industrieproduktion betrug 1946 noch ein Drittel von 1938. Sie ist heute doppelt so groß wie vor dem Krieg.

Der Hafenumschlag betrug 1946, nach den wichtigsten Aufräumungsarbeiten, immerhin schon wieder 16 Prozent des Vorkriegsstands, heute 150 Prozent, oder, in absoluten Zahlen, 35,4 Millionen Tonnen. 21 601 Schiffe verließen 1964 den Hamburger Hafen. Eine 130 Kilometer lange Radarkette leitet sie sicher durch die Elbmündung.

Die Hamburger Flotte, 1946 überhaupt nicht mehr vorhanden, ist heute um 400 000 BRT größer als vor dem Krieg (2,8 Millionen BRT).

1950 drohten die Engländer noch, das Trockendock „Elbe 17" zu sprengen. 1955 begann bei Blohm + Voss der Wiederaufbau. 1964 lieferten die Hamburger Werften 280 000 BRT neuen Schiffsraum ab.

Dreiundvierzig Millionen Kubikmeter Trümmerschutt mussten beseitigt werden, um den Straßenverkehr überhaupt in Gang zu bringen. Heute gibt es in Hamburg 346 048 Kraftfahrzeuge, davon 294 044 Personenwagen. Im letzten Jahr wurden 44 000 Personenwagen neu zugelassen.

Einhundertfünfzig Schulen wurden neu gebaut. Wir haben jetzt vierhundert Schulen mit 5619 Klassen, 6954 Lehrern und 175 962 Schülern. Die Universität, für die ein neues Viertel gebaut wurde, hat 18 000 Studenten. In weiteren zehn Jahren werden es sicher doppelt so viele sein. 1946 saßen die Opernbesucher in einer Ruine. Im neuen Gebäude wurde die Staatsoper unter Rennert und Liebermann ein Haus von Weltrang. Das Deutsche Schauspielhaus bekam durch Gustaf Gründgens

Gustaf Gründgens und Will Quadflieg 1957 in der berühmten „Faust"-Inszenierung am Deutschen Schauspielhaus

und das Philharmonische Staatsorchester durch Wolfgang Sawallisch seinen guten Ruf. Igor Strawinsky kam zu seinem 80. Geburtstag nach Hamburg und fuhr nicht nach New York oder Moskau, wohin man ihn ebenfalls eingeladen hatte.

Wo soll die Aufzählung enden? Auch das steht nur stellvertretend für viel mehr.

Moderne Büroviertel sind in der Innenstadt entstanden, ein noch moderneres, eine wahre Musterschau neuer Architektur, entsteht mit 35 000 Arbeitsplätzen nördlich des Stadtparks in der „City Nord". Alle großen Krankenhäuser wurden modernisiert, aber das AK Altona überragt sie alle. Das Volksparkstadion wurde fertig, eine Leistungssporthalle in Alsterdorf und die Alsterschwimmhalle sind im Bau. In der Hamburger Straße ent-

Die im Neubau von Gerhard Weber 1955 wiedereröffnete Hamburgische Staatsoper steht seit 1959 unter der künstlerischen Leitung von Rolf Liebermann.

steht ab 1968 ein Einkaufszentrum mit über 45 000 Quadratmetern Ladenfläche. In Planten un Blomen wird mit dem Bau eines Congress Centrums und eines Superhotels begonnen. 1968 wird auch der erste Spatenstich zum 115,2 Kilometer langen Elbe-Seitenkanal getan, in weniger als zehn Jahren wird eine kühne Brücke den Köhlbrand überspannen, und täglich werden 65 000 Autos in jeder Richtung auf einer westlichen Autobahn-Umgehung einen neuen 3,3 Kilometer langen Elbtunnel durchfahren.

Zurück in die Gegenwart! In vierzehn Tagen, am 28. Mai 1965, kommt die englische Königin Elizabeth II. zu einem Staatsbesuch in das befreundete Hamburg. Nach Präsident de Gaulle und sechs anderen Staatsoberhäuptern, die schon die Hansestadt besuchten. Wer das vor zwanzig Jahren vorauszusagen gewagt hätte, wäre für verrückt erklärt worden.

Hamburger Nachrichten

1963

Längste Kälteperiode dieses Jahrhunderts: 80 Frosttage hintereinander. – Der Tanker „Esso Deutschland“ mit 91 000 Tonnen Tragfähigkeit läuft am 23. Februar bei Howaldt vom Stapel. 80 000 Hamburger säumen die Elbufer. – Ende der Ära Gründgens am Deutschen Schauspielhaus. Oscar Fritz Schuh wird Intendant. Gründgens stirbt wenig später auf einer Weltreise in Manila. – Trotz heftiger Proteste der Bevölkerung streicht die Post die Stadtteil-Namen in den Adressen und führt stattdessen Ziffern ein. Aus Blankenese wird zum Beispiel Hamburg 55.

1965

Bürgermeister Dr. Paul Nevermann tritt aus persönlichen Gründen zurück. Sein Nachfolger wird am 9. Juni Prof. Dr. Herbert Weichmann. – Russisch-orthodoxe Kirche an der Hagenbeckstraße geweiht (5. September). – Gastspiel der Rolling Stones (13. September). Schwere Tumulte. Die Polizei hat Großeinsatz gegen die außer Rand und Band geratenen Fans. – Acht Unternehmen des öffentlichen Nahverkehrs Hamburg schließen sich am 29. November zum Hamburger Verkehrsverbund (HVV) zusammen.

1966

Bei einem Raubüberfall auf eine Bank wird ein Mann gefasst, der sich als Hamburger Polizeimeister Hugo Alffcke entpuppt (3. Januar). Neun vollendete und zwei versuchte Überfälle auf Banken innerhalb von fünf Jahren kommen auf sein Konto. – Das Lazarettschiff „Helgoland“ läuft am 10. August zu seinem Einsatz in Vietnam aus. – Bürgerschaftswahl (27. März): SPD 74 Sitze, CDU 38, FDP 8. Die SPD regiert allein. Erster Bürgermeister: Herbert Weichmann.

9. November 1967: Demonstration beim Rektorenwechsel an der Universität Hamburg

1967

Der Beginn des Schuljahrs wird von Ostern auf den Herbst verlegt. – Howaldtswerke und Deutsche Werft schließen sich zusammen. – Bei der Rektoratsübergabe (9. November) enthüllen die Studenten Detlev Albers und Gert Hinnerk Behlmer in der Universität ein Transparent mit dem Text „Unter den Talaren – Muff von 1000 Jahren“.

1968

Der Fernmeldeturm, offiziell Heinrich-Hertz-Turm, allgemein Tele-Michel genannt, wird am 12. April für Besucher freigegeben.

1969

Norddeutschland erstickt am 16. Februar im Schnee, der Verkehr bricht zusammen. – Streiks, Besetzungen, Unruhen an den Universitäten.

1970

Bürgerschaftswahl (22. März): SPD 70 Sitze, CDU 41, FDP 9, Regierungskoalition SPD und FDP, Erster Bürgermeister Herbert Weichmann. – Einkaufszentrum Hamburger Straße (12. März) und Alstertal-Einkaufszentrum (5. November) eingeweiht. – Hapag und Norddeutscher Lloyd schließen sich im Frühjahr zur Hapag-Lloyd zusammen. – Aus Garstedt, Glashütte, Harksheide und Friedrichsgabe wird die Stadt Norderstedt (1. Januar). – Neuwerk wird wieder ins hamburgische Staatsgebiet eingegliedert (30. Mai). – Erster Jumbo-Jet der Deutschen Lufthansa nimmt den täglichen Liniendienst Hamburg–USA auf (1. November).

Die Welt im Jahr 1965

20 Jahre danach ...

Beim Suchdienst des Deutschen Roten Kreuzes liegen noch 1,27 Millionen Suchanträge nach vermissten Soldaten des Zweiten Weltkriegs vor. – Fast 2,5 Millionen Kriegsgefangene, Flüchtlinge und Aussiedler haben bisher das Durchgangslager Friedland passiert. – Im Mai werden die diplomatischen Beziehungen zwischen Israel und der Bundesrepublik Deutschland aufgenommen.

Spaziergang im All

Die amerikanische Mondsonde Ranger VIII prallt am 20. Februar auf dem Mond auf und liefert mehr als 7000 Nahaufnahmen. – Kosmonaut Alexej Leonow unternimmt als erster Mensch einen „Spaziergang im All". – Die amerikanische Raumsonde Mariner IV fotografiert (14. Juli) erstmals den Mars und sendet 22 Aufnahmen über 214 Millionen Kilometer zur Erde.

Bundeskanzler Erhard

19. September: Wahlen zum 5. Deutschen Bundestag. CDU/CSU 47,6 Prozent, SPD 39,3 Prozent, FDP 9,5 Prozent. Ludwig Erhard (CDU) bleibt Bundeskanzler.

Totenliste

Es starben: der amerikanische Kritiker, Lyriker und Dramatiker Thomas S. Eliot (4.1.); der englische Politiker und Staatsmann Winston Churchill (24.1.); der deutsche Bildhauer Ewald Mataré (29.3.); die amerikanische Kosmetikerin Helena Rubinstein (1.4.); der jüdische Religionsphilosoph Martin Buber (13.6.); der Schweizer Architekt und Städtebauer Le Corbusier (27.8.); der Musiker, Theologe und Arzt Albert Schweitzer (5.9.); der deutsche Dirigent Hans Knappertsbusch (25.10.).

Bundeskanzler Professor Ludwig Ehrhard (1897–1977), der Vater des „Wirtschaftswunders"

Größtes Hebewerk
Schönste Brücke
Längster Tunnel

Eines der bedeutendsten Kunstbauwerke Europas ist heute eröffnet worden. Der Elbe-Seitenkanal verbindet die Elbe (bei Artlenburg) mit dem Mittellandkanal (bei Wolfsburg) und damit den Hamburger Hafen mit dem westdeutschen Binnenwasserstraßennetz.

Der Kanal ist 115,2 Kilometer lang, vier bis viereinhalb Meter tief und hat eine Wasserspiegelbreite von 53 Metern. Sein Kernstück ist das Schiffshebewerk Scharnebeck bei Lüneburg, das zurzeit größte der Welt. In gewaltigen Trögen können die 1350 Tonnen großen „Europa-Kähne" in rund drei Minuten 38 Meter gehoben oder gesenkt werden. Von den 1,3 Milliarden Mark Baukosten hat Hamburg 450 Millionen aufgebracht, den Rest zahlte der Bund. Bauzeit: acht Jahre.

Mit dem Elbe-Seitenkanal ist in weniger als zwei Jahren das dritte „Jahrhundertbauwerk" vollendet worden. Das erste war die Brücke über den Köhlbrand, die Einmündung der Süderelbe in den Hauptstrom. Die Köhlbrandbrücke verbindet die alten Hafenteile mit dem Hafenerweiterungsgebiet, seinen Containerterminals und Industrien. Sie schließt außerdem den Hafen an das Autobahnnetz an und erspart die so zeitraubenden Transporte vom Norden durch die Stadt über die Elbbrücken.

Die Köhlbrandbrücke ist mit Auffahrten 3980 Meter lang und am Scheitelpunkt 58 Meter hoch (Durchfahrtshöhe 54 Meter). Die stählerne Strombrücke (520 Meter) ist an zwei 131,5 Meter hohen Pylonen aufgehängt. Gesamtkosten: 147,1 Millionen Mark. Kapazität: 31 000 Fahrzeuge pro Tag.

Die Köhlbrandbrücke zweigt kurz vor dem Neuen Elbtunnel im Süden von der A 7 ab. Das 1974 für den Verkehr freigegebene Bauwerk löste zwei Trajektfähren ab, die für die Überquerung der Süderelbe in den Hafen sorgten.

Das Schiffshebewerk Scharnebeck bei Lüneburg hebt Europa-Kähne (1350 Tonnen) 38 Meter hoch.
Es ist das Kernstück des 1976 eingeweihten Elbe-Seitenkanals.

Am 20. September 1974 wird die Köhlbrandbrücke im Beisein von Bundespräsident Walter Scheel (am Rednerpult) eingeweiht. Neben ihm Hamburgs Erster Bürgermeister Peter Schulz

Am 20. September 1974 hatte Bundespräsident Walter Scheel die Brücke eingeweiht. Anschließend wurde sie drei Tage lang zur Begehung durch Fußgänger freigegeben. Was sich dann ereignete, hatte niemand erwartet und hatte es in Hamburg noch nie gegeben. 600 000 Hamburger nahmen „ihre Brücke" in Besitz. Es wurde ein Volksfest ohnegleichen.

Die Stadt hatte 100 000 Erinnerungsmedaillen geprägt. Sie waren im Nu vergriffen. Die in der Herstellung 12 Pfennig teuren Münzen wurden noch am gleichen Tag zu Preisen bis zu 12 Mark gehandelt. Noch bis zum Dezember mussten Münzen nachgeprägt werden. Keiner der Erstbegeher sollte enttäuscht werden.

Die Europäische Konvention für Stahlbau zeichnete die Köhlbrandbrücke mit dem Stahlbaupreis 1975 als „schönste Brücke Europa" aus. Die Hamburger sagten stolz: „Unsere Golden Gate Bridge". Das Verdienst der eleganten Linienführung kommt dem Architekten Egon Jux zu, die Gesamtbauleitung Stahl hatte Prof. Dr.-Ing. Paul Boué.

Und kaum war dieses Volksfest, 58 Meter über der Elbe, verklungen, folgte ein zweites, 27 Meter unter der Elbe, vom 26. bis zum 30. Dezember 1974, in den drei Röhren des neuen Elbtunnels.

Wieder kamen fast 600 000, trotz scheußlichen Winterregens. Diesmal hatte man genauer gezählt: Es waren 573 000. Und diesmal standen auch gleich 500 000 Medaillen zur Verfügung und fanden für eine Mark das Stück reißenden Absatz. Jeder wollte sie haben. 850 Musiker wechselten sich im „Schichtdienst" bei der Unterhaltung der Tunnelwanderer ab.

Der neue Elbtunnel ist das Kernstück der 31 Kilometer langen Westlichen Autobahn-Umgehung Hamburg. Sie schließt die Lücke der Europa-Straße (E 3) von Stockholm nach Lissabon.

Dieser Tunnel ist der Superlativ der Superlative. Seine Länge, einschließlich der Einfahrten (Rampen- und Rasterstrecken), beträgt 3325 Meter, die reine Tunnelstrecke 2653 Meter. Ist er auch ein Weltsuperlativ? Das ist eine Frage der Berechnungsart. Nimmt man nur die Gesamtlänge, so gibt es zurzeit drei längere Unterwassertunnel in Japan, Argentinien und den Vereinigten Staaten. Geht man aber von der reinen Unterwasserstrecke aus, so ist der Hamburger Elbtunnel mit 1057 Metern, und das in drei Röhren, unübertroffen.

Der erste Rammstoß am Othmarscher Ufer erfolgte am 19. Juni 1968. Die Bauzeit betrug also sechseinhalb Jahre. Beim Schildvortrieb durch das Erdreich wurden die größten Schildvortriebsmaschinen der Welt benutzt. 3,4 Millionen Kubikmeter Erde wurden bewegt, 268 000 Kubikmeter Beton verbaut. Die acht Betonelemente für die Stromstrecke (Abmessungen: je 132 mal 41,7 mal 8,4 Meter) wurden im leer gepumpten Maakenwerder Hafen gegossen und dann millimetergenau in den Strom versenkt.

Die Baukosten betrugen 530 Millionen Mark, von denen Hamburg 40 und der Bund 60 Prozent bezahlten. Bundeskanzler Helmut Schmidt eröffnete den Tunnel am 10. Januar 1975. Er wies dabei auch auf seine Bedeutung für Hamburg hin, weil diese Verbindung die Trennung zwischen den norder- und süderelbischen Teilen der Hansestadt beendet. Im Durchschnitt wird der Elbtunnel täglich von 65 000 Fahrzeugen durchfahren. Man muss damit rechnen, dass ihn an Spitzentagen bis zu 100 000 Autos passieren werden.

Südeinfahrt des Elbtunnels in Waltershof.
Links die fast fertiggebaute dritte Röhre, aufgenommen im Januar 1975

Die Welt im Jahr 1976

Bundesrepublik

Die Verträge mit Polen werden vom Deutschen Bundestag (19. Februar) und vom Bundesrat (12. März) verabschiedet. – Die Terroristin Ulrike Meinhof begeht in ihrer Gefängniszelle Selbstmord (9. Mai). – Bei Demonstrationen gegen den geplanten Bau des Kernkraftwerks Brokdorf an der Elbe (13. November) kommt es zu schweren Tumulten. 150 Menschen werden verletzt.

Selbstverbrennung

In Zeiß/Thüringen verbrennt sich Pfarrer Oskar Brüsewitz aus Protest gegen die Kirchen- und Jugendpolitik der DDR (18. August).

Ausweisungen

Dem Liedermacher Wolf Biermann wird im November während eines Aufenthalts in der Bundesrepublik die DDR-Staatsbürgerschaft aberkannt. Der ARD-Korrespondent in Ost-Berlin, Lothar Loewe, wird kurz vor Weihnachten ausgewiesen.

Mars und Mond

Die amerikanische Raumsonde Viking I landet am 19. Juni im Orbit des Mars und funkt Bilder zur Erde. – Das unbemannte sowjetische Raumfahrzeug Luna 24 landet am 18. August auf dem Mond und kehrt vier Tage später mit Gesteinsproben zurück.

Verbrechen

Gangster erbeuten bei einem Bankraub in Nizza umgerechnet 27 Millionen Mark (19. Juli). – Am 3. November wird der Springreiter Hendrik Snoek aus Münster entführt (Lösegeld: fünf Millionen), am 14. Dezember Richard Oetker aus Freising (Lösegeld: 21 Millionen).

Pleite

Die bisher größte Pleite im deutschen Einzelhandel: SB „mehr Wert" in Hamburg geht mit 200 Millionen Mark Schulden in Konkurs (9. August).

Ölmillionen

Der Schah von Persien beteiligt sich mit 25 Prozent am Krupp-Konzern (19. Oktober).

Der Liedermacher Wolf Biermann gibt am 13. November 1976 in der fast ausverkauften Kölner Sporthalle sein erstes Konzert auf einer bundesdeutschen Bühne seit Ostern 1965. Drei Tage später verkündete die SED-Führung seine Ausbürgerung aus der DDR.

Auseinander – zueinander

Die britische Prinzessin Margaret und ihr Mann Lord Snowdon trennen sich (20. März), allerdings – noch – ohne Scheidung. – König Carl Gustaf von Schweden heiratet (19. Juni) die Deutsche Silvia Sommerlath.

Wahlen

Bei den Bundestagswahlen am 3. Oktober bekommen CDU/CSU 48,6 Prozent der Stimmen, SPD 42,6, FDP 7,9 Prozent. Die SPD/FDP-Regierungskoalition wird erneuert. – In Schweden müssen die Sozialdemokraten nach der Reichstagswahl zum ersten Mal nach 44 Jahren in die Opposition. – Am 2. November wird Jimmy Carter zum Präsidenten der Vereinigten Staaten von Amerika gewählt. – In Portugal finden die ersten freien Wahlen seit 50 Jahren statt (25. April). Die Sozialisten werden stärkste Partei. – In Spanien stimmen am 15. Dezember 94 Prozent der Wähler für politische Reformen.

Katastrophen

Erdbeben mit Hunderttausenden von Toten in China, Guatemala, Indonesien, Iran, Nordost-Italien, in der Türkei und auf den Philippinen. – Bei einem Seilbahnunglück im italienischen Cavalese am 7. März sterben 42 Menschen. – Eine Giftgaswolke (aus einer chemischen Fabrik) verseucht im Juli die Stadt Seveso (Italien). Sie muss evakuiert werden. – Am 10. September kollidieren über Zagreb in Jugoslawien zwei Flugzeuge. 176 Todesopfer, darunter 107 Deutsche.

Entführung

Palästinenser und deutsche RAF-Terroristen entführen am 27. Juni ein Air-France-Flugzeug mit 258 Passagieren und zwölf Besatzungsmitgliedern nach Entebbe in Uganda, wo sie israelische und von ihnen für jüdisch gehaltene Passagiere als Geiseln „selektieren", die anderen freilassen. Die Besatzung bleibt aus eigenem Entschluss bei den Geiseln. Israelische Kommandotrupps befreien in der Nacht zum 4. Juli in einem Handstreich 102 (von 105) Geiseln lebend.

Totenliste

Es starben: der chinesische Ministerpräsident Tschu En-lai (8.1.); die englische Kriminalschriftstellerin Agatha Christie (12.1); der Hamburger Psychiater Prof. Dr. Hans Bürger-Prinz (29.1.); der Nobelpreisträger Prof. Dr. Werner Heisenberg (1.2.); Altbundespräsident Gustav Heinemann (7.7.); Chinas Parteichef Mao Tsetung (9.9.); der französische Schauspieler Jean Gabin (15.11.); der deutsche „Tennis-Baron" Gottfried von Cramm (9.11.).

Während der Demonstration gegen den Kernkraftwerksbau in Brokdorf am 13. November 1976 kommt es zu schweren Zusammenstößen zwischen der Polizei und den Demonstranten.

Hamburger Nachrichten

1971

Der Hapag-Lloyd-Frachter „Brandenburg“ läuft am 2. Januar im Ärmelkanal auf ein Wrack und sinkt: 20 Tote, elf Überlebende. – Giftskandal: In Metzendorf (Landkreis Harburg) werden am 29. Januar Fässer mit 15 200 Litern hochgiftiger Chemikalien gefunden, die von einem privaten Müllabfuhr-Unternehmen eingegraben worden sind. – Delphinarium in Hagenbecks Tierpark im März eröffnet. – Hamburgs erste Studiobühne: Malersaal des Deutschen Schauspielhauses (7. April). – Neues Altonaer Krankenhaus in Othmarschen eingeweiht (6. Mai). Wegen der während des Baus ständig gestiegenen Kosten wird es „das Millionending“ genannt. – Herbert Weichmann zieht sich aus dem Amt des Ersten Bürgermeisters zurück. Sein Nachfolger wird Peter Schulz (9. Juni). – Eine BAC 1-11 der Paninternational muss am 6. September zwei Minuten nach dem Start in Fuhlsbüttel auf der Autobahn A 7 notlanden. Sie zerschellt an einer Autobahnbrücke bei Hasloh. 22 Todesopfer. Wie durch ein Wunder überleben 99 Menschen. – Staatsbesuch von Königin Juliana der Niederlande und Prinz Bernhard (28. Oktober).

1972

Vor der Überseebrücke kollidieren das Hadag-Fährschiff „Eppendorf“ und die Barkasse „Cäsar II“: 17 Tote (15. Februar). – Uwe Seeler nimmt am 1. Mai im Volksparkstadion Abschied von seinem Fußballer-Leben. – Kernkraftwerk Stade nimmt den Betrieb auf (19. Mai). – Bombenanschlag auf das Verlagshaus Axel Springer (19. Mai). 17 Menschen werden zum Teil schwer verletzt. – Die Hamburger Sparcasse von 1827 (Haspa) und die Neue Sparcasse von 1864 (neuspar) schließen sich zur Hamburger Sparkasse zusammen (14. Juni). – Mitte Juni: Numerus clausus für alle Fachrichtungen der Hamburger Universität. – Das Hamburgische Staatsarchiv bezieht neue Räume an der ABC-Straße (22. September).

1973

Die Alster-Schwimmhalle an der Sechslingspforte eingeweiht (20. Januar). – Max Brauer im Alter von 85 Jahren gestorben (2. Februar). – Die Kattwykbrücke, eine 54 Meter hohe Hubbrücke über die Süderelbe, freigegeben (21. März). – Das Congress Centrum Hamburg (CCH) eröffnet (14. April). – Am 27. April beginnt die Internationale Gartenbau-Ausstellung (IGA) in Planten un Blomen und den Wallanlagen. Es ist die fünfte IGA in Hamburg (die erste war 1869) und die dritte nach Kriegsende. – Unter der Binnenalster wird der Superbahnhof Jungfernstieg eröffnet (2. Juni). – Staatsbesuche im Juni: König Olav V. von Norwegen und der rumänische Staatschef Ceauşescu. – Rolf Liebermann nimmt im Juni Abschied von der Staatsoper, deren Intendant er 14 Jahre lang war. Er geht nach Paris. – Willy Fritsch (72) gestorben (13. Juli).

1974

Massenflucht vom polnischen Passagierschiff „Stefan Batory“ im Februar. Bei Landgängen setzen sich 81 Passagiere ab. 64 bleiben in Hamburg. – Bei der Bürgerschaftswahl am 3. März verliert die SPD die absolute Mehrheit. Es bleibt bei der SPD/FDP-Koalition. – Staatsbesuche im Juni: Margarethe II. von Dänemark und der jugoslawische Staatschef Josip Broz Tito. – Die Krameramtswohnungen aus dem 17. Jahrhundert werden, gründlich restauriert, der Öffentlichkeit übergeben (14. Juni). – Caspar-David-Friedrich-Ausstellung in der Kunsthalle vom 14. September bis zum 3. November. Mehr als 220 000 Besucher. – Peter Schulz (SPD) tritt am 31. Oktober als Erster Bürgermeister zurück. Sein Nachfolger ist Hans-Ulrich Klose.

Unzählige Krankenwagen am Unfallort. Eine Maschine vom Typ BAC 111 der Chartergesellschaft Paninternational mit 115 Urlaubern und sechs Besatzungsmitgliedern an Bord ist am 6. September 1971 bei einer versuchten Notlandung auf der A 7 bei Hasloh im Kreis Pinneberg zerschellt

1975

Nach achtjährigem Zwangsaufenthalt im Suezkanal kehren die „Münsterland“ und die „Nordwind“ in ihren Heimathafen zurück (24. Mai). – Juni bis Mitte August: Hitzerekorde und kaum ein Tropfen Regen. – Vom 8. bis zum 15. August brennt die Lüneburger Heide. Sieben Menschen kommen um. Schaden: etwa 40 Millionen Mark. Kosten der Wiederaufforstung: 80 Millionen. – Nach einem Wohnungsbrand werden in der Behausung des Wachmanns Fritz Honka die verwesten und zerstückelten Leichen von vier Frauen entdeckt. – Werkstätten der Staatsoper durch Feuer vernichtet. Brandstiftung (2. November).

1976

Höchste Sturmflut in der Geschichte Hamburgs (3. Januar), aber die Deiche halten. – In dem Container-Neubau „Anders Maersk“ bei Blohm + Voss explodiert (am 9. Januar) ein Dampfkessel. 27 Tote, 17 Schwerverletzte. – 9. Februar: Übergabe des ersten Airbusses an die Lufthansa. – Staatsbesuch aus Polen (9. Juni): Parteichef Gierek. – Fünfwöchige Tournee des Thalia Theaters durch die Sowjetunion mit „Maria Stuart“ (Mai/Juni). – Vom 7. Juni bis zum 25. Juli fällt kein Tropfen Regen. – Die Althamburgische Landeskirche geht nach 447-jährigem Bestehen in der Großkirche Nordelbien auf.

Passagen bringen Leben in die tote City

Zwischen den Großen Bleichen und dem Bleichenfleet ist heute die „Galleria", die achte Passage der westlichen City, eröffnet worden. Sie präsentiert sich in schwarzem und weißem Marmor mit Stahl und Glas in zurückhaltender Eleganz. Mit der „Galleria" ist Hamburg zur Stadt mit den meisten und größten Geschäftspromenaden in Europa geworden.

In der Innenstadt ist ein Netz von überdachten Ladenstraßen entstanden, das es möglich macht, unbeeindruckt von Schnee oder Regen Großstadtatmosphäre zu genießen. Man kann vom Jungfernstieg durch den „Hamburger Hof" gehen und mit ein paar Schritten über die Großen Bleichen in die „Alte Post" wechseln, am überdachten Bleichenfleet zur „Galleria" schlendern, durch die „Galleria" oder das „Kaufmannshaus" zum „Hanse-Viertel" und von dort durch den „Gerhof" oder den „Neuen Gänsemarkt" zur „Gänsemarkt-Passage" und bis zu den Colonnaden. Die überdachten Straßen sind mehr als einen Kilometer lang. Die Passagen haben Leben in die schon totgesagte City gebracht.

1881 hatte die Innenstadt mit 171 000 Bewohnern noch eine stattliche Bevölkerungsdichte, aber je mehr Geschäfts- und Bürohäuser sich in ihr ausbreiteten, umso mehr zog sich die Wohnbevölkerung zurück. 1939 waren es nur noch 65 000, und heute sind es nur noch 12 000.

Von sieben Uhr abends bis neun Uhr früh tat sich noch in den siebziger Jahren in der City nichts. „Tot" war das angemessene Adjektiv. Die hell erleuchteten Schaufenster wirkten gespenstisch in der Leere. Aber auch tagsüber übten die Geschäfte nicht mehr die Anziehungskraft aus, die den eigentlichen Sinn der Redensart „in die Stadt gehen" ausmacht. In den Wohngebieten außerhalb des Stadtzentrums wurden Einkaufszentren gebaut, unter ihnen das größte der Bundesrepublik, die 1970 eingeweihte „Hamburger Straße" mit mehr als 45 000 Quadratmeten Ladenfläche. Vereint an einem Platz gab es in diesen Einkaufszentren in guter Auswahl alles, was man zum Leben braucht, und noch ein bisschen Luxus dazu. Und, was es in der Innenstadt auch nicht gibt, Parkplätze. Kostenlos. Die Innenstadt hatte ihre Anziehungskraft für Käufer verloren. Wollte sie diese wiedergewinnen, musste sie mehr bieten als die Stadtrandkonkurrenz.

Die in schwarzem und weißem Marmor gehaltene „Galleria" wird am 3. März 1983 als achte Passage der westlichen City eröffnet.

Glanz in die City bringen, ein nobles Ambiente schaffen, das man mit Bezeichnungen umschreibt wie Bummel- oder Flanierstraße, Geschäftspromenade, Binnenboulevard. Der Mensch, der sich Zeit nimmt, soll umgeben sein von Erlesenem, Kostbarem, Modischem, Antikem, soll hier ein knusperfrisches Brötchen ebenso finden wie eine Portion Hummer, soll seinen Espresso unter Palmen trinken oder an einem Stehtisch auf „offener Straße" ein Glas Champagner schlürfen, wenn ihm danach ist, oder in ein sehr gutes Restaurant einkehren können. Alles so dicht beieinander, dass es keine langen Wege kostet.

„Wir knüpfen bewusst an alte Tradition an", sagt Architekt Volkwin Marg, der mit seinen Partnern das „Hanse-Viertel" entworfen hat. „Der Passant muss hindurchschlendern, Wetterschutz haben und gleichzeitig durch optimale Außenlichtverhältnisse ein Gefühl der Freiheit bekommen." An Tradition anknüpfen heißt nicht nur, nach der berühmtesten Passage der Welt schielen, der „Galleria Vittorio Emanuele" aus dem Jahr 1867 in Mailand, auch in Hamburg gab es eine Passage, die weithin berühmt war.

Nach dem Großen Brand von 1842 entstand „Sillems Bazar" am Jungfernstieg. Er bestand aus einer Reihe eleganter Geschäfte, die mit einem gläsernen Gewölbe überdacht waren. In einer achteckigen Mittelhalle gab es eine Empore, von der aus an manchen Tagen die Besucher mit Konzerten erfreut wurden. Man musste einen Schilling Eintritt zahlen, den man sich aber bei einem Einkauf anrechnen lassen konnte. Nach der Eröffnung schrieb „Försters Allgemeine Bauzeitung" überschwänglich: „Wer diese Stadt verlassen könnte, ohne den Bazar gesehen zu haben, der möchte leicht so schlimm daran sein als wer in Rom war, ohne den Papst gesehen zu haben."

Ein geschäftlicher Erfolg wurde „Sillems Bazar" allerdings nicht. Er hatte einen Fehler, den zu erkennen damals noch die Erfahrung fehlte: Um „angenommen" zu werden, muss eine Passage zwei gleichrangige Straßen verbinden, „Sillems Bazar" aber führte vom belebten Jungfernstieg zur damals düsteren und unattraktiven Poststraße, die vor dem Bau von Châteauneufs Postgebäude noch Königstraße hieß.

Das Zeitalter der neuzeitlichen Passagen in Hamburg begann bescheiden. In dem entkernten Châteauneuf-Bau der „Alten Post" wurden 1971 zehn Geschäfte eingerichtet. Baukosten: eine halbe Million Mark. Die nächste Passage entstand 1974 im Neubau der Landesbank am Gerhart-Hauptmann-Platz. Das waren 30 Läden auf 5000 Quadratmetern. Die „Landesbank-Passage" blieb die einzige außerhalb der westlichen City.

Die „Gerhof-Passage" von 1977 wurde erst eine, als sie im nächsten Jahr Anschluss an den „Neuen Gänsemarkt" bekam. Das Jahr 1979 brachte einen großen Sprung nach vorn. Das „Kaufmannshaus", ein Kontorbau von 1907, wurde umgebaut und bekam eine Passage durch einen der schönsten Lichthöfe Hamburgs. Die Passage führte zunächst von den Großen Bleichen zum Bleichenfleet und bekam später durch eine Fußgängerbrücke Anschluss zum Neuen Wall. Im „Kaufmannshaus" gibt es sechzehn Geschäfte, ein Café und ein Bierdorf.

„Sillems Bazar" war 1881 abgerissen worden. An seiner Stelle entstand das Hotel „Hamburger Hof". Von 1976 bis 1979 wurde das Innere ausgeräumt, nur die denkmalgeschützte Backsteinpassage blieb stehen. Für 30 Läden in zwei Geschossen auf 3000 Quadratmetern wurde die „Hamburger Hof"-Passage gebaut, und die kostete bereits 50 Millionen.

Wo einst das Hummer- und Kaviar-Restaurant „Ehmke" gestanden hatte, wurde, ebenfalls 1979, die „Gänsemarkt-Passage" gebaut. Auf drei Ebenen, für 60 Geschäfte und auf 6000 Quadratmetern. Sie wurde auf Anhieb ein Erfolg, weil sie eine „Abkürzung" zwischen dem Gänsemarkt und den Colonnaden bedeutete. Der „Neue Gänsemarkt" stellte die Verbindung über den „Gerhof" zu den Großen Bleichen her.

Doch all diese Passagen hatten noch nicht die große Wende gebracht, noch nicht den zukünftigen Stil geprägt, an dem sich alles messen lassen musste. Das kam mit dem „Hanse-Viertel" im Herbst 1980. Anfang der Siebziger hatte eine britische Immobiliengesellschaft den Hauptteil der alten Häuser in den Großen Bleichen gekauft, sehr zum Entsetzen traditionsbewusster Hamburger, die Überfremdung und Verschandelung befürchteten,

Die Hamburger haben den Reiz ihrer Fleete in der City wiederentdeckt wie hier das Bleichenfleet zwischen Neuem Wall und Großen Bleichen mit Blick auf den Turm von Châteaunefs „Alter Post".

obgleich an diesen verfallenen Häusern kaum etwas Schützenswertes war. Die Engländer nutzten ihre Erwerbung gar nicht und gaben das ganze Paket weiter an die „Allianz"-Versicherung. Das Architekten-Team Gerkan, Marg & Partner entwickelte nun den Plan für das „Flaggschiff" der Hamburger Passagen. Sie sahen 9400 Quadratmeter mit 200 Meter langen Gängen für 60 Geschäfte vor. Baukosten: 220 Millionen. Das war zehnmal so viel, wie der von Bürgermeister Klose gegen heftigen Widerstand durchgeboxte Umbau des Rathausmarkts kosten sollte, und immer noch fünfmal so viel, wie der 1982 fertiggestellte Umbau dann tatsächlich gekostet hat. An das „Hanse-Viertel" schließt das Luxus-Hotel „Ramada" im früheren Broschek-Verlagshaus an, dessen Klinkerfassade von Fritz Höger 120 Kunstmaurer aus Polen Stein um Stein restaurierten.

Nimmt man die heute eröffnete „Galleria" dazu, dann hat die „City unter Dach" rund 500 Millionen gekostet, eine Investition, die sich für die Stadt auch dann lohnen wird, wenn einzelne Geschäftsleute sich übernehmen sollten, denn die Ladenmieten liegen bei 60 bis 200 Mark pro Quadratmeter, und die müssen verdient werden. Die Bauherren haben keine Sorgen. Das „Hanse-Viertel" macht 100 Millionen Mark Jahresumsatz, die „Gänsemarkt-Passage" 75, und mehrere Hundert Bewerber warten nur darauf, dass ein Lokal frei wird. Aber nicht jeder wird zugelassen. Wer sich in den Passagen einmieten will, muss sich in Stil und Standard dem Ensemble anpassen. Nur das Beste ist gut genug.

Das vom Backstein geprägte „Hanse-Viertel" zwischen Poststraße und Große Bleichen wurde 1980 nach einer Bauzeit von zweieinhalb Jahren eröffnet.

Der Standard wird weiter steigen. Es wird nicht verwundern, wenn in den nächsten Jahren das, was wir heute für „vollendet" halten, immer wieder umgebaut und „noch vollendeter" neu gestaltet wird. Die Passagen sind die Schaufenster der Weltstadt, ihre Visitenkarte.

Die „tote" Innenstadt lebt wieder. Allein durch das „Hanse-Viertel" gehen an jedem Werktag 20 000 Passanten, am langen Sonnabend sogar 60 000. Achtzig Prozent der Passanten halten sich zwei Stunden im neuen „Gängeviertel" auf, vierzig Prozent sogar noch länger. Ein breit gefächertes Angebot an Unterhaltung und Gastronomie lässt die City auch abends nicht mehr total veröden, und der Sonntag ist zum Ausflugstag ganzer Familien auch aus der weiteren Umgebung geworden.

Als die Umgestaltung der Innenstadt begann, sagte Professor Dr.-Ing. Klaus Müller-Ibold, der damalige Oberbaudirektor: „Es hat in der Weltgeschichte viele große Städte gegeben, die ohne äußere Einwirkung zerfielen und verwüsteten, es hat viele Städte gegeben, die nach Naturkatastrophen oder Kriegszerstörungen wieder aufgebaut wurden (Hamburg sogar zweimal, nach 1842 und nach 1945), aber in den achtziger Jahren wird sich eine schrittweise Erneuerung Hamburgs von innen heraus vollziehen, die geplant ist und die es in dieser Form in der langen Geschichte der Städte in aller Welt noch nie gegeben hat."

Hamburger Nachrichten

1977

Erster Bauabschnitt von Europas größtem Rangierbahnhof in Maschen am 7.7.77 eingeweiht. Baukosten: 777 Millionen.

1978

Bei der Bürgerschaftswahl am 4. Juni erringt die SPD die absolute Mehrheit (51,1 Prozent) und regiert fortan allein. Erster Bürgermeister bleibt Hans-Ulrich Klose. – In der Nacht zum 30. Juli werden aus der Kunsthalle 23 wertvolle Gemälde gestohlen. Nach einer Woche ist der Dieb gefasst, und die Bilder sind wieder da. – Am 1. Oktober stellt die elektrische Straßenbahn nach 84 Jahren ihren Dienst endgültig ein. – Der 37 134 BRT große Spezialfrachter „München“ der Hapag-Lloyd-Reederei verschwindet am 12. Dezember mit 28 Mann Besatzung spurlos im Atlantik.

1979

Schneekatastrophe in Hamburg und Norddeutschland. 150 Orte eingeschlossen, 80 ohne Strom. – Der HSV wird nach 19 Jahren wieder Deutscher Fußballmeister. – Der Tod eines Kindes durch explodierende Chemikalien führt zur Aufdeckung eines aufsehenerregenden Skandals: Auf dem Gelände der Firma Stoltzenberg in Eidelstedt lagerten ungesichert Gifte, genug, um einen Stadtteil zu entvölkern, und genügend Sprengmittel, um ihn in die Luft zu jagen.

1980

Im Altonaer Museum richtet ein Großfeuer einen Schaden von 17 Millionen an.

1981

25. Mai: Hans-Ulrich Klose legt, nach heftigen Auseinandersetzungen um seine Energiepolitik, das Bürgermeisteramt nieder. Die SPD nominiert den Bonner Staatsminister Klaus von Dohnanyi als Nachfolger. Die Tutanchamun-Ausstellung im Museum für Kunst und Gewerbe wird von 620 622 Menschen besucht. – Der Tanker „Afran Zenith“, mit 80 000 Tonnen Rohöl beladen, läuft vor Teufelsbrück auf Grund. Zum Glück gibt es „nur“ eine

1979 ist der HSV ist endlich wieder Deutscher Meister und wird auf dem Rathausmarkt gefeiert. Horst Hrubesch hält die Meisterschale hoch.

Ölpest und nicht die befürchtete Explosionskatastrophe. – Auf dem Dom ereignet sich ein furchtbares Unglück. Ein mit 28 Personen besetztes Flugkarussel schlägt gegen einen Baukran: 7 Tote, 15 Verletzte (15. August).

1982

Februar: Neue-Heimat-Skandal. Der „Spiegel“ beschuldigt die Leitung des gewerkschaftseigenen Wohnungsbauunternehmens, sich jahrelang persönlich bereichert zu haben. – 21. Mai: Der neu gestaltete Rathausmarkt wird eingeweiht. – 16. November: Mithilfe eines Infrarot-Detektors, der auf Körperwärme anspricht, wird der Terrorist Christian Klar im Sachsenwald aufgespürt und festgenommen. – Die Autobahn Hamburg–Berlin wird dem Verkehr übergeben (20. November).

1983

Ein ungenannter Hamburger Auslandskaufmann spendet vier Millionen zur Erhaltung der Michaeliskirche. – Goethes „Faust“ auf Plattdeutsch im Ohnsorg-Theater. – Bundeskriminalamt und Bundesarchiv bestätigen am 7. Mai, dass die „Hitler-Tagebücher“ der Illustrierten „Stern“ eine Fälschung sind. – Das Kernkraftwerk Krümmel nimmt den Betrieb auf. – Der Ehrenbürger und ehemalige Bürgermeister Herbert Weichmann stirbt 87-jährig (9.10.). Ex-Bundeskanzler Helmut Schmidt wird Ehrenbürger. – Böse Entdeckung: In den 14 Millionen Kubikmetern Müll der Deponie Georgswerder steckt ein hoher Dioxin-Anteil.

Die Welt im Jahr 1983

Vorgezogene Bundestagswahl

Nachdem die FDP die von Helmut Schmidt geführte sozial-liberale Koalition verlassen hat, wird Helmut Kohl (CDU) am 1. Oktober 1982 durch das erste erfolgreiche konstruktive Misstrauensvotum in der Geschichte des Bundestags zum Bundeskanzler gewählt. Um den Machtwechsel zu legitimieren, stellt er am 17. Dezember die Vertrauensfrage, bei der sich die Mehrheit der Abgeordneten der Regierungskoalition vereinbarungsgemäß der Stimme enthält, um die Auflösung des Bundestags zu ermöglichen. Im Januar gibt Bundespräsident Karl Carstens grünes Licht für die Ausschreibung vorgezogener Neuwahlen am 6. März. CDU/CSU erringen 48,8 Prozent, die FDP 7, Helmut Kohl bleibt Bundeskanzler. „Die Grünen" ziehen mit 5,6 Prozent erstmals in den Bundestag ein.

Jumboabschuss

Sowjetische Abfangjäger schießen am 1. September über Sachalin einen koreanischen Jumbojet mit 269 Passagieren ab. Aus ungeklärten Gründen war der Pilot der Verkehrsmaschine 600 Kilometer vom Kurs abgewichen. Die Maschine war in der Nähe einer sowjetischen Raketenabschussrampe geraten.

Mord bei Heimkehr

Nach dreijährigem Exil in den USA kehrt der philippinische Oppositionspolitiker Benigno Aquino am 21. August nach Manila zurück. Beim Verlassen des Flugzeugs wird er erschossen. Zwei Millionen Menschen demonstrieren gegen das Marcos-Regime, dessen Geheimdienst man für den Mörder hält.

Amerika-Importe

Gegen die erfolgreiche amerikanische Familienserie „Dallas" im Ersten Fernsehen setzt das ZDF die ähnlich gestrickte Serie „Denver Clan". In den USA erreichte „Denver" auf Anhieb 16 Millionen Zuschauer („Dallas": 18). – 30 Millionen Amerikaner betreiben seit 1979 eine neue Art von Gymnastik. Mit vierjähriger Verspätung erreicht die „Aerobic"-Welle Deutschland. Vorturnerinnen: Jane Fonda und Sydne Rome.

Larry Hagman als „Dallas"-Bösewicht J. R. Ewing

Auspuffgase

Rund 420 Milliarden Kubikmeter Abgase stoßen die Autos in der Bundesrepublik jährlich aus. Die Bundesregierung beschließt, dass ab 1. Januar 1984 alle neuen Autos Katalysatoren haben müssen. Gleichzeitig soll bleifreies Benzin eingeführt werden.

Volkszählung

Das Bundesverfassungsgericht setzt die für den 27. April vorgesehene Volkszählung aus. Die Hamburger Rechtsanwältinnen Maja Stadler-Euler und Gisela Wild haben dies erwirkt.

Holzsarg

Die Gebeine Karls des Großen im Dom zu Aachen werden vorübergehend in einen schlichten Holzsarg umgebettet. Der kostbare Karlsschrein, in dem sie seit 1215 ruhen, muss von drei Goldschmieden repariert werden. Die Gebeine sind nicht vollständig, da sie im Lauf der Jahrhunderte immer wieder stückweise als Reliquien verschenkt wurden.

800 Jahre Hafen: Von Barbarossa bis „Dakosy"

Es regnete. Das hielt 2,6 Millionen Menschen nicht ab, die Ufer der Elbe zu säumen, um den Höhepunkt der Feiern des 800. Hafengeburtstags mitzuerleben: das Auslaufen unter Segeln von 215 Schiffen, kleinen Seglern und großen Windjammern, das Ende der „Sail '89". Die sowjetische „Krusenstern" war dabei, die italienische „Amerigo Vespucci", die portugiesische „Sagres II", die kolumbianische „Gloria" und viele andere.

Achthundert Jahre! Hamburg feiert das ganz Jahr mit Ausstellungen und Kongressen, mit Symposien und Tagungen, mit dem „Theater der Welt", mit „Internationalen Ballettfestspielen" und im August mit „Hansetag" und „Hanse-Ausstellung" im Museum für Hamburgische Geschichte.

Tatsächlich ist der „Hafen" schon über tausend Jahre alt. Schon die erste Siedlung am Fuß der Hammaburg hat ihre Schiffslände. Aber für ein Jubiläum braucht man ein Datum, und so wählte man den 7. Mai 1189. An diesem Tag soll Kaiser Friedrich I., der Barbarossa (Rotbart), der neuen Stadt an der Alsterschleife das Recht verliehen haben, „Menschen und Waren vom Meer bis an die Stadt ohne Zoll und Abgaben zu bringen". Die abenteuerliche Geschichte der Hafenstadt, der weite Weg zur Weltstadt, begann.

Solange die Ostsee das wichtigste Handelsgebiet war, blieb Lübeck der wichtigste Hafen und wurde deshalb auch Hauptort der Hanse. Hamburg wurde Lübecks Nordseehafen. Je mehr sich die Handelswege nach Westen, in die Nordsee, verlagerten, umso mehr drehte sich das Verhältnis um: Lübeck wurde der Ostseehafen Hamburgs und Hamburg faktisch der Hauptort der Hanse. Einwanderer aus den Niederlanden, aus Spanien und Portugal, Glaubensflüchtlinge zumeist, brachten neue Gewerbe und internationale Verbindungen nach Hamburg. Während die deutschen Lande im Dreißigjährigen Krieg ausbluteten, wurde das streng neutrale Hamburg zur größten Stadt.

Hunderttausende Besucher kommen zur Eröffnung der Feiern zum 800. Hafengeburtstag.

Der „Welthandel" begann mit der Unabhängigkeit der Vereinigten Staaten und der Länder Lateinamerikas. M. J. Haller, der Präses der Commerzdeputation, jubelte: „Alle die seit Jahrhunderten uns verschlossen, fast verborgen gewesenen Länder und Weltteile sind uns offen geworden, und wir können sagen: Hamburg hat Kolonien bekommen." Und als dann in Afrika und im Pazifik richtige Kolonien des Deutschen Reiches entstanden, waren Hamburger Kaufleute wie Woermann und Godeffroy Pioniere dieser Entwicklung. Die Flagge folgte dem Handel.

Der Hafen, in dem um die Mitte des 19. Jahrhunderts die Schiffe noch im Strom lagen und über Schuten mühsam und zeitraubend beladen und gelöscht wurden, musste den neuen Gegebenheiten angepasst werden. Die Entscheidung, auf den Wasserbaudirektor Johannes Dalmann zu hören und keinen Schleusenhafen zu bauen wie in London oder Antwerpen, sondern einen offenen Tidehafen, war der Grundstein für den „schnellen" Hafen. Der Sandtorhafen (1866) bekam Kaimauern, Kräne, Schuppen und Eisenbahnanschluss.

Bis dahin war die „Hafenstadt" eine Einheit. Der von Bismarck erzwungene Zollanschluss bedeutete eine Trennung in Stadt und Hafen. Aber sehr bald erwies es sich, dass dieser Freihafen „Deutschlands Tor zur Welt" wurde.

1898 war die deutsche Flotte die zweitgrößte der Welt. Sie hatte 6650 Schiffe, davon die meisten mit Heimathafen Hamburg. Allerdings, heute kaum noch zu glauben, waren es nur 1126 Dampfer, aber 5524 Segler.

Die Massenauswanderung in die Neue Welt wurde die Basis für die Entstehung der großen Reedereien. Im Wettbewerb um die menschliche Fracht war Bremen ein erbitterter Konkurrent. 1913 war der Wettlauf entschieden: Die Hamburg-Amerika-Linie (Hapag) war die größte Reederei der Welt geworden, der Norddeutsche Lloyd, Bremen, die zweitgrößte. Und Hamburg war der drittgrößte Hafen der Welt nach London und – nur mit 100 000 Tonnen Umschlag Vorsprung vor Hamburg – New York (28,8 : 28,7 Millionen Tonnen).

1919 war die Herrlichkeit vorbei. Nach dem verlorenen Krieg musste das Reich einen Teil seiner Flotte abliefern, aber der Hafen war heil, und die Werftanlagen waren intakt. 1929 hatte Hamburg seine Stellung als drittgrößter Hafen der Welt wieder.

Das Dritte Reich erwies sich als „Schnellstraße" mit zwei Spuren. Die eine führte zur Überwindung der Weltwirtschaftskrise, zur Beseitigung der Arbeitslosigkeit und zur Hafenerweiterung in das große unbebaute, ehemals preußische Gebiet südlich der Elbe. Die andere Spur führte geradewegs in den Krieg, zu erneutem, schlimmerem Zusammenbruch als 1918. 1945 war der Hafen tot, zu 80 Prozent zerstört, die Flotte zum größten Teil versenkt oder wieder ausgeliefert. Und die Situation hatte sich gründlich geändert. Hamburg hatte sein Hinterland im Osten verloren, und die Nord-Süd-Achse war noch nicht eingespielt.

Bis Göttingen gab es noch nicht einmal eine Autobahn. Die Handelsströme nahmen die bequemere Rheinachse. Rotterdam wurde zwangsläufig zum Haupthafen Europas.

Nach 1945 musste der Hamburger Hafen zweimal aufgebaut werden. Die erste Phase dauerte bis zum 775. Hafenjubiläum 1964. Da hatte man alle Schäden beseitigt. Es wurde damals errechnet, dass die öffentliche Hand und die Wirtschaft in den letzten zwanzig Jahren rund 300 000 Mark täglich für den Hafen aufgebracht hatten. Aber dann kam die bittere Erkenntnis, dass ein Wiederaufbau nicht genug war, die revolutionierenden Veränderungen im Seeverkehr forderten einen Neubau.

Die Einführung der Container zum Beispiel, die 1968 wie eine Sturmflut über die traditionelle Hafenwirtschaft hereinbrach, forderte neue Hafenanlagen und elektronische Stau- und Ladesteuerungen, mit denen heute auch die größten Containerschiffe in höchstens 24 Stunden im schnellen Hafen abgefertigt werden können. Hamburgs Stellung als Universal- sowie als Transithafen erforderte ein leistungsfähiges Transportwesen (Ver-

Mehr als zwei Millionen Container werden 1995 im Hamburger Hafen umgeschlagen.

schiebebahnhof Maschen, Köhlbrandbrücke, Elbtunnel usw.). Zu den vielen Neuerungen gehört vor allem „Dakosy". Diese Abkürzung steht für das modernste, höchstentwickelte Seeverkehrs-Daten-Kommunikations-System der Welt.

„Der Hamburger Hafen ist auf dem Wege vom reinen Umschlaghafen zum logistischen Dienstleistungszentrum", sagte Wirtschaftssenator Rahlfs zu dieser Entwicklung. Nie zuvor war so viel innovative Fantasie gefordert, nie zuvor erreichte der Hafen Umschlagszahlen von bald 70 Millionen Tonnen im Jahr – weit mehr als doppelt so viel wie die Rekordmarke von 1913. 1989 bedeckte der Hamburger Hafen rund ein Zwölftel des gesamten Staatsgebiets. Sieben Jahre später ist es mit 7440 Hektar, inklusive Freihafen, bereits ein Zehntel. Zwar sinkt die Zahl der benutzten Hafenbecken (1989 waren es für Seeschiffe noch 37, 1996 nurmehr 30), und ebenso verringert sich die Anzahl der in Hamburg beheimateten Seeschiffe (1970 fuhren 1272 unter hamburgischer Flagge, 1994 noch knapp 300). Doch die Effektivität steigt: Nur noch halb so viele Schiffe wie vor zwanzig Jahren laufen den Hafen an, aber ihre durchschnittliche Größe hat sich mehr als verdoppelt.

Nach wie vor besitzt Hamburg den größten und wichtigsten Hafen Deutschlands, als Containerumschlagplatz (1995 schon über zwei Millionen Stück) steht er weltweit auf Platz sechs, in Europa auf Platz zwei (nach Rotterdam). Nach wie vor ist rund ein Drittel der deutschen Seehandelsflotte hier beheimatet. Darunter sind die größten und modernsten Schiffe wie etwa die „Hamburg Express" der Hapag Lloyd. Das Schiff kann fast viereinhalbtausend Container befördern. Und es ist nur eines von rund 12 000, die jährlich von Hamburg abfahren und die Stadt mit Hunderten von Häfen in aller Welt verbinden.

Die Welt im Jahr 1989

Das Tor geht auf

Daten aus dem letzten Kapitel des SED-Staates: ab Mai Massenflucht über Ungarn und die Tschechoslowakei. Tausende von Flüchtlingen in den Botschaften der Bundesrepublik in Budapest, Prag und Warschau. In der DDR formiert sich eine Opposition. Honecker lässt am 7. Oktober das 40-jährige Jubiläum der DDR feiern, während immer häufiger immer größere Demonstrationen stattfinden. Am 4. November gehen in Ost-Berlin eine Million Menschen auf die Straße, in Leipzig demonstrieren jeden Montag Hunderttausende. Honecker wird abgelöst. Die DDR öffnet am 9. November die Grenze nach Westen. Am 8. Dezember wird beinah die ganze Führungsmannschaft der SED ausgewechselt. Am 22. Dezember wird das Brandenburger Tor geöffnet. Weihnachten feiern die Deutschen in der Hoffnung, demnächst wieder vereint zu sein.

Schriftsteller wird Präsident

Schon im Januar knüppelt die Polizei Demonstranten auf dem Prager Wenzelsplatz zusammen. Im November erreichen die Demonstrationen und die Polizeiaktionen ihren Höhepunkt. Am 24. November tritt die Führung der Kommunistischen Partei zurück. Ihr Führungsanspruch wird aufgehoben. Am 29. Dezember wird der Kandidat des Bürgerforums, der Schriftsteller Vaclav Havel (bis Mai im Gefängnis), zum Staatspräsidenten gewählt.

„Solidarität" legal

Am 15. April wird die verbotene polnische Gewerkschaft „Solidarność" legalisiert, am 24. August stellt sie den Regierungschef Tadeusz Mazowiecki.

„Republik Ungarn"

Am 16. Juni wird der Führer des Ungarnaufstands von 1956, Imre Nagy, posthum rehabilitiert, am 23. Oktober, dem Jahrestag dieses Aufstands, wird der

Das Bild des Jahres: Menschenmenge am 10. November vor und auf der Berliner Mauer vor dem Brandenburger Tor

Name „Sozialistische Volksrepublik“ abgeschafft. Das Land heißt jetzt wieder „Republik Ungarn“.

Seniorensturz

Der dienstälteste Staats- und Parteichef des Ostblocks, Todor Schiwkow in Bulgarien, seit 1954 im Amt, wird am 10. November gestürzt.

Perestroika

Bei der Wahl zum Kongress der Volksdeputierten können die Sowjetbürger am 26. März zum ersten Mal seit 70 Jahren zwischen mehreren Kandidaten wählen. In Moskau bekommt der Vertreter radikaler Reformen, Boris Jelzin, 89 Prozent der Stimmen. – Am 23. August, dem Jahrestag der geheimen Abkommen zum Hitler-Stalin-Pakt über die Grenzen in Osteuropa, fordern die drei baltischen Sowjetrepubliken die Wiederherstellung ihrer Unabhängigkeit, die Estland, Lettland und Litauen 1940 durch diesen Pakt verloren.

Conducator erschossen

Nicolae Ceauşescu, der stalinistische „Conducator“ Rumäniens, widersetzt sich allen Reformbestrebungen. Am 16. Dezember lässt er auf Demonstranten in Temesvar schießen. Das Land erhebt sich. Am 25. Dezember verurteilt ein Militärgericht den „Führer“ zum Tode und vollstreckt das Urteil sofort.

„Himmlischer Frieden“

Im April beginnen Studenten einen Hunger- und Sitzstreik auf dem „Platz des Himmlischen Friedens“ (Tian Men) in Peking. Am 3. Juni ist ihre Zahl auf 100 000 angewachsen. Das Regime lässt Panzer auffahren und rücksichtslos in die Menge schießen. Rund 2600 Tote, offizielle Angaben gibt es nicht.

Und außerdem ...

Der Ayatollah Khomeini in Teheran fordert am 14. Februar alle Moslems auf, den Schriftsteller Salman Rushdie, dessen Roman „Satanische Verse“ Khomeini für Lästerung des Islams hält, zu ermorden. (Khomeini stirbt am 3. Juni). – Am 15. Februar verlassen die letzten der 115 000 Sowjetsoldaten nach neunjährigem Einsatz Afghanistan. – 24. März: Aus dem auf ein Riff gelaufenen Tanker „Exxon Valdez“ laufen vor Alaska 44 000 Tonnen Öl aus und verseuchen 1100 Kilometer Küste. – Steffi Graf und Boris Becker werden im Juli Sieger in Wimbledon.

Hamburger Nachrichten

1984

Rund 3000 Hundehalter, die meisten mit ihren Vierbeinern, demonstrieren im Januar in der Innenstadt gegen die Verdoppelung der Hundesteuer auf 240 Mark. In Hamburg gibt es 46 000 gemeldete Hunde. – Weitere 30 Patienten (nach 20 schon früher aktiv gewordenen) verlangen von Prof. Bernbeck, Orthopäde am Barmbeker Krankenhaus, Schadenersatz in Millionenhöhe wegen folgenschwerer falscher Behandlung. – Mit „Minna von Barnhelm“ wird das umgebaute Deutsche Schauspielhaus im September wiedereröffnet. – Barkassenunglück im Hafen: 19 Tote.

1985

Januar: Sprengstoffanschlag auf die Stromleitung des Kernkraftwerks Krümmel bei Hamburg. Das traditionelle Schüler-Schach-Turnier „Rechtes gegen linkes Alsterufer“ spielt sich in das Guinness-Buch der Rekorde. Am Turnier nehmen 2572 Schüler teil. – U-Bahn-Linie 2 bis Niendorf verlängert (3. Juni). – Ida Ehre (erster weiblicher) Ehrenbürger.

1986

Im ehemaligen Operettenhaus hat am 18. April das Musical „Cats“ Premiere. Es soll sieben Jahre lang laufen. – Erster „Hanse-Marathon“ am 25. Mai. 8279 Teilnehmer. – Auf dem Heiligengeistfeld umzingelt Polizei am 8. Juni rund 600 Demonstranten und hält sie 15 Stunden gefangen. Das Ereignis geht als „Hamburger Kessel“ unrühmlich in die Polizeigeschichte ein. – 29. Juli: Werner Pinzner, der „Killer von St. Pauli“ erschießt bei einer Vorführung im Polizeipräsidium den Staatsanwalt, seine Frau und sich selbst.

1987

Der 19-jährige Sportpilot Mathias Rust aus Wedel durchfliegt alle sowjetischen Sperren und landet auf dem Roten Platz in Moskau (28. Mai). – 31. Oktober: Dresden und Hamburg vereinbaren eine

Dauererfolg. Das Musical „Cats" im Operettenhaus, hier kurz nach der Premiere im April 1986

Städtepartnerschaft. – Nach mehreren Drohungen, die „Stadt in Brand zu stecken", räumen die Hausbesetzer in der Hafenstraße am Buß- und Bettag (17. November) die Barrikaden weg. Der Bürgermeister hat sein Amt verpfändet, dass sie einen Pachtvertrag bekommen.

1988

11. Mai: Bürgermeister Klaus von Dohnanyi erklärt seinen Rücktritt. Einen Zusammenhang mit den Ereignissen in der Hafenstraße weist er von sich. Dr. Henning Voscherau wird sein Nachfolger. – Michael Jackson singt vor 54 000 Zuhörern im Volksparkstadion, Prince vor 20 000 im St. Pauli-Stadion. Eine zweite Prince-Veranstaltung wird verboten, weil die Musik die Bürger bis nach Alsterdorf und Fuhlsbüttel um die Nachtruhe gebracht hat. – Hamburg bewirbt sich als Olympiastadt für das Jahr 2004.

1989

Hamburger Forscher züchten Bakterien, die Dioxin fressen. – Im April wird Hamburg in den Kleinen Grenzverkehr nach Schwerin und Wismar einbezogen. – Der Bildhauer Alfred Hrdlicka lässt sein „Gegendenkmal" am Stephansplatz unvollendet, weil die Stadt seine Honorarwünsche nicht erfüllt. – Der Zeichner Horst Janssen will kein Museum von der Stadt, um nicht in ihrer Schuld zu sein. – Das von Kurt Körber gestiftete Kunstzentrum in den Deichtorhallen wird am 4. September eröffnet. – Das Hotel „Vier Jahreszeiten" geht in japanischen Besitz über. – Mitarbeiter einer Sicherheits-Transportfirma drehen ein „großes Ding": Aus dem Alsterhaus stehlen sie 6,9 Millionen Mark. Zwei werden festgenommen, drei entkommen mit dem Geld.

30. Mai 1991

Eine neue Wandelhalle für das „Kreuz des Nordens“

Der Hauptbahnhof – Hamburgs dauerhafteste Großbaustelle: Seit nach dem Krieg sein Wiederaufbau begann, wurde dort immer irgendwo etwas getan, ausgebessert oder umgebaut. Aber eines Tages kam es besonders dick: Anfang der achtziger Jahre wurde festgestellt, dass aufgrund von Kriegs- und Korrosionsschäden Teile des Fundaments und die Stahlträger, auf denen die Wandelhalle ruhte, in einem so schlechten Zustand waren, dass ihr Abriss unvermeidlich wurde. Schlimmer noch – ein Neubau würde viele Jahre und noch mehr Millionen Mark kosten, die Mittel der Bundesbahn aber würden für ein derartiges Vorhaben nicht ausreichen. Ein finanzstarker Geldgeber wurde gesucht. Und sachlich kühl konstatierte ein Sprecher der Bahn damals: „Entweder es findet sich ein privater Investor, oder dort bleibt eine Baulücke.“

Die Abrissarbeiten begannen unterdessen Anfang Mai 1985. Interessiert verfolgten die Hamburger das Schicksal ihres Bahnhofs, und manchmal wurden sie sogar mit kleinen Überraschungen belohnt. So wurden im September desselben Jahres zwei alte Steinreliefs mit dem Wappen der Stadt und dem der preußischen Könige und deutschen Kaiser wiederentdeckt, die bislang von der Halle für Expressgut verdeckt worden waren.

Aber es gab auch kritische Momente. Wie weit durfte der Abriss gehen, wie weit musste dem Denkmalschutz Rechnung getragen werden? Zwar war der originalgetreue Wiederaufbau der Fassade beschlossene Sache, aber wie es dahinter aussehen würde, blieb unklar. Dort befanden sich immerhin solche architektonischen Kleinodien wie der Blumenladen „Holthusen“, gerühmt für sein grüngoldenes Art-Déco-Interieur. Seit 1925 unverändert, stellte es die einzige komplett erhaltene Ladeneinrichtung aus den zwanziger Jahren in der Stadt dar. Das Schicksal dieser gekachelten fünfzig

140 Meter Flaniermeile aus Stahl und Glas: die Wandelhalle im Hauptbahnhof

Quadratmeter stand lange auf der Kippe. Das Problem war die Finanzierung einer möglichen Rettung. Den ganzen Laden inmitten der Baustelle stehen lassen und einfach drumherum bauen? Das wäre technisch überaus aufwendig und mit mehr als einer Million Mark Kosten sehr teuer geworden. Andererseits könnte er für weniger als die Hälfte aus- und später in eine neue Wandelhalle wieder eingebaut werden. Schließlich rang man sich bei der Bahn durch und stellte Mittel zur Verfügung, um zumindest die zweite und kostengünstigere Variante durchzuführen. Eine Entscheidung, bei der vermutlich auch Imagepflege eine Rolle spielte, die Befreiung vom Ruf des sträflichen Umgangs mit denkmalpflegerischen Werten. Der eher missglückte Umbau des Altonaer Bahnhofs 1974–1979 hatte deutlich genug gezeigt, wie man es besser nicht noch einmal machen sollte.

1988 wurde endlich in der Fondsverwaltung der Deutschen Genossenschaftsbank, einem Immobilienfonds-Unternehmen, ein Geldgeber für den Wiederaufbau gefunden. Das Vorhaben einer neuen, zur kommerziellen Nutzung ausgebauten Wandelhalle wurde zum bis dahin bundesweit größten Kooperationsprojekt der Bahn mit einem Privatinvestor. Im Januar des folgenden Jahres begannen die Arbeiten. Draußen vor der Tür tat sich ebenfalls etwas: Der Bahnhofsvorplatz am Glockengießerwall wurde völlig neu gestaltet. Denn an das ambitionierte Projekt knüpfte sich auch die Hoffnung der Stadtväter auf eine Revitalisierung der östlichen Innenstadt. In der Wandelhalle sollten die Hamburger ihren in der Spitalerstraße begonnenen Einkaufsbummel überdacht fortsetzen können.

Indes gingen die Arbeiten so zügig weiter, dass heute – und damit bereits einen Tag früher als im Fahrplan vorgesehen – die Hüllen vor einer illustren Schar von 340 Gästen fallen konnten. Unter deren Schuhen knirschte allerdings noch der Sand. Denn so richtig fertig ist man halt doch nicht geworden. Emsig wird hier und dort noch gewerkelt.

Bei einer Länge von 140 Metern und einer Breite und Höhe von jeweils 22 Metern ruht die neue Wandelhalle auf 1200 Betonstützen, die bis zu zwölf Meter tief im Boden verankert sind. 2500 Tonnen Stahl wurden verarbeitet. Wenn alles fertig ist, werden auf 7681 Quadratmetern Handelsfläche mehr als dreißig Geschäfte ihre Waren feilbieten. Mit dabei ist auch das alte Schmuckstück, der grün-goldene Blumenladen. Die Öffnungszeiten sind nicht an die Ladenschlusszeiten gebunden, denn hier wird Reisebedarf verkauft – alles eine Frage der Auslegung. So wird jenseits des sonst üblichen Ladenschlusses der Wecker zum Reisewecker, die Wecke zum Proviant. Und auch die im Art-Déco-Ambiente erworbenen Stiefmütterchen haben wohl irgendwie mit Fernweh zu tun.

Über 200 000 Menschen werden von nun an täglich über diese Konstruktion aus Glas und Stahl flanieren, unter ihr mehr als zweitausend Züge (inklusive S-Bahnen) ein- und ausfahren und Hamburg mit der Welt verbinden. Darunter auch der neue Inter City Express (ICE).

Das Timing ist perfekt: Ganze drei Tage nach der Eröffnung der Wandelhalle gibt es gleich eine zweite Premiere. Mit der ersten Fahrt dieses neuen Hochgeschwindigkeitszugs von Hamburg nach München beginnt ein neues, schnelleres Schienenzeitalter.

Die Rolle Hamburgs als Verkehrsknotenpunkt wird insgesamt größer. Neben der Eisenbahn wächst auch die Bedeutung für Luft- und Schifffahrt, ist und bleibt die Stadt Nadelöhr für den Straßenverkehr von Nord nach Süd. Die Wiedervereinigung Deutschlands und die Öffnung der früheren Ostblockstaaten hat Hamburgs Lage in Europa dramatisch verändert. Vom Ostrand der westlichen Welt ist es ins Zentrum eines neuen Europas gerückt.

Wirklich neu ist das allerdings gar nicht. Als 1188 Graf Adolf III. Stadt und Hafen von Hamburg gründete, ging er von sehr günstigen Bedingungen aus: Das östliche Vorland war befriedet, die Elbe war kein Grenzfluss mehr, sondern ein Handelsweg, der bis tief ins Böhmische reichte. Von Nor-

Auf der neu elektrifizierten Bahnstrecke zwischen Hamburg und Berlin braucht der ICS am 29. Mai 1997 nur zwei Stunden und fünf Minuten, zehn Minuten weniger als ursprünglich geplant.

den nach Süden und umgekehrt führten die Landwege der Kaufleute ebenfalls durch Hamburg. Das Stromgebiet der Elbe mit allen Zuflüssen und späteren Kanälen war das natürliche Hinterland Hamburgs. Das galt mehr als 750 Jahre lang, bis 1945. Nun hat die Stadt ihre alte Position wiedererlangt – durch die zunehmende Annäherung der europäischen Staaten zur politischen und vor allem wirtschaftlichen Einheit in noch viel größerem Maße als je zuvor. „Kreuz des Nordens" wurde Hamburg bereits bedeutungsschwer genannt. Viel geschieht und wird noch geschehen, um dieser neuen Rolle gerecht zu werden. Alte Verkehrswege müssen modernisiert, neue geschaffen werden.

Mit dem Abschluss der Elektrifizierung der Bahnstrecke von Hamburg nach Berlin im Mai 1997 wird die Fahrt zwischen den beiden Metropolen nur noch zweieinviertel Stunden dauern. Dann wird der Streckenrekord des „Fliegenden Hamburgers" von 1933 endlich gebrochen. Denn durch Bombardierungen der Alliierten und anschließende gezielte Demontage der Strecke durch die sowjetischen Besatzer – die Reduzierung auf ein einziges Gleis – war in der Zwischenzeit die durchschnittliche Reisedauer wieder länger geworden als noch vor der Jahrhundertwende. Durch Umbau der Bahnübergänge in Unter- oder Überführungen könnte die mittlere Reisegeschwindigkeit noch einmal beträchtlich gesteigert werden: auf rund zweihundert Stundenkilometer. Damit würde ein ICE nur noch neunzig Minuten vom Hauptbahnhof in die Hauptstadt brauchen.

Das wären gerade mal zwanzig Minuten mehr als das vielleicht gewaltigste und umstrittenste Verkehrsvorhaben seit Langem – der Transrapid.

Beruhend auf einem Patent von 1934, könnte diese Magnetschwebebahn ab dem Jahr 2005 zunächst Hamburg und Berlin miteinander verbinden. Doch Widerstand und Bedenken sind groß, vor allem umweltpolitische Einwände und Zweifel an der Rentabilität des neuen Verkehrsmittels. Horrende Summen würden in etwas Neues investiert, obgleich die Kapazitäten der guten alten Eisenbahn noch lange nicht ausgeschöpft sind. Befürworter hingegen träumen von der europaweiten Vernetzung von Amsterdam bis Moskau, von Kopenhagen bis Mailand, und von einem technologischen Exportschlager „Made in Germany".

Technische Neuerungen erfordern auch anderswo Modernisierung. Durch seinen Hafen wurde Hamburg das Tor zur Welt. Mittlerweile sind die Schiffe aber zum Teil so groß geworden, dass sie die Hansestadt gar nicht mehr oder nur teilweise beladen anlaufen können. Eine unhaltbare Situation im internationalen Konkurrenzkampf, für Hamburgs Position als zweitgrößter Containerhafen Europas und sechstgrößter weltweit. Doch im Dezember 1996 einigten sich die Regierungschefs der drei Unterelbanrainer Niedersachsen, Schleswig-Holstein und Hamburg endlich: Die Elbe wird vertieft. Zwischen ihrer Mündung und dem Hamburger Hafen auf 15,30 Meter statt der bisherigen 13,50 Meter. Damit wird der Hafen auch für die voll beladenen Containerschiffe der vierten und fünften Generation schiffbar und weniger tideabhängig.

Doch auch stromaufwärts wird gehandelt. Auf das ursprüngliche Vorhaben, die Elbe zwischen Lauenburg und Magdeburg so zu vertiefen, dass sie ganzjährig schiffbar würde, wird aus Gründen des Naturschutzes verzichtet. Auf diese Weise bleibt der Lebensraum vieler Tier- und Pflanzenarten – vor allem entlang der alten innerdeutschen Grenze – bewahrt; das Biosphärenreservat „Flusslandschaft Elbe" soll entstehen. Für die Binnenschifffahrt wird stattdessen der Elbe-Seitenkanal zwischen Lauenburg und Braunschweig für rund 600 Millionen Mark so ausgebaut, dass er auch für Containerschiffe befahrbar wird. So können diese dann bis in den Mittellandkanal und weiter nach Magdeburg, zurück in die Elbe, gelangen. 1976 war der Elbe-Seitenkanal gebaut worden, um der Binnenschifffahrt die innerdeutsche Grenze zu ersparen – zwanzig Jahre später trägt er dazu bei, der einzigartigen Naturlandschaft, die an dieser Grenze erhalten blieb, die Binnenschifffahrt zu ersparen.

Während den einen die Elbe zu seicht ist, ist sie den anderen zu tief. 1975 wurde daher der neue Elbtunnel als westliche Umgehung Hamburgs für ein angenommenes Tagesaufkommen von 75 000 Fahrzeugen gebaut. Mittlerweile wird die 100 000-Marke regelmäßig überschritten. Nach wie vor bleibt der Elbtunnel die westlichste Flussquerung vor der Nordsee und das Nadelöhr im Straßenverkehr von Norden nach Süden. Ob die vierte Elbtunnelröhre, deren Vorarbeiten 1995 begannen und deren Baukosten mit mehr als 800 Millionen Mark – die drei alten Röhren waren für insgesamt 530 Millionen zu haben – veranschlagt werden, an dieser Überlastung viel ändern wird, ist heftig umstritten. Falls das Verkehrsaufkommen in der Zwischenzeit weiter so zunimmt wie bisher, wird sich auch im Jahr 2003, wenn die neue Röhre fertig sein soll, die Situation kaum ändern, Staus werden die Norm sein. Allerdings liebäugelt Schleswig-Holstein nach wie vor mit einer Elbquerung bei Glückstadt, die auch Hamburg Entspannung bringen könnte.

Aber auch weiter weg wird Einfluss auf den Verkehr in und um Hamburg genommen. Mit der Großen-Belt-Querung wird ab 1998 eine Straßen- und Bahnverbindung zwischen dem europäischen Festland und Kopenhagen bestehen. Schätzungen gehen davon aus, dass sich das Verkehrsaufkommen über den Belt verdoppeln wird. Noch dramatischer wird es, wenn im Jahr 2000 auch die Öresundquerung und damit die Verbindung nach Schweden hergestellt sein wird. Ein Großteil des Verkehrs von und nach Skandinavien, der bislang der Vogelfluglinie über Fehmarn und der Autobahn A1 südöstlich an Hamburg vorbei gefolgt ist, wird dann die schnellere Route nehmen und auf den Elbtunnel zusteuern.

Blick in das elegant geschwungene Terminal 4 (seit 2005: Terminal 2) des Flughafens Hamburg-Fuhlsbüttel. Eine Rohrfachwerkkonstruktion trägt das Dach, dessen äußere Form an die Tragfläche eines Flugzeugs erinnert.

Ganz andere Probleme stellen sich in der Luft: Die Wiedervereinigung bedeutete für den Flugverkehr vor allem die erneute Diskussion um einen norddeutschen Großflughafen, statt in Kaltenkirchen nun in Parchim. Diese Pläne sind allerdings vorerst vom Tisch. Schließlich wurde und wird in Fuhlsbüttel viel getan, um endlich aus der belächelten Provinzialität herauszukommen. Der Flughafen soll einer Großstadt wie Hamburg angemessener werden. Das über 450 Millionen Mark teure Terminal 4 (1993 fertiggestellt) etwa schafft es mit seiner kühlen und doch harmonischen Architektur, ein mondäneres Flair zu vermitteln. Weitere Neu- und Umbauten sind auf dem Weg. Ein besonderer Vorteil des viertgrößten Flughafens der Republik ist seine Stadtnähe. Nur: Solange keine vernünftige Nahverkehrsanbindung besteht, lässt sich dieses Potenzial kaum ausschöpfen. Allerdings ist die Fertigstellung eines S-Bahn-Anschlusses nur noch eine Frage weniger Jahre, die Haltestelle bereits im Bau. Ebenso wird nach wie vor ein möglicher Anschluss von Fernbahn und Straßenbahn diskutiert, die Autobahnanbindung hingegen bereits Ende 1997 fertiggestellt.

Anfang des nächsten Jahrtausends sollen in Fuhlsbüttel jährlich mehr als zehn Millionen Passagiere abgefertigt werden. Dann werden die Grenzen jedoch irgendwann erreicht sein, denn der Preis der zentralen Lage ist, dass Ausbauflächen kaum noch vorhanden sind. Der Plan eines norddeutschen Großflughafens wird dann vielleicht doch wieder aus den Schubladen hervorgeholt werden.

Am Ende liegt die Crux mit dem „Kreuz des Nordens“ auf der Hand: Hamburgs Chancen inmitten Europas sind groß. Ebenso groß ist vielleicht die Gefahr, unter den ersten zu sein, die einem allgemeinen Verkehrsinfarkt erliegen werden.

Menschliches Hamburg Lichterketten und Leningradhilfe

So etwas hat Hamburg noch nicht gesehen. Zwar ist die Vorweihnachtszeit ohnehin die am schönsten erleuchtete, aber so wie an diesem Sonntag, dem dritten Advent, hat es doch noch nie gestrahlt. Es ist, als hätte sich ein ganzer Sternenhimmel heute abend auf die Stadt gelegt. Tatsächlich sind es Menschen: Auf mehr als neun Kilometer Länge stehen sie dicht gedrängt mit Wachs- und Wunderkerzen, Taschenlampen oder Signalleuchten in den Händen um Binnen- und Außenalster herum. Sie haben sich hier versammelt, um mit dieser gewaltigen Lichterkette ein leuchtendes Zeichen gegen Rassismus zu setzen. Um zu demonstrieren, dass sie nicht mehr länger hinnehmen wollen, was in diesem Land geschieht.

Es sind Wachslichter gegen die Brandstifter von Mölln und Rostock, aber auch gegen Rassismus und Ausländerfeindlichkeit in dieser Stadt. 1991 kamen rund 11 600 Asylbewerber nach Hamburg, 2000 mehr als im Jahr zuvor. Dieses Jahr waren es annähernd 20 000. Gleichzeitig gab es hier und in ganz Deutschland eine dramatische Zunahme rechtsextremistisch motivierter Übergriffe auf Asylantenunterkünfte und ausländische Lokale, aber auch auf einzelne Menschen. Eine Welle der Empörung und des blanken Entsetzens ging durch das Land und über seine Grenzen hinaus. Es folgten allerorten Sympathiebekundungen und Demonstrationen gegen die zunehmende Ausländerfeindlichkeit.

So gewaltig und geeint wie heute sind die Hamburger aber erst selten aufgetreten. Initiiert wurde die Aktion vor allem von den in der Stadt ansässigen Medien, verschiedenen Radio- und Fernsehsendern, vielen Zeitungen und Zeitschriften. Auch der Arbeiter-Samariter-Bund und der Bund der Gewerkschaften des öffentlichen Dienstes beteiligten sich an dem Aufruf. Bischöfin Maria Jepsen löste eine Telefonkette bei den 462 Hamburger Pastoren aus: „Bitte am kommenden Sonntag von den Türmen um 17 Uhr die Glocken läuten lassen. Und bitte weitersagen!" Dem schlossen sich die katholischen Pfarrer an, sodass schließlich 750 Glocken von 250 Kirchen läuteten. Viele Firmen und Organisationen stellten auch die nötige Ausrüstung zur Verfügung: Die CDU lieferte Kerzen, die „Bild-Zeitung" Leuchtstäbe, und der NDR organisierte sogar Taschenlampen.

Als es dann ernst wird, sind vor allem Polizei, Feuerwehr und HVV gefordert, ein komplettes Chaos zu vermeiden und einen reibungslosen Ablauf zu gewährleisten: Sämtliche Straßen um die Alster wurden bereits um halb vier für den Verkehr gesperrt, verstärkt werden Busse und Bahnen eingesetzt. Schon seit Tagen wird auch die Bitte wiederholt, diese wirklich zu benutzen und das eigene Auto zu Hause zu lassen. Denn die Veranstalter erwarten nicht weniger als 300 000 Teilnehmer.

Tatsächlich werden es viel mehr. Schätzungsweise 450 000 – die Polizei gab bei 350 000 das Zählen auf. Unter ihnen viele bekannte Persönlichkeiten. Schauspielerin Heidi Kabel etwa oder der Erste Bürgermeister Henning Voscherau, der seine Präsenz markig untermauerte: „Wir müssen es den Neofaschisten austreiben." Im Großen und Ganzen ist die Atmosphäre allerdings eher andächtig und still.

Es ist eine der größten Demonstrationen, die Hamburg je erlebt hat. Aber als sie schließlich zum Ende kommt, stellt sich doch bei manchen eine leichte Unruhe ein: Soll das alles gewesen sein? Die Glocken hatte kaum jemand hören können: Der Wind stand ungünstig, und außerdem kreisten einfach zu viele Hubschrauber über der Innenstadt, um dieses Lichtermeer für die Nachwelt fotografisch festzuhalten. Um halb sieben sind dann auch schon alle Straßensperren wieder aufgehoben, der Verkehr hat sich normalisiert, die Stadt liegt so friedlich da wie an einem ganz gewöhnlichen

Hunderttausende Hamburger demonstrieren mit einer Lichterkette um die Alster gegen Rassismus und Rechtsradikalismus.

Sonntagabend. Alles scheint wieder wie vorher. Nur die unzähligen Kerzenstummel geben Zeugnis von dem, was heute stattgefunden hat.

Es gab dann auch gleich Kritik: So beeindruckend diese Demonstration, diese gewaltige Geste guten Willens ist, sie kommt reichlich spät. Und selbst wenn aller Welt und vor allem den Betroffenen gezeigt werden konnte, wie die wahren Kräfteverhältnisse aussehen, müssen dem guten Willen nun Taten folgen. Hamburg ist gegen das Unrecht aufgestanden, jetzt muss es auch weitere Schritte tun. Doch ein Anfang ist allemal gemacht, und nicht der schlechteste.

Bei allen Vorbehalten, die man gegenüber der trägen Masse hegen mag – ihren Willen und auch ihr Vermögen, sich für die stark zu machen, die ihrer Hilfe bedürfen, haben die Hamburger nicht erst heute gezeigt. Gerade zwei Jahre ist es her, dass das „Hamburger Abendblatt" als erste deutsche Zeitung unter dem Motto „Ein Paket für Leningrad" zur Hilfe für die Menschen in Hamburgs Partnerstadt aufrief. Damit begann am 7. November 1990 die wahrscheinlich gewaltigste Spendenaktion, die Hamburg je erlebt hat: Bereits innerhalb von zehn Tagen waren 75 000 Pakete im Wert von 3,8 Millionen Mark gepackt, die ersten 20 000 auf dem Weg nach Russland. Nach drei Wochen waren es schon mehr als 100 000 Pakete. Und der Strom riss nicht ab: Institutionen, Firmen und private Initiativen, Schulen, Familien und einzelne Menschen organisierten Hilfsaktionen und packten eifrig. Da wurde es irgendwann schwierig: Zu wenige Arbeitskräfte, zu wenig Lagerraum, unklare Verantwortlichkeiten behinderten den schnellen und reibungslosen Ablauf immens. Die Pakete türmten sich, und niemand wusste, wohin mit ihnen. Im

Hafen, der weltweites Ansehen für seine Effektivität und Geschwindigkeit beim Güterumschlag genießt, brach zu allem Überfluss ein Kartoffelchaos aus: Über 100 000 Tonnen sollten zusätzlich verschifft werden. Nur durch die massive Hilfe Freiwilliger gelang es schließlich, wenigstens knapp die Hälfte auf den Weg nach Russland zu bringen. Dort wird das Grundnahrungsmittel dringend gebraucht.

Natürlich können alle diese Anstrengungen kaum ausreichen, um die 5-Millionen-Stadt an der Newa zu ernähren. Aber das erwartet auch niemand, weder hier noch dort. Die Reaktionen aus Russland sind überschwänglich und überschwemmen die Hamburger geradezu: Täglich kommen Hunderte von Briefen, doch es fehlt an Übersetzern. Die Menschen in Leningrad sind dankbar, viele freuen sich, dass die „Söhne und Enkel die Sünden ihrer Väter und Großväter nicht vergessen haben und deren Schuld irgendwie wiedergutmachen möchten", wie es eine Russin ausdrückt. Regelmäßig wird auf den Krieg angespielt, auch vom Generalkonsul der Sowjetunion in Hamburg, Wladen I. Kuszenow. Der glaubt, die Deutschen wollten vielleicht auf diese Weise auch Verzeihung erlangen für das, was sie den Menschen Leningrads antaten. Während des Zweiten Weltkriegs hatte die Wehrmacht die Stadt zwischen 1941 und 1944 neunhundert Tage lang belagert und auszuhungern versucht, jedoch ohne endgültig Erfolg zu haben. Die harten Winter ohne Versorgungsnachschub sind den Leningradern in schrecklicher Erinnerung geblieben. Da sind Assoziationen zumindest erlaubt, wenn jetzt die Deutschen fleißig Zucker, Dosenfleisch und Tütensuppen nach Osten schicken.

Aber mit dem Winter endet nicht die Hilfsbereitschaft der Hamburger. Sie besteht weiter. Nach dem versuchten Putsch in Moskau im Sommer 1991 gibt es noch einmal einen Aufschwung. In der Bürgerschaft wird diskutiert, die Hilfeleistungen auszuweiten und die Partnerstadt nun auch konkret mit Know-how, etwa in den Bereichen Umweltschutz und Stadtentwicklung, zu unterstützen. „Hilfe zur Selbsthilfe" heißt das Konzept.

Dasselbe Prinzip bestimmt dann auch vielfach die Fortsetzung und Wiederbelebung der Aktionen des Vorjahrs. Aus dem „Paket für Leningrad" werden „Pakete für St. Petersburg". Das klingt ebenso gut und trägt dem Umstand Rechnung, dass die Stadt seit Mitte des Jahres wieder ihren ursprünglichen Namen trägt. Leningrad hatte sie nämlich erst seit 1924 geheißen.

Seit Oktober 1991 wird neben Lebensmittelsendungen nun auch zunehmend medizinisches und technisches Gerät auf die Reise an die Newa geschickt. Trotz des Erdapfel-Fiaskos im Vorjahr beschließt die hamburgische Regierung, den St. Petersburgern außerdem mit dringend benötigten Kartoffeln auszuhelfen: Noch einmal müssen 10 000 Tonnen verschifft werden. Aber diesmal klappt es problemlos.

Ein halbes Jahr später ist die Bilanz beeindruckend: Mehr als 600 000 Pakete für rund 30 Millionen Mark wurden gepackt. Einige Zehntausend Hamburger haben Beziehungen zu Menschen in St. Petersburg aufgebaut. Man schreibt und besucht sich.

Die Menschen in Hamburg haben gehandelt, haben ihrer Hilfsbereitschaft, ihrer Menschlichkeit gewaltigen Ausdruck verliehen. Hunderttausend Kerzenstummel und hunderttausend Pakete sind vielleicht nicht genug. Aber Hoffnung sollten sie machen.

Hamburger Nachrichten

1990

Hollywood, 26. März: Der Hamburger Kunststudent Wolfgang Lauenstein und sein Bruder Christoph erhalten einen „Oscar“ für ihren Siebeneinhalb-Minuten-Trickfilm „Balance“. – Erstmals seit 325 Jahren werden Frauen in das Parlament der Handelskammer Hamburg gewählt. – Prag wird Hamburgs siebte Partnerstadt. – Die Premiere des Musicals „Das Phantom der Oper“ am 29. Juni in der eigens dafür gebauten „Neuen Flora“ wird von heftigen Protesten begleitet. Die Demonstrierenden wollen ihren Widerstand gegen die Kommerzialisierung des Stadtteils zum Ausdruck bringen. – Am 24. November stirbt die Hamburger Schauspielerin und Autorin Helga Feddersen (60).

1991

Im Oktober entdecken zwei Beamte der Wasserschutzpolizei am O'Swaldkai im Hafen eine als „landwirtschaftliches Gerät“ deklarierte Waffenlieferung des BND an den israelischen Geheimdienst Mossad. – Die Fluggesellschaft PanAm stellt nach mehr als vierzig Jahren ihren Liniendienst zwischen Hamburg und den USA ein.

1992

Der Widerstand orthodoxer Juden gegen den Bau des Einkaufszentrums „Mercado“ auf dem Gelände eines früheren jüdischen Friedhofs in Ottensen erregt weltweit Aufsehen. Der Kompromiss am Ende heißt: Bauen, aber nur nach oben. – In Hagenbecks Tierpark wird erstmals seit 61 Jahren wieder ein Elefantenbaby geboren. – Am 21. November öffnet auf St. Pauli ein bundesweit einzigartiges Haus seine Pforten: Im Erotic-Art-Museum wird ausschließlich erotische Kunst ausgestellt.

Noch ein Musical für Hamburg: „Das Phantom der Oper“, hier mit Peter Hofmann als Phantom, an seiner Seite Anna Maria Kaufmann als Christine, aufgenommen im Juni 1990 im Hamburger Theater Neue Flora

1993

Am 25. März tritt in Rahlstedt Hamburgs „Hausbrigade“, die Panzergrenadierbrigade 17, zum letzten Zapfenstreich an. Im Rahmen der Verkleinerung der Bundeswehr wird sie nach 34-jährigem Bestehen aufgelöst. – Während eines Tennisturniers am Rothenbaum wird die Weltranglistenerste Monica Seles bei einem Anschlag mit einem Messer schwer verletzt. – Anfang Mai erklärt das Hamburgische Verfassungsgericht die Bürgerschaftswahlen von 1991 für ungültig. Grund: Undemokratisches Vorgehen bei der Aufstellung der Kandidatenlisten der CDU. Folge: Neuwahlen. – Seit November gibt es ein neues Druckerzeugnis auf Hamburgs Straßen. In den folgenden Monaten explodiert die Auflage der von Obdachlosen verkauften Zeitschrift „Hinz und Kunzt“.

1994

Im Mai begeht die Universität ihren 75. Geburtstag. Die von akutem Geldmangel gebeutelte Alma mater darf sich freuen: Das Ehepaar Greve schenkt ihr Neubauten im Wert von 60 Millionen Mark. – Am 12. September erklärt Innensenator Werner Hackmann seinen Rücktritt. Er zieht damit die Konsequenzen aus den massiven Vorwürfen gegen die Hamburger Polizei wegen Rassismus und Rechtsextremismus. – Mit der „Buddy-Holly-Story“ startet im Dezember Hamburgs drittes Dauermusical in einem eigens hierfür errichteten Zelttheater an der Elbe.

1995

Das wegen Asbestverseuchung unbenutzbare Iduna-Hochhaus am Millerntor wird im Februar unter den Augen Zehntausender Schaulustiger gesprengt. – Der 26. Evangelische Kirchentag findet mit rund 125 000 Dauergästen in Hamburg statt. – Am 31. August stirbt der Zeichner Horst Janssen (63) an den Folgen eines Schlaganfalls. – Durch ein Feuer werden große Teile des alternativen Kulturzentrums „Rote Flora“ am Schulterblatt zerstört. Dennoch geht der Betrieb weiter.

Löscharbeiten an der seit 1989 besetzten „Roten Flora“ im Schanzenviertel. Der Brand in dem ehemaligen Theater war in der Nacht zum 28. November 1995 ausgebrochen.

1996

Am 25. März wird der Sozialwissenschaftler und Multimillionär Jan Philipp Reemtsma entführt. Nach fünf Wochen und kommt gegen 30 Millionen Mark Lösegeld frei. Einen Monat später werden bereits zwei der Entführer gefasst. Das Geld bleibt verschwunden. – Bei einem Übungsflug verunglückt ein Hubschrauber der Hamburger Polizei. Fünf Beamte kommen um. – Nach dreizehn Jahren und mehr als 26 Millionen Mark Investitionen ist die Sanierung der Michaeliskirche („Michel“) endlich abgeschlossen. – Internationaler Seegerichtshof am 1. Oktober in Nienstedten eröffnet. Ein neues Gebäude entsteht dafür neben der Schröderschen Villa.– Der Beschluss, das Hafenkrankenhaus zu schließen, stößt auf Unverständnis und breiten Protest (vergeblich).

Die Welt im Jahr 1992

Akteneinsicht

Das „Gesetz über die Unterlagen des Ministeriums für Staatssicherheit der DDR“, kurz, über die Stasi-Unterlagen, ist letztes Jahr in Kraft getreten. Seit Januar können nun Bürger, Wissenschaftler und Medien Akteneinsicht nehmen. Leiter der zuständigen Bundesbehörde ist Joachim Gauck (52).

Gestorben

Mit dem ehemaligen SPD-Vorsitzenden und Bundeskanzler d. D. Willy Brandt, der am 8. Oktober im Alter von 78 Jahren verstorben ist, verlieren die deutsche Sozialdemokratie und die europäische Linke eine große Persönlichkeit.

Deutscher im Weltraum

Am 22. Januar startet die US-amerikanische Raumfähre „Discovery“ zu einem neuntägigen Flug in den Weltraum. Mit an Bord ist der deutsche Astronaut Ulf Merbold (50), der nach 1983 bereits zum zweiten Mal ins All fliegt. Acht Tage später kehrt die Raumfähre wohlbehalten zur Erde zurück.

Beteiligung

Am 24. Januar kündigt der südafrikanische Präsident Frederik Willem de Klerk (59) vor dem Parlament die Beteiligung der schwarzen Bevölkerungsmehrheit an einer Übergangsregierung an. Nelson Mandela (73), der Vorsitzende des African National Congress (ANC), ist am 11. Februar 1990 nach 27 Jahren aus der Haft entlassen worden und verhandelt nun mit der Regierung über die Beseitigung des Apartheid-Systems und die Schaffung einer neuen, vorläufigen Verfassung.

Friedenshoffnung

In Israel kommt mit der Arbeiterpartei von Jitzchak Rabin (74) eine kompromissbereite israelische Regierung ans Ruder. Rabin gilt als wichtigster Fürsprecher eines fortschreitenden Friedensprozesses zwischen Israel, den Palästinensern mit PLO-Chef Jassir Arafat und den arabischen Nachbarn des Staates.

Europäische Union im Werden

Am 7. Februar wird mit dem Maastrichter Vertrag die Europäische Union endgültig Realität, deren Anfänge in den fünfziger Jahren liegen. Der Vertrag soll im kommenden Jahr in Kraft treten.

In Haft

Erich Honecker (79), der in Moskau Zuflucht in der dortigen chilenischen Botschaft gesucht hatte, wird am 29. Juli nach seiner von der Bundesregierung erwirkten Auslieferung auf dem Berliner Flughafen verhaftet. Im November beginnt am Berliner Landgericht der Prozess gegen den einstigen DDR-Staats- und Parteichef wegen seiner Verantwortung für Menschenrechtsverletzungen des DDR-Regimes. Der Prozess wird 1993 eingestellt, weil Honecker unheilbar an Leberkrebs erkrankt ist. Er stirbt 1994 in Chile.

Eskalation

Im Juli häufen sich die Schlagzeilen über den Bürgerkrieg im ehemaligen Jugoslawien. Eine von der UNO beschlossene Luftbrücke soll die notleidende Bevölkerung in der von Serbien eingeschlossenen bosnischen Hauptstadt Sarajevo unterstützen. Auch die deutsche Luftwaffe ist beteiligt. Zudem haben Bund und Länder sich auf humanitäre Hilfe für Flüchtlinge aus Bosnien-Herzegowina geeinigt. Am 5. Juni verabschiedet der Deutsche Bundestag das sogenannte Asylbeschleunigungsgesetz, am 25. Juli treffen die ersten Bürgerkriegsopfer in Deutschland ein.

Neue Konfliktherde

Im Kaukasus und in Zentralasien mit ihren historisch gewachsenen Streitigkeiten entstehen neue Konfliktherde: Georgien mit zwei blutigen Kriegen, Aserbaidschan und Armenien mit dem Zankapfel Bergkarabach, außerdem Tadschikistan sowie in-Russland Nordossetien und Tschetschenien. Besonders Tschetschenien wird Moskau noch viel zu schaffen machen.

Neuer US-Präsident

In den USA wurde der Demokrat Bill Clinton (46) am 3. November zum Präsidenten gewählt. Er löst George H. W. Bush ab.

Schaulustige am 24. August 1992 vor dem von rechtsradikalen Randalierern in Brand gesteckten, von über hundert Vietnamesen bewohnten Haus neben der Zentralen Anlaufstelle für Asylbewerber in Rostock-Lichtenhagen

Rechtsradikale

Vom 22. bis zum 28. August kommt es zu rechtsradikalen Pogromen gegen Asylbewerber in Rostock-Lichtenhagen. Mehr als tausend Jugendliche randalieren in der Zentralen Anlaufstelle für Asylbewerber und liefern sich tagelang schwere gewalttätige Auseinandersetzungen mit der Polizei. Die Aufnahmestelle für Flüchtlinge wird evakuiert, doch das daneben liegende Wohnheim für ehemalige vietnamesische Vertragsarbeiter, in dem sich noch über hundert Vietnamesen und ein Fernsehteam des ZDF aufhalten, wird mit Molotowcocktails in Brand gesteckt. Die Menschen im Haus sind zunächst schutzlos sich selbst überlassen, weil die Polizei sich zeitweise völlig zurückgezogen hat. Zudem gibt es bis zu dreitausend applaudierende Zuschauer, die den Polizei- und Feuerwehreinsatz behindern. Wie durch ein Wunder gibt es keine Toten. – In der Nacht auf den 23. November wird dann in Mölln ein rechtsextremistisch motivierter Brandanschlag auf ein von zwei türkischen Familien bewohntes Haus verübt, bei dem neun Menschen verletzt und drei getötet werden. Noch während der Löscharbeiten gibt es Bekenneranrufe bei der Polizei, die mit „Heil Hitler" schließen. Verhaftet werden schließlich zwei als Neonazis bekannte Männer. Sie werden zu mehrjährigen Freiheitsstrafen verurteilt.

Wort des Jahres

Der Unterschied zwischen Versprechungen und politischem Handeln führt geradewegs zum „Wort des Jahres" in Deutschland: „Politikverdrossenheit".

23. September 2001

Ein Amtsrichter schafft den Regierungswechsel

Sonntagabend, beste Fernsehzeit. Im TV läuft ein Krimi der Extraklasse, Tatort: Hamburger Bürgerschaft. 1,2 Millionen Wahlberechtigte waren heute in der Hansestadt aufgerufen, ihr Kreuz zu machen – doch zwei Stunden nachdem die Wahllokale geschlossen haben, ist alles noch offen!

Die FDP schlingert um fünf Prozent, mal liegen die Liberalen leicht drüber, dann wieder nicht. Verpasst die Partei den Einzug ins Parlament wie bei den letzten beiden Wahlen? Dann müsste es wohl reichen für die Fortsetzung der rot-grünen Regierungskoalition unter Bürgermeister Ortwin Runde. Der aber weiß: Schafft es die FDP, ist seine Mehrheit dahin.

Dann könnte zum ersten Mal seit 44 Jahren wieder ein Christdemokrat über die Geschicke der Stadt bestimmen. Mit Hilfe des sogenannten Bürgerblocks aus CDU, Liberalen – und einer politischen Gruppierung, die vor einem Jahr gleichsam aus dem Nichts aufgetaucht ist: die Partei Rechtsstaatlicher Offensive des Hamburger Amtsrichters Ronald Barnabas Schill.

„Richter Gnadenlos" nennen ihn seine Gegner, denn Schill hat in der Vergangenheit vor allem durch extrem harte Urteile von sich reden gemacht. So ließ er zwei Störenfriede während eines Prozesses kurzerhand für drei Tage in Ordnungshaft nehmen – die Beschwerde der beiden dagegen blieb erst einmal unbearbeitet. Das brachte Schill selbst ein Verfahren ein, Rechtsbeugung und Freiheitsberaubung warf man ihm vor. Das Hamburger Landgericht verurteilte ihn zu einer Geldstrafe, erst vor drei Wochen hob der Bundesgerichtshof das Urteil wieder auf.

Doch „Richter Gnadenlos" heißt Schill auch bei denen, die seinen harten Kurs schätzen. Allen voran die Zeitungen „Bild" und „Die Welt", die den Mann hochschreiben. Denn er verspricht, endlich durchzugreifen. Als Politiker hat Schill nur ein einziges Thema: innere Sicherheit. Er apostrophiert Hamburg als „Hauptstadt des Verbrechens", er verspricht, die Kriminalität innerhalb von 100 Tagen zu halbieren. 2000 zusätzliche Polizeibeamte sollen dafür sorgen.

Neu ist das nicht. Schon die letzten Bürgerschaftswahlen 1997 standen ganz im Zeichen der inneren Sicherheit. Auch hat die SPD-Regierung ihre Gangart in den vergangenen Monaten verschärft. So wurde etwa der Einsatz von Brechmitteln legalisiert, um Drogenhändler zu überführen, die ihre Ware vor dem polizeilichen Zugriff durch Herunterschlucken in Sicherheit zu bringen versuchen.

Seit Mai 2001 steht mit Olaf Scholz ein Mann vom rechten Parteiflügel der Innenbehörde vor – und geht mit solchen Maßnahmen durchaus an die Schmerzgrenze rot-grüner Politik!

Doch es scheint, die SPD hat ihren neuen Kurs zu spät eingeschlagen: Wahlforscher sagen der Schill-Partei aus dem Stand ein zweistelliges Ergebnis voraus. Der Hamburger Politikwissenschaftler Joachim Raschke formuliert die Bedürfnisse vieler Hamburger überspitzt: „Die Leute in den sozialen Brennpunkten, Wilhelmsburg zum Beispiel, wollen sich befreien von Überfremdung, Ausländerkriminalität, schlechten Schulen. Wohlhabende aus den Walddörfern suchen jemanden, der die Einbrüche beendet, in den S-Bahnen aufräumt, ihre Kinder vor Drogen rettet." Dem amtierenden Senat traut man das offenbar nicht zu.

Da hilft es auch wenig, dass andere Medien sich alle Mühe geben, Schill und seine Truppe aus unerfahrenen Politikneulingen oder gescheiterten Lokalpolitikern bloßzustellen. Als bloße „Protestmeldestelle" tituliert Raschke die Partei in der

„Frankfurter Rundschau". Noch Anfang September lässt sich der „Spiegel" über Schills vermessene Kandidatenliste aus: Fünfzig Namen stehen dort – nur 121 Sitze gibt es in der Bürgerschaft. Schill kontert: Besser so, als „wenn man mehr Stimmen kriegt, als man Kandidaten hat".

Diese Verlegenheit bleibt ihm am heutigen Abend zwar erspart, doch so vermessen, wie es sich Schills Gegner gewünscht hatten, ist dessen Liste nicht. Knapp unter zwanzig Prozent landet die Partei und wird auf Anhieb drittstärkste Kraft.

Soll sich Ole von Beust darüber freuen? Er könnte von Schills starkem Abschneiden profitieren. Er könnte darauf angewiesen sein. Denn dem CDU-Spitzenkandidaten kündigen die ersten Hochrechnungen ein schockierend schlechtes Ergebnis an – deutlich unter dreißig Prozent, so schwach wie selten zuvor. Noch aber ist nichts entschieden.

Bis zehn Uhr abends hält das Zittern an, wissen Runde, von Beust und Co. nicht recht, was sie in die Mikrofone der Reporter sagen sollen. Dann schließlich verkündet der Wahlleiter: Die FDP hat es geschafft. Mit ein paar Hundert Stimmen liegt sie über der kritischen Marke und wird endlich wieder eine Handvoll Abgeordnete in die Bürgerschaft schicken können. Auf der Wahlparty der Liberalen im Hotel „Elysée" an der Rothenbaumchaussee knallen die Korken. Von Beust atmet auf.

Bei Rot-Grün dagegen bricht Katzenjammer aus. Zwar bleiben die Sozialdemokraten mit Abstand die stärkste Kraft in Hamburg, sie erreichen 36,5 Prozent. Doch dafür müssen die Grünen einstecken. Sie verlieren rund die Hälfte: von 13,9 auf 8,5 Prozent.

Der künftige Erste Bürgermeister Ole von Beust (CDU, rechts) und Ronald Schill von der Partei Rechtsstaatliche Offensive (PRO) bei der Paraphierung der Koalitionsvereinbarungen am 19. Oktober 2001 im Hamburger Rathaus

Das ist eben Demokratie, könnte man nun sagen, nach 44 Jahren SPD-Herrschaft ist ein Wechsel gewiss nicht ungesund. Doch diese Wahl ist mehr als eine gewöhnliche Verschiebung der Wählergunst. Die beiden Volksparteien erreichen gemeinsam nicht einmal mehr zwei Drittel der Stimmen. Für den künftigen Ersten Bürgermeister, Ole von Beust, hat nur wenig mehr als ein Viertel der Hamburger votiert.

Dafür kommt Schill mit seiner Truppe aus dem Stand auf 19,4 Prozent. Die Partei wird in 16 Stadtteilen zur zweitstärksten Kraft, in Wilhelmsburg wählt jeder Dritte Schill, in einem Wahlbezirk sind es sogar 42,5 Prozent! Allein in Eppendorf und Rotherbaum bleiben die Verfechter „Rechtsstaatlicher Offensive" einstellig. So eine Premiere ist in der deutschen Nachkriegsgeschichte noch keiner Partei gelungen. Und das, obwohl laut Umfragen sogar 43 Prozent der Hamburger Schill und seine Truppe für undemokratisch halten.

Was ist da passiert? Glaubt man den Analysten und Experten: nichts Unerwartetes! Unzufriedenheit mit der Politik im Rathaus gibt es seit Jahren.

Unzufriedenheit auch mit einer Opposition, die es verschlafen hat, Alternativen anzubieten. Die Folge: Stammwähler wenden sich enttäuscht ab, bleiben der Urne ganz fern – oder suchen ihr Heil bei Gruppierungen, die eine scheinbar deutlichere Sprache sprechen als die etablierten Volksparteien, bei den letzten beiden Bürgerschaftswahlen etwa bei der STATT-Partei des CDU-Abtrünnigen Markus Wegner und ganz am rechten Rand des politischen Spektrums bei Republikanern und DVU.

Was Schill nun als Erstem gelungen ist: Er hat die Masse dieser Wähler gebündelt. Und er ist – was immer man auch sonst von ihm halten mag – zweifelsfrei einer der charismatischeren Kandidaten in diesem Wahlkampf gewesen. Ortwin Runde? „Ortwin Runde ist ein anerkannter Verwaltungs- und Verhandlungsfachmann, er unterschreitet aber die inzwischen erreichten Standards an kommunikativem Regieren", urteilt Raschke. Ole von Beust gilt selbst in den eigenen Reihen nicht eben als Idealbesetzung.

Und jetzt also Regierungswechsel. Noch tönt es aus SPD-Kreisen trotzig: Wir sind stärkste Partei, wir werden Gespräche führen mit potenziellen Regierungspartnern – doch außer den Grünen steht keiner zur Verfügung. Eine Mehrheit ist ausgeschlossen.

Die Welt im Jahr 2001

Vereidigt

Der Republikaner George W. Bush (54) wird am 20. Januar als 43. Präsident der USA vereidigt. Er ist der Sohn von Ex-Präsident George H. W. Bush.

Zerstört

12. März: Die UNESCO bestätigt, dass Taliban die beiden größten Buddha-Statuen der Welt, die aus dem 5. Jahrhundert n. Chr. stammenden Statuen von Bamiyan in Afghanistan, zerstört haben.

Bezogen

Nach knapp vierjähriger Bauzeit kann am 2. Mai das Gebäude des neuen Bundeskanzleramts von Kanzler Gerhard Schröder, SPD, (57) bezogen werden. Damit ist der Regierungsumzug nach Berlin abgeschlossen. Das bebaute Grundstück ist mit Hubschrauberlandeplatz und Kanzlerpark rund 73 000 Quadratmeter groß. Es ist Teil der „Band des Bundes" genannten Baugruppe im Spreebogen.

Bekenntnis

„Ich bin schwul, und das ist auch gut so." Mit diesen Worten setzt Klaus Wowereit (47), Regierender Bürgermeister von Berlin, am 10. Juni 2001 auf dem SPD-Landesparteitag ein Zeichen. Das bringt ihm stehende Ovationen und die Sympathie der Berliner Wähler ein.

Ins Herz getroffen

Bei den Terroranschlägen vom 11. September 2001 zerstören vier nahezu gleichzeitig von radikalen Islamisten entführte Passagiermaschinen kurz nacheinander die Zwillingstürme des World Trade Centers in New York. Eine Maschine stürzt auf einen Gebäudeflügel des Pentagons in Washington. Ein viertes Flugzeug zerschellt in der Nähe von Pittsburgh. Mehr als 3000 Menschen kommen ums Leben. New York und die gesamten Vereinigten Staaten befinden sich im Ausnahmezustand. Amerika hat den Glauben an seine Unverwundbarkeit verloren. Während die USA in der Folge einen weltweiten Feldzug gegen den Terror starten, machen

Terrorangriff: Am 11. September 2001 rasen zwei entführte Flugzeuge in das New Yorker World Trade Center. Eine Stunde später stürzen die Gebäude in sich zusammen und begraben Tausende unter ihren Trümmern.

die New Yorker Pläne für den Wiederaufbau. Als Architekt wird Daniel Libeskind beauftragt. Vor Baubeginn müssen 1,8 Millionen Tonnen Trümmer abgeräumt werden.

Zauberlehrling

Am 22. November startet „Harry Potter und der Stein der Weisen" in den deutschen Kinos. Der gleichnamige Roman-Erstling der britischen Autorin Joanne K. Rowling erschien 1995. Von den geplanten sieben Bänden über den Zauberschüler sind bisher vier erschienen.

Zwölf Staaten, eine Währung

Von Lissabon bis Berlin, von Helsinki bis Rom – ab dem 1. Januar 2002 ist in zwölf Ländern der Europäischen Union der Euro als Zahlungsmittel im Umlauf. Weil sich Millionen Menschen umgehend mit der neuen Währung eindecken wollen, beginnt schon kurz nach Mitternacht der Ansturm auf Geldautomaten, manche Banken öffnen außerplanmäßig am Neujahrstag. Jetzt kostet alles mehr – so empfinden zumindest viele. „Teuro" schimpfen sie die neue Währung wider alle Statistik: Abgesehen von wenigen Ausnahmen steigen die Preise in den folgenden Monaten nicht mehr als zu Zeiten der D-Mark.

Hamburger Nachrichten

Die 1997 eröffnete Galerie der Gegenwart ist das dritte Gebäude der Hamburger Kunsthalle.

1997

Anfang Januar eröffnet in Barmbek das „Museum der Arbeit"; mit der „Galerie der Gegenwart" des Architekten Oswald Mathias Ungers verdoppelt die Kunsthalle ihre Ausstellungsfläche. – Am 7. Mai stellt Bürgermeister Dr. Henning Voscherau im Übersee-Club die „Vision HafenCity" der Öffentlichkeit vor. – Nach der Bürgerschaftswahl im September konstituiert sich ein rot-grüner Senat. Ohne den bisherigen Bürgermeister Voscherau, der wegen des schwachen Abschneidens der SPD seinen Hut nimmt. Ortwin Runde führt die Regierung in die nächste Legislaturperiode.

1998

Im April wird die bundesweit erste unabhängige Polizeikommission eingesetzt. Sie soll die Arbeit der Ordnungshüter kontrollieren. Anlass sind wiederholte Vorwürfe gegen die Hamburger Polizei wegen Misshandlung von Ausländern. – 52 Millionen Mark hat der neue „Centre Court" am Rothenbaum gekostet, Ende April wird Hamburgs grundrenovierte Tennis-Arena eingeweiht. – Rettung für die Traditionsbrauerei? Anfang des Jahres übernahm die Stadt den angeschlagenen Bierbrauer Bavaria-St. Pauli. Zum Jahreswechsel geht das Unternehmen („Astra") an den Holsten-Konzern.

1999

Ende April wird der städtebauliche Ideenwettbewerb für die HafenCity ausgelobt, aus dem am 2. Oktober das niederländisch-deutsche Team Hamburgplan mit Kees Christiaanse /ASTOC als Sieger hervorgeht. – Erst im zweiten Anlauf gelingt 23. Oktober die Bergung eines Riesenfindlings aus der Elbe. In den folgenden Wochen wird der 217-Tonner regelrecht zum Ausflugsziel. Die Hamburger taufen den Stein, den die Gletscher der Elster-Eiszeit vor 400 000 Jahren aus Skandinavien herrollten, „Alter Schwede". – Der „Jahrtausendwechsel" wird an Alster und Elbe mit dem angeblich weltgrößten Feuerwerk begrüßt. Nur sehen kann es niemand: Nebel, Wolken und Pulverdampf verschleiern den Blick.

Eine geologische Attraktion ersten Ranges ist der1999 in 15 Metern Tiefe bei Baggerarbeiten zur Fahrrinnenvertiefung in der Elbe gefundene Findling „Alter Schwede".

2000

Aus für den Transrapid: Die Bundesregierung lässt den Plan fallen, Hamburg und Berlin per Magnetschwebebahn zu verbinden – In Altona wird Deutschlands erste „Babyklappe“ eingeweiht. Hier können Mütter anonym ihre ungewollten Neugeborenen abgeben. – Bucerius Law School als erste private Hochschule für Rechtswissenschaft in Deutschland eröffnet. – Der Senat beschließt den Bau einer Mehrzweckhalle für Sportveranstaltungen und Großkonzerte. Die „Color Line Arena“ im Volkspark soll Ende 2002 eröffnet werden.

2001

Nach 15 Jahren Dauerbetrieb wird das Musical „Cats“ im Operettenhaus vom Spielplan gestrichen. – Im April beginnt nach langen Querelen der Bau einer geplanten S-Bahnanbindung des Flughafens. Die Fertigstellung ist für 2005 angesetzt. Wenige Monate später wird sie vorsichtshalber auf 2007 verschoben. – Am 1. August schließen im Altonaer Rathaus 15 schwule und lesbische Paare die ersten „Homo-Ehen“ Hamburgs. – In der Speicherstadt eröffnet am selben Tag das „Miniatur Wunderland“. Ziel der Betreiber Gerrit und Frederik Braun: „Wir bauen die größte Modelleisenbahn der Welt.“ – Am 2. Dezember hat das Musical „Der König der Löwen“ Premiere im Theater im Hafen Hamburg, das dafür extra umgebaut wurde.

2002

Seit Mitte Februar ziert der „Grüne Pfeil“ Hamburger Kreuzungen. Das aus der DDR übernommene Verkehrsschild erlaubt Autofahrern, auch bei roter Ampel rechts abzubiegen. – Seit Beginn des neuen Schuljahrs werden an der Talmud-Tora-Schule im Grindelhof wieder Kinder unterrichtet. Erstmals, seit die Schule vor 60 Jahren von den Nazis geschlossen worden war. – Ende Oktober: In Altenwerder geht das modernste Container-Terminal der Welt in Betrieb; vom Dorf Altenwerder blieb nur die Kirche, der Rest musste der Hafenerweiterung weichen. Das Bucerius Kunstforum wird eröffnet. – Am 7. November stirbt Rudolf Augstein (79), Gründer und Herausgeber des „Spiegel“.

Das Container-Terminal Altenwerder, 2002 eröffnet

2003

Zum 1. Januar wird die Speicherstadt aus dem Freihafengebiet herausgelöst. – Ende Februar wird der Intendant des Schmidt Theaters am Spielbudenplatz, Corny Littmann, Präsident des FC St. Pauli. Zum Saisonende steigt der Club nach 17 Jahren Profifußball in die Regionalliga ab. – Am 12. April entscheidet sich das Nationale Olympische Komitee (NOK) mit 81 zu 51 Stimmen für Leipzig statt Hamburg als Bewerberin für die 30. Olympischen Sommerspiele 2012. Daneben waren Düsseldorf, Frankfurt, Stuttgart angetreten. Der Großteil der Bevölkerung unterstützte Hamburgs Bewerbung. Die Einbindung der HafenCity und die Neuerschließung eines ganzen Stadtteils im Hafen, der Quartiere wie Wilhelmsburg oder Veddel enger an die Stadt binden sollte, waren mit dem Hamburger Olympiakonzept verbunden. – Schluss mit Grün-Braun-Beige: Hamburgs Polizisten werden neu eingekleidet. Am 19. Mai präsentiert die Innenbehörde die blauen Uniformen des Designers Luigi Colani. – Bürgermeister Ole von Beust entlässt seinen Innensenator, Ex-Amtsrichter Schill. Offizielle Begründung: Schill sei für das Amt „charakterlich nicht geeignet“. – Das Architektenbüro Herzog & de Meuron stellt im Juni seinen Entwurf für die Elbphilharmonie vor. Das neue Konzerthaus soll auf dem Kaispeicher A am Kehrwieder entstehen und eines der Herzstücke der HafenCity werden.

Die „Queen Mary 2“ läuft am 19. Juli 2004 erstmals im Hamburger Hafen ein und wird von Hunderttausenden begrüßt.

2004

Mit dem Film „Gegen die Wand“ des Hamburger Regisseurs Fatih Akin gewinnt erstmals seit 1986 ein deutscher Streifen den goldenen Bären der Berlinale. – Bei den vorgezogenen Neuwahlen am 29. Februar erringt die CDU um Ole von Beust, die absolute Mehrheit. SPD und GAL bilden die Opposition, alle anderen Parteien scheitern an der Fünf-Prozent-Hürde. – Hunderttausende pilgern an die Elbe, als im Juli die „Queen Mary 2“, das größte und teuerste Passagierschiff aller Zeiten, erstmals den Hamburger Hafen ansteuert. Ende September macht auch die „CSCL Europe“ fest, mit 334 Metern Länge derzeitige Nummer eins unter den Containerschiffen. – 12. Dezember: Berlin rückt näher, mit dem ICE verkürzt sich die Fahrzeit zwischen den beiden Metropolen auf neunzig Minuten. – Die Bürgerschaft stimmt für den Verkauf der sieben Kliniken des Landesbetriebs Krankenhäuser an die Asklepios GmbH. Bei einem Volksentscheid stimmten knapp 77 Prozent der Hamburger dagegen.

2005

Die Musikhalle bekommt ihren ursprünglichen Namen zurück: „Laeiszhalle“, nach dem Reeder Carl Laeisz, der einst die Mittel für den Bau stiftete. – In den Deichtorhallen wird das „Haus der Photographie“ eröffnet. Zu dessen Grundstock gehören das Bildarchiv des „Spiegel“ und die Sammlung des Gründungsdirektors F. C. Gundlach. In Fuhlsbüttel wird der 156 Millionen Euro teure Terminal 1 eröffnet. Es steigert die Kapazitäten des viertgrößten deutschen Flughafens um rund 50 Prozent. – Infolge wiederholter Angriffe von Hunden auf Menschen beschließt die Bürgerschaft ein neues Hundehaltungsgesetz: Wer nicht nachweisen kann, dass sein Tier ihm gehorcht, muss es an der Leine führen. – Am 8. November landet auf dem Gelände der Airbus-Werft in Finkenwerder der erste Jet vom Typ A 380, das größte Verkehrsflugzeug der Welt. Die jahrelang umstrittene Erweiterung der Landebahn im Mühlenberger Loch (Elbe) wurde gerichtlich bestätigt.

Wachsende Stadt
Die HafenCity

Die HafenCity entsteht, so hat es die Bürgerschaft am 20. August 1997 beschlossen. Bis zum Jahr 2025 sollen auf 157 Hektar ehemaligen Hafen- und Industriegebiets 12 000 Menschen wohnen und 20 000 arbeiten. Um das größte stadtplanerische Projekt Europas umsetzen zu können, wurden Anfang des Jahres 2003 sogar die Grenzen des Freihafens zurückgesetzt. Umkehr der Geschichte: Als der Freihafen 1888 eingerichtet wurde, musste der Speicherstadt ein ganzer Stadtteil weichen, 20 000 Menschen verloren ihr Zuhause. Jetzt kehrt die Stadt zurück an den Fluss.

Das Konzept HafenCity hatte am 7. Mai 1997 der damalige Bürgermeister Dr. Henning Voscherau der Öffentlichkeit präsentiert. Im April 2002 wurde das erste Bauwerk eingeweiht: die 220 Meter lange Kibbelstegbrücke.

Die HafenCity steht exemplarisch für Hamburgs Ambitionen. Man sieht sich als „Metropole – wachsende Stadt", wie es der Präses der Handelskammer Karl-Joachim Dreyer formuliert. Mittelfristiges Ziel: mehr als zwei Millionen Einwohner. Tatsächlich gibt es seit 1986 in jedem Jahr mehr Hamburger! 1993 waren es erstmals seit fast 20 Jahren wieder über 1,7 Millionen. Den letzten Stand vermeldet das „Statistische Jahrbuch" bei 1 726 363 im Dezember 2001. Die Menschen in der Stadt stammen aus mehr als 180 verschiedenen Nationen.

Fast 16 Prozent beträgt der Anteil ausländischer Mitbürger, die zu Hamburgs kultureller Vielfalt beitragen, zum kosmopolitischen Flair der Hafenstadt.

Hamburg ist mit rund 2,5 Millionen Besuchern pro Jahr Deutschlands Reiseziel Nummer drei nach Berlin und München, die Zahl der Hotelbetten steigt seit zehn Jahren kontinuierlich. Noch immer ist Hamburg Deutschlands reichste Metropole, Medienhauptstadt und wichtiger Wirtschaftsstandort.

Am Sandtorkai ziehen 2009 die ersten Bewohner ein. Die benachbarte Elbphilharmonie und die nahe Speicherstadt machen dieses erste Quartier des neuen Stadtteils HafenCity besonders attraktiv für Touristen aus aller Welt.
Im Traditionsschiffhafen gibt es viel Schiff zu sehen. Von der ehemaligen Senatsbarkasse „Schaarhörn" bis zu historischen Seglern liegt hier alles, was das maritime Herz erfreut.

Hamburgs Ursprung noch im Dunkeln

Das war's, die Zeit ist um. Er habe „keine Veranlassung zur Hoffnung auf die Hammaburg an dieser Stelle", hat Karsten Kablitz bereits vor ein paar Tagen verkündet. Die Worte des Grabungsleiters sollen unmissverständlich sein: Wer anderer Meinung ist, will offenbar den Tatsachen nicht ins Auge sehen. Tatsachen? Die letzten 18 Monate hat ein 16-köpfiges Archäologenteam um Kablitz den Domplatz mitten in der Hamburger Innenstadt zwischen Altem Fischmarkt, Pressehaus und St. Petri umgepflügt. Teilweise mehr als drei Meter tief. Aber immer vorsichtig, versteht sich, um keine Spuren aus der Vergangenheit versehentlich auszulöschen. Offizieller Titel der Mission: „Ausgrabungen auf dem Domplatz". Doch für viele Bürger – und Medien – der Stadt, welche die Fortschritte der Wissenschaftler in den vergangenen anderthalb Jahren aufmerksam verfolgt haben, ging es stets um mehr: die Suche nach der Hammaburg, jener legendären Festung, die als Ursprung und Namensgeberin der heutigen Stadt gilt (S. 8 ff.).

Eine seltene Gelegenheit, die sich den Forschern da bot: Wann kann man schon mal ungestört mitten ins Zentrum einer Großstadt hineinbuddeln und das auch noch anderthalb Jahre lang? Nun ist es so, dass der geschichtsträchtige Ort – historisch gesichert ist unter anderem, dass hier die Domkirche des Bistums Hamburg stand, später auch die Gelehrtenschule des Johanneums – seit Jahrzehnten sein Dasein als eher unansehnlicher Parkplatz gefristet hat. Letzter Bebauungsrest: ein Klohäuschen aus den 1920er-Jahren. Damit soll nach dem Willen der Stadt nun Schluss sein: Bereits Ende März 2005 startete die Stadtentwicklungsbehörde einen Wettbewerb zur Neugestaltung des Domplatzes. Es sollen Wohnungen entstehen, ein Archäologiezentrum, ein Bürgerschaftsforum. Avisierter Baubeginn: Januar 2007.

Damit läuft die Uhr für die Forscher. „Wir müssen jetzt graben", sagt Kablitz, „wenn die Bauarbeiten beginnen, sind alle archäologischen Befunde für immer vernichtet." Sein Chef Rainer-Maria Weiss, der Landesarchäologe und Direktor des Archäologischen Museums Hamburg, unterstreicht die Bedeutung des Vorhabens: „Das ist die wichtigste Grabung auf dieser Seite der Elbe seit 20 Jahren!"

Es ist allerdings nicht die erste: Bereits kurz nach dem Krieg, von 1947 bis 1957, suchten Altertumsforscher in dem Trümmerfeld – das Johanneum wurde erst im alliierten Bombenhagel zerstört – nach den Ursprüngen der Stadt. In den 1980er-Jahren fand eine weitere Grabungskampagne statt. Das wichtigste Ziel hat keine der beiden erreichen können: zweifelsfrei nachzuweisen, dass sich hier einst die Hammaburg erhob! Kablitz und Co. ficht das nicht an. Immerhin stehen den Forschern inzwischen weitaus raffiniertere und effektivere Technologien zur Verfügung. So können sie am Rechner sämtliche Messdaten ihrer Fundstücke erfassen und mit deren Hilfe digitale Modelle der Siedlungsschichten anlegen. Und Fundstücke gibt es reichlich! Backsteinfundamente des Schulgebäudes, säckeweise Knochen, Münzen, Überreste einer Grabstätte Benedikts V. – der Papst war im Jahr 965 hier gestorben, später erst wurden seine sterblichen Reste nach Rom überführt – Bombensplitter aus dem Zweiten Weltkrieg. Mehrere Zehntausend Einzelfunde kommen auf diese Weise zusammen, rund 4000 Fotos dokumentieren die Fortschritte. Was fehlt: die Burg!

Doch dann, am 6. Dezember, wenige Tage vor Grabungsende scheinbar die Sensation! Mehr als tausend Quadratmeter haben die Forscher bislang untersucht, eines aber haben sie sich bis zum Schluss aufgehoben: das kleine Toilettenhaus. Besonderer Reiz des Gebäudes: Da es den Krieg unversehrt überlebt hat, ist der Grund darunter ungefähr der einzige auf dem gesamten Platz, der nicht durch englische Bomben verwüstet worden ist. Die Schichtung des Bodens ist hier noch unbe-

Grabungsleiter Karsten Kablitz liest in den Babauungsschichten am Domplatz wie in einem offenen Buch.

rührt, auch die beiden früheren Grabungen hatten diese Stelle ausgespart.

Und tatsächlich: Die Archäologen stoßen auf Reste alter Wallanlagen, auf Befestigungshölzer. Landesarchäologe Weiss: „Jetzt haben wir eindeutige Spuren!" Allerdings ist er Experte genug, um zu wissen, dass die endgültige Antwort noch nicht gegeben ist. Die wird erst die C-14-Analyse liefern können, mit der sich organische Stoffe relativ genau auf ihr Alter bestimmen lassen. Deren Ergebnisse werden aber erst im Frühjahr feststehen. Außerdem wird die Aufarbeitung der letzten 18 Monate die Archäologen noch über Jahre beschäftigen. Weiss macht sich – und den Hamburgern – Mut, beziffert die Wahrscheinlichkeit, dass wirklich die Hammaburg gefunden wurde, auf „50 zu 50". Kablitz' Meinung dazu kennen wir. Ist der Grabungsleiter deswegen enttäuscht? Keineswegs: „Am Ende gab es ein schönes Ergebnis", sagt er. Und: „Die Arbeit hat sich gelohnt."

Während die Forscher das Erdreich erkundet haben, hat sich oben das Rad der Geschichte weitergedreht: Der Bebauungsentwurf des Münchner Architektenbüros Auer + Weber + Assoziierte, das sich im architektonischen Realisierungswettbewerb durchsetzen konnte, wird von der Kritik zerrissen. Selbst Altbundeskanzler Helmut Schmidt meldet sich zu Wort und spricht von „Verschandelung der Innenstadt". Zwar beschließt die Bürgerschaft noch Ende Juni 2006, am Entwurf der Bayern festzuhalten, obgleich in kleinerer Ausführung. Doch jetzt ist auch dieser Plan gekippt worden, bis auf Weiteres bekommen die Hamburger ihren Domplatz zurück. Wie vorher.

P.S.: Eine nächste Idee für die Zukunft des geschichtsträchtigen Ortes liegt bereits vor. Bis 2009 entsteht dort ein archäologischer Garten – eine Mischung aus Grünfläche und stadthistorischem Lehrpfad mit nachgebildeten Burgwällen und Dompfeilern. Dort sollen unter anderem die Ergebnisse der 2006 beendeten Grabung präsentiert werden.

P.P.S.: Es vergehen weitere Jahre, bis diese Ergebnisse vorliegen. Im Dezember 2013 ist es so weit: Auf einem interdisziplinären wissenschaftlichen Kolloqium unter der Leitung von Professor Dr. Rainer-Maria Weiss, an dem 30 Archäologen aus Deutschland und Skandinavien teilnehmen, wird nach neuesten archäologischen Erkenntnissen als Standort der Hammaburg, der Keimzelle der Stadt, nun doch der Domplatz am Speersort nachgewiesen! Auch soll die Burg älter als angenommen sein. Das lässt die bei Grabungen gefundene sächsische Gefäßkeramik aus der Zeit zwischen den Jahren 700 und 800 vermuten.

Auf dem flach auslaufenden Geestrücken zwischen Alster und Elbe, südlich der heutigen Petrikirche, wird von den Experten eine mit einem Wall umgebene Niederungsburg lokalisiert. Die Größe der Anlage wird mit ursprünglich 50, zu Ansgars Zeit 75 Metern Durchmesser angegeben, die Wälle sollen aus Baumstämmen und Erdreich bestanden haben. Innerhalb der noch mit Palisaden erhöhten Wallumzäunung standen wohl eine Reihe von Häusern, deren stattlichstes der Burgvogt bewohnte. Außerhalb des Ringwalls waren die Unterkünfte der Kaufleute und Handwerker sowie der Hafen, der an einem Nebenarm der Alster, dem 1877 zugeschütteten Reichenstraßenfleet, lag. Eine einfache hölzerne Taufkirche wird nördlich des Walls, an der Stelle der heutigen Petrikirche, vermutet.

Diese neuen Erkenntnisse gehen in die Konzeption einer großen Ausstellung des Archäologischen Museums Hamburg ein und tragen dazu bei, dass nunmehr ein umfassendes Bild der Frühgeschichte Hamburgs präsentiert werden kann.

In dieser virtuellen Rekonstruktion ist die Hammaburg, wie sie um 845 aussah, in die heutige Hamburger Innenstadt eingebettet. Rechts die Petrikirche (Archäologisches Museum Hamburg)

Die Welt im Jahr 2006

Während der Fußball-WM treffen sich auf dem Heiligengeistfeld bis zu 50 000 Fußballbegeisterte und verfolgen beim „Public Viewing" die Spiele auf einer Großbildleinwand.

Satire oder Gotteslästerung?

Zwölf satirische Darstellungen des islamischen Propheten Mohammed, die bereits im Herbst 2005 in einer dänischen Tageszeitung erschienen waren, lösen Ende Januar den sogenannten Karikaturenstreit aus. Weltweit gehen Muslime auf die Straße, sie werfen den Redakteuren des Blattes Blasphemie vor. Dänische Fahnen werden öffentlich verbrannt, Produkte aus dem skandinavischen Land boykottiert. Der Zorn richtet sich bald auch gegen andere westliche Staaten, in Gaza wird das deutsche Kulturzentrum angegriffen.

Fußball-WM in Deutschland

Vom 9. Juni bis 9. Juli wird in Deutschland die Fußball-Weltmeisterschaft ausgetragen. Im Vorfeld hatte es jede Menge Kritik an den rigiden Reglements des deutschen Organisations-Komitees und des Weltfußball-Verbands FIFA etwa in Hinblick auf Werbung, Sponsoren und Vergabe der Eintrittskarten gegeben; die Erwartungen an die deutsche Elf waren eher mäßig. Doch die Veranstaltung ist ein gigantischer Erfolg! Millionen Menschen feiern bei den sogenannten Public Viewings auf Straßen und Plätzen, die Stimmung im Land ist ausgelassen – der Imagegewinn für Deutschland beträchtlich. Die Nationalmannschaft erkämpft immerhin einen dritten Platz und wird von den Massen am Ende als „Meister der Herzen" bejubelt. Den offiziellen Titel nimmt Italien mit nach Hause.

Erster Braunbär seit 170 Jahren

Am 20. Mai überschreitet Bruno die Grenze zwischen Österreich und Bayern. Bruno, in der offiziellen Terminologie „JJ1" genannt, ist ein Braunbär – der erste auf deutschem Boden seit 170 Jahren. Während Natur- und Artenschützer erfreut sind, sorgt Bruno bei Anwohnern für Unruhe. Der Räuber reißt Schafe, Hühner, Kaninchen und räumt Bienenstöcke aus. Folge: Die bayerische Landesregierung gibt den Bären zum Abschuss frei, am 26. Juni wird Bruno von Jägern erlegt.

Pluto ist kein Planet

Jedes Kind lernte bisher die Planeten unseres Sonnensystems anhand eines einfachen Merksatzes: „Mein Vater erklärt mir jeden Sonntag unsere neun Planeten" enthält jeweils die Anfangsbuchstaben der neun Himmelskörper: Merkur, Venus, Erde, Mars, Jupiter, Saturn, Uranus, Neptun und Pluto. Seit Ende August muss diese Eselsbrücke umgebaut werden. Die Generalversammlung der Internationalen Astronomischen Union hat dem äußersten und kleinsten Trabanten der Sonne seinen Status als vollwertiger Planet aberkannt. Pluto gilt fortan lediglich als Zwergplanet. Ursache für diese Entscheidung ist der Umstand, dass neben Pluto noch eine Reihe weiterer Himmelskörper vergleichbarer Größe um die Sonne kreisen – die man andernfalls alle zu Planeten hätte erklären müssen.

Katastrophe auf der Teststrecke

Am 22. September rast auf der Teststrecke im Emsland die Magnetschwebebahn Transrapid mit 200 Stundenkilometern in einen Werkstattwagen. 23 Menschen sterben, weitere zehn werden zum Teil schwer verletzt. Schnell wird menschliches Verschulden als Ursache des Fehlers ausgemacht. Der knapp 32 Kilometer lange Parcours in Niedersachsen ist die einzige Transrapid-Strecke in Deutschland. Noch vor wenigen Jahren als Wunderwerk deutscher Ingenieurskunst gefeiert, sind hierzulande alle geplanten Projekte aus Kostengründen auf Eis gelegt. Eine kommerziell betriebene Strecke gibt es derzeit nur in Shanghai/China.

Nordkorea zündet erste Atombombe

Um 10.36 Uhr Ortszeit bebt der Boden. Nachdem die Regierung Nordkoreas, eines der letzten kommunistischen Regimes der Welt, bereits sechs Tage zuvor einen unterirdischen Atombomben-Test angekündigt hatte, ist es am 9. Oktober schließlich so weit. Die Vereinten Nationen beschließen daraufhin Sanktionen gegen das Land. Schon 2003 hatten die Machthaber in Pjöngjang zugegeben, an einem geheimen Atomprogramm zu arbeiten. Doch alle Versuche der Internationalen Staatengemeinschaft blieben erfolglos, dieses Programm zu stoppen. Nordkorea rückt damit neben den USA, Russland, Großbritannien, Frankreich, China, Indien, Pakistan und Israel in die Riege der Atommächte auf.

Iraks Ex-Diktator gehängt

Am frühen Morgen des 30. Dezember wird in Bagdad der 69-jährige Saddam Hussein am Galgen hingerichtet. Ein irakisches Gericht hatte den früheren Staatschef im November wegen „Verbrechen gegen die Menschlichkeit“ zum Tode verurteilt. Saddam regierte das arabische Land von 1979 bis 2003, als ihn die US-amerikanischen Streitkräfte nach seiner Niederlage im dritten Golfkrieg aus dem Amt trieben. Während die USA die Hinrichtung des früheren Despoten begrüßen, ist das Echo im Rest der Welt geteilt. Vor allem europäische Regierungschefs verurteilen die Entscheidung. Im Irak selbst, wo seit dem Einmarsch der Amerikaner bürgerkriegsähnliche Zustände herrschen, verschärft der Tod Saddams die Spannungen.

Hamburger Nachrichten

2006

Im Mai wird der Jungfernstieg nach knapp zwei Jahren Umbau mit einem Fest wiedereröffnet, das sich über drei Tage zieht. – Gegen alle Proteste beschließt die Bürgerschaft, ab 2007 an der Universität Studiengebühren von 500 Euro pro Semester einzuziehen. – Farewell! Rund 400 Jahre lang unterhielt Großbritannien eine diplomatische Vertretung in der Hansestadt. Ende September schließt das Generalkonsulat für immer seine Türen. Aus Kostengründen. – Zwischen Ballindamm und Mönckebergstraße eröffnet die „Europa-Passage“ mit mehr als 120 Geschäften auf 30 000 Quadratmetern.

2007

7. Mai: Hagenbecks Tierpark feiert seinen 100. Geburtstag. Mit dem neuen Tropenaquarium, erbaut für 20,5 Millionen Euro, beschreitet der Tierpark neue Wege zum „Erlebniszoo“ des 21. Jahrhunderts.

2008

Schwarz-grünes Experiment: Nach der Bürgerschaftswahl vom 24. Februar bilden CDU und GAL das bundesweit erste schwarz-grüne Bündnis auf Landesebene. Erstaunlich reibungslos beginnt die Koalition unter Führung von Bürgermeister Ole von Beust (CDU) ihre Arbeit. GAL-Frontfrau Christa Goetsch wird Zweite Bürgermeisterin und Schulsenatorin. – Nach einer juristischen Niederlage vor dem Oberverwaltungsgericht muss die grüne Stadtentwicklungssenatorin Anja Hajduk am 30. September den Bau des umstrittenen Kohlekraftwerks Moorburg genehmigen. Für viele steht damit die Glaubwürdigkeit der GAL infrage. – Das Internationale Maritime Museum Hamburg wird im ehemaligen Kaispeicher B eröffnet.

2009

30. Juli: Der Regisseur Peter Zadek (83) stirbt in Hamburg nach langer schwerer Krankheit. Er gilt als einer der bedeutendsten und einflussreichsten Regisseure des deutschsprachigen Theaters der Nachkriegszeit.

Der „Energiebunker" in Hamburg-Wilhelmsburg. Der ehemalige Flakbunker aus dem Zweiten Weltkrieg wurde im Rahmen der Internationalen Bauausstellung (IBA) saniert und zu einem regenerativen Kraftwerk mit Großwärmespeicher ausgebaut.

2010

Ein Volksentscheid bringt Teile der Schulreform des schwarz-grünen Senats zu Fall, insbesondere den Plan, statt der vierjährigen Grundschule eine sechsjährige Primarschule einzuführen und das Elternwahlrecht abzuschaffen. Eingeführt wird die Stadtteilschule, in der alle Schulabschlüsse (inklusive Abitur nach der 13. Klasse) abgelegt werden können. Haupt- und Realschule werden abgeschafft. In den weiterhin bestehenden Gymnasien kann nach der 12. Klasse das Abitur gemacht werden. – 21. Oktober: Loki Schmidt (91) in Hamburg gestorben.

2011

Hamburg ist Umwelthauptstadt Europas.

2012

Zur Erschließung der HafenCity südlich der Speicherstadt wurde eine U-Bahn-Strecke vom Bahnhof Jungfernstieg neu gebaut. Die Linie U4 führt in östlicher Richtung zur Entlastung der U2 weiter bis Billstedt. Eröffnung ist am 29. November.

2013

Zum 1. Januar wird der Freihafen komplett aufgehoben. – Internationale Bauausstellung (IBA) und Internationale Gartenschau (igs) in Hamburg.

2014

18. Mai: Der Hamburger SV sichert sich nach zwei Zitterspielen in der Relegation den Verbleib in der 1. Fußball-Bundesliga. – 7. Oktober: Der Schriftsteller Siegfried Lenz stirbt mit 88 Jahren in Hamburg. Wichtigstes Werk ist der Roman „Deutschstunde" (1968). – 1. November: Das linksautonome Kulturzentrum „Rote Flora" ist wieder im Besitz der Stadt. Die Johann-Daniel-Lawaetz-Stiftung hat es als Treuhänderin für 820 000 Euro gekauft.

Hamburgs Olympia-Bewerbung gescheitert

Warum nur, warum? Die Eliten aus Politik, Wirtschaft und den Spitzenverbänden sind fassungslos. Sie hatten doch die besten Argumente, die tollsten Konzepte, hatten Millionen in die Kampagne Pro Olympia investiert. Scheinbar gab es nur Vorteile und keine Nachteile für die Stadt. Trotzdem haben die Hamburger sich bei der Volksabstimmung am 29. November mit 51,6 zu 48,4 Prozent der Stimmen gegen Olympia entschieden.

Dabei schien die Bewerbung, die Olympischen und Paralympischen Sommerspiele 2024 auszurichten, doch eine Riesenchance für die Hansestadt zu sein, ihr internationales Renommee noch weiter zu steigern. Der Erste Bürgermeister der Hansestadt, Olaf Scholz (SPD), räumt die Niederlage der Befürworter ein: „Das ist eine Entscheidung, die wir uns nicht gewünscht haben. Sie ist aber klar." Scholz hatte die Bewerbung Hamburgs als wichtigstes Projekt der in diesem Jahr begonnenen Legislaturperiode ausgegeben. Die Stadtentwicklung sollte bis 2024 auf einen Stand gebracht werden, der normalerweise 20 bis 30 Jahre in Anspruch genommen hätte. Nach Berechnungen des rot-grünen Senats hätten die Sommerspiele in Hamburg 11,2 Milliarden Euro gekostet. Die öffentliche Hand sollte davon etwa 7,4 übernehmen.

Mit der Entscheidung der Hamburger ist auch Kiel, das die Segelwettbewerbe ausrichten sollte, und Deutschland insgesamt aus dem Rennen. Nun stehen für das Sportgroßereignis nur noch Los Angeles, Rom, Paris und Budapest bereit.

Hamburg hatte bereits zwölf Jahre zuvor den Kürzeren gezogen. Damals ging es allerdings „nur" darum, welche deutsche Stadt ins Rennen für die Ausrichtung der Spiele 2012 gehen sollte. Das NOK hatte sich damals für Leipzig entschieden.

Politiker und Sportfunktionäre für Hamburgs Olympia-Bewerbung 2024: Hamburgs Erster Bürgermeister Olaf Scholz, der Präsident des Deutschen Olympischen Sportbunds (DOSB) Alfons Hörmann und Bundesinnenminister Thomas de Maizière sind noch optimistisch. Doch trotz aller PR-Aktivitäten entscheiden die Hamburger sich gegen Olympia.

Die Welt im Jahr 2015

Terroranschläge in Frankreich

Im Januar überfallen islamistische Terroristen in Paris das Satiremagazin „Charlie Hebdo" und einen jüdischen Supermarkt. Sie töten 17 Menschen. „Je suis Charlie" wird zum Slogan der Solidarität mit den Opfern. – Am 13. November folgt ein Anschlag an mehreren Orten in Paris unter anderem beim Stade de France während des Länderspiels Frankreich-Deutschland und im Konzertsaal „Bataclan". 130 Menschen werden getötet. Präsident François Hollande (61) verhängt den Ausnahmezustand.

Griechenland-Krise

2010 wird bekannt, dass das Haushaltsdefizit Griechenlands höher als erwartet ist. Weil das Land Teil der Eurozone ist, hat die Krise Auswirkungen auf ganz Europa. Drei Rettungspakete haben Europäische Kommission, Europäische Zentralbank und Internationaler Währungsfonds inzwischen geschnürt, um Griechenland vor dem Bankrott zu bewahren. Die Hilfen sind mit Auflagen verbunden: Bei den Parlamentswahlen im September 2015 wird Alexis Tsipras (41) von der Syriza-Partei als Ministerpräsident bestätigt. Er muss nun weitreichende Reformen durchsetzen.

Vergessener Konflikt?

Der im letzten Jahr ausgebrochene Krieg zwischen ukrainischen Regierungstruppen und prorussischen Separatisten in der Ostukraine schwelt weiter, obwohl Anfang September 2014 ein brüchiger Waffenstillstand in Kraft getreten ist (Protokoll von Minsk). Wegen der Krim-Annexion im März 2104 haben die EU und die USA unter dem demokratischen Präsidenten Obama (54) Sanktionen gegen Russland verhängt.

Flüchtlinge

Wegen des Bürgerkriegs in Syrien und des Vormarschs des „Islamischen Staats" (IS) im Irak versuchen immer mehr Menschen, übers Mittelmeer und die sogenannte Balkanroute nach Europa zu gelangen. Auf ihrer Sommerpressekonferenz am 31. August sagt Bundeskanzlerin Angela Merkel, CDU (61), über die Flüchtlingskrise in Europa und die Aufnahme von Flüchtlingen in Deutschland: „Wir schaffen das." Am 4./5. September setzen Merkel und ihr österreichischer Kollege Werner Faymann das geltende Dublin-Verfahren (der Staat, in den ein Asylbewerber zuerst eingereist ist, muss das Asylverfahren durchführen) aus und öffnen die Grenzen ihrer Länder für Tausende in Ungarn gestrandete Flüchtlinge. Fast 1,1 Millionen Asylsuchende werden 2015 in Deutschland registriert.

Abgasskandal

Nach der Veröffentlichung von Vorwürfen durch die US-Umweltbehörde EPA gibt der Autohersteller Volkswagen am 19. September zu, die Abgaswerte bei Dieselmotoren manipuliert zu haben. Allein in den USA sollen über 480 000 Fahrzeuge betroffen sein. Der Aktienkurs des Unternehmens bricht ein. Martin Winterkorn (68) tritt als VW-Vorstandschef zurück. Der bisherige Porsche-Chef Matthias Müller (62) wird sein Nachfolger.

Hamburger Nachrichten

Kreuzfahrtterminals

Am 9. Juni wird in Steinwerder das dritte Kreuzfahrtterminal – neben denjenigen in der HafenCity und in Altona – eröffnet

Weltkulturerbe

Am 5. Juli ernennt die UNESCO die Speicherstadt und das Kontorhausviertel mit Chilehaus zum Weltkulturerbe.

Abschied

Altbundeskanzler Helmut Schmidt ist am 10. November im Alter von 96 Jahren in Hamburg gestorben. Er gehörte zu den bewundernswerten Größen deutscher Politik.

Der erste Test: Orgelklänge in der Elbphilharmonie

Viele Jahre hatte es dieses Instrument nur auf dem Papier gegeben. Und eigentlich war es gar nicht vorgesehen. Zu sehr von gestern, für einen modernen Konzertsaal nicht notwendig, hatte es geheißen. Bis ein Hamburger Unternehmer die Zusage machte, die Kosten von immerhin rund zwei Millionen Euro dafür zu übernehmen. Heute ist es so weit. Die Orgel im großen Konzertsaal der Elbphilharmonie erklingt. Erstmals, für rund vier Minuten.

Die Lettin Iveta Apkalna, ein international gefragter Star, sitzt am elektrischen Spieltisch, einem großen schwarzen Gerät, das aussieht, als hätte man vier Keyboards übereinander gebaut. Über ihr schwebt ein in sattem Blau erleuchteter Reflektor, der von dem japanischen Akustiker Yasuhisa Toyota und den Schweizer Architekten des Gebäudes, Herzog & de Meuron, installiert worden ist. Sogar die Wand vor dem Spieltisch der Orgel ist mit einer weißen Haut vertäfelt, falls sich auch dorthin ungewünschte Schallwellen verirren sollten. „So eine Konzertsaalorgel habe ich noch nie erlebt", schwärmt Iveta Apkalna. „Der Klang ist rund und warm, er hat bestimmte fantastische Frequenzen, die eine physische und emotionale Massage in mir auslösen."

Hell erklingt die Toccata über den Choral „Allein Gott in der Höh sei Ehr", eine Komposition ihres Landsmanns Aivars Kalejs, mit der die Organistin auch ihr erstes Konzert am 27. Januar 2017 beginnen wird. Die Toccata gewinnt an Raum, sie wird gewaltiger, der Klang der Orgel wirkt klar und transparent. Alle, die diese Premiere erleben, sind beeindruckt. Es gibt Szenenapplaus, weil das Erlebnis so großartig ist. Es ist auch das erste Mal, dass die Akustik des Großen Saals öffentlich vorgeführt wird.

Der Orgelbauer Philipp C. Klais hat in seiner Bonner Orgelwerkstatt zusammen mit seinen Mitarbeitern ganze Arbeit geleistet. „Für mich ist die Elbphilharmonie die Erfüllung eines Traums. Alles, was wir gehofft haben, hat sich hier mehr als erfüllt." Und zur Akustik des sanft geschwungenen, sich in die Höhe windenden Saals mit den 2100 Plätzen meint er: „Das ist genau das, was Sie erlebt haben. Dass Sie im Klang mittendrin sitzen, dass Sie die Klarheit des Klanges hören können und dass es trotzdem noch ein mystisches Element gibt, wo man nicht genau sagen kann, wo es herkommt, was aber die Klarheit nicht beeinflusst. Das ist das, was für mich die Elbphilharmonie ausmacht." Und weiter schwärmt er: Der Raum sei ein Saal, der die Musik neu zugänglich mache.

So richtig hat noch vor wenigen Jahren keiner daran geglaubt, dass dieses gewaltige Gebäude jemals seiner Bestimmung übergeben würde. Doch am 11. Januar 2017 ist es so weit. Mit großem Bahnhof wird die Elbphilharmonie eröffnet.

Die Idee, an diesem Platz ein Konzerthaus zu bauen, stammt von dem Hamburger Projektentwickler Alexander Gérard und seiner Ehefrau, der Kunsthistorikerin Jana Marko. Der Hamburger Senat reagierte jedoch zunächst skeptisch und zurückhaltend. Erst als die Stararchitekten Herzog & de Meuron 2003 für eine Zusammenarbeit gewonnen werden konnten, bekam die Idee Schwung. Bereits im Juni 2003 wurde der erste Entwurf der Öffentlichkeit vorgestellt und im Dezember die Grundsatzentscheidung für den Bau gefällt.

Seit April 2007 ist das Konzerthaus in der Hamburger HafenCity im Bau. In exponierter Lage an der Kehrwiederspitze, auf dem alten Kaispeicher A entsteht Hamburgs neues Wahrzeichen – 110 Meter und 40 Stockwerke hoch.

Massive Kostensteigerungen und starke zeitliche Verzögerungen bringen den Bau immer wieder in die Schlagzeilen. Von den anfänglich ermittelten Kosten von 77 Millionen für die Hansestadt ist schon bei Vertragsabschluss nicht mehr die Rede. 2007 sind es bereits geschätzte 114 Millionen; nach monatelangen Nachverhandlungen nennt

Hamburgs neues Wahrzeichen: die Elbphhilharmonie, links das Hanseatic Trade Center

Generalunternehmer Hochtief 2012 als Bausumme einen Betrag von 575 Millionen. Ein Jahr später verkündet Bürgermeister Olaf Scholz, dass das Projekt die Steuerzahler 789 Millionen Euro kosten werde. Damit gehört die Elbphilharmonie zu den zehn teuersten Gebäuden der Welt.

Spektakulär ist das Bauwerk allemal, nicht nur wegen seiner weithin sichtbaren Lage, sondern auch, weil es mit seinem gläsernen Aufbau auf dem backsteinernen Kaispeicher und mit seinem geschwungenen Dach ein herausragender Baukörper ist. Aus insgesamt 1096 einzelnen Glaselementen mit rund 2200 Scheiben setzt sich die Fassade zusammen. Es ist ein riesiger Kristall entstanden, der den Himmel, das Wasser und die Stadt immer wieder anders reflektiert.

Zur Eröffnung legt Generalintendant Christoph Lieben-Seutter ein Programm von einer Dichte, Vielfalt und Qualität vor, wie man sie kaum anderswo finden wird. Unter der Leitung von Chefdirigent Thomas Hengelbrock wird das NDR Elbphilharmonie Orchester mit einem großen Aufgebot berühmter Sänger eine Komposition von Wolfgang Rihm uraufführen. Insgesamt stehen mehr als zweihundert Konzerte im ersten Halbjahr auf dem Programm, darunter zahlreiche Uraufführungen zeitgenössischer Musik.

Aber nicht nur musikalische Kenner sollen auf ihre Kosten kommen. Weltstars der Klassik werden ebenso wie Punkbands in dem neuen Konzerthaus auftreten. „Es ist ein Programm, das die Relevanz der klassischen Musik in unserer Gesellschaft nicht nur erhalten, sondern neu definieren will", so Lieben-Seutter. Zielpublikum sind Musikfreunde, Klassikfans und Menschen, die über ihr Interesse am neuen architektonischen Wahrzeichen Hamburgs einen Zugang zur Welt der Musik finden.

Nachwort

Geschichte ereignet sich in jedem Augenblick. Was heute vor unseren Augen geschieht, ist morgen schon ein historisches Datum. Doch selbst wenn wir wissen, was gestern geschah – was das für morgen bedeutet, werden wir vielleicht erst nächste Woche verstehen. Prognosen werden gemacht und treten nicht ein. Beschlüsse selbst höchster Gremien garantieren noch keinen Vollzug.

Doch nicht allein, weil man hinterher immer schlauer ist, war dieses Buch schon bei seinem ersten Erscheinen eine vielhundertfach „revidierte Ausgabe".

Die Leser des Hamburger Abendblattes hatten das zuerst als Zeitungsserie erschienene „Abenteuer" nicht nur aufmerksam, sondern auch sehr kritisch verfolgt. Hunderte von ihnen haben Anmerkungen, Ergänzungen und – unvermeidlich – auch Korrekturen eingesandt, die, nochmals überprüft, in der Buchausgabe berücksichtigt wurden. Ich glaube, nur wenige Leser können sich eine Vorstellung davon machen, wie viele Spezialisten auf historischen Teilgebieten es in unserer Stadt gibt, vom uniformenkundigen zwölfjährigen Birger Neubauer bis zum Hanse-Experten Heinz Schwing. Doch diese beiden Namen zu nennen ist eine Ungerechtigkeit gegenüber den vielen anderen, die mir geholfen haben. Ihnen allen sage ich meinen Dank, auch für die Zusendungen von wertvollen Urkunden, Reproduktionen, Fotos und persönlichen Erinnerungsstücken.

Mein „gutes Gewissen" als Autor war Prof. Dr. Hans-Dieter Loose, seinerzeit Leiter des Staatsarchivs, der immer mit seinem großen Wissen zur Verfügung stand, wenn Zweifel auftauchten, und mit praktischer Hilfe, wenn es galt, zuverlässige Unterlagen zu beschaffen. Professor Dr. Jörgen Bracker, ehemals Direktor des Museums für Hamburgische Geschichte, verdanke ich ein erstes „Gutachten" über die Verantwortbarkeit, Geschichte im Stil einer Zeitung darzubieten. Dem verstorbenen Erich Lüth, dem um die Darstellung der Vergangenheit Hamburgs so verdienten ehemaligen Direktor der Staatlichen Pressestelle, schulde ich Dank, weil er meiner Arbeit von Anfang an mit großem Wohlwollen fördernd gegenüberstand.

Mitarbeiter der Behörden erboten sich unaufgefordert, ihre Sachkenntnis und ihre Akten zur Verfügung zu stellen. Wochenlang habe ich die Mitarbeiter des Zentral-Archivs des Axel Springer Verlages „beschäftigt", insbesondere die Bibliothekare Dr. Jürgen Hanebuth, Uwe Friedemann und Norbert Wittenbecher. Sie hatten sich so auf dieses Buch eingestellt, dass sie, um ein Beispiel zu nennen, bei einer Anfrage nach einem Johannes-Brahms-Portrait gleich zurückfragten: „In welchem Alter brauchen Sie ihn?"

Seit 1982 war das „Abenteuer" aus den Buchhandlungen verschwunden. Restlos ausverkauft. Nicht einmal in Antiquariaten war ein Exemplar zu finden.

1989 trat der Ellert & Richter Verlag an mich heran. Nicht um eine Neuauflage, sondern um ein ganz neues Buch zu machen. Neue Bilder, neue Gestaltung und eine Fortführung des Textes bis zu einem Datum kurz vor dem Erscheinen. Diese „Wiedergeburt" freute auch den Autor.

Ich bin 1919 im Baltikum geboren, habe aber den Großteil meines Lebens – seit 1949 – in Hamburg verbracht und in Hamburg gearbeitet. Immerhin bin ich ein waschechter Hanseat, in der alten Hansestadt Reval aufgewachsen.

Ein Leser schrieb mir einmal: „Es ist ein unverzeihlicher Fehler, daß Sie kein Hamburger sind." Mit diesem Buch habe ich versucht, meinen „Geburtsfehler" ein wenig zu mildern.

Erik Verg

Im Herbst 1996 war es wieder so weit, das „Abenteuer“ war ausverkauft. Eine Neuauflage stand an, und der Verlag bat um Aktualisierung. Meinen Vater aber hatte nach 20 Jahren Chronistenarbeit die Lust etwas verlassen. Um so mehr freute ihn, dass sein Sohn bereitstand, das Verg-Werk fortzusetzen. So wurde „Das Abenteuer, das Hamburg heißt“ zum Familienunternehmen.

Mein Vater ist im Dezember 2005 gestorben. Diese inzwischen dritte Aktualisierung des Buches aus meiner Hand erlebt er leider nicht mehr. Wie oft hätte ich ihn bei der Arbeit daran gern um Rat gefragt, von seinem immensen Wissen, seiner große Erfahrung profitiert! Ich hoffe dennoch, in seinem Sinne zu handeln. Und zu schreiben.

Das Buch erzählt Hamburgs Geschichte über mehr als tausend Jahre, von den letzten handeln meine Berichte. Ich bin Hamburger, hier geboren und aufgewachsen. Und ich habe erlebt, wovon ich schreibe: Ich saß gebannt vor dem Fernseher und verfolgte den Ausgang der Bürgerschaftswahl 2001, die einen umstrittenen Amtsrichter für kurze Zeit ins Rampenlicht der großen Politik bringen sollte. Ich habe der Stadt die Daumen gedrückt für ihre Olympia-Bewerbung 2003. Ich stand am Domplatz und hoffte, einen Blick auf die Fundamente der Hammaburg erhaschen zu können.

Meine wenigen Kapitel liefern kein lückenloses Bild von Hamburg in den vergangenen Jahren. Aber sie geben Einblick in das Leben einer interessanten Stadt. Meiner Stadt.

Martin Verg, im Oktober 2007

Mit der Veröffentlichung der ersten Ausgabe von „Das Abenteuer, das Hamburg heißt“, hat der langjährige „Abendblatt“-Journalist Erik Verg seinerzeit Neuland beschritten. Im Präsens und entlang der wichtigen Ereignisse der Hamburger Geschichte lässt er die Entwicklung unserer Stadt von ihren Anfängen als frühmittelalterliche Fischer- und Handelssiedlung bis zur heutigen Metropole Revue passieren. Und das spannend, locker, kompetent und für jedermann verständlich erzählt.

Nach Erik Vergs Tod hat sein Sohn Martin Verg, der als Journalist in die Fußstapfen seines Vaters getreten und Chefredakteur von GEOlino, einer in der GEO-Gruppe erscheinenden Zeitschrift, geworden war, das Verg-Werk fortgeschrieben, sodass daraus ein „Verg-Verg-Werk“ wurde.

Die jetzt vorliegende neue Ausgabe des Hamburg-Klassikers, die zu großen Teilen überarbeitet wurde, ein moderneres Layout erhielt und mit teilweise neuen Abbildungen versehen wurde, schildert die seit dem Erscheinen der letzten Auflage eingetretenen wichtigen Ereignisse in Hamburg und in der Welt.

Mit der Eröffnung der Elbphilharmonie wird die Hansestadt ein neues Wahrzeichen erhalten. Und nicht nur das: Dieser weltweit beachtete Bau auf dem ehemaligen Kaispeicher A am Eingang zur neuen HafenCity zeigt wieder einmal, dass Hamburg zu den Metropolen gehört, die sich ständig erneuern, ohne dabei ihre historische Basis aus dem Blick zu verlieren.

Der Ellert & Richter Verlag freut sich sehr, dass diese aktuelle Fassung des Buches wieder in Zusammenarbeit mit dem „Hamburger Abendblatt“ herausgegeben wird.

Gerhard Richter, im November 2016

Hamburger Bürgermeister seit 1293

1. Hartwicus de Erteneborch, 1293–1305
2. Werner de Metzendorp, 1293–1332
3. Johan Miles, 1300–1329
4. Hinrich Longus, 1300–1304
5. Johann, filius Oseri, 1300–1316
6. Johann de Monte, 1325–1328
7. Hinricus de Hetfeld, 1325–1335
8. Nicolaus Fransoisser, 1341–1351
9. Nicolaus Hetvelt, 1341–1344
10. Hellingbernus Hetvelt, 1341–1350
11. Johann Horborch, 1343–1345
12. Thidericus uppen Perde, 1343–1348
13. Johann Militis, 1347–1360
14. Hinrich Hoop, 1350–1367
15. Thidericus uppen Perde, 1350–1366
16. Hinricus de Monte, 1356–1380
17. Hinricus Hoyeri, 1361–1375
18. Bertrammus Horborch, 1366–1397
19. Werner de Wighersen, 1367–1378
20. Ludolfus de Holdenstede, 1375–1389
21. Christian Militis, 1378–1420 (bekannt als Kersten Miles)
22. Hinricus (Heino) Ybing, 1381–1390
23. Johannes Hoyeri, 1389–1402
24. Marquard Schreye, 1390–1419
25. Meinard Buxtehude, 1397–1413
26. Hilmar Lopow, 1401–1410
27. Johann Lüneborg, 1411–1431
28. Hinricus de Monte, 1413–1451
29. Hinrich Hoyer, 1417–1447
30. Johannes Wighe (Wye), 1420–1438
31. Bernhard Borstelt, 1422–1429
32. Vicco de Hove, 1431–1442
33. Simon van Utrecht, 1433–1437
34. Hinrich Köting, 1439–1467
35. Thidericus Lüneborg, 1443–1458
36. Detlev Bremer, 1447–1464
37. Hinricus Lopow, 1451–1470
38. Thidericus Gerlefstorp, 1452–1455
39. Hinricus Lesemann, 1458–1464
40. Erich de Tzevana, 1464–1478
41. Albert Schilling, 1464–1480
42. Dr. Hinrich Murmester, 1466–1481
43. Johann Meiger, 1472–1486
44. Johann Huge, 1478–1499
45. Nicolaus de Schworen, 1480–1490
46. Dr. Hermann Langenbeck, 1481–1517
47. Henning Büring, 1486–1499
48. Christian Berchampe, 1492–1511
49. Erich von Tzeven, 1499–1504
50. Detlef Bremer, 1499–1506
51. Bartholomäus vom Rhyne, 1505–1521
52. Marquard vam Lo, 1507–1519
53. Johann von Spreckelsen, 1512–1517
54. Nicolaus Thode, 1517–1524
55. Thidericus Hohusen, 1517–1546
56. Gerhard vom Holte, 1520–1529
57. Dr. Hinrich Salsborg, 1523–1531
58. Johann Hülpe, 1524–1546
59. Magister Johann Wetken, 1529–1533
60. Paul Grote, 1531–1537
61. Albert Westede, 1533–1538
62. Johann Rodenborg, 1536–1547
63. Peter von Spreckelsen, 1538–1553
64. Jürgen Plate, 1546–1557
65. Hinrich vom Broke, 1546–1548
66. Matthias Rheder, 1547–1571
67. Ditmar Kohl (Koel), 1548–1563
68. Albert Hackmann, 1553–1580
69. Lorenz Niebur, 1557–1580
70. Hermann Wetken, 1564–1593
71. Eberhard Moller, 1571–1588
72. Paul Grote, 1580–1584
73. Magister Johann Niebur, 1581–1590
74. Nicolaus Vögeler, 1585–1587
75. Joachim vom Kampe, 1588–1594
76. Diedrich von Eitzen, 1589–1598
77. Erich von der Fechte, 1591–1613
78. Joachim Bekendorp, 1593–1614
79. Diederich vom Holte, 1595–1605
80. Vincent Moller, 1599–1621
81. Eberhard Twestreng, 1606–1609
82. Hieronimus Vögeler, 1609–1642
83. Sebastian von Bergen, 1614–1623
84. Johann Wetken, 1614–1616
85. Bartholomäus Beckmann, 1617–1622
86. Joachim Claen, 1622–1632
87. Albrecht von Eitzen, 1623–1653
88. Ulrich Winckel, 1624–1649
89. Johannes Brand, 1633–1652
90. Bartholomäus Moller, 1643–1667
91. Nicolaus Jarre, 1650–1678
92. Johann Schlebusch, 1653–1659
93. Peter Lütkens, 1654–1670
94. Wolfgang Meurer, 1660–1662
95. Bartholomäus Twestreng, 1663–1668
96. Johannes Schrötteringk, 1667–1676
97. Johann Schulte, 1668–1697
98. Dr. Broderus Pauli, 1670–1680
99. Johann Schröder, 1676–1684

100. Hinrich Meurer, 1678–1684 und 1686–1690
101. Diedrich Moller, 1680–1687
102. Dr. Johann Schlüter, 1684–1686
103. Joachim Lemmermann, 1684–1704
104. Peter Lütgens, 1687–1717
105. Dr. Johann Diedrich Schaffshausen, 1690–1697
106. Hieronimus Hartwicus Moller, 1697–1702
107. Peter von Lengerke, 1697–1709
108. Johann Julius Surland, 1702–1703
109. Dr. Gerhard Schröder, 1703–1723
110. Paul Paulsen, 1704–1712
111. Dr. Lucas von Borstel, 1709–1716
112. Ludwig Becceler, 1712–1722
113. Dr. Bernhard Matfeld, 1716–1720
114. Garlieb Sillem, 1717–1732
115. Hinrich Diedrich Wiese, 1720–1728
116. Hans Jacob Faber, 1722–1729
117. Dr. Johann Anderson, 1723–1743
118. Dr. Rütger Rulant, 1728–1742
119. Daniel Stockfleth, 1729–1739
120. Dr. Martin Lucas Schele, 1733–1751
121. Johann H. Luis, 1739–1741
122. Cornelius Poppe, 1741–1759
123. Conrad Widow, 1742–1754
124. Dr. Nicolaus Stampeel, 1743–1749
125. Clemens Samuel Lipstorp, 1749–1750
126. Dr. Lucas von Spreckelsen, 1750–1751
127. Dr. Martin H. Schele, 1751–1774
128. Lucas Corthum, 1751–1765
129. Nicolaus Schuback, 1754–1783
130. Peter Greve, 1759–1780
131. Dr. Vincent Rumpff, 1765–1781
132. Johannes Schlüter, 1774–1778
133. Albert Schule, 1778–1786
134. Franz Doormann, 1780–1784
135. Jacob Albrecht von Sienen, 1781–1800
136. Dr. Johann Anderson, 1783–1790
137. Johann Hermann Luis, 1784–1788
138. Johann Adolph Poppe, 1786–1807
139. Martin Domer, 1788–1798
140. Franz Anton Wagener, 1790–1801
141. Daniel Lienau, 1798–1816
142. Peter Hinrich Widow, 1800–1802
143. Friedrich von Graffen, 1801–1811 und 1813–1820
144. Wilhelm Amsinck, 1802–1811 und 1813–1831
145. Johannes Arnold Heise, 1807–1811 und 1813–1834
146. Christian Matthias Schröder, 1816–1821
147. Dr. Johann Heinrich Bartels, 1820–1850
148. Johann Daniel Koch, 1821–1829
149. Martin Garlieb Sillem, 1829–1835
150. Dr. Amandus August Abendroth, 1831–1842 (1811–1813 Maire)
151. Dr. Martin H. Schrötteringk, 1832–1835
152. Christian Daniel Benecke, 1835–1851
153. Dr. David Schlüter, 1835–1843
154. Dr. Heinrich Kellinghusen, 1843–1860
155. Dr. Johann Ludwig Dammert, 1843–1855
156. Dr. Nicolaus Binder, 1855–1860
157. Dr. Friedrich Sieveking, 1861–1869
158. Dr. Nicolaus Ferd. Haller, 1863–1876
159. Dr. Gustav Heinrich Kirchenpauer, 1869–1887
160. Dr. Carl Friedrich Petersen, 1876–1892
161. Dr. Hermann A. C. Weber, 1879–1885
162. Dr. Johannes G. A. Versmann, 1887–1899
163. Dr. Johann Georg Mönckeberg, 1890–1908
164. Dr. Johannes C. E. Lehmann, 1895–1900
165. Dr. Gerhard Hachmann, 1900–1904
166. Dr. Johann Heinrich Burchard, 1903–1912
167. Dr. Johann Otto Stammann, 1907–1908
168. Dr. Max Predöhl, 1910–1917
169. Dr. Carl August Schröder, 1912–1917
170. Dr. Werner von Melle, 1915–1918

nach der Revolution 1919

171. Dr. Friedrich Sthamer, 1919–1920
172. Dr. Arnold F. Diestel, 1920–1924
173. Dr. Carl Wilhelm Petersen, 1924–1930 und 1931–1933
174. Dr. Rudolf Wilhelm Roß, 1930–1931
175. Carl Vincent Krogmann, 1933–1945
176. Rudolf Petersen, 1945–1946
177. Max Brauer, 1946–1953 und 1957–1960
178. Dr. Kurt Sieveking, 1953–1957
179. Dr. Paul Nevermann, 1961–1965
180. Prof. Dr. Herbert Weichmann, 1965–1971
181. Peter Schulz, 1971–1974
182. Hans-Ulrich Klose, 1974–1981
183. Dr. Klaus von Dohnanyi, 1981–1988
184. Dr. Henning Voscherau, 1988–1997
185. Ortwin Runde, 1997–2001
186. Ole von Beust, 2001–201
187. Christoph Ahlers, 2010
188. Olaf Scholz, seit 2011

Literaturverzeichnis

Baratta, Mario von: Der Fischer Weltalmanach 1997 – Frankfurt/Main 1996
Die Bau- und Kunstdenkmale der Freien und Hansestadt Hamburg – Christian Wegener Verlag, Hamburg 1968
Beneke, Otto: Hamburgische Geschichten und Denkwürdigkeiten (2 Bände) – Verlag Wilhelm Wirtz, Berlin 1886
Bolland, Jürgen: Die Hamburger Elbkarte aus dem Jahre 1568 – Hans Christians Verlag, Hamburg 1974
Bracker, Jörgen: Hamburg. Von den Anfängen bis zur Gegenwart – Ernst Kabel Verlag, Hamburg 1987
Brandt, Heinz Jürgen: Das Hamburger Rathaus – Broschek Verlag, Hamburg 1957
Dannenberg, C. W.: Synchronistik der Schreckenstage Hamburgs vom 5.–8. Mai 1842 – Druck von H. C. Stern, Hamburg 1842
Dirksen, Victor: Ein Jahrhundert Hamburg 1800 bis 1900 – Verlag Franz Hanfstaengel, München 1926
Eilers, Georg: Hamburgs Vergangenheit – Boysen und Maasch, Hamburg 1923
Emmerich, Walter: Der Freihafen – Verlag OKIS, Hamburg 1960
Faulwasser, J.: Der große Brand und der Wiederaufbau von Hamburg – Hamburg 1892
Federau, Bernt und Keller, Willi: Über Hamburg – Christians Verlag, Hamburg 1974
Fock, Gorch: Sämtliche Werke in fünf Bänden – Verlag M. Glogau jr., Hamburg 1937
Gallois, J. G.: Hamburgische Chronik (5 Bände) – Hamburg 1861
Gallois, J. G.: Geschichte der Stadt Hamburg – Faksimilenachdruck im Verlag D. und K. Kötz, Hamburg 1976. Originalausgabe im Verlag William Oncken, Hamburg 1867
Geissler, Robert: Hamburg, ein Führer durch die Stadt und ihre Umgebung – Faksimiledruck des Verlages Carl Ed. Schünemann Kd., Bremen 1975. Originalausgabe von J. J. Weber, Leipzig 1861
Die Geschichte der Juden in Hamburg 1590 bis 1990 (zur Ausstellung „400 Jahre Juden in Hamburg" im Museum für Hamburgische Geschichte, 3 Bände) – Dölling und Galitz Verlag, Hamburg 1991
Gräff, Siegfried: Tod im Luftangriff – H. H. Nolke Verlag, Hamburg 1948
Groß-Hamburg, Gründe und Gegengründe – Verlag Broschek, Hamburg 1921
Groß-Hamburg – Hamburg im Dritten Reich – Heft 9, Herausgegeben vom Hamburgischen Staatsamt, Hamburg 1937
Grundmann, Günther: Beziehungen zu Frankreich im Kunst- und Geistesleben – Sonderdruck aus Hamburg gestern und heute – Christians Verlag, Hamburg 1972
Hafen Hamburg (800 Jahre). Das offizielle Jubiläumsbuch – Hans Christians Verlag, Hamburg 1989
Hamburg 1939–1945: Das Gesicht der Hansestadt im Wandel der Jahre – Zusammengestellt von F. Warner, Verlag Eckardt & Messtorf, Hamburg 1945
Hamburg im Dritten Reich. Sieben Beiträge – Landeszentrale für politische Bildung, Hamburg 1998
Hamburg Lexikon. Herausgegeben von Franklin Kopitzsch und Daniel Tilgner – Ellert & Richter Verlag, Hamburg 2007
Hamburg nach dem Ende des Dritten Reiches: politischer Neuaufbau 1945/46 bis 1949. Sechs Beiträge – Landeszentrale für politische Bildung, Hamburg 2000
Hamburg. Porträt einer Weltstadt: Jahrbücher des Hamburger Abendblattes, 1970 bis 2002
Hamburg und sein Handwerk. Handwerkskammer 1873–1973 – Hans Christian Verlag, Hamburg
Hamburg und seine Bauten (1918–1929). Herausgegeben vom Architekten- und Ingenieursverein zu Hamburg – Verlag von Boysen & Maasch, Hamburg 1929
Hamburg, Vergangenheit und Gegenwart, eine Sammlung von Ansichten (2 Bände) – Wendt & Co. Verlag, Hamburg 1896
Hamburger Köpfe. Biographienreihe. Herausgegeben von der ZEIT-Stiftung Ebelin und Gerd Bucerius im Ellert & Richter Verlag, Hamburg
Hamburger Patrioten: Zum zweihundertjährigen Bestehen der Patriotischen Gesellschaft von 1765, herausgegeben von der Hamburger Sparcasse von 1827, Hamburg 1965
Hamburger Statistisches Jahrbuch 2002/2003 – Statistisches Landesamt Hamburg 2002
Hamburgisches Münzwesen, 650 Jahre: Festschrift der Hamburgischen Münze, Hamburg 1975
Hamburgs Geschichte. Mythos und Wirklichkeit. Herausgegeben von Gisela Jaacks zur gleichnamigen Ausstellung im Museum für Hamburgische Geschichte – Ellert & Richter Verlag, Hamburg 2008
Hamburgs Weg zum Reich und in die Welt, Urkunden zur 750-Jahrfeier des Hamburger Hafens, herausgegeben vom Direktor des Archivs der Hansestadt Hamburg, Prof. Dr. Heinrich Reincke, Hamburg 1939
Die Hanse. Lebenswirklichkeit und Mythos. Herausgegeben von Jörgen Bracker zur gleichnamigen Ausstellung des Museums für Hamburgische Geschichte – Museum für Hamburgische Geschichte, Hamburg 1989
Hansen, Reimer: Kurze schleswig-holsteinische Landesgeschichte – Huwaldsche Buchhandlung. Verlag Hollensen, Flensburg 1924
Hipp, Hermann: Freie und Hansestadt Hamburg. Geschichte, Kultur und Stadtbaukunst an Elbe und Alster. DuMont Kunst-Reiseführer – DuMont-Buchverlag, Köln 3. Aufl. 1996

Hirschfeld, Petter: Herrenhäuser und Schlösser in Schleswig-Holstein – Deutscher Kunstverlag 1953
Hitler (Adolf) und Hamburg – Verlag Broschek & Co., Hamburg 1939. Keine Autorenangabe.
Holzt, F. C. und andere: Die Hamburgische Revolution – Verlag „Die Hamburger Warte", Hamburg um 1920
Gropp, Hugo: Hanseaten im Kampf. Das Reserve-Infanterieregiment 76 im Weltkrieg 1914/18 – Hamburg 1932
Hagenbeck, Carl: Von Tieren und Menschen – Vita Deutsches Verlagshaus, Berlin 1909
Jürgens, A. C.: Hamburgs Zollanschluß – Handelskammer, Hamburg 1880
Im Kampf gegen die Seuche. Rückblickend auf 50 Jahre „Lysol" – Schülke & Mayr, Hamburg 1940. Keine Autorenangabe.
Kamphausen, Alfred: Der Baumeister Höger – Karl Wachholtz Verlag, Neumünster 1972
Kiesel, Otto Erich: Die unverzagte Stadt – Hammerich & Lesser, Hamburg 1957
King, Wilson: Chronicles of Three Free Cities – J.M. Dent & Cons Ltd., London 1914
Kleine Charakteristik von Hamburg: Von einem Kosmopoliten drey Treppen hoch – Faksimile-Nachdruck bei D. und K. Kötz, Hamburg 1975. Original in einem ungenannten Verlag, Hamburg 1783
Kleßmann, Eckart: Geschichte der Stadt Hamburg – Hoffmann und Campe, Hamburg 1981
Kludas, Maass und Sabisch: Hafen Hamburg – Ernst Kabel Verlag, Hamburg 1988
Kossak, Egbert: Hamburg. Stadt im Fluß – Ellert & Richter Verlag, Hamburg 1989
Kriegsende in Hamburg. Eine Stadt erinnert sich. Herausgegeben von Ortwin Pelc zur gleichnamigen Ausstellung im Museum für Hamburgische Geschichte – Ellert & Richter Verlag, Hamburg 2005
Krogmann, Carl Vincent: Es ging um Deutschlands Zukunft 1932–1939 – Druffel Verlag, Leoni am Starnberger See 1977
Krummacher, F. A. und Wucher, Albert: Die Weimarer Republik – Kurt Desch Verlag, München 1965
Kucklick, Christoph: Feuersturm. Der Bombenkrieg gegen Deutschland – Ellert & Richter Verlag, Hamburg 2003
Kunsthalle, Hamburg. Katalog der alten Meister – Hans Christians Verlag, Hamburg 1966
Kunstsinn und Kaufmannsgeist. Die Bau- und Kunstgeschichte der Handelskammer Hamburg. – Ellert & Richter Verlag, Hamburg 2005
Kunst-Topographie Schleswig-Holsteins – Karl Wachholtz Verlag, Neumünster
Lachmund, Fritz und Möller, Rolf: Hamburg, Seinerzeit zur Kaiserzeit – Verlag Rolf Möller, Hamburg 1962
Laeisz, Ferdinand: Erinnerungen aus dem Leben eines alten Hamburgers – Hans Christians Verlag, Hamburg 1974. Originalausgabe 1891
Landau, Fab.: Denksteine aus der Geschichte von Hamburg und Altona – Verlag von Knackstedt und Nätzer, Hamburg 1907
Lebrun, C.: Jahrbuch für Theater und Theaterfreunde – Verlag Perthes, Besser & Mauke, Hamburg 1841
Lehe, Ramm und Kausche: Heimatchronik der Freien und Hansestadt Hamburg – Archiv für deutsche Heimatpflege, Köln 1967
Loose, Hans-Dieter und Jochmann, Werner (Herausgeber): Hamburg, Geschichte der Stadt und ihrer Bewohner – Hoffmann und Campe, Hamburg. Zwei Bände 1982 und 1986.
Lüth, Erich: Viel Steine lagen am Weg – Marion von Schröder Verlag, Hamburg 1966
Lüth, Erich: Die Hamburger Bürgerschaft 1946–1971 – Verlag Conrad Kaiser, Hamburg 1971
Lüth, Erich: See, Räuber und Geraubte – Christian Wolff Verlag, Flensburg 1970
Lüth, Erich: Max Brauer, Glasbläser, Bürgermeister, Staatsmann – Hans Christians Verlag, Hamburg 1972
Lüth, Erich: 600 Jahre Maler in Hamburg – Hans Christians Verlag, Hamburg 1975
Lüth, Erich: 600 Jahre Glaserhandwerk in Hamburg – Hans Christians Verlag, Hamburg 1975
Lüth, Erich: Hamburgs Schicksal lag in ihrer Hand – Geschichte der Bürgerschaft – Marion von Schröder Verlag, Hamburg 1966
MacIntyre: Abenteuer der Segelschiffahrt – Bertelsmann Sachbuchverlag, Gütersloh 1971
Meyer-Marwitz, Bernhard: Hamburgs Weg zum Welthafen – Verlag OKIS, Hamburg 1960
Michaelis, J. A.: Hamburgs Brand-Unglück – Herausgegeben auf Kosten des Verfassers, Hamburg 1842
Möhring, Paul: Von Ackermann bis Ziegel – Hans Christians Verlag, Hamburg 1970
Mythos Hammaburg. Archäologische Entdeckungen zu den Anfängen Hamburgs. Herausgegeben von Rainer-Maria Weiss zur gleichnamigen Ausstelung im Archäologischen Museum Hamburg – Wachholtz Verlag, Kiel und Hamburg 2014
Die Nacht der großen Flut. Gespräche mit Zeitzeugen und Helmut Schmidt. Herausgegeben von Raymond Ley – Ellert & Richter Verlag, Hamburg 2006
Nehlsen, R.: Hamburgische Geschichte nach Quellen und Urkunden (2 Bände) – Verlag G. Lafrentz, Hamburg 1896
Neues Hamburg, Zeugnisse vom Wiederaufbau der Hansestadt – Verlag Hammerich & Lesser, Hamburg 1947–65
Neumann, Paul: Hamburg unter der Regierung des Arbeiter- und Soldatenrats – Verlag Auer & Co., Hamburg 1919
Oppens, Edith: Der Mandrill. Hamburgs Zwanzigerjahre – Seehafen Verlag Erik Blumenfeld, Hamburg 1966

Oppens, Edith: Hamburg zu Kaisers Zeiten – Hoffmann & Campe Verlag, Hamburg 1976
Orte der Erinnerung. Ein historischer Streifzug durch das jüdische Hamburg von 1930. Herausgegeben von Michael Studemund-Halévy und Anna Menny – Conference-Point-Verlag, Hamburg 2013
Perthes, Agnes und Wilhelm: Aus der Franzosenzeit in Hamburg – Buchhandlung W. Mauke & Söhne, Hamburg 1917
Ploetz, Illustrierte Weltgeschichte von den Anfängen bis zur Gegenwart – Verlag Ploetz KG, Würzburg 1974
Pohlmann, Alfred: Erlebte Alsterlandschaft – Hansa Verlag, Hamburg 1969
Prause, Gerhard: Genies ganz privat – Econ Verlag, Düsseldorf 1975
Rang, Schöffel und Timm: Aus der Geschichte der christlichen Kirche (Aus der Kirchengeschichte Hamburgs) – Vandenhoeck & Ruprecht, Göttingen 1958
Das Rathaus der Freien und Hansestadt Hamburg. Herausgegeben von Joist Grolle. Photographien von Hans Meyer-Veden – L&H Verlag, 1997
Rehbein, Artur: Bismarck im Sachsenwald – Buchverlag der Gesellschaft zur Vertretung Klassischer Kunst, Berlin 1925
Reisehandbuch der deutschen Gesellschaft Deutscher Wirtschaftsverlag AG, Berlin 1930/31
Reincke, Heinrich: Forschungen und Skizzen zur Hamburgischen Geschichte – Verlag Hoffmann & Campe, Hamburg 1951
Richey, Michael: Idioticon Hamburgense oder Wörterbuch zur Erklärung der eigenen in und um Hamburg gebräuchlichen niedersächsischen Mundart – Faksimiledruck bei D. und K. Kötz, Hamburg 1975. Originalausgabe: Verlag Conrad König, Hamburg 1755
Der neue Rump. Lexikon der bildenden Künstler Hamburgs, Altonas und der näheren Umgebung. Überarbeitete Neuauflage des Lexikons von Ernst Rump (1912). Herausgegeben von Kay Rump, bearbeitet von Maike Bruhns –Wachholtz Verlag, Neumünster 2005
Schacht, August: Rückblick auf die Cholera-Epidemie 1892 – R. Fuhrmann & Co., Bremen 1893
Schellenberg, Carl: Schönes altes Hamburg – Hans Christians Verlag, Hamburg 1976
Schindler, Reinhard: Ausgrabungen in Alt-Hamburg – Verlagsgesellschaft der Freunde des vaterländischen Schul- und Erziehungswesens, Hamburg 1957
Schuback, Arnold: Verzeichniß der bisherigen Mitglieder der Eines Hochedlen und Hochweisen Raths, der Ehrbaren Oberalten und Verordneten löblicher Cämmerey der freyen Stadt Hamburg, Hamburg 1820
Schütt, Ernst Christian: Die Chronik Hamburgs – Chronik Verlag, Dortmund 1991
Schuldt, Johannes: Geschichte der Hamburger Arbeiter 1890–1919 – Verlag J.H.W. Dietz Nachfolger, Hannover 1967
Schumacher, Fritz: Wie das Kunstwerk Hamburg nach dem großen Brande entstand – Karl Curtius Verlag, Berlin 1920
Schumacher, Fritz: Stufen des Lebens (Erinnerungen) – Deutsche Verlagsanstalt, Stuttgart 1935
Schumacher, Fritz: Selbstgespräche – Axel Springer Verlag, Hamburg 1949
Stahncke, Holmer: Altona. Geschichte einer Stadt – Ellert & Richter Verlag 2014
Staisch, Erich: Hamburg und die Eisenbahn – Verlag Wolfgang Zimmer, Eppstein/Taunus 1969
Statistisches Jahrbuch des deutschen Reiches 1934
Statistisches Jahrbuch, Hamburg 1935/36
Statistisches Taschenbuch 1989. Statistisches Landesamt, Hamburg 1989
Statistisches Taschenbuch 1996. Statistisches Landesamt, Hamburg 1996
Stein, Walther: Bismarck – Hermann Montanus Buchhandlung, Siegen 1915
Stein, Werner: Kulturfahrplan – F. A. Herbig Verlagsbuchhandlung, Berlin 1948
Studt, Bernhardt und Olsen, Hans: Hamburg, die Geschichte einer Stadt – Hans Köhler Verlag, Hamburg 1951
Tavernier, Bruno: Seewege, Schicksalsstraßen der Menschheit – Ins Deutsche übertragen von Helmut Maskes – Verlag Delius Klasing & Co., Bielefeld, Berlin 1971
Verg, Erik: Hamburg 1945 – 20 Tage zwischen Tod und Leben – Axel Springer Verlag, herausgegeben vom Hamburger Abendblatt, Hamburg 1975
Werner, Bruno E.: Die Zwanzigerjahre. Von morgens bis Mitternacht – Verlag Bruckmann, München 1962
Westphal, Carl J. H.: Fritz Höger. Der niederdeutsche Backstein-Baumeister – Franz Westphal Verlag, Wolfshausen, Scharbeutz 1938
v. Wiese, Eberhard: Hamburg, Menschen – Schicksale – Verlag Ullstein, Berlin 1967
Wichmann, E. H.: Atlas zur Geschichte Hamburgs – Heroldsche Buchhandlung, Hamburg 1896
Will, Carl: Hamburg, eine Heimatkunde (vier Bände) – Verlag der Gesellschaft der Freunde des vaterländischen Schul- und Erziehungswesens, Hamburg 1956/58
Witthöft, Hans Jürgen: HAPAG – Köhlers Verlagsgesellschaft, Herford 1973
Witthöft, Hans Jürgen: Hapag Lloyd – Köhlers Verlagsgesellschaft, Herford 1974
Witthöft, Hans Jürgen: Ballins dicke Dampfer – Köhlers Verlagsgesellschaft, Herford 1974
Wölfle, Karl und andere: Hamburger Geschichtsatlas – Verlag Friedrichsen & Co., Hamburg 1926
Zimmerling, Dieter: Die Hanse – Econ Verlag, Düsseldorf 1976

Beiträge in Zeitungen und Zeitschiften sind in diesem Verzeichnis nicht aufgeführt.

Personen- und Sachregister

A

E

H

I

N

S

Y

Z

Autoren/Bildnachweis/ Impressum

Erik Verg (1919–2005) wuchs in der alten Hansestadt Reval (Estland) auf. Er war fast 40 Jahre lang aktiver Journalist, die meiste Zeit beim „Hamburger Abendblatt". Seit 1975 war die Geschichte der Stadt Hamburg sein Hauptthema.

Martin Verg hatte seine Kinderstube, seine Studentenbude und sein erstes eigenes Büro in Hamburg. Der studierte Historiker ist Chefredakteur des Magazins GEOlino. Mit Blick auf die Elbe.

Bildnachweis
Akg-images: 151 o., 154
Altonaer Museum: 90, 98, 111
Archäologisches Museum Hamburg: 9, 17, 258
Archiv Egbert Kossak: 6, 105, 128/129, 130, 132/133, 134/135, 162
Archiv Ellert & Richter 39, 74, 78/79, 115, 173, 181, 186 u., 194 o., 195, 200/201, 202, 204 u.
Archiv Hamburg Port Authority: 131, 132 u.
Archiv der Hamburgischen Staatsoper: 211
Archiv Verg: 31
Behörde für Stadtentwicklung und Umwelt, Amt für Bau und Betrieb, Hamburg: 204 o.
Blohm + Voss GmbH, Hamburg: 137
bpk: 11, 13 (RMN, Grand Palais/Jean-Gilles Berizzi), 16, 19, 21, 24 (Staatsbibliothek zu Berlin), 26 (British Library Board/Robana), 36, 41, 45 + 47 + 60 + 88 u. + 110 + 113 (Hamburger Kunsthalle/Elke Walford), 62, 63 (Kunstbibliothek, SMB/Knud Petersen), 67, 73 (Reinhard Krafft), 81 o. (Alfredo Dagli Orti), 88 o. re. (Das Gleimhaus, Halberstadt/Ulrich Schrader), 89 re., 100 (RMN-Grand Palais), 114, 124, 136, 138, 141 u., 142 (Strumper Co.), 160 + 161 + 166 (Kunstbibliothek, SMB, Photothek/Willy Römer), 163, 169 (Studio Niermann/Emil Bieber), 172, 174 (Deutsches Historisches Museum/Joseph Schorer), 180, 184 o. (Erich Andres), 187, 188, 189, 190, 192, 193, 196 (Germin)
Brahms-Institut der Musikhochschule Lübeck: 126
Fotolia: 215, 252 (johas), 265 (dietwalther)
http://forum.tpzn.pl/: 22
Gleimhaus Halberstadt: 85
Hamburger Abendblatt: 203
Hapag-Lloyd AG, Hamburg: 151 u.
Kampfmittelräumdienst Hamburg: 191
K+K Center of Beat, Hamburg/Foto Danny Wall: 207
Urs Kluyver, Hamburg: 97, 214, 231, 235
Egbert Kossak, Hamburg: 96 re., 222, 224, 225, 251 o.
Landesmuseum Schloss Gottorf, Schleswig: 82
Museum für Hamburgische Geschichte: 72, 76/77, 84 li., 94, 95 u., 108/109, 118, 139, 140, 141 o.
Picture-alliance: 75 (dpa/akg), 170 (Imagno), 198 + 253 (akg), 199 u. + 250 (AP), 210 (dpa/Herold), 212 + 257 + 262 (dpa), 213 + 216 + 217 + 218 + 219 + 227 + 234 + 241 + 246 (dpa-Bildarchiv), 221, 226, 232 (dpa-Report+), 228/229 + 237 + 243 + 244 + 248 (dpa-Fotoreport), 261 (ZB/euroluftbild)
Hauptkirche St. Jacobi, Hamburg: 80 (Karl Heinz Pieper)
Erich Staisch, Heikendorf/Kiel: 123 u.
Staatsarchiv Hamburg: Titel, 18, 23, 27, 32 (Kluyver), 51, 54/55, 56 (Zapf), 61, 64/65, 71, 84 re., 86 re., 87 li. + re., 92, 93, 95 o., 96 li. , 99, 106/107, 112 o., 120 li. + re., 123 o., 127, 144, 148, 152, 153, 155 (Wutcke), 159, 171, 176, 177, 181, 182, 183, 184 u. (Andres), 185, 186 o. , 194 u., 209
Staats- und Universitätsbibliothek Hamburg: 86 li.
Alf Völckers, Hamburg: 58
Warburg-Haus, Hamburg: 168
Wikimedia Commons 15 (Ruchhöft-Plau), 28/29, 34, 48, 49, 53, 57, 59, 69, 81 u., 83, 88 o. li., 89 li., 91, 101, 112 u., 121 (Jerry Woody), 143, 145, 146, 147, 149, 157, 165, 199 o., 205 (by Corpus Christi Caller-Times-photo from Associated Press), 206 (Phil Stanziola), 223
Michael Zapf, Hamburg: 70 (Handelskammer), 239, 251 u., 254/255, 259
Sowie aus:
Faksimile Sonderdruck der Thalia-Buchhandlung Erich Könnecke, Hamburg: 102/103
Hamburg in frühen Photographien 1848–1888. Sammlung Bokelberg, 1989: 117
Alfred Kamphausen, Der Baumeister Fritz Höger, Neumünster 1972: 167
Leider war es uns nicht in allen Fällen möglich, die Bildrechteinhaber zu ermitteln, wir bitten diese, sich gegebenenfalls mit dem Verlag in Verbindung zu setzen.

Bibliografische Information der Deutschen Nationalbibliothek
Die Deutsche Nationalbibliothek verzeichnet diese Publikation in der Deutschen Nationalbibliografie; detaillierte bibliografische Daten sind im Internet über http://dnb.d-nb.de abrufbar.

ISBN 978-3-8319-0671-0

Titel: Ansicht von Hamburg um 1860
Text und Bildlegenden: Erik Verg/Martin Verg, Hamburg
Lektorat und Bildredaktion: Annette Krüger, Hamburg
Gestaltung: BrücknerAping Büro für Gestaltung GbR, Bremen
Gesamtherstellung: Druckerei Uhl, Radolfzell am Bodensee

www.ellert-richter.de
www.facebook.com/EllertRichterVerlag